KB192905

UNDERSTANDING OF FAMILY WELFARE

가족복지학의 이해

| 박태영 · 김태한 · 김혜선 · 문정화 · 박소영 · 박진영 · 이재령 · 조성희 공저 |

학지사

머리말

요즘 세상이 너무 빨리 변화하면서 가족 유형과 가족 형태도 정신없이 변화하고 있다. 결혼에 대한 생각도 너무나 다양해지고, '결혼은 해야 한다'는 기존의 생각조차도 현격히 변화하고 있다. 특히 한국 사회의 고령화와 출산율(2017년 기준 1.05명) 저하는 사회에 엄청난 충격을 주고 있으며, 한국이라는 국가의 존립에까지 영향을 미치고 있다. 그 외에도 다양한 결혼관으로 인한 독신가구 증가, 다문화가정의 급증과 그와 관련된 문제들, 가정폭력, 이혼과 재혼 가정의 증가, 정신적 문제의 증가 등 이루 말할 수 없는 가족 관련 문제들이 발생하고 있다. 이와 같은 가족 관련 문제들에 관한 이해를 돕기 위하여 이 책은 다음과 같이 구성되었다.

제1장 '가족과 가족복지'에서는 가족에 대한 이해, 가족의 변화, 가족 가치관과 가족기능의 변화 그리고 가족 변화에 대한 관점에 관하여 살펴보았다. 제2장 '가족복지정책'에서는 가족복지정책에 대한 이해, 외국과 한국의 가족복지정책 그리고 한국 가족복지정책의 발전방향에 대하여 살펴보았다. 제3장 '가족복지 실천의 접수 및 가족사정'에서는 접수에 관한 내용, 가족사정의 개념, 내용 및 방법에 대하여 살펴보았다. 제4장 '가족복지 실천의 개입 및 종결'에서는 개입방법과 평가 및 종결에 대하여 살펴보았다. 제5장 '가족치료'에서는 가족치료의 발달과정, 가족치료에서의 패러다임의 변화, 가족치료 모델 유형의 발달 및 가족생활주기에 대하여 살펴보았다. 이 장은 대표 저자인 박태영 교수가 집필하였다. 제6장 '한부모가족'에서는 한부모가족에 대한 이해, 한부모가족의 실태와 특성, 「한부모가족지원법」에 대한 주요 내용과 한부모가족복지의 발전방안에 관하여 살펴보았다. 제7장 '재혼가족'에서는 재혼가족에 대한 이해, 재혼가족의 욕구, 재혼가족을 위한 서비스 현황 그리고 재혼가족복지의 발전방안에 대하여 살펴보았다. 제8장 '가정폭력 가족'에서는 가정폭력에 대한 이해, 가정폭력 가족의 서비스 욕구, 가정폭

력 가족에 대한 사회복지서비스 현황 그리고 가정폭력과 관련된 가족복지의 발전방안에 대하여 살펴보았다. 제9장 '장애인가족'에서는 장애의 개념과 정의, 장애인가족에 대한 이해, 장애인가족을 위한 서비스 프로그램 그리고 장애인가족에 대한 가족복지의 발전방향에 대하여 살펴보았다. 제10장 '알코올의존 가족'에서는 알코올의존에 대한 이해, 알코올의존과 가족, 알코올 관련 정책, 알코올의존자와 가족개입 프로그램 및 알코올의존 가족에 대한 가족복지의 발전방향에 관하여 살펴보았다. 제11장 '노인가족'에서는 노인가족에 대한 이해, 노인가족의 욕구, 노인가족복지 현황 그리고 노인가족복지의 발전방안에 대하여 살펴보았다. 제12장 '다문화가족'에서는 다문화에 대한 이해, 다문화가족이 겪는 어려움, 다문화가족복지에 대한 현황, 문화적 역량 그리고 다문화가족복지의 발전방안에 관하여 살펴보았다.

이 책은 가족복지 및 가족치료를 전공한 대표 저자와 박사과정에서 가족치료를 전공하고 현직에 종사하고 있는 제자 교수들이 함께 공동 저술하였다는 점에서 본인에게는 매우 뜻깊은 저서라 할 수 있다. 이 책을 수년 전부터 기획하고 집필을 시작하였으나 여러 가지 사정으로 인하여 이제서야 출판됨을 송구스럽게 생각한다. 이번이 초판인 관계로 여러 가지 부족한 점이 발견되리라 생각한다. 한술에 배부를 수 없다는 말이 있듯이 점차로 이 책에 대한 미비한 점들을 계속해서 보강할 계획이며, 늘 도움을 주시는 학지사 김진환 사장님과 꼼꼼하게 교정을 봐 주신 박지영 선생님께 진심 어린 감사를 드린다.

2019년 9월

대표 저자 박태영

차례

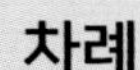

제3장 가족복지 실천의 접수 및 가족사정 • 71

제4장 가족복지 실천의 개입 및 종결 • 99

제5장 가족치료 • 123

제6장 한부모가족 • 189

제7장 재혼가족 • 215

제8장 가정폭력 가족 • 241

제9장 장애인가족 • 277

제10장 알코올의존 가족 • 301

제11장 노인가족 • 337

제12장 다문화가족 • 371

제1장 가족과 가족복지

개요

이 장에서는 먼저 가족에 대한 정의 및 가족의 기능과 형태를 살펴보았다. 그리고 현대 사회에서 직면하고 있는 가족의 형태 변화와 가치관의 변화를 살펴보고, 이러한 가족의 변화를 바라보는 서로 다른 두 관점을 살펴보았다.

가족은 시대와 문화에 따라 다르게 정의되는데, 가족을 정의 내리는 방식에 따라 가족 관련 정책의 방향과 수혜 대상이 결정되기 때문에 가족의 개념은 중요하다. 가족에 대한 정의는 구조적 특징을 강조하는 관점과 기능을 강조하는 관점으로 대별된다. 가족의 주된 기능은 애정 공동체, 성생활과 자녀 출산, 자녀 양육과 사회화, 경제 공동체 등이며, 가족의 형태는 확대가족, 핵가족, 한부모가족, 조손가족, 입양가족, 다문화가족 등으로 나눌 수 있다. 가족의 변화는 출산율 감소, 고령화, 가족 규모의 축소, 다양한 형태의 가족 출현, 혼인율의 감소와 만혼 현상, 이혼율의 증가와 황혼이혼의 증가, 여성의 경제활동 참가율 증가 등의 특징을 보인다. 가족 가치관의 변화는 결혼과 출산에 대한 관점의 변화가 두드러지며, 양계사회로의 이동과 부모 부양 의식의 약화의 특징을 지닌다. 이러한 가족의 변화를 바라보는 관점은 가족위기론과 가족진보론으로 대별된다.

1. 가족에 대한 이해

1) 가족 개념

가족은 너무 익숙한 용어라 잘 알고 있다고 생각하지만 실상 가족의 개념을 정의 내리기는 쉽지 않다. 이는 가족의 개념이 시대에 따라 변화하며 문화에 따라 다르게 정의되어 왔기 때문에 한 개념으로 정의 내리기 어렵기 때문이다. 또한 같은 시대라 하더라도 사회마다 혹은 개인마다 가족에 대한 정의가 다를 수 있어 하나의 합의점에 이르기 어려울 수 있다. 그럼에도 불구하고 가족을 어떻게 규정하는가가 가족복지에서는 매우 중요한데, 그 이유는 가족을 정의 내리는 방식에 따라 모성 휴가, 의료 보험, 가족수당 등의 수혜자가 될 수 있느냐 없느냐가 정해지고 가족복지서비스의 개입 대상이 결정되기 때문이다. 즉, 가족 개념에 대한 정의는 가족 관련 정책의 방향과 대상 그리고 사회복지사의 개입 대상까지 결정한다는 의미에서 매우 중요하다(Collins, Jordan, & Coleman, 2007). 다른 한편으로는 가족에 대한 정의가 한 사회의 가족에 대한 인식 혹은 평가를 결정짓기도 한다는 점에서 중요하다. 가족을 어떻게 정의하느냐에 따라 어떤 형태의 가족을 '정상적' 혹은 '기능적'이라고 규정하고 그렇지 않은 형태의 가족을 '비정상적' 혹은 '역기능적'이라고 규정하게 된다. 이러한 평가는 사회적인 차별로 이어지기 쉬운데, 비정상적 혹은 정상적 가족이라는 평가를 내려 가족에 대한 꼬리표를 붙일 수 있는 것은 특정한 형태의 가족만을 가족이라고 정의 내리기 때문이다. 이런 측면에서 가족에 대한 개념 정의는 중요한 의미가 있다.

과거에는 가족의 개념에 대해 정의 내리기가 비교적 단순했다. 전통적으로 가족은 가장 소규모의 사회 조직으로 모든 시대와 문화에서 존재해 왔던 기본적인 사회 제도이다. 이러한 가족의 특성은 다음과 같이 단순하게 정의되었다.

> 사회적으로 인정받는 성적 관계를 유지하는 두 명의 성인 남녀 부부와 그들이 출산하였거나 입양한 한 명 이상의 자녀들이 함께 거주하면서 경제적으로 협력하는 사회적 집단이다(Murdock, 1949).

이에 비해 현대 사회 가족의 특성은 다양성이라고 해도 과언이 아닐 정도로 다양한 형태의 가족이 출현했고, 전통적인 가족의 개념으로는 이렇게 다양한 가족을 다 설명할 수 없게 되었다. 다음과 같은 가족의 정의는 현대 사회에서 가족에 대한 여러 가지 생각할 거리를 던져 주는 출발점이 된다.

> 가족은 하나의 사회적 집단으로, 자녀가 없을 수도 있고 결혼생활 중 태어난 자녀가 있거나 입양이나 전혼 자녀처럼 결혼생활에서 태어나지 않은 자녀가 있을 수도 있다. 가족 내 성인인 부부는 결혼을 했을 수도 있지만 안 했을 수도 있으며, 같은 집에 살 수도 있고 떨어져 지낼 수도 있다. 또한 그 부부는 성적 관계를 할 수도 있고 안 할 수도 있으며, 사회적으로 양식화된 감정인 사랑이나 매력, 경외심 등을 느낄 수도 있는 관계일 수도 있고 아닐 수도 있다(Eicher, 1988: Collins et al., 2007에서 재인용).

가족에 대해 이렇게 애매모호하고 분명하지 않은 정의를 내리는 것은 너무 다양해 한마디로 정의할 수 없는 현대 사회의 가족 모습을 다 포함하여 가족을 설명해 보려는 시도로 보인다.

그동안 가족제도는 전통적인 가족 개념에서 보면 가족제도 자체가 없어질 것이라는 예측이 있을 정도로 다양한 변화를 겪어 왔다. 이혼율이 높아지고 결혼을 하

지 않는 사람이 증가하였으며 부모와 자식 세대가 서로 원거리에서 생활하면서 상호작용이 크게 없고 정서적으로 친밀하지 않은 가족들이 증가함에 따라 이러한 예측에 힘이 실리기도 하였다. 그러나 오히려 가족의 영향력이 과거보다 더 부각되는 측면도 있는데, 이는 평균수명이 연장된 것과 관련이 있다. 평균수명이 길어짐으로 인해 부부가 함께하는 기간이 증가하였으며 부모와 자녀가 서로 상호작용하는 기간도 증가하였다(Beaton, Norris, & Pratt, 2003).

다른 한편으로는 자녀의 수가 줄어듦으로 인해 과거 자녀가 많을 때보다 부모-자녀 관계가 보다 친밀해지면서 서로에게 미치는 영향력이 예전보다 더 커졌다. 결과적으로 가족은 한편에선 개인의 삶에 끼치는 영향력이 줄어드는 반면, 다른 한편에선 그 영향력이 더 커지고 있어 가족에 대한 상반된 현상이 공존한다고 볼 수 있다. 이렇듯 가족이 개인에게 미치는 영향력이 매우 다를 수 있으며, 가족의 형태 또한 점점 다양해지는 시점에서 가족제도의 변화를 반영할 수 있는 가족에 대한 정의가 필요하다고 볼 수 있다.

우리나라의 경우에도 「민법」 제767조에서 배우자와 혈족 및 인척을 친족이라고 규정하고 있어 가족에 대한 전통적인 정의를 따른다고 할 수 있다. 그런데 2004년 「건강가정기본법」을 제정하면서 건강한 가족에 대한 개념을 정의할 필요성이 제기되었다. 건강한 가족을 어떻게 정의할 것인가라는 이슈가 논의되면서 건강한 가족에 앞서 가족의 개념에 대한 이슈가 제기되었다. 사회의 변화와 가족의 변화를 담아낼 수 있는 가족 개념에 대한 논의의 필요성이 환기된 것이다.

가족에 대한 정의는 크게 혈연이나 법적 유대와 같은 구조적 특징을 강조하는 관점과 가족이 수행하는 기능을 강조하는 관점으로 대별된다(Bogenschneider, 2002). 전통적인 관점에서 가족을 정의할 때는 가족의 구조적 특징이 강조된다. 가족은 부부와 출산자녀 혹은 입양자녀로 이루어져 있으며, 주거를 함께하고 자녀 출산 및 경제적 협력을 하는 사회적 집단이라고 한 Murdock(1949)이 대표적인 학자이다. 그런데 이러한 구조적 특징을 강조하는 관점은 혼인신고를 하지 않고 동거하고 있는 커플이나 공동가정 등 법적으로 가족으로서 규정되진 않지만 장기간 가족기능을 수행해 온 사람들을 가족의 범주에 포함시킬 수 없는 측면이 있다.

다른 관점에서는 가족이 수행하는 기능을 강조한다. 가족은 정서적·물질적 지지를 주축으로 서로 친밀감을 나누고 돌보아 주는 두 명 이상의 사람들이 모인 사회적 집단이라고 한 Giddens(1992)가 대표적이다. 이때에는 혈연관계를 넘어서서 다양한 형태의 가족을 포함할 수 있는 포괄성이 있는 반면에 가족의 기능을 수행하지 못하는 가족 구성원을 가족이 아니라고 할 수 있는 측면도 있다(Bogenschneider, 2002). 예를 들어, 자녀를 만나지 않는 비양육 부모는 가족에 포함되지 않을 수 있다. 이를 통해 형태가 다양하게 변화하고 있는 시기에 가족을 정의 내리는 일은 가족의 구조적 형태나 기능 중 어느 것 하나를 강조하기보다는 두 관점을 다 포괄할 필요가 있다는 것을 알 수 있다.

2) 가족의 기능

전통적으로 가족제도는 매우 다양한 기능을 수행하고 있다. 그중 친밀한 관계를 경험하는 애정 공동체 기능, 성생활을 하고 자녀를 출산하는 기능, 자녀를 양육하고 사회화하는 기능, 경제 공동체 기능 등이 가장 주된 기능이라고 할 수 있다. 가족의 애정 공동체 기능을 통해 가족들이 서로 관심을 보이고 서로를 격려하고 지지하며 하나로 결속되면서 친밀한 관계의 의미를 경험하게 된다. 애정을 주고받는 공동체로서의 기능을 통해 가족 구성원들은 여러 사회적 스트레스와 어려움 등을 극복할 수 있는 힘과 위안을 받게 된다. 또한 부부는 성적 욕구를 충족할 수 있으며 자녀를 출산한다. 이러한 성생활과 자녀 출산의 기능을 통해 가족은 사회구성원들을 재생산하는 역할을 하게 된다. 자녀 출산 후 가족은 자녀 양육과 사회화의 기능을 수행하게 된다. 인간은 다른 동물에 비해 긴 양육기간이 필요하고 그동안 부모를 비롯한 가족들은 자녀를 돌보며 양육한다. 이 양육과정에서 그 사회의 규범이나 가치와 전통을 전승시켜 습득하게 한다. 즉, 자녀를 양육하는 과정에서 사회화하는 기능을 담당하게 된다. 경제 공동체로서 가족이란 생산과 소비를 함께한다는 의미이다. 과거 농경사회에서 가족은 함께 생산에 참여하고 그 수확을 함께 소비했다. 현대로 갈수록 공동 생산의 기능은 약화되었지만 가족은 여전히 경제 공동체 기능을 수행하고 있다.

3) 가족의 형태

(1) 확대가족

역사적으로 볼 때 가족은 혈연으로 맺어진 가문을 뜻하는 용어로 사용되었다. 예전에는 어떤 가문 출신인가가 개인을 규정하는 가장 중요한 잣대 중 하나였으며, 봉건시대를 보여 주는 『로미오와 줄리엣』과 같은 작품에서 보면 캐풀렛 가문의 줄리엣과 몬터규 가문의 로미오처럼 가문의 이름은 개인을 규정해 주는 용어임을 알 수 있다. 이는 우리 역사에서도 마찬가지여서 조선시대까지만 해도 어느 가문의 누구라고 자신을 소개했다. 이러한 전통과 맞닿은 가족 형태는 부모와 형제 그리고 자신의 자녀들까지 함께 생활하는 확대가족(extended family)이다. 주로 3세대로 이루어지고 부모 세대의 형제자매까지 함께 생활하는 확대가족은 20세기 중반부까지 우리 사회에서도 기본적인 가족의 형태였다.

(2) 핵가족

대가족이 한 지역에 모여 사는 농경시대에서 산업 기반이 도시에 집중되고 도시로의 이주가 진행되는 산업시대로 진입하면서 확대가족 위주의 가문 개념이 약화되고 가문이 아니라 부부를 중심으로 이루어진 핵가족(nuclear family)이 주를 이루게 되었다. 근대 산업사회의 주류적인 가족 형태인 핵가족은 남편과 아내 그리고 그들의 미혼 자녀들로 구성되어 있었다. 그리고 이때에는 남편이 집 밖의 산업체에 나가서 일을 해 가족의 생계를 책임지고 아내는 집 안에서 자녀를 양육하는 등의 가사를 돌보고 가족을 감정적으로 지지하는 식으로 성별 노동분업이 전제되었다.

(3) 한부모가족

한부모가족은 부모 중 한 사람과 자녀로 구성된 가족 형태로, 배우자의 사망이나 부부의 이혼으로 인해 형성된다. 핵가족이 기본적인 가족 형태로 인식되던 근대 산업사회를 통과하면서 이혼율이 가파르게 증가하면서 한부모가족이 증가하게 되었다. 어머니와 자녀로 구성된 한부모가족이 다수이지만 아버지와 자녀로 구성된 한부모가족의 수도 증가하고 있다. 다른 한편으로는 결혼하지 않은 상태에서 자녀를 출산하는 비혼모와 비혼부 가족도 있다.

(4) 조손가족

조손가족은 부모 세대가 없는 가운데 조부모와 손자녀로 이루어진 가족을 일컫는 용어이다. 부부의 이혼이나 사별로 부모 세대가 자녀를 양육하지 못하는 상황에서 자녀의 양육을 조부모에게 맡기는 경우 형성된다. 우리 사회에서 조손가족이라는 용어가 흔하게 사용된 것은 20세기 말 IMF 구제금융을 지원받던 경제 위기를 거치면서부터이다. 가장의 실직과 가족 해체를 겪는 가족이 증가하면서 조손가족의 수도 증가하였다.

(5) 입양가족

입양가족은 입양자녀가 있는 가족을 일컫는 용어이다. 전통적으로 우리 사회는 비공개 입양을 선호하여 입양가족의 수를 정확하게 알 수도 없었고 입양가족 형태가 잘 드러나지 않았다. 그러나 공개 입양이 증가하는 사회적 분위기에 따라 입양한 부모와 가족의 모임이 활성화되며 우리 사회에서 입양가족이 가족의 한 형태로 존재감을 갖게 되었다.

(6) 다문화가족

다문화가족은 우리나라 국민이 외국 국적의 배우자와 결혼하여 형성한 가족을 일컫는 용어이다. 우리 사회에서는 주로 결혼이주여성과 결혼한 남성이 형성한 가족을 일컫는 용어로 사용되기 시작하였다. 1990년 이후 결혼이주여성들과 결혼한 남성이 증가하고 이에 따라 다문화가족 개념이 사용되기 시작하였다. 그 이전에도 다문화가족은 존재하였으나 우리나라 여성과 외국 남성의 결혼으로 인한 다

문화가족이 대부분이었으며 그 수도 아주 많지는 않았다. 그런데 1990년대 이후 중국이나 동남아시아 국적의 여성들과 결혼하는 남성의 수가 증가하면서 다문화가족의 수도 급격히 증가하였다. 이에 따라 결혼이주여성의 한국 사회 적응과 다문화가족의 건강한 삶을 원조하기 위한 사회적 관심도 증가하였다.

2. 가족의 변화

1) 출산율의 감소

우리 사회의 가장 큰 화두가 되고 있는 저출산과 고령화 이슈는 가족의 변화를 특징짓는 이슈이기도 하다. 우리 사회 출산율은 지난 반세기 동안 급격하게 감소하였는데, 1960년 합계출산율이 평균 6.0명이었던 반면 1970년 4.53명, 1980년 2.83명으로 매우 가파르게 감소하였다. 특히 1990년에는 합계출산율이 1.59명으로 현재의 인구 규모를 유지하는 데 필요한 출산율인 2.1명 이하로 감소하였다. 이렇게 낮아진 출산율은 2010년 합계출산율 1.23명으로 세계에서 최저 수준에 속하게 되었고, 2015년에도 1.24명으로 지속적으로 세계 최저 수준을 유지하고 있다.

우리 사회 출산율이 세계 최저 수준으로 감소한 원인은 다양하겠지만, 결혼생활에 자녀가 꼭 있어야 하는 것은 아니고 부부만으로도 충분하다는 가족에 대한 가치관의 변화, 여성의 사회활동 증가에 따른 자녀 양육에 대한 심리적 부담감과 실질적 어려움의 증가를 들 수 있겠다. 특히 고속 경제 성장기를 지난 우리 사회에서 젊은 세대의 취업이 어려워지고 경제적 어려움이 커지면서, N포세대로 상징되는 젊은 세대가 느끼는 출산과 양육에 대한 부담감 증가 등이 출산율 감소에 크게 작용했다고 볼 수 있다.

〈표 1-1〉 합계출산율 (단위: 명)

구분	1980년	1990년	2000년	2010년	2015년
합계출산율	2.83	1.59	1.47	1.23	1.24

2) 고령화

우리나라는 노인 인구 비중이 2000년 처음으로 7%를 넘어 고령화사회에 진입했다. 우리나라의 고령화 속도는 매우 빨라서 고령화사회에 진입한 지 20년이 채 안 되는 2017년에는 노인 인구 비중이 14%를 넘는 고령사회로 진입하였다. 또한 2026년에는 노인 인구 비중이 20%를 넘어서고 노인 인구가 1,000만 명을 넘는 초고령사회에 진입할 것으로 예상되고 있다. 우리나라가 이렇듯 빠르게 고령사회로 진입하게 된 배경에는 사회가 발전함에 따라 보건의료기술이 발전하고 위생환경이 개선되어 평균수명이 증가한 것이 한 축을 이루고, 다른 한 축은 혼인율 감소와 출산율 감소에 따라 노인의 비중이 커진 것과 관련이 있다.

역사상 유래가 없는 초고속 고령화로 인해 이에 대해 준비되지 않은 우리 사회에서는 관련된 문제가 발생하였다. 경제활동인구의 비중은 줄어들면서 부양을 받아야 하는 노령 인구의 수가 점점 증가하는 것은 사회적 부담으로 작용하고 있다. 또한 이는 가족 내에서도 부양의 부담이 증가된다는 측면에서 가족관계에 문제를 초래할 소지가 있다. 은퇴한 노인들이 일정한 수입이 없는 가운데 오랜 노년기를 보내야 하는 상황으로 인해 노인 빈곤 문제와 자식들의 부양 부담이 커졌다. 그런데 개인주의 가치관의 확산으로 인해 부모 부양에 대한 자녀들의 의무감이 약화되어 가족의 갈등이 증가하기도 하고 노인 빈곤 문제가 더 심화되었다.

3) 가족 규모의 축소

가족의 형태 또는 가구 구성이 20세기 후반을 거치면서 크게 변화했다. 조부모와 부모, 자녀 등 3세대로 이루어진 확대가족 형태가 급격하게 감소하고 부모와 자

녀 등 2세대로 이루어진 핵가족 형태의 가구가 주축을 이루었다. 이러한 변화는 21세기로 접어들면서 다시 변화하여 전형적인 핵가족 형태인 2세대 가구도 감소 추세로 접어들고 부부 혹은 1인으로 구성된 1세대 가구가 증가하고 있다. 통계청의 '인구주택총조사' 결과에 따르면 한국 가족의 평균 가구원 수는 1970년 5.24명에서 2010년 2.69명으로 절반으로 감소했다. 1980년 49.9%로 절반 정도의 비중을 차지하던 5인 이상 가구 비중이 점차적으로 줄어들어 2015년에는 6.4%에 불과할 정도로 감소했다. 이에 비해 2인 가구 비중은 1980년 10.5%에서 2015년에는 26.1%로 증가했다. 가구 규모의 축소는 무엇보다도 1인 가구의 폭발적인 증가에서 확실히 드러나는데, 1980년 4.8%에 불과하던 1인 가구가 2015년에는 27.2%로 증가하였다. 이러한 1인 가구의 증가는 소포장 제품과 완제품 판매를 증가시키고, '혼밥' '혼술' 같은 용어에서 보듯이 많은 일상을 혼자서 해결하는 생활문화를 만들어 내는 등 산업과 생활양식을 포함한 사회문화적 변화를 초래할 정도이다.

〈표 1-2〉 가구원 수 변화

(단위: %)

구분	1980년	1990년	2000년	2010년	2015년
1인	4.8	9.0	15.5	23.9	27.2
2인	10.5	13.8	19.1	24.3	26.1
3인	14.5	19.1	20.9	21.3	21.5
4인	20.3	29.5	31.1	22.5	18.8
5인 이상	49.9	28.6	13.4	8.0	6.4

출처: 통계청(2015b).

4) 다양한 형태의 가족 출현

이혼율의 증가와 혼인율의 하락으로 인해 부부와 자녀로 구성된 전형적인 핵가족 형태뿐만 아니라 한부모가족과 1인 가족 등 다양한 형태의 가족이 등장하였다. 또한 결혼이주여성의 증가와 함께 다문화가족이 증가하였으며, 결혼하지 않은 상태로 동거하는 가족도 증가하였다. 조부모 세대와 손자녀 세대로만 구성된 조손 가족도 증가하였다. 혈연이나 법적인 관계가 전혀 없으면서 한 가정에서 생활하면서 서로 가족의 기능들을 수행하는 공동가정 등이 출현하고 있는 것도 최근 가족과 관련된 변화 중 하나이다. 이렇듯 다양한 형태의 가족이 출현함으로 인해 핵가족 형태를 전형적인 가족으로 규정하는 가족에 대한 정의를 다시 한 번 생각해야 할 시점에 이르게 되었다.

5) 혼인율의 감소와 만혼 현상

가족의 변화에서 가장 큰 변화 중 하나는 혼인율의 감소이다. 1980년 403,031건이었던 혼인건수는 2015년 302,800건으로 감소했으며, 같은 기간에 인구 천 명당 혼인건수인 조혼인율도 10.6건에서 5.9건으로 감소했다. 혼인율이 감소하는 현상과 더불어 초혼 연령이 높아지는 현상도 두드러진 변화 중 하나이다. 1980년 평균 초혼 연령은 남성 27.3세와 여성 24.5세였으나 2015년에는 남성 32.6세와 여성 30.0세였다. 이러한 만혼 경향은 전반적인 대학 진학율이 높아지고 여성의 교육 기회가 확대되면서 남녀 모두 교육 기간이 길어지고 이에 따라 취업과 결혼이 늦어진 결과라고 볼 수 있다. 또한 한편으로는 사회적 자아성취를 결혼보다 우선시하는 사회적 추세로 인해 결혼을 미루는 만혼 경향성은 증가하고 혼인율은 감소하였다. 이러한 경향성에 더해 취업률이 낮아지고 비정규직의 증가 등으로 취업의 질도 낮아지는 사회에서, 미래에 대한 불안감을 느낀 청년 세대들이 연애와 결혼 등을 포기하는 N포세대가 되는 비율도 증가하였다.

〈표 1-3〉 혼인건수와 조혼인율

구분	혼인건수(건)	조혼인율(%)	평균 초혼 연령	
			남자(세)	여자(세)
1980년	403,031	10.6	27.3	24.5
1990년	399,312	9.3	27.8	24.8

2000년	332,090	7.0	29.3	26.5
2010년	326,104	6.5	31.8	29.9
2015년	302,800	5.9	32.6	30.0

6) 이혼율의 증가와 황혼이혼의 증가

가족과 관련된 가장 큰 변화 중 또 다른 하나는 이혼율의 급격한 증가이다. 이혼건수는 1980년 23,662건에서 2015년에는 109,200건으로 증가했으며, 인구 천 명당 이혼건수를 나타내는 조이혼율도 1980년 0.6건에서 2015년 2.1건으로 가파르게 증가했다.

이혼율의 증가 현상에서 특이한 점 중 하나는 황혼이혼의 증가이다. 황혼이혼은 20년 이상 결혼 생활을 유지하다 이혼하는 경우를 지칭하는 용어로 과거에는 흔하지 않았다. 2015년도 이혼 통계에서 혼인 지속기간별 이혼 구성비를 보면 그동안 가장 높았던 결혼 5년 미만 이혼율을 제치고 황혼이혼이 이혼율 1위를 차지하였다. 과거에는 자식을 위해 참고 지내는 부부들이 많았지만, 이제는 노년기에 들어서도 참고 결혼관계를 유지하기보다는 이혼하는 부부들이 증가하였다. 통계청의 '2015년 고령자 통계'에 의하면 2014년 기준으로 우리나라의 65세 이상 고령자의 총 이혼건수는 11만 6,000건에 이른다. 그 결과, 황혼이혼 후 노인들은 재산을 나누게 되어 경제적 어려움을 경험하는 경우가 많다. 또한 혼자 생활하게 되면서 정서적 외로움과 일상생활의 어려움을 경험할 수 있다. 자녀들과의 관계 역시 힘들어지거나 단절되는 경우까지 생겨 가족관계에서도 어려움이 생길 수 있다.

〈표 1-4〉 이혼건수와 조이혼율

구분	1980년	1990년	2000년	2010년	2015년
이혼건수(건)	23,662	45,694	119,455	116,858	109,200
조이혼율(천 명당)	0.6	1.1	2.5	2.3	2.1

출처: 통계청(2015a).

〈표 1-5〉 혼인 지속기간별 이혼 구성비 (단위: %)

구분	5년 미만	10년 미만	15년 미만	20년 미만	20년 이상
1995년	32.6	25.2	20.6	13.1	8.2
2015년	22.6	19.1	13.6	14.8	29.9

7) 여성의 경제활동 참가율 증가

전통적으로 가족의 돌봄노동을 담당하던 여성이 경제활동에 참가하는 비율이 증가한 것도 가족의 변화 중 하나이다. 1980년 42.8%였던 여성의 경제활동 참가율은 2015년 51.8%로 증가했다. 여성의 경제활동 참가율이 증가하면서 결혼하지 않는 여성의 비율이 증가하고 혼인 연령이 높아지는 만혼 현상과 이어지게 되었다. 다른 한편으로는 아이 출산과 양육, 아픈 가족을 돌보고 시부모를 부양하는 가사노동과 돌봄노동에 공백이 생기게 되었다. 이는 아동양육과 부모 부양 등 돌봄노동의 사회화를 촉발하는 요인이 되었다. 그 결과, 아동양육을 사회적으로 지원하는 보육 시설과 인력이 증가하고 노인들을 돌보는 요양원과 요양보호사 등 사회복지 기관과 인력이 증가했다.

3. 가족 가치관의 변화

우리 사회에서 경험하고 있는 가족의 변화는 가족에 관련된 가치관의 변화와 서로 맞물려 있다고 볼 수 있다. 가족 가치관에 대한 변화는 가족 형태나 구조에 변화를 가져오고, 이러한 사회적 변화는 가족과 관련된 가치관의 변화를 가속화시켰다고 볼 수 있다. 그중 특히 결혼과 자녀 출산에 대한 가치관의 변화가 두드러지며 부모 부양 의식과 가부장제적 가치관이 많이 약화되고 있다.

가족 가치관의 변화 중에는 일정한 나이가 되면 당연히 결혼해야 한다고 생각했던 사고방식에서의 변화가 가장 두드러진다. 2012년 통계청 조사에 의하면 결혼을 '반드시 해야 한다'고 생각하는 사람은 20.3%에 불과하고 '해도 좋고 안 해도 좋다'고 생각하는 사람이 33.6%나 되었다. 특히 50대는 26.7%에 해당하는 데 비해 20대는 38.0%가 결혼을 선택 사항으로 생각하고 있어 연령이 낮을수록 이러한 경향성이 더 뚜렷해졌다. 그리고 결혼을 선택 사항으로 여기는 남성이 27.7%인데 비해 여성은 39.4%에 해당해 여성이 결혼에 대해 더욱 열린 태도를 갖고 있음을 알 수 있다. 이는 출산과 육아 등을 여성이 더 많이 책임지는 현실에 대한 인식을 반영하는 것이며, 여성뿐만 아니라 남성들도 나이가 어릴수록 결혼을 선택 사항으로 여기고 있음을 알 수 있다.

〈표 1-6〉 결혼에 대한 태도 (단위: %)

구분	반드시 해야 한다	하는 것이 좋다	해도 좋고 안 해도 좋다	하지 않는 것이 좋다	하지 말아야 한다	잘 모르겠다
전체	20.3	42.4	33.6	1.5	0.3	1.9
남자	23.0	46.0	27.7	1.1	0.2	2.0
여자	17.7	38.9	39.4	1.9	0.3	1.8
20대	14.9	42.8	38.0	1.5	0.4	2.3
50대	23.5	47.2	26.7	1.3	0.1	1.2

출처: 통계청(2012).

가족과 관련된 가치관의 변화가 두드러지는 또 다른 영역은 자녀 출산에 관련된 것이다. 한국보건사회연구원의 2015년 조사에 의하면 결혼하면 자녀는 꼭 있어야 한다고 생각하는 사람이 1990년에는 90% 이상이었지만 2015년에는 55.2%에 불과했다. 결혼뿐만 아니라 자녀 출산도 선택 사항이라고 생각하는 사람들이 증가한 것 역시 자녀 양육의 부담을 크게 느끼는 사람들이 증가한 현실을 반영한다. 다른 한편으로는 부모-자녀 관계가 중심을 이루었던 우리 사회의 가족 가치관이 부부관계를 중심으로 생각하는 가치관으로 변화했다고 볼 수 있다. 결혼과 자녀 출산을 당연한 일이라고 생각하던 가치관에서 선택 사항으로 생각하는 가치관으로 변화하면서 우리 사회에서는 만혼 혹은 비혼이 증가하고 혼인율과 출산율이 감소하는 결과로 이어졌다.

가족과 관련된 가치관의 변화를 보여 주는 다른 한 영역은 부계사회에서 양계사회로의 이동과 부모 부양에 대한 의식의 약화이다. 효 사상을 중시하는 유교적 가치관이 주를 이루던 우리 사회는 부계 중심의 가부장제 사회였다. 아들, 그중에서도 장남에게 재산 상속 권리와 부모 부양의 의무가 있었다. 그런데 교육을 받고 경제활동을 하는 여성이 증가하면서 딸이 아들과 비슷한 비중을 차지하게 되는 양계사회의 면모가 증가하고 있다(오혜정, 박경란, 2011; 한경혜, 윤성은, 2004). 직장을 가진 딸의 육아를 원조하기 위해 친정 부모가 딸 부부 근처에 생활하는 경우가 증가하였다. 그리고 시댁 관련 모임보다는 친정 관련 모임을 자주 하는 가정도 증가하였다. 이러한 사회 변화를 반영하여 아들과 딸이 동등한 지분으로 상속을 받도록 하는 「상속법」 개정이 이루어졌다. 「상속법」 개정은 부계사회에서 양계사회적 가치관으로의 이동을 잘 보여 주고 있으며, 이러한 사회 변화는 부모 부양과 관련된 가치관에서의 변화도 초래하였다. 전통적으로 장남이 부모 부양의 책임을 지고 있었으며 며느리가 집안에서 주된 부양자 역할을 감당했으나 요즘은 딸이 주부양자가 되는 경우도 증가하고 있다. 이처럼 딸이 장남과 마찬가지로 부모 부양을 하게 되는 경우와 더불어 부모 부양의 책임을 지지 않으려는 자녀도 증가하고 있다. 이는 전통적인 효 사상의 약화와 개인주의적 가치관의 팽배로 인한 부모 부양 의식에서의 변화를 보여 주며, 이러한 사회적 변화에 따라 노인에 대한 사회적 부양 정책들이 마련되고 있다. 장기요양보험과 노령연금 등 노인 부양을 지원하기 위한 사회적 정책과 서비스가 도입되었다.

4. 가족기능의 변화

가족의 기능 또한 사회 변화와 맞물려 변화하고 있다. 애정 공동체로서의 기능, 성생활과 자녀 출산의 기능, 자녀 양육과 사회화의 기능 그리고 경제적 공동체로서의 기능이 어떠한 변화를 겪고 있는지 살펴보자.

애정 공동체로서의 가족기능에 있어서는 과거에 비해 그 기능이 더 강화된 측면이 있는 가족과 약화된 측면이 있는 가족으로 대별되는 상황이다. 가족중심의 문화가 확산되고 자녀의 수가 적어지면서 가족들은 친밀한 부부관계와 부모-자녀 관계를 경험하게 되었다. 그래서 가족은 정서적 지지와 안정감을 제공하는 기능이 커졌다고 볼 수 있다. 이와는 반대로 과거와 달리 서로 떨어져 생활하면서 정서적 상호작용이 적거나 거의 없는 부모와 자식 혹은 부부들도 있다. 또한 서로 친밀한 관계를 형성하지 못할 경우 서로를 중재할 사람이 없어 갈등이 심화되거나 정서적으로 단절한 상태로 지내는 가족들도 있게 되었다.

성생활과 자녀 출산의 기능은 서로 상반된 방향으로 변화하고 있다. 현대 사회에서 성은 부부의 정서적 친밀감 표시로 여겨지며 부부의 성생활이 부부관계에 미치는 중요성이 과거보다 더 커지고 있다. 반면에 출산의 중요성은 과거보다 약화되었는데, 과거보다 자녀의 수가 현저하게 줄어들었으며 자녀를 낳지 않고 사는 부부가 증가하였다. 또한 자녀에 대한 가치관 역시 자녀가 꼭 있어야 한다는 가치관에서 있어도 좋고 없어도 좋다는 가치관으로 변화했다.

자녀 양육과 사회화 기능은 강화된 측면과 약화된 측면이 동시에 있다. 자녀 양육의 기능은 과거에 비해 자녀 수가 줄어듦으로 인해 약화된 측면이 있다. 그러나 동시에 시간적으로나 금전적으로 한두 자녀의 양육에 몰입하는 부모가 증가하면서 자녀 양육 기능은 강화된 측면이 있다. 가족이 자녀를 사회화시키는 기능은 과거와 마찬가지로 여전히 중요한 역할을 하고 있지만, 과거에 비해 매우 약화된 측면도 있다. 과거에는 대부분 집안에서 부모와 가족들이 자녀를 양육하였지만 현대에는 대부분의 아이가 어린이집과 유치원, 학교에 다니고 있다. 그래서 아동의 사회화 기능 중 많은 부분이 가족에서 사회로 이동하였다고 할 수 있다.

경제적 공동체로서의 가족기능은 농경사회를 벗어나면서 생산 공동체로서의 기능이 많이 약화되었다. 반면에 가구 소득을 토대로 소비를 함께하는 소비 공동체로서의 가족기능은 더욱 강화되었다고 할 수 있다.

5. 가족 변화를 바라보는 관점

이혼율의 증가, 혼인율과 출산율의 감소, 다양한 형태의 가족 출현 등과 같은 가족 변화를 평가하는 관점은 상이하다. 우선, 가족 변화를 바라보는 관점은 크게 두 가지로 나뉜다. 가족의 변화는 위기이며 극복해야 할 일이라고 평가하는 관점과 사회적 변화에 따른 어쩔 수 없는 과정으로 평가하는 관점이 있다(조흥식, 김인숙, 김혜란, 김혜련, 신은주, 2017). 이러한 관점에 따라 상이한 가족복지정책과 서비스가 실시된다고 볼 수 있다.

1) 가족위기론

가족의 변화는 위기이며 극복해야 한다고 평가하는 관점이 가족위기론이다. 가족위기론의 관점에서는 '정상' 가족의 개념을 중시한다. 즉, 부모와 자녀로 이루어진 핵가족 형태를 정상적인 가족으로 간주하고 그렇지 않은 형태의 가족을 정상적이지 않은 가족으로 간주한다. 또한 성별분업이 잘 이루어진 사회를 중시하여 남성은 생계 부양자로서의 기능과 여성은 정서적 지지와 돌봄노동 기능이 부각된다. 가족 형태와 기능에 대해 이러한 관점을 지니고 있는 가족위기론자들에게 현대 사회의 가족 변화는 위기로 여겨지며 극복해야 할 일이라고 인식된다.

가족위기론자들은 개인주의와 이기주의의 팽배가 이혼율이 증가하고 혼인율과 출산율이 감소하고, 다양한 형태의 가족이 출현한 것과 같은 가족 변화의 원인이라고 분석했다. 남성과 여성 모두 가족보다는 자신의 자아실현에 몰두하거나, 가족 부양의 책임을 지지 않으려고 결혼을 미루거나 하지 않고, 결혼을 해도 자녀를 출산하지 않으며 쉽게 이혼하는 경향이 있다는 분석이다. 특히 여성들의 사회 진출이 가정 내 정서적 지지와 돌봄노동 기능이 약화되고 정상적인 가족이 줄어드는 변화의 주된 원인이라는 분석이다.

가족위기론의 관점에서는 핵가족 형태를 유지하는 가운데 성별분업과 여성의 돌봄노동이 기능할 수 있도록 원조하는 가족복지정책과 서비스가 마련되어야 한

다. 예를 들면, 육아정책의 경우 보육시설 지원보다는 양육수당을 지급하여 자녀를 여성이 직접 양육할 수 있도록 지원하는 정책이 선호된다. 그리고 다른 예로 정상적인 가족 형태를 확대하려는 취지 아래 결혼하지 않은 동거 커플에 대해서는 결혼한 부부와 같은 복지 혜택을 주지 않는 정책을 실행하게 된다.

2) 가족진보론

가족 변화는 사회적 변화에 따른 어쩔 수 없는 과정이라고 평가하는 관점이 가족진보론이다. 가족진보론의 관점에서는 가부장적 · 수직적 가족관계가 평등한 수평적 가족관계로 변화하는 과정에서 이혼율의 증가, 혼인율과 출산율의 감소, 다양한 형태의 가족 출현과 같은 가족의 변화가 발생했다고 평가한다. 다양한 가치가 수용되고 보다 평등한 사회로 변화하면서 가족 역시 사회적 변화를 반영하고 있는 셈이라고 할 수 있다. 다른 한편으로는 여성의 경제활동 참가율이 증가하는 것이 가족위기론에서 평가하는 것처럼 개인주의의 확산이 반영된 것이라기보다는 배우자 혼자 경제활동을 해서는 생활하기 어려워진 사회경제적 상황이 반영된 결과라고 평가한다. 이로 인해 가정 내 여성의 역할이던 자녀 양육과 노부모 부양과 같은 돌봄노동이 사회적 지원에 의존하게 되는 돌봄의 사회화를 초래하게 되었다.

가족진보론의 관점에서는 핵가족 형태를 유지하도록 원조하는 가족복지정책과 서비스가 아니라, 변화한 가족 형태의 모든 가족들이 웰빙을 유지할 수 있도록 가족기능을 보완하는 정책과 서비스가 마련되어야 한다. 예를 들면, 육아정책의 경우 보육시설을 통한 지원이든 양육수당 지급이든 어떤 전제가 없다. 다양한 형태의 가족들이 자신들의 필요에 따른 지원을 받고 그 가족이 가족의 기능을 할 수 있도록 원조하는 정책과 서비스를 마련해야 한다. 그리고 다른 예로 결혼하지 않은 동거 커플에 대해서도 결혼한 부부와 동일한 복지 혜택을 주어 그 가족의 복지가 증진되도록 사회적 지원을 하는 가족복지정책과 서비스를 실행하게 된다.

6. 가족복지

1) 가족복지의 개념

전통사회에서는 대가족이 함께 모여 살면서 생산과 소비를 공동으로 했으며 자녀를 양육하고 사회화시키며 노인과 병자를 돌보는 기능 역시 가족들이 함께 감당할 수 있었다. 그러나 산업화가 진행되면서 일자리를 찾아 도시로 이주하는 도시화와 핵가족화가 진행되면서 가족 단위의 생산과 소비, 자녀 양육과 돌봄 그리고 노인 부양 기능이 약화되었다. 특히 여성의 사회 진출이 증가하면서 전통적으로 여성들이 주로 담당했던 자녀 양육과 돌봄 기능이 매우 약화되었다. 이로 인해 가족의 기능을 사회가 대체하거나 보완해야 할 필요성이 대두되었다. 이에 따라 가족을 대상으로 하는 복지정책이 도입되고 가족복지가 점차적으로 사회정책의 중요한 부분으로 부상하게 되었다. 다른 한편으로는 전통사회에 비해 이혼율이 증가하고 가족관계가 느슨해지면서 가족 해체를 비롯한 다양한 가족문제가 증가하게 되었고 이는 사회적 문제로 자리매김하였다. 이에 가족문제를 해결하여 가족 구성원들의 삶의 질을 향상시키기 위한 가족복지정책과 프로그램이 마련되기 시작했다.

사회복지 발달사 관점에서 보면 가족에 대한 실천적 접근은 자선조직협회가 조직되던 초창기부터 시작되었다고 할 수 있다. 우애방문단을 통해 원조를 신청한 빈민의 집을 방문하는 서비스를 제공했던 자선조직협회의 원조활동은 개인의 가족 상황을 조사하였고, 원조 역시 가족 속의 개인에게 이루어졌다. 1950년대에 들어오면서부터 사회복지 실천은 가족 자체가 실천의 단위가 되기 시작했다. 집단역동에 대한 관심과 가족역동이 개인에게 미치는 영향력에 대한 환기로 인해 가족 단위의 사회복지 실천이 확대되기 시작했다. 특히 1960년대 이후 체계 이론의 영향으로 환경 속의 인간에 대한 관심이 증가하면서 개인을 가족체계 안에서 이해하고 가족 전체를 대상으로 하는 사회복지 실천이 자리 잡기 시작했다. 20세기 후반부에 복지국가를 유형화하는 변수 중 하나로 탈상품화와 탈가족화 지수가 제

시되기도 한다는 점은 가족복지가 사회복지에서 차지하는 중요성을 시사한다고 할 수 있다(윤홍식, 2006).

이렇게 사회복지 실천이 가족을 중심으로 이루어지고 있는 데 비해 가족복지의 개념을 정의 내리는 일은 쉽지 않은데, 이는 가족에 대해 정의 내리기가 쉽지 않았던 것과 마찬가지이다. 왜냐하면 사회복지정책과 서비스 대부분이 가족과 관련되어 있기 때문이다. 사회복지의 모든 분야가 가족의 삶에 영향을 미치기 때문에 어디까지를 가족복지라고 특정하기가 힘든 부분이 있다. 다른 한편으로는 장애인복지, 노인복지, 아동복지 등 대상에 따라 사회복지 분야를 나눌 때에도 가족복지는 장애인가족복지, 노인가족복지 등 모든 대상이 가족의 영역에 속하게 되어 한 분야로 특정되기 어려운 부분이 있다. 결국 가족복지는 다른 사회복지 분야들과 그 대상이나 영역이 중첩되어 그 고유성 혹은 정체성이 확연히 드러나지 않아 정의 내리기가 어렵다.

이에 가족복지는 넓은 의미의 개념과 좁은 의미에서의 개념으로 나누어 살펴볼 수 있다. 넓은 의미의 가족복지란 가족에게 영향을 미치는 모든 사회정책과 사회복지서비스를 포함하는 개념이다. 교육정책이나 주거정책에서부터 조세정책과 국방정책에 이르기까지 가족의 삶의 질에 관계가 있는 모든 정책과 서비스는 가족복지라고 할 수 있다. Zimmerman(1995)이 사회정책의 궁극적인 목표는 가족복지라고 말할 때 이는 바로 넓은 의미에서의 가족복지와 맞닿아 있다고 볼 수 있다. 그런데 이런 식으로 가족복지를 정의하게 되면 사회복지의 다른 영역과 중첩되면서 고유한 가족복지 영역에 대한 의문이 제기될 수도 있다. 이에 좁은 의미에서 가족복지를 정의 내리기도 하는데, 이때 가족복지는 가족을 대상으로 한 직접적인 양육이나 수당정책과 가족중심의 실천 서비스와 프로그램들로 국한된다.

2) 가족복지의 영역

가족복지는 거시적 영역에서의 가족복지와 미시적 영역에서의 가족복지로 나뉜다. 거시적 영역은 가족의 삶의 질을 증진시키기 위해 제도적으로 개입하는 가족정책이 해당된다. 자녀 양육과 가족 돌봄, 경제 공동체 등 가족의 기능을 보완하고 지원하려는 정부의 보육정책, 빈곤정책 등을 들 수 있다. 또한 여성의 사회진출이 증가함에 따라 일 · 가족 양립을 지원하기 위한 정책과 양성평등을 지원하기 위한 정책 등이 있다. 미시적 영역에서 가족복지는 가족의 삶의 질을 향상시키기 위해 가족을 대상으로 직접적인 서비스를 제공하는 가족복지 실천 서비스를 뜻한다. 가족생활주기에 따른 부부관계와 부모-자녀 관계 증진을 위한 프로그램에서부터 아동학대나 가정폭력 등을 예방하는 프로그램, 학대나 폭력이 발생한 후 개입에 이르기까지 가족의 삶의 질과 기능을 증진시키기 위한 가족지원 서비스와 프로그램이 해당된다.

가족복지는 가족 전체를 정책이나 서비스의 대상으로 보는 관점과 가족 구성원 개개인을 대상으로 인식하는 관점으로 나뉜다(Kamerman & Kahn, 1998; Zimmerman, 1995). 이 두 관점의 차이는 가족 구성원들의 욕구의 일치성 여부인데, 가족 구성원들의 욕구가 일치한다고 간주하는 경우에는 전체로서의 가족이 한 단위로 가족복지서비스의 대상이 된다. 이렇게 가족 전체를 한 단위로서 사회복지 실천의 대상으로 삼는 경우에는 노인복지, 장애인복지, 아동복지와 같은 사회복지의 다른 영역과 차별화되는 정체성이 있게 된다. 반면에 가족 구성원들의 욕구가 각각 달라서 일치하지 않는다고 간주하는 경우에는 가족 구성원 개개인을 대상으로 그 욕구를 충족하는 서비스를 제공해야 한다고 본다. 다만, 이러한 경우에도 각 영역의 사회복지와 달리 각 개인의 욕구를 충족시키면서도 가족 단위를 유지하기 위한 방향의 서비스가 제공된다.

다른 한편, 가족의 형태나 가족의 기능, 가족생활주기에 따라 가족복지 영역을 구분하기도 하는데, 가족의 형태에 따른 가족복지 영역이란 입양가족, 한부모가족, 재혼가족, 조손가족, 위탁가족 등 가족의 형태적 특성에 따른 분류이다. 가족복지 영역을 가족의 기능에 따라 분류하는 경우에는 가정폭력이나 알코올 중독, 치매, 장애, 가구주의 실직 등 가족기능상의 문제를 겪는 가족들을 위한 사회복지적 개입으로 범주화한다. 다양한 형태의 가족마다 욕구가 다를 것이며 이러한 욕구에 따른 가족복지정책과 서비스가 필요하며, 가족의 기능상의 문제에 따른 해

결적 서비스나 정책 또한 각각 다를 것이다. 가족생활주기에 따른 가족복지 영역은 생활주기에 따라 발달과업이 다르며, 그 발달과업을 성취하지 못할 경우 위기에 직면하게 된다는 전제를 갖고 있다. 이에 신혼기에서부터 노년기에 이르기까지 자녀 출산과 학령기 자녀, 사춘기 자녀, 자녀 독립이라는 전환기적 과업이 있다. 가족생활주기에 따라 가족들이 이 발달과업을 잘 성취해 나가도록 교육과 상담 등의 서비스를 제공한다.

참고문헌

오혜정, 박경란(2011). 장모-사위 관계에서 사위가 지각하는 스트레스, 대처방법과 관계의 질. **한국생활과학회지**, 20(6), 1093-1107.

윤홍식(2006). OECD 21개국의 부모권과 노동권 보장수준을 통해 본 가족정책의 비교연구-부모휴가와 아동보육시설 관련 정책을 중심으로. **한국사회복지학**, 58(3), 341-370.

조홍식, 김인숙, 김혜란, 김혜련, 신은주(2017). **가족복지학**. 서울: 학지사.

통계청(2012). 2011년 사회조사.

통계청(2015a). 인구동태통계.

통계청(2015b). 인구주책총조사보고서.

한경혜, 윤성은(2004). 한국가족 친족관계의 양계화 경향: 세대관계를 중심으로. **한국인구학** 27(12), 177-202.

Beaton, J., Norris, J., & Pratt, M. (2003). Unresolved issues in adult children's marital relationships involving intergenerational problems. *Family Relations, 52*(2) 143-153.

Bogenschneider, K. (2002). *Family policy matters: How policymaking affects families and what professionals can do*. New York: Routledge.

Collins, D., Jordan, C., & Coleman, H. (2007). *An introduction to family social work*. Pacific Grove, CA: Brooks/Cole.

Giddens, A. (1992). *Human Societies: An Introductory Reader in Sociology*. Cambridge, MA: Polity press.

Kamerman, S., & Kahn, A. (1998). *Privatization, contracting, and reform of child and family social services*. Washington, DC: Finance Project.

Murdock, G. P. (1949). *Social structure*. Oxford, UK: Macmillan.

Zimmerman, S. (1995). *Understanding family policy: Theories and applications* (2nd ed.) Thousand Oaks, CA: Sage.

제2장
가족복지정책

개요

가족복지정책을 다루는 제2장에서는 가족복지정책을 이해하기 위하여 가족복지정책의 개념과 대상자에 대한 논의와 함께 복지국가 유형과 가족복지정책의 관련성을 통합적인 방법으로 탐색한다. 또한 외국의 가족복지정책들에 대한 검토와 국내에서 운영 중인 가족복지정책들에 대한 검토를 통해 실질적인 가족복지정책의 유형과 각 정책의 목적과 운영 형태에 대한 이해를 높인다. 이를 통해 가족정책에 대한 이해를 높이고, 향후 가족복지정책의 발전을 위해 고려해야 할 점들에 대해 살펴본다.

1. 가족복지정책의 이해

1) 가족복지정책의 개념과 대상

지금까지 가족복지정책에 대한 논의에 있어서 가족복지정책이 가진 다양성을 모두 포괄하는 정의는 찾아보기 힘들다. 이는 가족복지정책이라 지칭되는 정책, 제도가 발현되는 현상이 매우 높은 수준의 다양성을 보이기도 하고, 이를 바라보는 학자들의 관점이 다양하기 때문이다. 또한 가족복지정책은 가족, 복지, 정책이라는 세 가지 요소가 포함되어 있는 개념으로 각각의 개념들이 다양하기 때문이기도 하다. 따라서 가족복지정책을 이해하기 위해서는 이 세 가지 개념에 대한 고려가 필요하다. 가족복지정책에 있어서 가장 먼저 고려해야 하는 개념은 가족이다. 가족이라는 개념의 명확한 정의야말로 가족복지정책을 정의하는 데 있어서 서비스의 대상과 고려해야 할 범주 등을 확정하는 기초가 된다는 점에서 가장 중요한 기준점이 된다. 하지만 앞서 살펴본 바와 같이 가족에 대한 정의는 가족의 역사가 오래된 만큼이나 다양하며, 가족을 바라보는 관점에 따라서 달라지게 된다. 복지 역시도 대상과 관점의 특성에 따라 한정적 · 광의적, 잔여적 · 제도적, 치료적 · 예방적 등의 관점으로 구분하여 볼 수 있으며, 이 역시도 하나의 개념으로 확정하기 어렵다는 특성을 보인다. 복지 영역에서 정책이 차지하는 역할 역시도 복지의 다른 영역들의 주체, 형태, 대상 등의 특성에 따라 다양한 특성을 갖는다. 따라서 가족복지정책을 모두 포괄하는 합의된 정의를 찾기보다는 가족복지정책

에 대한 학자들의 다양한 관점을 통해 가족복지정책을 총체적으로 살펴보는 것이 필요하다.

가족복지정책에 대한 가장 근본적인 정의를 내리고 있는 Kammerman과 Kahn (1978)은 가족복지정책을 "정부가 가족을 대상으로 가족을 위해 하는 모든 형태의 개입을 포함한 제도들"이라고 정의하고 있다. 이는 가족 전체를 하나의 단위를 보고 각각의 가족 구성원에 대해 특정 목표의 달성을 목적으로 하며, 명시적 또는 묵시적으로 고안된 법, 규정, 혜택, 프로그램들을 포함하고, 국가의 활동과 민간의 활동을 포함한다. 가족복지정책을 어려움을 가진 가족에 대한 사후치료적 처우보다는 예방적 처우라는 관점에서 사회의 구조적 문제에 대해 제도적 · 환경적 · 거시적으로 접근함을 의미하는 것이다. 그러므로 가족정책은 정부가 가족을 위해 실시하는 모든 사항으로서 일반적 · 통일적 · 총합적 관점에서 가족생활의 유지 강화를 도모하는 여러 시책이라 할 수 있다(Kamerman & Kahn, 1978).

또한 Moen과 Schorr(1987)는 가족복지정책을 정의하면서 가족을 위한 합의된 특정한 목표 실현을 위해 공적 주체가 의도적으로 만든 정책과 프로그램으로 정의하였고, Zimmerman(1995)은 가족복지정책을 폭넓게 정의하면서 가족에 영향을 주기 위해 정부가 장려하고자 제시하는 모든 활동을 포함하였다. 이러한 의미에서 가족정책은 개별 가족 구성원에 대한 대책이 아니라 집단으로서의 성격을 지닌 가족을 의미하는 '가족의 전체성'을 고려한 대책이라 할 수 있다(김성천, 안현미, 2003).

한편, 가족정책은 사회정책이나 여성정책에서 다루어지는 분야와 일정 부분 중복되기도 하고 구별되기도 하는 특성을 갖는다(변화순, 1997). 그러나 다른 정책들과의 차별점은 동일한 정책이라 할지라도 그 정책이 가족 구성원 개개인에게 미치는 영향이 아닌 가족 전체에 미치는 영향에 초점을 둘 때 가족정책의 정체성을 확인할 수 있다. 가족 전체에 미치는 영향은 가족이 가지는 하나의 체계적 특성(전체성)과 그 특성으로 인해 특정 가족 구성원의 문제가 개인의 문제가 아니라 가족 구성원들과 관련성을 갖고, 특히 가족의 규칙과 의사소통과 높은 관련성을 갖는다고 보는 것이다. 같은 맥락에서 문제의 해결에서도 가족의 전체성으로 대표

되는 가족 성원들 간의 관계나 의사소통방식, 가족규칙 등과 같은 가족구조가 변화하는 것이 중요하고, 효율적이고 효과적인 문제해결이 될 수 있다는 것이다(김성천, 2000).

또한 조희금과 동료들(2002)은 가정생활복지 관련 정책을 이전의 가족정책이나 가족복지정책보다 더 포괄적이며 종합적인 의미를 담는 개념으로 규정하여 다음의 세 가지 측면에서 정의하였다. 첫째, 가정생활복지 관련 정책은 가정의 안녕과 복지 달성을 목표로 정부가 의도적으로 행하는 개입활동이다. 둘째, 가정생활복지 관련 정책은 개인을 다루더라도 가족이나 가정이라는 하나의 단위에서 표출되는 욕구를 지원, 보충, 대체하는 기능을 강조하고 가족이나 가정생활과 연계해서 다룬다. 즉, 특정 정책이 가족 구성원이나 가정생활에 영향을 미치는 경우 가정생활복지 관련 정책에 포함될 수 있다. 셋째, 가족 성원의 복지증진과 가정생활의 질을 유지, 향상시키기 위한 수단의 성격을 갖는 모든 정책은 가정생활복지 관련 정책에 포함된다. 또한 김영모(1990)는 가정생활복지 관련 정책에 대해 자녀에 대한 경제적 지원과 양육 및 사회화, 노인에 대한 보호, 부부간의 애정 및 협동을 위한 이상적 제도인 가족이 제 기능을 발휘하지 못할 때 가족 구성원의 욕구와 문제를 해결하기 위한 국가의 개입으로 정의하면서 가족 구성원의 욕구에 초점을 맞춰 가족복지정책을 정의하였다. 최성재(1992)는 가족의 기능, 구조 및 역할을 바람직한 방향으로 유도하고 가족 전체 및 가족 구성원으로서 개인의 복지를 증진시키기 위해 국가가 의도적으로 행하는 활동에 관한 일련의 원칙들로 정의하였다. 이를 종합하며 보면 가족복지정책은 단일한 차원의 개념으로 정의하기 어렵지만 명시적 또는 묵시적으로 가족이 나타내는 일탈에 대응하거나 변화로 인해 발생하는 어려움을 지원하기 위하여 공적인 주체를 중심으로 이루어지는 제도적인 차원에서의 접근으로 볼 수 있으며, 이러한 가족복지정책에 대한 다양한 유형을 살펴봄으로써 그 특성을 살펴볼 수 있다.

가족복지정책을 좀 더 잘 이해하기 위하여 Kamerman과 Kahn(1997)이 제시하는 가족복지정책의 범주를 기준으로 구분하여 살펴보면 크게 세 가지로 구분하여 볼 수 있다. Kamerman과 Kahn(1997)은 가족복지정책을 구분하면서 사회정책의

한 영역으로서의 가족복지정책, 목적 달성을 위한 수단으로서의 가족복지정책, 관점으로서의 가족복지정책으로 구분하고 있다. 첫 번째로 사회정책의 한 영역으로서의 가족복지정책이라는 관점을 중심으로 하여 볼 때, 가족복지정책이란 가족에게 명백하게 방향성을 두고 운영되는 사회정책을 의미하는 것으로 양육 부담을 완화하기 위한 가족수당, 출산 및 육아지원제도, 가족에 대한 부양 부담의 완화를 위한 세제지원정책을 대표적으로 제시할 수 있다. 두 번째로 다른 사회정책이 추구하는 목적을 달성하기 위하여 가족의 행동을 통제하거나 이끌어 가는 것으로, 이는 수단으로서의 가족복지정책이라 할 수 있다. 수단으로서의 가족복지정책은 노동력 확보를 위해 여성의 사회 진출을 증진하면서 아동보육시설을 확대하거나 출산율을 높이기 위한 출산수당을 지급하는 것이 포함된다. 가족복지정책의 범주 중 세 번째는 사회정책의 선택과 영향력의 평가하는 관점을 제공하는 관점으로서의 가족정책으로 볼 수 있다. 관점으로서의 가족복지정책의 개념은 특정 정책을 제시하거나 가족복지정책과 그렇지 않은 사회정책을 구분하려는 목적보다는 사회적으로 운영되는 모든 정책이 가족에게 미치는 영향과 그로 인해 발생하는 다양한 현상을 평가하는 것에 초점을 두는 것이라 할 수 있다.

2) 복지국가 유형과 가족복지정책

가족복지정책은 전체 사회의 사회복지정책의 방향성과 밀접한 관련성을 가지며, 전체 사회복지정책의 한 부분으로서 복지국가의 특성을 보여 주게 된다. 이는 가족복지정책을 이해하기 위해서는 다양한 형태의 복지국가들이 보이는 유형을 기준으로 한 검토가 필요함을 의미한다. 복지국가 유형화와 가족복지정책의 관련성을 살펴보기 위해서 먼저 Esping-Andersen(1990)이 제시한 세 가지 복지국가 유형을 살펴볼 수 있다. 그는 한 사회의 복지와 관련된 현상으로 탈상품화와 계층화의 특성에 따라 복지국가를 자유주의 복지국가, 조합주의 복지국가, 사회민주주의 복지국가의 세 가지 형태로 유형화하였다. Esping-Andersen이 복지국가를 유형화함에 있어서 개념화하여 활용한 지표는 탈상품화 점수이다. 탈상품화는 노

동시장에서 노동력을 상품화하지 않고 생활할 수 있는 수준, 즉 노동시장에서 노동할 수 없게 된 상황에서 국가나 공적인 주체로부터 어느 정도의 급여를 보장받을 수 있는지를 의미한 것이다. 그는 탈상품화 점수를 산출하기 위하여 사회보험에서의 최저 급여액의 평균 임금에 대한 비율, 전체 인구 중 수급자의 비율 등의 지표를 사용하였다.

Esping-Andersen이 제시한 세 가지 복지국가 유형의 자세한 설명은 〈표 2-1〉과 같다. 먼저, 세 가지 복지국가 유형 중 자유주의 복지국가는 노동시장에서 생활을 영위하는 데 필요한 소득을 얻지 못하는 사람들을 대상으로 하여 최저 수준의 복지를 제공하는 형태로 복지제도를 운영한다. 즉, 사회복지 대상자들은 저소득층의 요보호대상자들로 한정하여 최저 수준의 급여를 제공한다. 이는 개인의 복지에 대한 1차적인 책임이 가족과 개인에게 있으며, 국가는 개인과 가족의 노력을 통해 복지 욕구 충족에 실패하는 경우 최소한의 개입을 하게 되는 것을 의미한다. 따라서 자유주의 복지국가에서는 가족을 대상으로 하는 복지정책 역시 예방적이고 보편적인 형태의 서비스나 급여를 제공하기보다는 가족기능에 문제가 심각하여 가족 구성원들에게 복지를 제공하지 못하게 된 후 치료적이고 사후적인 형태로 개입을 하게 된다. 자유주의 복지국가 유형에 해당하는 대표적인 나라는 미국, 캐나다, 호주를 들 수 있다.

두 번째 복지국가 유형은 조합주의 복지국가 유형으로 노동시장에 고용되어 있는 피고용자를 대상으로 사회보험을 통해 복지를 제공하는 형태이다. 사회보험을 통해 복지가 제공되는 만큼 노동시장에서 어떤 형태의 고용상태를 가지고 있는지에 따라 공직자, 사무직, 노동자 등의 직업 범주에 따라 차등화된 형태의 서비스를 제공받게 된다. 조합주의 복지국가 유형에 해당하는 국가들 역시 1차적인 복지에 대한 책임을 개인과 가족에게 부여하게 되고, 1차적인 복지 주체들이 실패하는 경우에 사회보험을 통해 국가가 복지를 제공하게 된다. 독일이나 프랑스가 조합주의 복지국가 형태를 취하는 대표적인 국가로 볼 수 있다.

세 번째 유형은 사회민주주의 복지국가로 사회적인 평등과 연대성을 강조하면서 보편적인 사회보장 제도를 바탕으로 하여 가족의 역할과 기능을 높은 수준에서 사회화하고, 가족과 개인이 실패하기 전에 국가가 적극적으로 복지를 제공하는 형태이다. 사회민주주의 복지국가에서는 저소득층이나 보호를 필요로 하는 대상에 초점을 두는 것이 아니라 전 국민을 대상으로 복지서비스를 제공하며, 다른 복지국가 유형들에 비해 복지를 통해 보장받을 수 있는 급여의 수준이 높은 편으로 사회의 계층화 수준이 낮은 편이다. 국가의 적극적인 가족기능의 사회화로 인해 개인이 경험하는 가족에 대한 의존 수준이 낮아져 가족을 약화시키는 경향을 가질 수 있다는 점을 고려하여 정책을 운영하게 된다. 주로 스칸디나비아의 국가들이 이 유형에 해당되며, 대표적인 국가로는 핀란드와 스웨덴이 있다.

〈표 2-1〉 Esping-Andersen의 복지국가 유형

구분	자유주의 복지국가	조합주의 복지국가	사회민주주의 복지국가
사회복지 대상	저소득층, 요보호대상자 중심	피고용자 중심	전 국민 대상
급여의 종류 및 범위	공공부조 중심, 제한적 사회보험	공공부조와 확대된 사회보험	보편적 사회보장 제도
급여의 수준	최저 수준	최저 수준을 초과하는 부분은 계층과 지위에 따라 차등	중간 계층 생활 수준
사회의 계층화	높은 수준의 소득에 따른 계층화	높은 수준의 소득에 따른 계층화	낮은 수준의 소득에 따른 계층화
가족과 국가의 역할	가족과 개인의 책임 강조, 가족 실패 이후 국가가 최소한의 개입	가족의 전통적 역할 강조, 가족 실패 이후 국가가 개입	가족의 역할의 사회화, 가족 실패 이전에 국가 개입
해당 국가	미국, 캐나다, 호주	오스트리아, 프랑스, 이탈리아, 독일	스칸디나비아 국가들

또한 Esping-Andersen의 모형에 대한 페미니즘의 비판과 맥을 같이하는 성인지적 관점에서 제시되고 있는 가족복지정책에 대한 유형은 Sainsbury(1999)가 제시한 복지국가의 가족복지정책에 대한 세 가지 유형을 통해 살펴볼 수 있다. 성인지적 관점에서의 가족복지 유형은 전통적인 복지국가 유형화를 위해 사용된 요소

들이 노동시장에서의 유급노동을 중심으로 이루어진 것과 달리 노동시장의 유급노동과 가족 내에서 이루어지는 무급 돌봄노동의 가치를 사회적으로 모두 인정한 상태에서의 복지국가를 유형화하고 있다. 즉, 노동시장에서 노동을 담당하는 생계부양자에 대한 규범이 정책에 반영되는 수준과 함께 가족 내에서 돌봄노동의 가치가 가족정책에 있어서 개입의 대상이 되는 정도에 기반하여 남성 생계부양자 모델, 성별 역할 분리 모델, 개인으로서의 소득자-보호자 모델로 구분하여 제시하였다.

먼저, 남성 생계부양자 모델은 엄격한 성별 노동분업에 기반하여 남성은 생계부양을 담당하고, 여성은 돌봄노동을 담당하는 형태로 전형적인 성별 분업 형태의 가족정책을 추구한다. 따라서 복지의 수급권은 생계부양자인 남성을 중심으로 제공되어 배우자 간의 불평등 현상이 일어나게 되고, 남성의 수급권을 통해 가족 전체의 복지를 해결하는 데 초점을 두고 있다. 노동시장에서의 정책은 남성을 우선적으로 고려하게 되며, 돌봄의 영역은 공적 영역의 개입이 적은 상태에서 사적 영역이 담당하게 된다. 남성 생계부양자 모델을 통해 가족정책을 추구하는 대표적인 국가는 독일과 미국으로 볼 수 있다.

성별 역할 분리 모델은 남성 생계부양자 모델과 마찬가지로 엄격한 성별 노동분업에 기반하여 남성은 노동시장에서의 생계부양자, 여성은 가족 내에서의 돌봄노동자의 역할을 담당하도록 하고 있다. 하지만 남성 생계부양자 모델과 달리 복지수급권의 기초를 가족의 복지 해결을 위한 역할을 담당했는가에 기초하도록 하기 때문에 여성의 가족 내 돌봄노동에 대한 가치를 인정하고 있다. 즉, 가족의 생계부양자로서의 남성과 가족의 돌봄노동자로서의 여성 모두가 복지의 수혜가 가능하도록 하고 있는 것이다. 노르웨이가 대표적인 성별 역할 분리 모델의 국가로 볼 수 있으며, 노동시장에서의 정책은 남성 우선, 돌봄의 영역은 사적인 주체들에 의해 이루어지게 된다.

개인으로서의 소득자-보호자 모델은 성평등 의식에 기반한 성별 분업의 완화를 통해 남성과 여성 모두가 소득자와 돌봄노동자의 역할을 공유하도록 함으로써 성별에 따른 역할과 복지 수급권의 차이가 발생하지 않도록 하는 가족정책 방향이다. 복지의 수혜자는 남성과 여성으로 구별되지 않고 개인의 차원에서 이루어지기 때문에 특정한 가족의 형태인 경우에 지원을 하기보다는 개인에 초점을 맞춰 결정된다. 노동시장에서도 성평등 의식에 기반하여 양성 모두를 대상으로 정책이 이루어지고, 남성과 여성 모두 노동시장에서의 역할을 감당할 수 있도록 하기 위하여 돌봄의 영역은 국가가 적극적으로 관여하여 역할을 담당하게 된다. 개인으로서의 소득자-보호자 모델에 기반하여 가족정책을 운영하는 국가는 성평등 의식과 가족복지에 대한 국가의 적극적인 개입이 이루어지게 되고, 대표적인 국가는 스웨덴과 핀란드이다.

〈표 2-2〉 Sainsbury의 복지국가 가족정책

체제의 속성	남성 생계부양자 (male breadwinner)	성별 역할 분리 (separate gender roles)	개인으로서의 소득자-보호자 (individual earner-carer)
이데올로기	엄격한 성별 노동분업 남편=소득자 아내=보호자	엄격한 성별 노동분업 남편=소득자 아내=보호자	역할 공유 아버지=소득자, 보호자 어머니=소득자, 보호자
수급권	배우자 간 불평등	성별 역할에 따라 차등적	평등함
수급권 기초	가족부양	가족 내 역할책임	시민권 또는 거주민으로 권리
복지수혜자	가장, 일부 피부양자	가족부양자로서 남성, 보호노동자로서 여성	개인
과세	결합과세, 피부양자 공제	결합과세, 부부 모두 피부양자 공제	분리과세, 동등한 조세감면
고용 및 임금정책	남성에 우선적	남성에 우선적	양성 모두 대상
돌봄의 영역	주로 사적으로 수행	주로 사적으로 수행	강력한 국가 개입
해당 국가	독일, 네덜란드, 미국	노르웨이	스웨덴, 핀란드

2. 외국의 가족복지정책

1) 스웨덴

(1) 스웨덴 가족복지정책의 주요 특성

Esping-Andersen의 복지국가 유형화 중 사회민주주의 국가, Sainsbury의 복지국가 가족정책에서 개인으로서의 소득자-보호자 유형으로 분류된 스웨덴은 사회 변화에 따라 가족 내에서 발생하는 어려움, 특히 돌봄과 관련된 어려움들을 국가의 적극적인 참여를 통해 성공적으로 해결하고 있는 것으로 판단된다. 이는 1930년대에 발생한 출산율 저하에 대한 사회적 정책 운영의 변화와 제2차 세계대전 이후 노동력 부족 현상에 따라 발생한 여성의 사회 진출에 국가가 적극적으로 대응한 결과로 볼 수 있다. 1950년대 여성의 경제활동 참여 형태가 'M' 자형을 보이던 상황은 출산과 육아로 인해 노동시장에서의 역할과 가족 내에서의 역할 병행이 어려운 상황을 보여 주는 단면이었으며, 이는 남성과 달리 여성의 경우 생계부양과 돌봄노동의 이중고 상황에 빠져 있음을 보여 주었다. 이후 1970년대부터 시작된 양성평등의 확산과 실질적인 빈곤 탈피를 위해 가족 구성원 중 남성과 여성 모두가 생계부양자의 역할을 해야 할 필요성, 가족친화적인 사회적 조건 형성의 필요성 등이 제기됨에 따라 돌봄의 역할을 사회가 적극적으로 개입하기 시작하였다. 이는 공보육서비스의 전면적인 확대와 남성이 돌봄노동자로서 역할을 감당할 수 있도록 하는 제도 도입 및 사회적인 분위기 조성을 통해 이루어졌다. 가족복지정책에 있어서 스웨덴이 다른 국가들에 비해 나타나는 두드러진 특징은 가족복지 영역에 있어서 국가의 적극적인 개입과 성별 분업 완화를 위한 지속적인 정책 개발과 수행, 보편적인 공보육을 통한 가족과의 돌봄 분담, 여성의 높은 경제활동 참가율과 높은 출산율, 높은 수준의 성평등 수준, 다양한 가족의 사회적 인정으로 볼 수 있다.

(2) 스웨덴의 주요 가족복지정책

① 아동수당과 아동보호수당

스웨덴의 아동수당은 1947년「아동수당기본법」제정에 따라 1948년부터 아동의 양육비를 보조한다는 목적하에서 보편적으로 적용되어 운영되는 양육비 지원정책이다. 아동수당은 기본아동수당(basic child allowance), 연장아동수당(extended child allowance), 대가족추가급여(large family supplement)로 구분하여 살펴볼 수 있다. 먼저, 기본아동수당은 16세 이하의 모든 아동에게 지급되는 수당으로 부모의 결혼 상태나 소득 수준에 상관없이 지급된다는 특징을 갖는다. 이러한 기본아동수당 운영의 특징은 자녀의 양육을 사회가 분담하며, 자녀 양육으로 인해 자녀가 없는 가족에 비해 경제적인 어려움을 경험해서는 안 되고, 부모의 소득 수준에 상관없이 자녀는 적절한 양육환경을 제공받아야 한다는 평등의식과 함께 출산율을 높이기 위한 의미를 포함하고 있다. 다음으로, 연장아동수당이란 자녀가 16세 이후 상급 교육기관에서 교육을 받는 경우 아동수당과 동일 금액의 학업보조금을 받게 되는 것을 말한다. 대가족추가급여는 자녀가 두 명 이상인 경우 아동 1인당 지급받게 되는 기본아동수당에 추가적으로 대가족수당을 지급하는 것이다. 이 외에도 아동보호수당은 부모가 질병이나 장애를 가진 자녀를 양육하는 경우 자녀의 질병이나 장애로 인해 발생하는 추가적인 비용 부담을 완화하기 위하여 제공하는 수당이다. 16세 이하의 아동이 질병이나 장애로 인하여 6개월 이상 보호가 필요한 경우 제공된다.

② 아동보육제도

일 · 가족 양립이 가능한 사회환경 조성을 위하여 스웨덴에서는 가족 내에서 이루어지던 아동에 대한 돌봄의 역할에 사회가 적극적으로 개입하여 자녀 양육의 부담을 완화하고, 남녀 간의 역할에서 발생하는 역할 편중과 과중의 문제를 완화하고 있다. 스웨덴은 보편적인 공공보육의 확대를 위하여 공적인 주체에 의해 운영되는 편리한 양질의 보육서비스를 제공하는 데에 적극적인 사회적 투자를 하고 있다. 이를 통하여 남성과 여성이 모두 생계부양자와 돌봄노동자의 역할을 할 수

있는 일 · 가족 양립의 정책 목표를 달성할 수 있는 하나의 큰 축을 형성하게 되었다.

스웨덴은 부모의 근로여부에 상관없이 18개월 미만의 모든 아동이 공적인 주체가 관리 운영하는 보육시설을 이용할 수 있으며, 2000년대 초반부터는 4세 이상의 모든 아동이 취학 전 무상보육의 기회를 제공받고 있다. 보육서비스의 형태 중 시설보육으로는 프리스쿨(preschool)이 있고, 가정보육, 오픈프리스쿨, 유아학급이 있다(한유미, 2013). 시설보육은 가장 일반적인 형태의 보육서비스로 3~4개 학급의 정원 50명 정도로 지자체가 직접 설치하여 운영하며, 연중 종일제로 운영된다. 가정보육은 지자체가 보육교사를 직접 채용하여 보육모가 자기의 집에서 아동을 보육하도록 하는 것이다. 오픈프리스쿨은 부모와 가정보육모가 함께 자녀를 위한 교육 활동을 할 수 있는 공간을 제공하여 이를 통해 지역사회 네트워크 형성과 자녀에 대한 보육이 이루어지도록 하고 있다. 유아학급은 의무교육과정으로 보육시설에서 초등학교 시설로 이동하는 중간 단계의 역할을 한다.

③ 부모휴가제도

성별에 상관없이 생계부양과 돌봄노동을 병행할 수 있도록 하기 위한 가장 중요한 제도는 출산과 자녀 양육 시 노동시장에서 완전히 벗어나는 것이 아니라 노동시장에서의 역할을 일시적으로 중단하고, 가족 내에서 돌봄의 역할을 하고 복귀할 수 있도록 하는 것이다. 노동시장에 참여하고 있는 부모가 자녀의 출산이나 양육, 병간호를 위하여 사용할 수 있는 제도가 부모휴가제도이다. 스웨덴의 부모휴가제도는 다른 나라들에 비해 보편적으로 적용됨과 동시에 휴가기간, 소득의 보전, 남성의 참여 유도에 있어 보장의 수준이 높은 편이며, 이로 인해 아동과 여성의 경제적 독립, 남성의 가족 내 역할 증진의 목적을 달성하고 있다. 대표적인 부모휴가제도는 육아휴직, 병간호 휴가로 구분하여 살펴볼 수 있다.

먼저, 스웨덴의 육아휴직제도는 1974년 일 · 가족 양립 지원을 통해 여성의 사회 진출을 촉진하기 위한 목적하에서 세계 최초로 영아를 가진 취업부모 대상 유급 휴가제도를 시행함으로써 시작되었다. 육아휴직제도는 자녀 한 명당 480일을 사용할 수 있으며, 이때 노동의 단절로 인해 발생하는 소득 감소 문제를 해결하기 위해 출산 당시 수입의 80%를 보장받는다. 육아휴직은 자녀가 8세가 되는 시점 이전에 나누어서 사용할 수 있으며, 정책적으로는 남성과 여성이 동등하게 나눠 사용할 것을 권장하고 있고, 전체 휴직기간 중 아버지와 어머니 모두에게 1개월간 강제 할당되어 반드시 부모가 모두 육아휴직을 사용하도록 제도를 운영하고 있다. 육아휴직은 아니지만 자녀를 출산하거나 입양한 경우 활용할 수 있는 출산휴가와 같이 아버지의 경우에는 부성 휴가제도를 사용하여 10일간 가족 내에서 돌봄 역할을 할 수 있도록 하는 제도도 운영 중이다.

병간호 휴가제도는 질병으로 인해 자녀가 돌봄이 필요한 경우 이를 위해 직장생활을 하기 어려운 상황에서 활용 가능한 제도이다. 자녀의 질병이나 전염병으로 인한 병간호 휴가제도는 12세 이하의 자녀를 둔 경우에 활용이 가능하며, 자녀 1인당 120일까지 사용할 수 있도록 하고 있다. 반면, 질병이 아닌 장애로 인해 자녀에게 병간호가 필요한 경우에는 21세 이하의 자녀에게까지 활용이 가능하다. 병간호 휴가기간 동안의 급여는 육아휴직제도의 급여와 마찬가지로 근로 당시 수입의 80%를 보장받을 수 있다.

2) 독일

(1) 독일 가족복지정책의 주요 특성

Esping-Andersen의 복지국가 유형화 중 조합주의 복지국가에 해당하는 독일은 제2차 세계대전 이후 동독과 서독으로 분리되어 다른 이념과 경제체계하에서 국가가 운영됨에 따라 복지정책 및 가족복지정책에 있어서 그 특성을 달리하였다. 서독의 경우에는 전후 시점에 가족에게서 나타나는 변동을 가족의 위기로 보고, 전통적인 가족의 가치를 회복하기 위하여 남성을 중심으로 한 노동시장 운영과 같은 성별 분업의 강조와 가부장제의 강화를 추구하면서 자녀 돌봄은 사적인 영역이 담당하도록 하였다. 이후 여성친화적 정책 방향을 추구하여 일 · 가족 양립을 지원하기 위한 정책을 추진하였으나 1980년대 전 세계적으로 발생한 신보수주

의의 영향으로 성별 분업에 기초한 가족정책을 운영하였다. 현재 독일이 경험하고 있는 복지정책과 가족복지정책은 서독과 동독의 통일 이후의 혼란과 가족구조의 변동, 출산율 하락과 같이 가족을 둘러싸고 발생하는 급격한 변화와 어려움을 해결하기 위하여 집중적으로 추진되었다. 독일의 가족복지정책은 스칸디나비아의 모델을 참고하여 가족의 중요성 인식과 함께 성평등에 기반한 역할 분담을 추구하고 있으며, 다양한 가족의 수용과 함께 이민정책의 영향으로 외국인 가족에 대해서도 개방적인 자세를 취하는 형태로 변화하고 있다.

(2) 독일의 주요 가족복지정책

① 아동수당

1986년부터 시행되어 운영되고 있는 독일의 아동수당은 초기에는 10개월만을 지원하는 형태에서 18세까지 이하의 모든 아동에게 지급되는 수당으로 부모의 소득이나 혼인상태에 상관없이 보편적으로 지급되는 특징을 갖는다. 특히 자녀가 18세 이후에 취업을 하지 않은 상태로 직업교육을 받고 있거나 대학의 교육과정에 참여하고 있어 노동하지 않는 실업자로 남아 있는 경우에는 25세까지 가구의 소득 수준에 따라 차등하여 연장하여 지급된다. 또한 자녀에게 장애가 있는 경우에는 연령에 상관없이 수령할 수 있는 특징을 갖는다. 이러한 아동수당은 통일 전 동독과 서독 모두에서 발전해 왔으나, 통일 이후 하나의 제도로 통합되는 과정에서 동독의 경우에는 이전에 받는 수당에 비해 줄어든 상태의 급여 수준을 보이게 되었다. 이후 취업활동을 하지 않은 양육권자에게만 서비스를 제공하고, 낮은 급여 수준을 제공함으로써 생계부양자인 남성의 소득을 대체할 수 없어 성별에 따른 노동의 분리를 강화하는 경향을 보였다. 그리하여 가족에 대한 경제적인 지원 강화와 낮은 출산율에 대한 대응의 차원에서 점차적으로 아동수당의 급여 수준을 높이고 있으며, 대상자의 자격도 완화하여 지원을 강화하고 있다.

② 아동보육제도

독일의 경우에는 점차적으로 변화하고 있지만 전통적으로 남성을 중심으로 한 생계부양자 모델의 강조로 아동에 대한 돌봄은 여성의 역할로 남겨 두어 왔다. 보육에 있어서 독일 사회가 가진 가족 내 보육의 강조와 보충성의 원칙 강조는 돌봄 노동자로서의 여성을 강조하게 되어 궁극적으로는 여성의 사회 진출과 공적인 주체에 의해 이루어지는 보육서비스의 발달을 저해하게 되었다. 이러한 상황으로 인해 독일의 보육은 전일제보다는 반일제로 운영되어 왔으며, 영아기 자녀의 경우에는 특히 보육시설을 이용하는 데 많은 제약을 갖게 되었다. 보육에서의 제한은 또다시 여성의 사회 진출의 장애물이 되어 남성을 중심으로 한 생계부양자 모델을 강화하게 되었고, 양육의 부담 증가로 이어져 지속적인 저출산의 문제를 심화시켰다. 이러한 상황을 변화시키기 위하여 2007년부터 아동보육시설 구축의 확대를 위한 노력들이 이루어졌으며, 실질적인 보육인프라의 확대를 가져왔다. 독일의 보육 프로그램은 만 4개월부터 만 3세 미만의 아동이 이용할 수 있는 유아원, 3~6세 아동을 위한 유치원, 6~14세의 취학 아동을 위한 방과 후 전담기관인 호르트(Hort)의 형태로 운영되고 있다. 보육인프라의 확대를 통해 보육시설 이용의 증가가 지속적으로 나타나고 있으며, 이는 사적 영역에서 돌봄을 보장하던 것에서 벗어나게 되는 탈가족화를 촉진하고, 궁극적으로는 출산율의 향상에도 영향을 줄 것으로 판단하고 있다. 이와 함께 부족한 보육시설로 인한 문제를 완화하기 위하여 2013년 하반기부터 시행하고 있는 육아수당은 직업을 가진 부부가 아동을 보육시설에 보내지 않고 가정에서 양육하는 경우 현금으로 지원하는 형태로도 운영하고 있다.

③ 부모휴가제도

독일의 육아휴직제도는 제한적이지만 1979년 출산을 한 취업모에게 4개월간의 휴가를 보장하는 「모성휴직법」에 근간을 두고 있다. 육아휴직은 자녀가 8세가 되기 이전까지 출산휴가 이후 최대 3년까지 부모휴가를 신청할 수 있는 제도인데, 3년 중 1년은 자녀가 3~8세의 기간에 걸쳐 사용할 수 있다. 최대 3년의 육아휴직기간 중 아버지와 어머니 모두가 2개월의 육아휴직을 사용하는 경우 최대 14개월까지 육아휴직 수당을 받을 수 있으며, 부모 중 한쪽만 육아휴직을 사용하는 경우에는

12개월까지 육아휴직을 사용할 수 있다. 이러한 육아휴직제도 운영에 있어서 남성의 참여 유도는 남성의 가족화를 촉진함과 동시에 여성이 출산 이후 사회로 빨리 복귀할 수 있도록 하는 기틀을 마련하고 있다. 육아휴직기간 동안 노동 단절로 인한 소득 단절은 육아휴직 시점의 기존 월급 중 67%를 보장하는 수준에서 제도를 운영하고 있다.

독일도 자녀의 질병에 대한 돌봄의 문제를 해결하기 위하여 자녀 간병 휴가를 운영하고 있는데 의학적으로 자녀에 대한 돌봄의 필요성이 있고, 자녀를 간호할 수 있는 다른 가족 구성원이 없는 경우에 중소기업 이상의 규모 기업에 피고용자들은 10일간의 유급 휴가가 가능하다. 또한 자녀의 연령이 12세 미만이거나 장애를 가진 경우 급여를 보장받지는 못하지만 무급으로 1년간의 휴가를 신청하여 자녀에 대한 돌봄을 제공할 수 있다.

3) 미국

(1) 미국 가족복지정책의 주요 특성

자유주의 복지국가 유형의 대표적인 국가인 미국은 명시적으로 가족을 대상으로 하는 가족복지정책을 명확히 설정하고 있다고 보기 어렵다. 이는 복지에 있어서 국가의 개입과 국가의 역할보다는 개인주의 가치관과 시장에서의 해결을 중시하는 미국 사회의 가치와 관련된 것으로, 가족문제는 개인 스스로 해결해야 한다는 것을 반영한 것이다. 따라서 전체 사회의 복지에 대한 관점과 같이 가족에 대한 국가의 개입은 사회적으로 보호를 필요로 하는 매우 취약한 집단이나 시장에서 스스로 가족문제를 해결할 수 없는 대상에 매우 한정적으로 이루어진다. 이러한 특성으로 인해 가족복지의 대상자들은 대부분 저소득계층에 한정되며, 가족복지제도 역시 저소득계층의 빈곤 문제 완화를 위한 소득보장정책으로 매우 제한적이다. 빈곤 계층이 아닌 계층에 대한 복지제도는 시장에서의 활동과 관련된 형태로 제공되어 노동시장에서 노동을 통해 발생하는 소득에 대한 세금공제의 혜택을 제공하는 형태로 운영되고 있다. 미국의 가족복지에 있어서 또 하나의 특징은 국가의 정책에 따른 복지의 제공이 한정적인 반면에, 민간을 통해 제공되는 복지의 비중이 상대적으로 큰 부분이 있다는 점이다. 이러한 특징은 자유주의 복지국가의 특징으로도 볼 수 있다.

(2) 미국의 주요 가족복지정책

① 가족 소득보장정책

미국은 스웨덴이나 독일과 같이 아동양육을 하고 있는 가족을 대상으로 하는 보편적인 아동수당을 운영하지 않는다. 다만, 자녀가 있는 빈곤가정을 대상으로 하여 소득을 보장하기 위한 정책을 운영하고 있으며, 소득세를 감면하여 근로의욕을 높여 노동시장 참여를 유인하는 정책을 활용하고 있다. 미국의 가족 소득보장 정책으로는 빈곤가족에 대한 한시부조(Temporary Assistance for Needy Families: TANF), 근로소득세 환급제도(Earned Income Tax Credit: EITC)를 대표적으로 살펴볼 수 있다.

빈곤가족에 대한 한시부조는 1996년 요부양아동 가족부조(Aid to Family with Dependent Children: AFDC)를 대체한 제도로 빈곤가족에 대한 현금을 지원함에 있어서 노동시장에 참여를 연계하였으며, 수급기간을 제한하여 궁극적으로 스스로 가족의 복지 문제를 해결하도록 하고 있다. 기존 AFDC는 부양해야 할 18세 미만의 아동을 가진 빈곤가족을 대상으로 하여 공적인 주체가 재정을 제공하여 아동양육을 가능하게 하는 것을 목적으로 하였다. 초기 AFDC 도입 시에는 노동시장에 대한 참여 없이 가정 내에서 아동양육이 가능하도록 하는 것을 정책 목표로 하였으나, 사회적으로 여성의 취업에 대한 요구가 증가함에 따라 점차적으로 급여 제공과 노동시장 참여 또는 취업교육과의 연계가 이루어졌다. 또한 AFDC로 인해 혼외자 출산 증가와 전통적인 가족구조 및 가족기능 왜곡이 발생한다는 비판은 AFDC를 TANF로 대체하게 하는 원인으로 평가되고 있다. 1996년 AFDC를 TANF로 전환하면서 수급권자들의 노동시장 참여 촉진, 복지에 대한 의존 완화, 가족 해체 감소 등을 목적으로 하였으며, 이는 일과 복지가 연계된 상태에서만 급여를 한시적으로 제공함으로써 자립의 기회를 마련하는 것에 초점을 두게 되었다. TANF

는 18세 미만의 아동이 있는 가구 중 부모가 사망이나 가출, 실습 등으로 인해 부양이 불가능한 경우 자산조사를 통해 대상자가 선정된다. 급여 개시 이후 2개월 이내에 취업이나 지역사회 서비스 사업에 참여하는 조건을 충족해야 한다.

EITC는 수당을 직접적으로 주기보다는 일정 소득이 미달되는 근로자 가구를 대상으로 하여 소득을 보전해 주는 제도로 노동시장에 참여하고 있는 근로자 가구를 대상으로 하여 제공되는 부의 소득세(negative income tax)로 볼 수 있다. 근로소득세 환급제도는 공적인 주체에 의해 제공되는 급여를 노동과 연계하여 제공하는 미국의 가족복지의 특징을 보여 주는 제도이다. 이를 통하여 복지에 대한 의존을 낮추고, 가족 부양에 부족한 측면을 가지고 있을지라도 노동을 지속할 수 있도록 하는 근로 유인의 정책적인 목적을 살펴볼 수 있다.

② 아동보육제도

미국의 아동에 대한 보육정책은 복지정책과 맥을 같이하여 시장을 통해 서비스 이용자가 직접 비용을 부담하는 원칙으로 운영되고 있다. 이러한 보육제도의 운영에 있어 정부의 적극적인 재정적 지원은 이루어지지 않고, 정부에서 제공하는 보육의 서비스 대상 역시도 빈곤가구의 아동만으로 운영되고 있다. 또한 미국의 보육제도는 보육만의 독자적인 체계라기보다는 보육과 조기교육이 혼합된 형태의 특징을 보인다. 저소득층 아동을 대상으로 한 대표적인 미국의 보육제도로는 헤드스타트 프로그램(Head Start Program)을 꼽을 수 있다.

헤드스타트 프로그램은 1965년부터 저소득층 아동을 대상으로 운영되어 온 프로그램으로 빈곤한 부모의 영향을 받아 자녀의 교육과 생활에서 발생하는 문제로 인해 빈곤이 악순환되는 현상을 방지하고자 시행되고 있고 있다. 이 프로그램은 5세 미만의 저소득층 가구의 아동과 장애아동을 대상으로 하여 빈곤 아동의 교육을 비롯하여 언어 및 신체적 발달, 보건, 정서적 문제까지를 포함하는 포괄적인 서비스를 제공한다. 특히 1994년에는 조기 헤드스타트 프로그램(Early Head Start Program)을 도입하여 저소득층의 임산부와 3세 미만의 아이가 있는 가족을 대상으로 아동 발달과 지역사회에서의 네트워크 형성, 임산부 및 태아, 영아의 건강과 관련된 서비스를 제공하고 있다.

③ 부모휴가제도

미국은 가족복지정책의 다른 영역들과 마찬가지로 부모휴가제도에 있어서도 스웨덴이나 독일이 비해 제한적인 형태의 서비스를 제공하고 있으며, 제한적으로 시행되고 있는 제도들 역시 시행된 기간이 길지 않다. 미국에서 부모휴가제도와 유사한 정책적 목적을 두고 시행되고 있는 제도는 가족의료 휴가제도(Family and Medical Leave Act: FMLA)로, 법 시행 이전 개별 기업이나 지역별로 운영되던 무급 또는 제한적인 유급 형태의 휴가제도를 1993년 법 제정을 통해 시행해 오고 있다. 이 제도는 50인 이상 사업장의 근로자가 출산하거나 입양된 자녀의 돌봄, 심각한 질병을 가진 직계가족의 간호, 근로자 자신의 심각한 질병의 사유가 발생한 경우 1년간 최대 12주의 휴가를 사용할 수 있도록 하고 있다. 휴가기간 종료 후 근로자는 동일한 직종의 직무로 복귀해야 하고, 고용주는 휴가기간 동안 근로자의 건강보험 자격을 유지시킬 의무를 갖는다. 하지만 부모휴가나 가족휴가를 적극적으로 시행하고 있는 유럽의 국가들이 휴가기간 동안의 소득을 보장하는 유급 휴가의 형태로 제도를 운영하는 것에 비해 미국의 가족의료 휴가제도는 무급 휴가의 형태로 제도를 운영하고 있다.

3. 한국의 가족복지정책

1) 가족복지 관련 주요 법

(1) 「건강가정기본법」

① 법의 의의와 목적

「건강가정기본법」은 1997년 외환위기 이후 급변하는 한국 사회의 변화로 인해 발생한 가족 변화와 어려움 증가에 대응하기 위하여 2004년 제정되어 2005년부터

시행되어 오고 있다. 외환위기 이후 급격한 이혼율 증가와 출산율 감소, 결혼과 출산에 대한 가치관 변화로 인해 나타나게 된 가족의 불안정성에 대하여 국가의 개입과 지원의 중요성을 명확히 한 「건강가정기본법」은 가족에 대한 국가의 책임을 명확히 한 것으로 평가된다. 또한 노인, 아동, 장애인 등 개별적인 복지 대상자에 초점을 두던 복지정책의 방향을 가족을 중심으로 한 통합적인 체계 마련에 두게 하는 계기가 되었으며, 이를 통해 체계적이고 효과적인 복지 수요에 대응할 수 있는 기반을 구축하였다. 이는 가족의 개념 변화와 다양한 가족의 증가, 전통적인 가족기능의 약화와 자녀 양육의 어려움, 가족 해체와 가족 내 어려움의 증가에 대한 적극적인 개입과 함께 예방적인 차원에서 가족의 복지 욕구를 충족하고자 하는 개입의 틀을 제공하였다. 전통적으로 사회복지의 대상자인 요보호대상자들을 중심으로 하는 복지는 다양한 어려움을 가진 가족 전체를 대상으로 하는 가족복지정책의 기틀 마련을 통해 적극적인 개입을 가능하게 하였다. 국가는 적극적으로 가족에 개입할 수 있는 예산과 행정적인 지원을 하도록 하고 있다.

② 주요 내용

「건강가정기본법」에 기반하여 운영되는 가족복지정책과 관련된 주요 내용을 살펴보면, 「건강가정기본법」의 적용 대상과 책임의 주체, 조직과 주요 사업 내용으로 구분해 볼 수 있다. 「건강가정기본법」의 적용 대상은 제4조("모든 국민은 가정의 구성원으로서 안정되고 인간다운 삶을 유지할 수 있는 가정생활을 영위할 권리를 가진다.")에서 모든 국민으로 명시하고 있으며, 이는 모든 가족을 그 서비스 대상으로 삼고 있음을 알 수 있다. 또한 책임의 주체에 대한 명시는 동법 제5조에서 제시하고 있는데, 건강가정에 필요한 여건 조성과 시책 강구 및 추진의 책임을 국가와 지방자치단체가 진다고 제시하고 있다.

「건강가정기본법」에서 제시하고 있는 주요 조직으로는 한국건강가정진흥원, 건강가정지원센터, 건강가정사가 있고, 그 자격과 직무를 살펴볼 수 있다. 동법 제34조에서는 여성가족부 및 지방자치단체가 건강가정사업을 전담하여 수행하며, 다양한 형태의 가족들의 삶의 질을 제고하고, 가족의 역량을 강화하기 위한 가족

정책을 효율적 · 체계적으로 지원하기 위하여 한국건강가정진흥원을 설립할 것과 가족상담을 포함하여 가족정책 및 사업개발의 연구를 포함하는 주요 사업을 제시하고 있다. 건강가정사업을 직접적으로 실천하는 기구인 건강가정지원센터의 설치와 운영에 관한 것은 동법 제35조에 명시하고 있으며, 건강가정 업무를 담당하기 위한 전문인력인 건강가정사에 대한 규정 역시 명시하고 있다.

주요 건강가정사업의 내용으로는 먼저 동법 제15조부터 제17조에 걸쳐 명시하고 있는 것과 같이 건강가정기본계획과 연도별 시행 계획 수립, 시 · 도별 시행 계획 조정을 통해 체계적이고 계획적인 건강가정사업의 수행을 제시하고 있다. 이와 함께 개인과 가족의 현재 생활실태를 명확히 파악하고, 건강가정을 구현함과 동시에 가정 문제를 예방하기 위한 서비스 제공의 욕구와 수요를 파악하기 위하여 가족실태조사를 5년마다 실시할 것으로 동법 제20조에 명시하고 있다. 구체적인 건강가정사업으로는 동법 제21조부터 제33조에 걸쳐 위기가족 긴급지원, 자녀양육 지원의 강화, 가족 부양의 지원, 민주적이고 양성평등한 가족관계의 증진, 이혼예방 및 이혼가정지원, 건강가정교육 등의 사업을 제시하고 있다.

(2)「한부모가족지원법」

① 법의 의의와 목적

모자가족을 대상으로 「아동복지법」과 「생활보호법」에 의해 제공되던 복지는 1989년 제정된 「모자복지법」이 2002년 「모부자복지법」으로의 변경된 이후 2007년 「한부모가족지원법」으로 개정되어 오면서 담당하고 있다. 「한부모가족지원법」은 사회 변화에 따라 이혼 · 사별 · 미혼 상태에서의 출산으로 인한 한부모가족의 급격한 증가로 인하여 가족의 개념에 대한 새로운 개념과 이들이 경험하는 어려움에 대한 지원정책이 필요하게 되었고, 이러한 사회 변화와 증가한 한부모가족의 복지 수요에 부응하기 위하여 시행되었다. 지속적인 제정과 개정의 과정은 기존 「모자복지법」이나 「모부자복지법」이 빈곤층이나 저소득층을 대상으로 사후적인 서비스를 제공하는 관점에서 접근하거나 같은 상황의 부자가족에 대한 서비스가 제한되는 문제점을 보완하기 위하여 법의 명칭을 포함하여 제공되는 복지의 관점

과 내용의 변화를 보여 준다. 「한부모가족지원법」을 통하여 한부모가족이 건강하고 문화적인 생활을 영위할 수 있도록 함으로써 한부모가족이 경험하는 어려움의 수준을 완화하고, 복지 증진과 예방을 위한 접근을 가능하게 하였다.

② 주요 내용

「한부모가족지원법」의 주요 내용은 「한부모가족지원법」의 적용 대상과 책임의 주체, 주요 사업 내용과 서비스 시설로 구분하여 살펴볼 수 있다. 「한부모가족지원법」의 적용 대상은 제4조에서 한부모가족의 용어 정의를 통해 제시하고 있는데, 배우자의 사별, 이혼, 배우자로부터의 유기 상태에 있거나, 배우자가 장애로 인해 노동력을 상실했거나, 교정시설이나 치료감호시설에 입소했거나, 병역 복무 중인 경우, 미혼인 상태에서 아동을 양육하는 자로 한정하고 있다. 한부모가족의 복지 증진의 책임은 국가와 지방자치단체에 있음을 동법 제2조에서 명시하고 있다. 한부모가족을 대상으로 한 주요 사업 내용은 지원대상자의 조사(제10조), 복지 급여의 제공(제11, 12조), 복지 자금의 대여(제13조), 고용 촉진과 연계(제14, 15조), 가족지원 서비스 및 청소년 한부모 교육지원, 자녀 양육비 이행지원과 청소년 한부모 자립지원(제17조), 국민주택의 분양 및 임대 지원(제18조)이다. 또한 한부모가족의 주거와 생계 지원을 제공하여 자립을 지원하기 위한 방안으로 한부모가족복지시설을 운영 및 제공할 것에 대하여 동법 제19조에서 명시하고 있다. 한부모가족복지시설의 서비스 대상자와 목적에 따라 모자가족복지시설, 부자가족복지시설, 미혼모자가족복지시설, 일시지원복지시설, 한부모가족복지상담소로 구분하여 볼 수 있다.

(3) 「다문화가족지원법」

① 법의 의의와 목적

「다문화가족지원법」은 우리 사회가 세계화되어 가는 과정에서 외국과의 인적 교류가 증가하면서 다문화가족의 증가 현상이 나타남에 따라, 「다문화가족지원법」 제1조에 제시된 것과 같이 다문화가족의 구성원이 안정적인 가족생활을 영위하고 사회구성원으로서의 역할과 책임을 다할 수 있도록 하여 이들의 삶의 질을 향상시키고, 사회통합에 이바지할 수 있도록 하는 것을 목적으로 하여 2008년 제정되었다. 외국인 근로자의 증가, 결혼이민자의 증가, 북한이탈주민의 유입으로 인하여 1990년부터 증가하기 시작한 다문화가족에 대한 지원 방안 모색의 결과로 시행된 「다문화가족지원법」은 다문화가족 형성 이후 경험하게 되는 어려움과 자녀 양육의 문제, 사회통합의 문제를 해결하기 위한 방안으로 활용되고 있다. 「다문화가족지원법」을 통하여 다문화가족의 구성원들이 안정적인 가족생활을 영위하도록 하고, 가족 구성원들에게 적절한 정보를 제공하며, 문화적인 차이로 발생하는 어려움을 예방하고 조정하기 위한 제도적인 접근이 가능해졌다. 또한 다문화가족에 대한 이해 증진을 통해 이들이 사회적으로 통합될 수 있도록 하며, 가족생활에 대한 지원을 통해 가족관계를 유지할 수 있는 기제를 마련함을 목적으로 하고 있다.

② 주요 내용

「다문화가족지원법」의 주요 내용은 「다문화가족지원법」의 적용 대상과 책임 주체, 서비스 제공을 위한 조직과 주요 사업 내용으로 나누어 살펴볼 수 있다. 「다문화가족지원법」의 적용 대상은 다문화가족에 대한 정의를 제시한 제2조에 나타나 있는데, 「재한외국인 처우 기본법」 제2조 제3호의 결혼이민자와 「국적법」 제2조부터 제4조까지의 규정에 따라 대한민국 국적을 취득한 자로 이루어진 가족과 「국적법」 제3조 및 제4조에 따라 대한민국 국적을 취득한 자와 동법 제2조부터 제4조까지의 규정에 따라 대한민국 국적을 취득한 자로 이루어진 가족을 대상으로 한다. 이들 다문화가족의 안정적인 가족생활과 경제 · 사회 · 문화 등 사회 전반에 걸쳐 사회구성원으로서의 역할과 책임을 다할 수 있도록 하는 데 필요한 제반 조건을 마련하고, 이를 위한 시책을 수립하여 시행할 책임은 국가와 지방자치단체에 두고 있다(제3조). 다문화가족의 복지를 증진하기 위해서 다문화가족지원센터를 통해 서비스를 제공하도록 하고 있는데, 다문화가족지원센터 설립과 기능, 예산에 대한 규정은 제12조에서 제시하고 있다. 또한 다문화가족을 위한 중요사항을 심

의 · 조정하기 위한 기구로 다문화가족정책위원회를 운영하며, 다문화가족에게 종합적인 정보를 제공하기 위한 전화센터를 운영하도록 하고 있다. 다문화가족을 대상으로 한 주요 서비스 내용은 5년 단위로 이루어지는 다문화가족정책에 관한 기본 계획과 연도별 시행 계획, 다문화가족의 현재 생활과 실태를 파악하고, 다문화가족을 지원하기 위한 정책 수립의 적합성을 높이기 위하여 3년 단위로 다문화가족에 대한 실태조사를 실시할 것을 명시하고 있다. 실제적으로 다문화가족과 이들의 사회통합을 증진시키기 위하여 이루어지는 서비스는 다문화가족에 대한 이해 증진(제5조), 생활정보 제공 및 교육 지원(제6조), 평등한 가족관계의 유지를 위한 조치(제7조), 가정폭력 피해자에 대한 보호 · 지원(제8조), 의료 및 건강관리를 위한 지원(제9조), 아동 · 청소년 보육 · 교육(제10조), 다국어에 의한 서비스 제공 및 다문화가족 종합정보 전화센터의 설치 · 운영(제11조)이다.

2) 가족복지정책의 전달체계

가족을 대상으로 하는 복지정책과 관련된 전달체계를 이해하기 위해서는 우리나라의 가족복지정책과 관련된 행정체계에 대한 이해가 필요하다. 실질적으로 행정부의 대부분 기관이 가족복지정책과 관련성을 갖고 있으며, 이는 가족복지가 가지는 포괄성과 다양성의 모습이기도 하다. 이들 중 가족복지정책과 직접적으로 밀접한 관련성을 가진 행정부서는 여성가족부와 보건복지부로 볼 수 있다. 사회의 변화에 따라 증가하는 가족의 문제와 어려움을 신속하고 체계적으로 대응하기 위하여 현재는 여성부에서 기능을 확대한 여성가족부를 중심으로 가족에 대한 복지정책이 수행되고 있다. 하지만 가족복지 역시 사회복지의 한 부분이라는 점에서 보건복지부와의 관련성을 간과할 수는 없으며, 실질적으로 가족복지가 원활히 수행되기 위해서는 여성가족부와 보건복지부 간의 긴밀한 조정이 필요하다.

(1) 보건복지부

보건복지부는 모두가 행복한 대한민국을 만들고자 소득계층과 생애주기별 복지 강화를 통해 국민의 복지 수준을 높이고, 사회적 소속감과 연대감을 향상시키기 위한 비전을 가지고 있다. 이를 위해 더 나은 내일을 위한 사회안정망의 확충, 전 생애에 걸친 건강한 삶의 보장, 노후생활의 안정 지원 등을 핵심과제로 하여 국민들이 경험하는 사회적 위험으로부터의 보호와 사회적 참여 촉진을 통해 삶의 질을 향상시키고자 하고 있다. 이러한 보건복지부의 비전과 역할은 가족의 삶과 밀접한 관련성을 가지며, 가족의 삶에 지대한 영향을 주고 있다.

[그림 2-1]에 제시된 보건복지부의 다양한 부서 중 가족복지와 가장 관련성이 높은 부서는 사회복지정책실과 인구정책실로 볼 수 있다. 먼저, 이 중 사회복지정책실은 복지정책관, 복지행정지원관, 사회서비스정책관으로 구성되어 있으며, 사회복지정책실의 주요 역할 중 가족복지정책과 관련성이 높은 기능으로는 국민기초생활보장제도의 운영을 통한 빈곤가족에 대한 기능, 가족들에게 직접적인 서비스를 제공하는 사회복지시설들에 대한 지원 · 평가 및 육성, 자활사업을 통한 가족의 자립지원, 사회서비스의 제공을 통한 가족 지원 등이 있으며, 이를 통해 가족의 복지를 향상시키고 있다(〈표 2-3〉 참조). 인구아동정책관, 노인정책관, 보육정책관으로 구성된 인구정책실은 저출산 · 고령화에 대한 기본 계획의 수립을 통해 가족의 구성과 기능 증진을 이룸으로써 가족복지에 영향을 주게 되며, 아동과 노인에 대한 돌봄 정책 수립 및 지원, 보육과 관련된 정책 수립 및 지원 등을 통해 가족 내 돌봄과 이를 지원하기 위한 방안을 모색하고 시행함으로써 가족복지 향상을 모색하고 있다(〈표 2-4〉 참조).

장관

- 장관정책보좌관
- 대변인
  - 홍보기획담당관
  - 디지털소통팀

차관

- 운영지원과
- 인사과
- 감사관
  - 감사담당관
  - 복지급여조사담당관

기획조정실
- 정책통계담당관
- 정보화담당관
- 보건복지상담센터

정책기획관
- 기획조정담당관
- 재정운용담당관
- 혁신행정담당관
- 규제개혁법무담당관

국제협력관
- 국제협력담당관
- 통상협력담당관

비상안전기획관

보건의료정책실

보건의료정책관
- 보건의료정책과
- 의료자원정책과
- 의료기관정책과
- 약무정책과

공공보건정책관
- 질병정책과
- 공공의료과
- 응급의료과
- 생명윤리정책과

한의약정책관
- 한의약정책과
- 한의약산업과

사회복지정책실

복지정책관
- 복지정책과
- 기초생활보장과
- 자립지원과
- 기초의료보장과

복지행정지원관
- 지역복지과
- 급여기준과
- 복지정보기획과
- 복지정보운영과

사회서비스정책관
- 사회서비스정책과
- 사회서비스사업과
- 사회서비스자원과
- 사회서비스일자리과

인구정책실

인구아동정책관
- 인구정책총괄과
- 출산정책과
- 아동복지정책과
- 아동권리과
- 아동학대대응과

노인정책관
- 노인정책과
- 노인지원과
- 요양보험제도과
- 요양보험운영과
- 치매정책과

보육정책관
- 보육정책과
- 보육사업기획과
- 보육기반과

건강보험정책국
- 보험정책과
- 보험급여과
- 보험약제과
- 보험평가과

의료보장심의관
- 예비급여과
- 의료보장관리과

건강정책국
- 건강정책과
- 건강증진과
- 구강정책과
- 정신건강정책과
- 자살예방정책과

보건산업정책국
- 보건산업정책과
- 보건의료기술개발과
- 보건산업진흥과
- 의료정보정책과

해외의료사업지원관
- 해외의료총괄과
- 해외의료사업과

장애인정책국
- 장애인정책과
- 장애인권익지원과
- 장애인자립기반과
- 장애인서비스과

연금정책국
- 국민연금정책과
- 국민연금재정과
- 기초연금과

사회보장위원회사무국
- 사회보장총괄과
- 사회보장조정과
- 사회보장평가과

[그림 2-1] 보건복지부 조직도

〈표 2-3〉 보건복지부 사회복지정책실의 기능

1. 사회복지 관련 정책의 수립 · 조정
2. 사회복지사업법령에 관한 사항
3. 국민기초생활보장사업 종합계획의 수립 · 조정 및 평가에 관한 사항
4. 국민기초생활보장 수급자의 선정 및 적정관리에 관한 사항
5. 기준 중위소득의 산정 및 급여체계에 관한 사항
6. 노숙인 등 보호사업 계획의 수립
7. 의료급여에 관한 종합계획의 수립 및 운영
8. 의료급여 관련 법령 및 수가 · 급여기준 등에 관한 사항
9. 지역사회복지계획 및 정책의 수립 · 평가 · 지원에 관한 사항
10. 사회복지협의체의 구성 · 운영 및 협력체계 구축에 관한 사항
11. 사회복지전달체계 개편 · 운영을 위한 계획 수립 및 조정에 관한 사항
12. 사회복지 담당공무원 및 복지사무 담당조직의 운영 · 평가 등에 관한 사항
13. 사회보장정보시스템의 구축 · 운영 및 서비스 확대
14. 복지급여의 사업별 선정 · 지원 기준의 조정 및 표준화
15. 취약계층의 권리 구제 등 복지급여 사후관리에 관한 사항
16. 긴급복지지원사업 종합계획의 수립 · 조정 및 평가에 관한 사항
17. 「사회보장급여의 이용 · 제공 및 수급권자 발굴에 관한 법률」 제25조에 따른 대국민 포털 구축 · 운영 및 서비스 확대
18. 사회서비스 관련 종합계획의 수립 및 유망 사회서비스 분야 · 사업모델 개발
19. 사회서비스 일자리 창출 방안 수립 및 총괄 · 조정
20. 사회서비스 법령 · 품질관리 · 이용권 제도 운영에 관한 사항
21. 지역사회 서비스 투자사업 계획의 수립 · 시행 및 평가
22. 사회서비스 산업 육성 및 지원
23. 사회복지법인, 사회복지 관련 법인 · 단체, 외국인민간원조단체에 관한 사항
24. 사회복지시설에 대한 총괄 · 평가 및 사회복지관 육성 · 지원
25. 기부 · 자원봉사활동 · 기업의 사회공헌 활성화 등 민간의 인적 · 물적 자원 개발 · 육성에 관한 사항
26. 사회복지공동모금제도의 지원 및 육성에 관한 사항
27. 의사상자 예우 · 지원에 관한 사항
28. 보건복지분야 사회복무제도 운영 및 사회복무요원 교육에 관한 사항
29. 자활지원정책에 관한 종합계획의 수립 · 조정 및 정책 추진에 관한 사항
30. 자활사업 대상자의 선정 · 관리 및 자활지원기관의 지정 · 평가 및 지원에 관한 사항

〈표 2-4〉 보건복지부 인구정책실의 기능

1. 저출산 · 고령사회기본계획 및 시행계획의 수립 · 평가 · 총괄
2. 저출산 · 고령사회정책 개발 · 분석 · 연구 및 총괄 · 조정
3. 저출산 · 고령사회위원회의 운영 지원
4. 저출산 · 고령화 관련 홍보 · 대외협력 및 민간 활동지원
5. 베이비부머 세대에 관한 종합계획의 수립 및 조정
6. 노후의 소득 · 건강 · 교육 · 주거 · 환경 · 여가 및 문화 등에 관한 정책의 수립 · 조정
7. 인구 관련 정책의 총괄 및 조정
   7의2. 여성 · 어린이 건강정책의 종합 및 조정
   7의3. 모자보건법령 운영
   7의4. 산후조리원의 관리
   7의5. 인공임신중절 예방에 관한 사항
8. 아동복지에 관한 종합계획의 수립 · 조정 및 아동정책조정위원회 운영
9. 빈곤아동 맞춤형 통합서비스 제공, 아동발달계좌(CDA), 결식아동 지원 등 빈곤아동 지원에 관한 사항
10. 아동건강관리에 관한 사항
11. 아동권리증진, 아동학대 예방 · 보호 및 아동권리 관련 국제협약에 관한 사항
12. 아동의 안전 및 실종에 관한 종합계획의 수립 · 시행에 관한 사항
13. 입양에 관한 종합계획 수립 · 시행 및 국제협약, 아동의 입양 및 사후관리 등에 관한 사항
14. 아동양육시설, 지역아동센터, 그룹홈 등 아동복지시설 관리 · 운영에 관한 사항
15. 아동의 가정위탁, 소년소녀가정 등 가정보호에 관한 사항
16. 어린이날, 어린이 주간, 아동 총회 등 아동행사에 관한 사항
17. 아동 관련 법인 및 단체에 관한 사항
18. 노인의 보건복지에 관한 종합계획의 수립 · 조정
19. 노인건강증진, 노인의 안전과 권익 향상에 관한 사항
20. 경로효친사상의 앙양 및 경로우대에 관한 사항
21. 노인일자리 마련 및 자원봉사활동 지원
22. 장사시설의 확충 · 지원 및 제도 개선에 관한 사항
23. 국립망향의동산관리원 지도 · 감독에 관한 사항
24. 노인장기요양보험제도의 종합계획 수립 · 조정 및 홍보에 관한 사항
25. 노인장기요양보험의 급여 · 수가 · 지불체계 · 이용지원 및 관리운영기관 지도 · 감독에 관한 사항
27. 노인주거 · 의료 · 재가복지시설 및 공립치매요양병원의 지원 · 육성 · 확충에 관한 사항

28. 장기요양기관 관리 · 감독, 현지조사 및 평가에 관한 사항
29. 사할린 한인동포 지원에 관한 사항
    29의2. 고령친화산업 관련 개발 지원 및 종합계획의 수립 · 조정
30. 중앙행정기관 및 지방자치단체의 영유아정책(유아교육정책은 제외한다. 이하 같다)의 협의 · 조정 총괄
31. 영유아정책에 대한 평가 및 제도 개선
32. 보육예산의 편성 및 집행의 관리
33. 보육행정 전산화 및 보육서비스 이용권 제도 운영 · 관리
34. 보육교직원의 양성 및 자격관리
35. 영유아 보육료 · 양육수당 지원 및 가정양육 지원에 관한 사항
36. 영아 · 장애아 · 다문화 가정 영유아 등 취약 보육서비스 등의 지원에 관한 사항
37. 표준보육과정 및 보육프로그램의 개발 · 보급
38. 어린이집의 평가인증
39. 국공립어린이집 등의 확충 및 환경개선
40. 어린이집의 설치 및 인가 기준에 관한 사항
41. 어린이집의 지원 및 지도 · 감독

(2) 여성가족부

여성가족부는 여성 관련 정책과 권익 증진, 청소년의 육성과 복지 제공, 여성 · 아동 · 청소년에 대한 폭력피해 예방 및 보호와 함께 가족과 다문화가족정책의 수립 · 조정 · 지원을 목적으로 기능을 확충하였다. 이를 통해 여성의 사회참여 기회를 확대하고, 여성 인력의 사회적 활용 가능성을 높이며, 일 · 가족 양립을 지원하여 성평등한 사회를 지향하며, 가족 내에서의 부양과 양육의 기능을 지원하고 있다는 점에서 가족복지정책과 매우 밀접한 관련성을 갖는다. 또한 다문화가족을 포함한 가족을 대상으로 한 정책을 기획하고, 다문화가족의 사회통합과 가족 내에서 발생하는 폭력에 대한 보호 조치 활동을 통해 가족의 어려움을 완화하고 가족의 기능을 증진하는 데 이바지하고 있다.

[그림 2-2]에 제시된 여성가족부의 다양한 부서 중 청소년가족정책실 내에 있는 가족정책관의 주요 부서들은 가족복지정책과 특히 밀접한 관련성을 갖는다. 〈표 2-5〉에 제시된 가족정책과, 가족지원과, 가족문화과의 주요 역할은 건강가정기

본계획의 수립과 평가, 가족에 대한 실태조사, 건강가정사의 양성과 훈련 등을 통해 가족복지정책의 주요 서비스 체계 구축을 하고 있으며, 지역사회 가족기능 강화를 위한 자원연결, 가족친화 사회환경 및 기업 환경 구축, 가족 가치 실현과 가정생활 관련 교육 및 상담 프로그램 운영 등을 통해 가족친화 환경을 사회적으로 구축하고 가족을 대상으로 한 직접적인 복지 프로그램의 운영에 영향을 주고 있다. 이와 함께 아이돌보미 서비스를 통한 자녀 양육 지원, 한부모가족 대상 서비스 체계 구축 및 운영, 이혼가족에 대한 대한 상담 및 양육비 관련 업무를 통해 가족의 복지 증진에 기여하고 있다. 〈표 2-6〉에 제시된 다문화가족과의 기능에서는 다문화가족지원정책의 기본 계획 수립 및 평가와 다문화가족에 대한 실태조사를 통해 다문화가족의 복지 증진을 위한 정책을 운영하고 있으며, 다문화가족지원센터에 대한 지원과 다문화가족 대상 프로그램 개발과 사례관리를 통해 직접적인 서비스 제공에 영향을 주고 있다. 또한 다문화가족에 대한 사회적 인식개선을 위한 정책의 수립과 결혼이민자 관련 국제 결혼에 대한 제반 정책 운영을 통해 가족복지에 기여하고 있다.

[그림 2-2] 여성가족부 조직도

〈표 2-5〉 여성가족부 가족정책과, 가족지원과, 가족문화과의 기능

구분	기능
가족 정책과	• 건강가정기본계획의 수립 · 조정 및 연도별 시행계획의 총괄 • 중앙부처 및 지방자치단체 가족정책의 협의 · 조정 총괄 • 가족 관련 법령의 관리 · 운영 • 가족제도 · 가족실태에 관한 조사 · 연구 • 가정의 날 및 부부의 날 운영 등 가족 관련 행사에 관한 사항 • 가족 관련 법인 · 단체의 지도 · 감독 및 육성 · 지원에 관한 사항 • 한국건강가정진흥원의 지도 · 감독 • 건강가정 · 다문화가족지원센터 통합서비스 운영기관 및 건강가정지원센터 관리 • 공동육아나눔터 운영 등 가족돌봄 지원 • 건강가정사의 관리 • 가족상담 및 가족교육 등 프로그램 지원 • 부모교육 관련 계획 수립 및 대책 추진
가족 지원과	• 미혼모 및 청소년 한부모의 자립지원에 관한 사항 • 한부모가족 지원 관련 계획의 수립 및 법령의 관리 · 운영 • 한부모가족 아동 양육 · 교육 등 지원 • 한부모가족 복지시설의 지원 · 육성 및 종사자 능력 개발 • 한부보가족 복지단체의 지원 및 관리 • 한부모가족 실태조사 계획 수립 · 시행 • 이혼위기가족에 대한 상담 · 교육 등의 서비스 지원 • 취약 · 위기가족 등에 대한 지원 • 양육비 이행 관련 법령의 관리 · 운영 및 제도 개선에 관한 사항 • 양육비 이행 인식 개선을 위한 교육 · 홍보에 관한 사항 • 양육비 이행 심의위원회의 운영에 관한 사항 • 양육비 이행 관리원의 지도 · 관리 및 감독에 관한 사항
가족 문화과	• 가족친화 사회환경 관련 법령의 관리 · 운영 • 가족친화기업 등의 인증 · 관리 • 가족친화 사회환경 관련 실태조사 및 계획의 수립 · 시행 • 가족친화 직장 · 마을 환경 조성 지원 • 고비용 혼례문화 개선에 관한 사항 • 민주적이고 양성평등한 가족문화의 확산 및 건전가정의례의 보급에 관한 사항 • 돌봄서비스 등 가족의 자녀 양육 지원

〈표 2-6〉 여성가족부 다문화가족과의 기능

구분	기능
다문화 가족과	• 중앙부처 및 지방자치단체의 다문화가족 지원정책 총괄 • 다문화가족정책위원회 실무위원회의 운영 • 다문화가족 관련 조사 · 연구 및 법령의 관리 · 운영 • 다문화가족지원센터의 운영 지원 • 다문화가족의 자녀 양육 지원에 관한 사항 • 결혼이민자의 경제 · 사회적 자립지원 • 다문화가족 정책의 홍보 • 다문화 이해 교육에 관한 사항 • 다문화가족 종합정보 전화센터의 운영 지원 • 국제결혼 건전화와 결혼이민자 인권보호 관련 대책의 수립 · 시행 • 결혼중개업 관리에 관한 법령의 관리 · 운영 • 결혼중개업 등록 · 신고의 관리 및 피해 예방 • 국제결혼 예정자의 사전 준비 지원에 관한 사항

4. 한국 가족복지정책의 발전방향

1997년 외환위기 이후 우리나라의 가족 내에서 발생한 가족의 급변은 사회 전반적으로 크게 영향을 주었고, 이로 인해 다양한 가족 내에서 어려움이 증가하였다. 이러한 어려움의 해결과 예방적인 접근을 통한 가족 구성원들의 복지 증진을 위한 많은 노력이 성과를 이루어 가족복지와 관련된 다양한 정책이 제시되었고, 법적 · 행정적 체계를 갖추었다. 하지만 여전히 충분한 수준의 가족복지가 이루어지고 있는가에 대해서는 의문을 갖게 된다. 따라서 지금까지 가족복지에서 이루어진 성과를 기반으로 하여 지속적으로 가족복지를 증진시키기 위한 방안을 제시하고자 한다.

첫째, 한국에는 명백한 방향성을 갖춘 포괄적인 가족정책이 여전히 부족하다. 사회적으로 수용되는 체계적인 가족복지정책 수립을 위해서는 가족에 대한 개념, 사회적으로 가족을 바라보는 태도, 가족복지정책의 목표와 범주에 대한 사회적인

합의를 도출하는 것이 선행되어야 한다. 여전히 사회적으로나 정책적으로 특정 유형의 가족중심적 접근과 복지의 문제를 개인과 가족에게 지우는 방향성에 기반하여 가족복지가 수행되어 오고 있다고 볼 수 있다. 하지만 부부 중심의 혈연이 기반이 되는 핵가족체계에서 한부모가족, 재혼가족, 노인단독가족, 비혈연 공동체 가족, 미혼모 · 부가족, 동거가족 등 다양한 가족 형태가 현실적으로 증가하고 있다는 점에서 가족복지정책도 다양한 형태의 가족을 수용하고 지원하여 가족친화적인 사회환경을 구축하는 방향을 지향해야 한다.

둘째, 가족의 복지 욕구를 충족시키고 급변하는 가족 변화에 대응하기 위해서는 보다 적극적인 가족복지정책의 수행 방향 설정과 이를 지원하기 위한 제도와 실천적 방안들이 보완 · 강화되어야 한다. 유럽의 국가들이 운영하고 있는 보편적인 가족복지정책인 가족수당을 포함하여 양육수당과 부양수당의 도입과 사회적 보육 기능의 강화, 사회보험에서의 가족에 대한 지원 강화, 여성의 사회화를 위한 노동권 보장과 남성의 가족화를 위한 돌봄권 보장, 국민기초생활보장제도에서의 가족 관점 강화, 요보호아동에 대한 가족친화적 제도 도입, 가족 관련 서비스 기관의 기능 강화와 확대가 이루어져야 하며, 이를 위해서는 공적인 주체와 민간의 영역이 통합된 형태로 역할을 분담할 수 있도록 하는 방안이 모색되어야 한다.

셋째, 가족 내에서의 성역할 분업으로 인해 발생하는 가족 전체의 불이익에 대한 인식 확산과 변화를 위한 노력이 이루어져야 한다. 변화하는 사회와 가족 내 역할에서 성별에 따른 불평등을 완화하고 민주적이고 평등한 가족관계 문화 형성을 위해 생애주기별 가족생활교육의 활성화를 이룸으로써 예방적 접근이 이루어질 수 있도록 해야 할 것이며, 이를 위한 보편적이고 접근이 용이한 상담서비스의 개발과 인프라 구축, 공교육 내에서의 가족 내 성평등에 대한 교육 강화가 이루어져야 한다.

마지막으로 다양한 가족의 상황에 따라 적합한 수준의 복지를 누릴 수 있도록 하는 시스템 구축과 이에 대한 사회적 합의 도출이 필요하다. 자녀 양육을 지원하기 위한 수당의 도입, 돌봄의 사회적 역할 강화와 일 · 가족 양립을 위한 방안으로서의 가족 내 역할에 대한 사회적 급여 제공, 남성의 가족화와 육아휴직 활용 강화

를 위한 제도 도입, 아동양육 시기의 탄력적 근무 시간 및 여건 마련, 노인 부양 부담을 완화하기 위한 간병 지원 방안, 유급 가족휴가제도 등의 구체적이고 현실적인 지원 방안들의 모색이 이루어져야 하는 것이다.

참고문헌

김성천(2000). 한국 가족복지정책의 재조명: 개혁방향의 모색. 한국가족복지학, 5, 71-102.

김성천, 안현미(2003). 참여정부 가족정책의 기본 구성요소의 분석과 발전방향 모색. 한국가족복지학, 12(12), 35-63.

김영모(1990). 한국가족정책연구. 서울: 한국복지정책연구소 출판부.

변화순(1997). 여성정책의 현황과 전망: 21세기를 향한 여성정책. 서울: 한국여성정책연구원.

조희금, 송혜림, 공인숙, 이승미, 이완정, 박혜인, 조재순, 김선미, 최연실(2002). 가정생활복지론. 서울: 신정.

최성재(1992). 가족과 사회정책. 가족학논집, 4, 195-217.

한유미(2013). 스웨덴과 핀란드의 공보육 제도. 스칸디나비아 연구, 14, 181-214.

Esping-Andersen, G. (1990). *The three worlds of welfare capitalism*. Cambridge, UK: Polity Press.

Kamerman, S. B., & Kahn, A. J. (1978). *Family policy: Government and families in fourteen countries*. New York: Columbia University Press.

Kamerman, S. B., & Kahn, A. J. (1997). *Family change and family policies in Great Britain, Canada, New Zealand, and the United States*. Oxford, UK: Oxford University Press.

Moen, P., & Schorr, A. L. (1987). Families and social policy. In M. B. Sussman & S. K. Steinmetz (Eds.), *Handbook of marriage and the family*. Boston, MA: Springer.

Sainsbury, D. (1999). *Gender and welfare state regimes*. Oxford, UK: Oxford University Press.

Zimmerman, S. L. (1995). *Understanding family policy: Theories and applications*. Thousand Oaks, CA: Sage.

제3장

가족복지 실천의 접수 및 가족사정

개요

이 장에서는 가족복지 실천의 첫 단계인 접수 및 가족사정의 개념과 목표를 이해할 것이다. 접수 및 가족사정의 과정에서 다루어야 할 내용과 구체적인 방법을 살펴볼 것이다.

1. 접수

가족복지의 실천에서 가족의 욕구를 파악하고 그에 적절한 서비스를 찾는 첫 번째 단계가 접수(intake)단계이다. 가족복지의 실천은 가족 전체를 대상으로 하지만, 대체로 가족 성원 중 한 사람이 개입을 요청하거나 타 기관에서 의뢰받는 경우가 많다. 대체로 접수는 정기적인 가족복지 실천과정에 포함시키지 않고 별개의 과정으로 구분하며(노안영, 2005), 이 단계에서는 가족 성원이 현재 겪고 있는 문제나 욕구, 일반적 상황, 대인관계상의 기능 등에 대한 정보를 파악한다(박미은, 신희정, 이혜경, 이미림, 2012).

접수과정의 주요 기능은 사회복지사가 가족의 문제와 욕구 및 기대 등을 명확히 파악한 후, 기관에서 이 가족에게 적합한 서비스를 제공할 수 있는지의 여부를 판단하는 것이다. 이 가족이 기관에서 적합한 서비스를 제공받을 수 있다면 다음 실천과정으로 이어지겠지만, 그렇지 않을 경우에는 다른 기관으로의 연계를 결정하게 되는데 이를 의뢰라고 한다.

의뢰는 기관에서 가족의 욕구에 적합한 서비스를 제공하기 어렵거나, 더 적절한 기관이 있다고 판단될 경우 그 가족에게 다른 기관을 안내하는 것을 말한다(Hepworth, Rooney, & Larsen, 1997). 의뢰할 때는 가족들에게 의뢰의 이유에 대한 충분한 설명과 의뢰가 가능한 기관에 대한 상세한 정보를 반드시 제공하여야 한다. 의뢰는 단순히 가족에게 다른 기관을 안내하는 것으로 그쳐서는 안 되며, 그 가족에게 의뢰하는 기관에 대한 구체적인 정보를 제공하고 그 기관과 접촉할 수 있도록 돕는 적극적인 활동이 되어야 한다(양옥경, 김정진, 서미경, 김미옥, 김소희, 2005).

접수단계에서의 접수내용은 초기면접지(intake sheet)에 기록한다. 초기면접지는 사회복지사가 다음 실천과정을 준비하는 데 필요한 정보를 제공하며, 이를 기반으로 개입계획을 수립할 수 있다. 접수는 가족의 문제나 욕구가 무엇인지 그리고 그 문제를 기관에서 도와줄 수 있는지를 결정하기 위한 것이므로 초기면접지에는 다음과 같은 내용을 포함하여 기록한다(노안영, 2005; 박미은 외, 2012). 초기면접지의 양식은 〈표 3-1〉과 같다.

- 기본정보: 이름, 성별, 나이, 혼인 상태, 주소, 전화번호, 직업, 종교, 접수일자, 장애유형, 건강 상태, 경제 및 주거상황 등
- 가족관계: 동거 중인 가족을 중심으로 가족원의 이름, 나이, 직업, 교육 정도, 종교, 관계 등
- 주요 문제: 사회복지사의 도움을 청하게 된 문제가 무엇이며, 언제부터 어떤 과정으로 지속되었는가 등
- 기관에 오게 된 동기: 면접 경로(본인 요청, 사례관리자의 발굴, 의뢰 등)
- 의뢰 이유: 타 기관 혹은 가족으로부터의 의뢰일 경우, 의뢰한 이유
- 이전의 사회복지서비스를 받은 경험: 과거 어떤 사회복지기관에서 서비스를 받았는지에 대한 내용

〈표 3-1〉 초기면접지

<table>
<tr><td>접수번호</td><td colspan="3"></td><td colspan="2">접수일자</td><td colspan="2"></td></tr>
<tr><td>이름</td><td colspan="3"></td><td colspan="2">성별</td><td colspan="2"></td></tr>
<tr><td>나이</td><td colspan="3"></td><td colspan="2">혼인 상태</td><td colspan="2"></td></tr>
<tr><td>주소</td><td colspan="7"></td></tr>
<tr><td>전화번호</td><td colspan="3"></td><td colspan="2">직업 유무</td><td colspan="2">□ 유 □ 무</td></tr>
<tr><td>장애유형/급</td><td colspan="3"></td><td colspan="2">건강 상태</td><td colspan="2">□ 양호
□ 질환( )</td></tr>
<tr><td>보호 구분</td><td colspan="7">□ 수급자 □ 조건부수급 □ 저소득/차상위 □ 기타( )</td></tr>
<tr><td>주거 상태</td><td colspan="7">□ 자택 □ 전세 □ 월세 □ 영구임대 □ 기타( )</td></tr>
<tr><td>면접 경로</td><td colspan="7">□ 본인 요청 □ 사례관리자의 발굴 □ 기관 내부 의뢰
□ 타 기관 의뢰 □ 주민 의뢰 □ 기타( )</td></tr>
<tr><td>상담 장소</td><td colspan="7">□ 가정 □ 내방 □ 전화 □ 지역사회 기관( )</td></tr>
<tr><td rowspan="5">가족사항</td><td>관계</td><td>이름</td><td>나이</td><td>직업</td><td>교육 정도</td><td>종교</td><td>기타</td></tr>
<tr><td></td><td></td><td></td><td></td><td></td><td></td><td></td></tr>
<tr><td></td><td></td><td></td><td></td><td></td><td></td><td></td></tr>
<tr><td></td><td></td><td></td><td></td><td></td><td></td><td></td></tr>
<tr><td></td><td></td><td></td><td></td><td></td><td></td><td></td></tr>
<tr><td>주요 문제
(도움 요청
내용)</td><td colspan="7"></td></tr>
<tr><td>이전의 서비스
경험</td><td colspan="7"></td></tr>
<tr><td>면접자 평가</td><td colspan="7"></td></tr>
<tr><td>대상 판정</td><td colspan="7">□ 대상(긴급/일반) □ 비대상(정보 제공/연계:)</td></tr>
<tr><td>면접자</td><td colspan="7"></td></tr>
</table>

접수단계에서 수집한 정보가 완전하거나 적절하지 않을 수 있다. 왜냐하면 사회복지사와 충분한 신뢰관계가 형성되지 않았거나 혹은 의뢰한 가족 성원이 가족 문제나 욕구에 대해 대표성을 띠지 않을 수도 있기 때문이다. 따라서 이후의 실천 과정을 거치면서 실제 가족의 문제는 처음 개입을 의뢰한 성원이 제기한 내용과 달라질 수도 있다(노안영, 2005). 다음의 예시는 어머니가 아들의 가출 문제를 의뢰한 경우이다. 어머니는 아들이 문제라고 생각했으나 실제 대화 진행과정에서 아들 개인 차원의 문제가 아니라 가족의 구조적 변화가 필요함이 드러났다. 가족의 문제가 당초 개입 의뢰와 실제 내용이 달라질 수 있음을 보여 주는 좋은 예이다.

엄 마: 우리 아들이 지금 고2인데요. 중학교 2학년 후반 때부터 가출을 했어요. 그때는 주말에 하루 정도는 안 들어왔는데, 중3이 되면서 2~3일로 늘고, 고등학교 들어가면서 3일은 들어오고 4일은 안 들어와요.
진행자: 학교는 가긴 가요?
엄 마: 일주일에 한 번 정도는 안 가는데, 학교는 가긴 가요. 그런데 학교에 가방을 던져 놓고, 나가요. 선생님 말씀이 점심에 급식실에서는 보인대요. 그럼 제가 막 찾으러 다녀요. 친구네 집도 찾으러 한 번 다녀 보고, 잘 가는 PC방도 가 보고, 그러다 어떻게 인연이 되면 길거리에서도 잡아요. 근데 도망을 가요. 제 차를 보면 도망을 가니까 저도 모르게 아무데나 차를 딱 대고 쫓아가면서 막 욕을 하는 거예요. 잡아야 되니까.
진행자: 아들의 얘기를 들어 보죠. 왜 나가요?
아 들: 아 예…… 그냥 집에 들어가기 싫어서…….
진행자: 집 나가서 뭐해요?
아 들: 그냥 노래방 가거나 영화 보고 아니면 친구네 집에서 자요.
진행자: 친구 부모님이 뭐라고 안 그래요?
친 구: 뭐라고 해 본 적도 있어요.
진행자: 그런데 집에 안 가요?
친 구: 딴 데로 새는 거 같아요.
진행자: 뭐라고 하시면 '갈게요' 하고 다른 데로 가? 친구는 얘가 집에 안 들어가는 거 답답하지 않아요?
친 구: 답답한데 아무리 말해도 때려도 말을 안 들어요. 집 앞까지 데려다줬는데…….
진행자: 친구 집이 더 편해요? 집보다?
아 들: 아뇨. 집이 더 편해요.
진행자: 다행이다. 그런데 자꾸 친구네 집에서 자는 건 무슨 이유예요?

아 들: 엄마가 불편해서…….
진행자: 엄마가 불편해요?
아 들: 네.
진행자: 그럼 구체적으로 엄마한테 뭐가 불만이에요?
아 들: 집에 들어가면요. 아빠랑 엄마랑 술 마시고 싸우면 그 꼴 보기 싫어 가지고 그냥 나가요.
진행자: 그게 혹시 본인 때문에 그런 거 같진 않아요?
아 들: 네. 저 때문에 그런 거 같진 않아요. 집에 들어갈 때마다 술을 마시고 있으면요. '하아 또 시작이구나…….'
엄 마: 제가 식당을 하니까 식당에서는 한잔씩 하는데 집에서는 진짜 맥주 하나 안 마셔요. 알코올 중독자도 아니고 혼자 술 따라서 마시겠어요?
아 들: 술을 마시면요. 제가 자려고 하면 저한테 와서 못 자게 하구요. 막 사랑한다고 하고 술만 마시면 그러니까. 평소에 좀 멀쩡한 때 하면 괜찮은데요.
진행자: 평상시에는 표현을 안 하고?
아 들: 네.
진행자: 또 엄마한테 마음에 안 드는 게 뭐가 있는데?
아 들: 제 의견을 안 들어 줘요.
진행자: 예를 들면, 어떤 의견?
아 들: 제가 이 방송에도 분명히 안 나간다고 말했고, 그다음 날 물어보니까 방송에 나가야 된다고, 나간다고 했다고…….
엄 마: 제가 알기로는요. 중학교 2학년 때 가수가 되는 게 꿈이래요. 그래서 실용음악학원을 보내 달라고 해서 제가 1년을 보내 줬어요. 그랬는데 그 학원을 다니면서부터 늦게 들어오고 안 들어오는 게 반복이 되는 거예요. 그래서 못 가게 했더니 한 날은 저에게 딱 와서 그러는 거예요. 아들이 뭔가 해 보겠다는데 왜 꿈을 좌절을 시키냐는 거예요. 그래서 내가 실용학원 선생님도 넌 소질이 없대. 그냥 취미생활로 하는 게 딱 좋다는데 다른 걸 해 보지 않겠냐.
진행자: 그러면 아들은 혹시 엄마가 너를 사랑하지 않는다고 생각해?
아 들: 네. 조금 그런 거 같아요.
진행자: 그럼 엄마가 어떻게 해 줬으면 좋겠어요?
아 들: 술 좀 그만 마시구요. 욕 좀 줄여 줬으면 좋겠어요.
진행자: 뭐라고? 예를 들면?
아 들: 아들이 꼴통이라고…….
진행자: 우리 엄마도 나한테 그랬어요. 근데 나는 인정을 했어요. 근데 본인은 왜 인정을 안 해요? 학교도 그렇게 안 나가면서.
아 들: 꼴통 인정할게요.
진행자: 어머니, 이제 욕 그만하셔야 해요. 어머니는 애정표현의 하나인데 아들은 아직 그걸 모를 수 있어요. 그럼 이제 아들은 엄마 식당으로 밥 먹으러 갈 수 있어요?
아 들: 네.

출처: 2013. 8. 19. KBS 〈대국민 토크쇼 안녕하세요〉 '대화가 필요해' 편

2. 가족사정의 개념

가족사정(family assessment)은 접수단계 후 개입의 첫 단계이다. 가족사정은 계획, 목표설정, 개입설계 등 가족복지 실천의 방향을 정하기 위해 가족을 하나의 단위로 보고 가족 내・외부의 정보를 수집하고 분석하는 것이다. 가족사정은 개입 초기에만 시행되는 것이 아니라 개입의 전 과정 동안 계속된다. 가족과 관련된 문제, 욕구, 환경 등은 충분히 가변적이어서 이를 조직화하여 개입계획을 설정하는 과정은 순환적이고 상호관련성을 갖게 된다. 그러므로 가족복지 실천과정에서 새로운 정보가 나타났을 때는 그 정보가 가족에게 미치는 의미와 중요성을 사정할 필요가 있다(박미은 외, 2012; 허남순, 한인영, 김기환, 김용석 공역, 2004).

가족사정은 가족의 욕구 및 가족과 관련한 객관적 사실뿐 아니라 가족의 문제나 욕구에 대한 가족 성원들의 느낌이나 생각, 사회복지사 자신의 생각을 성찰한 과정 등 주관적인 면에 대한 사정도 포함되어야 한다(성정현, 여지영, 우국희, 최승희, 임세희, 2014). 가족사정은 이후 가족복지 실천의 적절성과 효과성을 평가할 때 주요 기준이 된다. 그러므로 가족을 사정하는 사회복지사에게 정확하고 객관적인 가족사정의 능력이 요구된다. 이를 위해서는 가족을 이해하는 데 필요한 지식을 적절히 적용하고, 적합한 측정도구를 사용할 수 있어야 한다. 그리고 이를 통해 알게 된 정보를 통합할 수 있어야 한다. 그러나 이 과정을 아는 것과 실제 가족에게 적합하게 적용하고 그 결과를 통합하는 것은 별개의 차원이어서 오랜 실천 경험의 축적이 필요하다(김정진, 임은희, 권진숙, 2007; 박옥임 외, 2013). 가족사정단계에서 수집할 정보는 크게 네 가지 범주화로 나눌 수 있다(허남순 외 공역, 2004).

1) 사정단계에서 수집할 정보

첫째, 문제와 도전에 관한 탐색이다. 사정단계에서는 가족에게 생긴 문제나 욕구에 관한 구체적인 자료를 수집하는데, 문제나 욕구의 발생장소, 심각성, 지속기간, 시간, 빈도, 결과, 감정적 반응, 의미부여 등에 관한 정보를 탐색한다. 이와 함께

가족의 변화에 대해 가족 전체와 가족 구성원들의 한계는 어떤 것인지도 탐색한다.

둘째, 잠재적 강점과 자원에 관한 탐색이다. 가족의 문제나 욕구 해결을 위해서는 가족의 강점과 자원의 활용이 중요하다. 가족과 개별 가족 구성원의 중요한 대처자원인 강점, 기술, 가치와 동기화 등에 관한 정보를 수집한다.

셋째, 발달주기와 각 발달주기별 삶의 변화에 대한 탐색이다. 가족은 시간에 따른 발달주기를 가지며, 각 주기별로 이루어야 하는 과업들이 존재한다. 가족은 발달과정을 거치며 가족마다 독특한 문화, 규범, 가치 등을 형성하고 이것은 가족 성원들에게 영향을 미친다. 각 주기별 과업의 성취내용은 그 가족의 특성을 설명해 주는 훌륭한 자료이다. 따라서 가족발달과 그로 인해 생기는 삶의 변화에 대한 사정도 포함해야 한다(성정현 외, 2014).

넷째, 가족의 관심이나 환경과 충돌하는 체계에 대한 탐색이다. 가족의 문제나 욕구는 다양한 체계와의 원활하지 않은 상호작용에서 비롯된다. 따라서 가족의 관심이나 환경과 충돌하는 체계를 탐색하는 것은 가족의 문제나 욕구 해결의 실마리가 될 수 있다. 이를 토대로 가족의 변화를 위해 필요하거나 동원 가능한 체계, 자원과 가족 사이의 상호성 등을 살피는 것이 사정단계에서 필요하다.

2) 가족사정의 목표

가족사정의 목표는 다음과 같이 정리할 수 있다. 첫째, 가족단위의 개입이 적합한지 여부를 확인하는 것이다. 가족복지 실천에서는 가족을 하나의 단위로 본다. 따라서 가족단위의 개입이 적합한지 여부를 확인한 후, 필요한 변화의 내용을 결정한다. 둘째, 필요한 변화를 위한 장·단기 목표를 수립한다. 셋째, 가족의 변화를 위해 활용할 수 있는 가족의 자원, 환경, 강점, 지역사회 자원 등을 조사하고 이를 분석·평가한다. 넷째, 개입결과를 평가하기 위한 가족기능의 기초선을 설정한다(김정진 외, 2007).

3. 가족사정의 내용

가족을 더 잘 이해하기 위해서는 가족체계, 가족의 경계, 가족규칙, 가족신화, 가족의 권력구조, 가족역할, 가족 의사소통, 가족생활주기, 가족 강점 등을 파악할 필요가 있다.

1) 가족체계

가족을 하나의 단위, 즉 체계 이론의 관점으로 보는 것은 가족 성원 간의 상호작용뿐 아니라 가족과 가족 외부 체계와의 상호작용을 동시에 파악할 수 있게 한다(성정현 외, 2014). 즉, 체계로서의 가족에 대해 개입은 가족과 가족을 둘러싼 환경 간의 상호작용에 초점을 두고, 어떠한 상호작용이 일어나는가를 관심 있게 살피는 것이어야 한다. 가족을 둘러싼 환경은 세대에 걸친 가족의 문화, 친척, 이웃, 학교, 직장, 지역사회, 국가, 역할 등 다양한 형태로 존재한다. 이 같은 환경과 가족의 상호작용으로 가족이 변화하고, 이것은 가족체계의 개방성을 가늠할 수 있는 척도가 되기 때문에 가족과 환경의 상호작용을 관심 있게 살펴야 하는 것이다(김은영, 임승희, 박소영, 2009).

가족은 외부 환경에 대해서는 독립적인 하나의 체계이면서 동시에 성, 세대 등에 의한 가족 하위체계의 상위체계가 되기도 한다. 전체로서의 가족체계가 갖는 역량은 가족 성원의 개별 역량을 단순히 총합한 수준이 아닐 수 있다. 그보다 클 수도 있고 훨씬 못 미칠 수도 있다. 그것은 가족의 하위체계 간 상호작용 수준에 따라 달라진다. 가족 개개인이 하나의 하위체계임과 동시에 부부, 부모-자녀, 형제자매 등이 각각의 하위체계가 되며, 각각의 역할을 갖게 된다. 가족 하위체계는 서로 영향을 주고받으며 변화를 일으키고, 가족 하위체계의 영향과 변화는 가족체계 외부의 환경체계와 영향을 주고받기도 한다. 가족 하위체계의 상호작용이 원활하면 가족의 응집력을 향상시키고 가족을 발전시키게 되지만, 그렇지 않을 경우 가족의 문제를 초래하게 될 수도 있다. 따라서 사회복지사는 이들 하위체계

간 상호작용을 주의 깊게 관찰하여 사정해야 한다. 하위체계 간 상호작용이 원활하지 못한 가족의 예는 다음과 같다(Jordan & Franklin, 1995: 조흥식, 김인숙, 김혜란, 김혜련, 신은주, 2010: 114에서 재인용).

- 자녀가 한쪽 부모에 대해서는 저항하고 다른 한쪽 부모만 편드는 가족
- 자녀가 부모를 보호하고 정서적으로 지지하는 등 자녀가 부모 역할을 수행하는 가족
- 부모가 자녀의 개인적 삶에 지나치게 관여하는 가족
- 서로 사이가 좋지 않은 부모가 부모 중 한쪽만 편들도록 자녀에게 요구하는 가족
- 세대가 다른 가족 구성원이 연합을 이루어 특정 가족 구성원에 대항하는 가족
- 부모가 자녀와의 협상 및 상호작용을 거부하는 가족
- 자녀가 부모와의 상호작용을 거부하고 관계 및 지도 등을 받지 않으려는 가족
- 부모나 자녀가 서로에게 대항하여 부모끼리 혹은 자녀끼리 지속적인 연합을 이루고 있는 가족

2) 가족의 경계

경계(boundary)란 한 체계와 다른 체계를 구분하는 선을 의미하는 것으로 체계 간의 차이를 보호하는 기능을 한다. 경계는 밖으로는 가족체계를 다른 체계와 구분 지어 주고, 안으로는 가족 구성원끼리 혹은 가족 하위체계 간의 구분이 된다(성정현 외, 2013).

경계는 명확하면서도 융통성 있는 것이 바람직한데, 지나치게 경직되었거나 불분명할 때는 가족체계에 문제 발생 가능성이 높아진다. 구조적 가족치료 학자들은 기능적인 가족은 가족 성원 간 개성을 인정하고 자율성을 부여하며 독립을 유지하게 하면서, 외부에 대해서는 '우리'라는 소속감을 가질 수 있게 한다고 했다.

다시 말해, 가족의 경계가 명확하다는 것은 가족 구성원 간에 독립성과 자율성이 인정됨과 동시에 하위체계의 경계가 분명하여 가족이 제 기능을 발휘할 수 있게 하고, 외부 체계에 대하여는 가족에 대한 소속감을 갖게 하는 것이다(김정진 외, 2007). 가족체계 경계의 특성은 가족 구성원 간의 경계, 가족 하위체계 간의 경계, 가족체계와 외부 체계와의 경계로 나누어 살펴볼 수 있다.

(1) 소원하거나 밀착된 경계

가족 구성원 간의 경계가 소원(disengaged)하면 가족 구성원끼리 관심이 없고, 관여도 하지 않아 적절한 애정을 느낄 수 없다. 또한 외부의 스트레스에 역기능적으로 대처하여 가족체계가 위기에 봉착할 수도 있다(최규련, 2012). 이러한 가족에서 성장한 자녀는 외부에서 애정을 충족하고자 하여 외부에 있는 사람들과 주로 관계를 맺고, 존중감, 소속감 등 대인관계 능력이 결여될 수 있다.

반면, 가족 구성원 간 경계가 밀착(enmeshed)된 가족은 가족 구성원끼리 지나치게 관심을 갖고 관여하고 간섭하는 모습을 보인다. 밀착을 매우 친밀하다는 것과 유사하게 생각할 수 있으나, 밀착된 관계가 서로 친하고 가까운 관계를 의미하는 것은 아니다. 밀착된 경계란 서로 부담스러울 정도로 관여하고 간섭하여 심리적 부담감을 갖게 하므로 갈등을 일으키게 되는 것을 말한다. 밀착된 경계의 가족은 응집력이 높고, 가족에 대한 충성도도 높을 수 있지만, 상호의존도가 너무 높고, 가족 구성원의 자율성과 차이를 인정하지 못해 개인의 성장을 방해할 수 있다. 때때로 외부 체계와의 상호작용을 허용하지 않기도 한다. 따라서 밀착된 가족 속에서 성장한 자녀는 자주성, 독립성, 융통성을 갖춘 성인으로 성장하는 데 어려움을 겪을 수도 있다(조홍식 외, 2010).

(2) 명확한 경계, 모호한 경계, 경직된 경계

이와 같은 개념은 가족 하위체계 간 경계를 구분 지을 때 사용한다. 가족 하위체계 간 경계가 명확하여 명확한 경계(clear boundary)를 가진다는 것은 부모-자녀 간 의사소통이 활발하게 이루어지되, 부모와 자녀 간에 일정한 역할과 위계구조

를 갖는 것을 의미한다. 이러한 가족은 부부간 동등한 힘을 가지고 자녀를 이끄는 기능적 가족의 특성을 보인다. 적절한 정보와 감정을 공유하고 하위체계 간 관여하는 정도도 적당하다.

그러나 부부간 힘이 동등하지 않거나, 부모 중 한 사람의 역할을 자녀 중 누군가 대신해야 하는 상황이 지속될 경우, 부모 하위체계와 자녀 하위체계 간 모호한 경계(diffused boundary)가 생기면서 가족 하위체계 간의 경계는 혼돈될 수 있다. 반면, 경직된 경계(rigid boundary)는 각 하위체계가 폐쇄적이어서 하위체계 간 정보와 감정의 공유가 원활하지 않은 모습을 보인다.

(3) 개방체계, 폐쇄체계, 방임형 체계

상호작용의 특성에 따라 가족과 외부 체계 사이의 경계의 특성을 개방체계, 폐쇄체계, 방임형 체계로 나누어 볼 수 있다. 개방체계는 가족과 외부 체계가 서로 충분히, 자유롭게, 활발히 교류하는 형태이다. 이러한 가족은 환경의 변화에 융통성 있게 반응하며 상호작용한다. 부모와 자녀 모두 이웃, 또래친구, 지역사회와 활발히 교류하며 지낸다. 개방체계의 가족은 가족규칙이 유연하며, 가족 구성원 간 의사소통이 명료하고, 솔직하다. 가족 구성원은 서로에게 정서적으로 지지를 주고받으면서도 서로의 개별성과 독립성을 인정한다(이영실 외, 2013).

이와 반대로 외부 체계와 교류가 없는 가족을 폐쇄체계라고 표현한다. 이러한 가족의 부모는 자녀의 친구관계, 외부활동 등을 철저하게 통제한다. 또한 가족 구성원 간 의사소통이 역기능적이어서 서로 비난하거나 공격적인 의사소통을 사용한다. 이러한 체계의 가족 구성원은 가족 안에서 좌절, 불안, 거절감 등 부정적인 정서적 경험을 하게 된다(한재희 외, 2013).

방임형 체계 가족의 경우 가족 구성원이 서로에게 어떤 요구도 하지 않고 간섭도 하지 않아서 각자가 자기 마음대로 외부 체계와의 접촉을 하는 경향이 있다(조흥식 외, 2010).

3) 가족규칙

가족은 체계라는 점을 앞서 언급해 왔다. 체계의 특성 중 하나는 항상성의 유지이다. 항상성은 바람직한 균형 상태를 유지하려는 경향인데, 피드백이 중요한 역할을 한다. 가족에게는 일반적으로 바람직하다고 생각되는 가족목표가 있고, 그것을 유지하는 것이 항상성이다. 가족체계는 의식적이든 무의식적이든 가족항상성을 유지하며 안정감을 추구한다(최규련, 2012). 가족규칙(family rule)은 가족 구성원들이 정해진 규범이나 약속에 충실하면서 항상성을 유지시키는 방법 중 하나이다. 가족 구성원들이 가족 내에서 서로의 권리, 의무, 적절한 행동, 태도 등에 관해 규정하고 제한하는 관계상의 합의를 가족규칙이라고 한다(조홍식 외, 2010).

어떤 가족이든 가족을 형성하고 시간이 흐르면서 가족규칙을 갖게 된다. 가족규칙은 각 가족의 경험, 전통, 문화 등 다양한 요인에 의해 형성되므로 각 가족마다 다르다. 그러나 어느 가족이든 기능적이고 역기능적인 가족규칙을 모두 가지고 있고, 이것은 가족항상성 유지에 필요하다. 가족규칙의 내용은 '치약은 튜브 끝에서부터 짜서 쓴다' '욕실 사용 후 문은 반드시 열어 둔다' 등 아주 사소한 내용부터 가족의 의사소통방식, 가족 구성원 사이의 역할과 권력, 가족의례(family rituals) 등을 규정한다. 따라서 사회복지사는 가족을 사정할 때 가족의 상호작용과 의사소통 등을 면밀히 관찰하면서 그 가족의 규칙을 파악해야 한다. 가족규칙이 기능적이라면 가족의 욕구나 변화에 융통적인 대응방식을 사용하여 가족의 안정을 유지하려 할 것이다. 그래서 더 건강하고 발전적인 가족으로 성장하는 기회로 삼을 것이다. 반면, 가족규칙이 역기능적인 가족이라면 욕구나 변화에 맞추어 적응하는 것을 거부하고, 경직되어 있으며, 가족 구성원에게 피해를 주거나 억압할 수도 있다(최규련, 2012).

가족끼리 합의하에 명확하게 만들어지기는 명시적 규칙도 있고, 가족 구성원 사이에서 은연중에 만들어지는 암시적 규칙도 있다. 명시적 규칙은 '우리 가족은 매주 일요일이면 언제나 교회를 간다'와 같이 명시적이고 분명하게 얘기할 수 있는 규칙을 말한다. 암시적 규칙이란 '우리 가족은 남자는 여자 앞에서, 여자는 남자

앞에서 성(性)에 관한 얘기를 하지 않는다'와 같이 암시적이거나 겉으로 드러나지 않아서 분명히 얘기할 수 없는 규칙을 말한다(김유숙, 2014).

체계론적 관점에서 가족규칙과 관련하여 한 가지 알아야 할 것은 가족규칙이 다양한 긍정적 혹은 적극적 피드백을 통해 변화되고 재조정될 수 있다는 점이다. 앞서 살펴보았듯, 가족규칙은 가족의 항상성 유지를 위해 사용된다. 그 과정에서 역기능적인 규칙은 가족 구성원 중 누군가의 희생을 발생시키기도 한다. 혹은 가족 구성원의 발전에 방해가 될 수도 있다. 따라서 가족이 기능적인 역할을 하고 개별 가족 구성원 및 가족체계가 발전하기 위해서는, 가족체계 안에서 긍정적이고 적극적인 피드백을 통해 역기능적 가족규칙을 변화시켜야 할 필요가 있다.

4) 가족신화

가족신화(family myth)란 가족 구성원 모두가 공유하고 있는 가족 혹은 가족 구성원에 대한 잘못된 신념과 기대이다. 가족신화는 일반적으로 현실에 대한 왜곡이나 부정, 현실 위장 등의 특성을 가진다. 가족 구성원들은 가족신화를 공유하며 아무런 의심 없이 믿는다. 가족신화는 가족 간의 의사소통이나 행동에 영향을 미쳐 가족 구성원 간의 의사소통을 고착화시키기도 한다. 가족신화의 영향을 강하게 받는 가족은 가족신화에 대해 깊이 살펴보지 않은 채 자동적으로 반응하면서 가족의 상호작용을 이어 가곤 한다(김유숙, 2014).

따라서 사회복지사는 가족의 신화가 그 가족의 문제에 어떻게 영향을 미치고 있으며 가족 구성원 중 누가 그 신화의 희생양인지를 파악해야 한다. 만일 가족신화로 인해 그 가족의 문제가 발생한 것이라면 그 가족이 그들이 가지고 있는 신화가 무엇이며 그것이 가족 내에서 어떤 영향을 미치고 있는지 알게 하여 그 신화를 변화시키기 위한 노력을 하게 해야 한다(최규련, 2012).

5) 가족의 권력구조

가족권력(power in family)이란 한 가족 구성원이 다른 가족 구성원의 행동을 변화시킬 수 있는 능력을 말한다. 가족권력 역시 가족의 항상성을 유지시키는 기능을 하지만, 때에 따라서는 가족갈등의 원인이 되기도 한다. 일반적으로 가족 내에서는 다른 가족 구성원의 욕구를 실현시켜 줄 수 있는 자원을 많이 가진 가족 구성원일수록 권력을 많이 가진다(박미은 외, 2012). 권력의 집중경향, 영향력 정도, 통제자와 피통제자, 권력 분포 양상 등을 아는 것은 가족권력을 파악하는 데 도움이 된다.

겉으로 드러나 보이는 사람이 반드시 그 가족의 권력 행사자가 아닐 수도 있다. 때때로 가족 내에서 가장 권력을 많이 가진 사람이 겉으로 드러나지 않고 숨어 있는 경우가 있다. 이런 경우에는 세심하고 주의 깊은 관찰을 통해서만 권력 행사자를 파악할 수 있다. 또한 가족 내에서 권력 행사자의 위치에 있을 것으로 전혀 생각되지 않는 '자녀'가 그 가족을 좌지우지하는 권력의 위치에 있을 수도 있다(Hartman & Laird, 1983: 300-301: 조흥식 외, 2010: 121에서 재인용). 가족의 권력구조는 생각만큼 단순하지 않고 매우 복합적이며 상대적이고 정량화하기 힘들지만, 사회복지사는 사정단계에서 가족의 권력기반, 권력배분, 권력구조의 기능, 권력배분에 대한 가족 성원의 만족도 등을 파악할 필요가 있다.

6) 가족역할

역할(role)은 어느 한 사람이 수행하게 될 행동에 대한 기대를 말하는데, 가족역할은 가족 구성원 간 반복된 상호작용과정에서 규정된 서로의 행동에 대한 기대이다. 이것은 가족 내 상호작용뿐 아니라 환경과의 상호작용으로도 규정된다. 각 가족 구성원들은 가족구조 안에서 역할을 공유하거나 분담하면서 다양한 역할을 수행하고, 역할에 따라 기대되고 허용되는 행동을 하게 된다. 가족역할은 서로 독립적이지 않고, 상호관련성을 가지며, 가족 내 지위, 문화적 혹은 사회적 규범, 성별 등에 따라 분담되며, 사회적 상호작용과정의 영향을 받는다. 가족발달주기, 환경의 변

화 등에 따라 가족역할이 유연하게 변화해야 한다(박미은 외, 2012; 성정현 외, 2014).

그러나 가족역할에 대한 기대나 수행이 적합하지 않을 때, 가족 구성원들이 자신의 역할에 불만족하거나 역할에 대한 이견이 있을 때 가족갈등이 발생하기도 한다. 따라서 가족역할에 대한 사정에서는 가족 내 역할 분담, 역할기대, 역할 갈등을 이해하는 것이 중요하다. 사회복지사는 이것이 가족원들의 욕구와 부합되는지 여부를 판단하고 평가한다. 가족원들이 각자에게 주어진 역할에 얼마나 만족하고 있는지, 만족하지 못한다면 가족이 역할을 수정하거나 변화시킬 여지가 있는지도 사정한다.

Holman(1983)은 다음과 같은 질문을 통해 역할사정을 할 수 있다고 하였다(박미은 외, 2012에서 재인용).

- 가족원의 구체적인 역할이 무엇인가?
- 다양한 역할이 가족의 이익에 맞게 잘 수행되고 있는가?
- 역할이 모호하지 않은가? 과도하거나 반대로 역할이 없는 것은 아닌가?
- 가족역할이 위기 상황에서 보다 잘 조정될 수 있도록 탄력성을 가지고 있는가?
- 가족역할이 기본적으로 사회적 역할과 부응하고 있는가?
- 가족역할이 가족의 자기존중감이나 복지 수준을 강화시키는 기능을 하는가, 약화시키는 기능을 하는가?

7) 가족 의사소통

의사소통이란 언어적 · 비언어적 방법으로 감정, 행동, 생각, 정보를 주고받는 것이다(노안영, 2005). 가족의 의사소통은 단순한 정보 교환을 넘어 가족 성원 간의 정서적 친밀감과 갈등관계, 규칙과 권력 등 가족의 총체적 관계를 반영하는 중요한 상호작용의 과정이다(김은영 외, 2009). 따라서 가족 구성원 개개인과 가족의 하위체계, 가족체계와 외부 체계 간의 의사소통 방식을 파악하면 가족 구성원 간의 관계, 가족이 제시하는 문제나 욕구도 이해할 수 있다. 가족의 의사소통방식은 그 가족이 겪어 온 가족의 역사, 가족이 속한 사회적 · 문화적 특성 등에 영향을 받는다. 간혹 이러한 특성의 차이가 가족 구성원에게 고통을 주는 의사소통방식을 만들기도 한다. 우리가 다른 가족과 접촉할 때 의사소통방식이 다르다는 것을 알게 되는데, 이는 각 가족의 문화와 전통 그리고 생활주기가 다르기 때문이다. 한 가족 내에서도 성별과 발달단계, 각자 관계를 맺는 외부 환경체계나 원가족의 의사소통방식 등에 따라 소통의 방식이 달라질 수 있다. 가족이 어떻게 의사소통하는가에 따라 가족의 기능 정도와 관계의 질이 달라진다(박미은 외, 2012; 한재희 외, 2013). 가족의 의사소통방식은 다음과 같이 다양한 차원에서 사정할 수 있다(김은영 외, 2009).

(1) 일치성

의사소통의 일치성이란 메시지를 전달할 때 사용되는 언어적 · 비언어적 · 상황적 요소가 일치하는 정도를 말한다(한국버지니아사티어연구회 역, 2000). 따라서 의사소통의 일치성을 사정하려면 가족 안에서 이루어지는 언어적 · 비언어적 · 상황적 수준의 의사소통이 서로 어느 정도 일치하는지를 확인해야 한다. 의사소통을 할 때 일치성을 갖고 일관되게 메시지를 전달하지 못하는 병리적 현상으로 '이중구속 메시지(double-bind message)'가 있다. 이중구속 메시지는 의사를 전달할 때 적어도 두 개 또는 그 이상의 상반된 메시지를 담고 있다. 그래서 메시지를 받은 사람은 어느 메시지에 반응해야 좋을지 몰라 혼돈 상황에 빠지게 된다(김유숙, 2014). 다음은 엄마에게 이중구속 메시지를 받아 혼란스러운 딸의 마음을 나타낸 예이다(박태영, 2005).

> "엄마가 화가 나면 아침부터 나가라고 하시면서 소리 지르세요. 전 그럼 스트레스 받으니까 나가거든요. 그럼 또 아침부터 돌아다닌다고 뭐라고 그러세요. 엄마가 화를 막 내시고는 '할 말 있으면 해 봐!' 그러세요. 그건 제가 엄마에게 잘못했다고 말하기를 원하시는 거예요. 그러니까 제가 말하고 싶은 말을 하면 더 혼나는 거죠."

(2) 명확성

의사소통의 명확성은 상대방에게 메시지를 전달할 때 자신의 의견이나 느낌, 생각 등을 가리지 않고 분명하게 전달하는 것을 말한다. 의사소통을 명확하게 전달하지 못하는 병리적 의사소통의 유형으로 '위장(mystification)'이 있다. 위장의 주요 기능은 현상을 유지하려는 것이다. 위장은 가족 내에서의 갈등이나 불화를 모호하게 하거나 가면을 쓰고 반응하는 현상을 말한다. 가면을 쓰고 의사소통하는 것은 갈등에 직면하지 않고 회피하면서 그 본질을 가리는 방식으로 반응하는 것이다. 그러나 이러한 회피행동은 갈등을 해소시키는 것이 아니라 오히려 악화시킨다. 다음은 의사소통을 명확하게 하지 않고 회피하여 부부갈등이 심화되고 있는 부부의 의사소통 예이다(박태영, 문정화, 2013).

> "신랑은 얘기를 안 하는 거지요. 불만은 있는데, 해결되지는 않았는데, 속으로 삭이고 웬만한 것 아니면 얘기를 안 하는 거지요. 기본적인 얘기 얘기나 밥 먹었니 같은 것만 하지요. 나는 앉아서 대화로 다 풀어 버리고 싶은데 신랑 입장에서는 머리가 아파서 그런지 복잡해서 그런지 내가 그런 얘기를 하면 간단하게 괜찮다, 불만 없다 그런 식으로 일축해 버리거든요. 대화를 깊이 못하고 단절돼요."

(3) 수용성과 표현성

가족 구성원이 다른 가족 구성원의 생각과 느낌을 어느 정도 수용하느냐를 수용성이라 하고, 자신의 생각과 느낌을 다른 가족원에게 얼마나 표현하느냐를 표현성이라 한다. 가족 구성원 간의 수용성에 문제가 있는 역기능적인 가족에서는 가족 구성원이 서로 관심을 갖거나 지지해 주거나 격려하는 것이 거의 없고, 가족 구성원이 보이는 반응이 부정적으로 평가되거나 평가 절하되는 것이 대부분이다. 또한 이러한 가족에서는 다른 가족 구성원의 반응을 알지 못한 채 의사소통을 하는 경우가 많다.

반면, 가족 구성원 간의 수용이 자연스럽게 잘 이루어지고 있는 가족에서는 가족 구성원이 서로 상대방의 관점과 인식에 대해 알고 있을 뿐 아니라 다른 가족 구성원의 관점과 인식을 기꺼이 받아들이고 환영한다. 따라서 이러한 가족의 가족 구성원은 자신의 의견이나 견해를 자유롭게 표현한다(허남순 외 공역, 2004).

다음은 가족 구성원이 대화를 할 때 서로 수용적인 의사소통방법 대신 무반응, 비난, 짜증 등 수용적이지 않은 반응을 보여서 가족치료를 의뢰한 사례이다. 이 가족은 서로에 대한 관심, 지지, 격려가 없으니 표현도 역기능적으로 나타났는데, 이 사례를 보면 수용성과 표현성은 별개의 것이 아니라 동시발생적인 요소임을 알 수 있다(박태영, 김선희, 2013).

아버지: 큰딸이 친구를 만나러 갈 때 '어디 가니? 누구 만나니? 어디 갔다 오니?' 이런 식으로 물어보면 대답도 안 해요. 너는 너, 나는 나. 대꾸도 안 하거든요.

어머니: 거의 저 혼자 떠들어요. 어떤 때는 벽에다 대고 이야기하는 것 같아요. 남편은 반응도 없어서 혼자서 떠들다 보면 짜증이 나요. 저는 아들이 누가 이렇게 얘기를 걸면 쳐다라도 봐 줬으면 좋겠어요.

큰 딸: 가족이 다 그래요. 말 안 하고 그러는 거. 엄마도 꾹꾹 쌓아 놓았다가 나중에 가서 화내고 짜증 내고 이래요.

둘째 딸: 저는 특히 가족이 서로 싸우고 이런 것 보잖아요? 그럼 스트레스를 너무 많이 받고 혼자 짜증 내고 '아, 왜 저러냐. 큰소리 내고.' 방에 들어가서 혼자 울고.

8) 가족생활주기

가족생활주기(family life cycle)가 가족의 사정과정에서 중요한 이유는 모든 가족이 가족생활주기의 전 단계를 거치며, 각 단계의 적응과정에서 많은 스트레스를 경험할 수 있고, 이러한 스트레스가 심할 경우 가족문제의 근원이 될 수 있기 때문이다(조흥식 외, 2010). 다양성과 개성을 가진 각 가족에게 동일한 가족생활주기의

기준을 적용하는 것은 무리가 있을 수 있다. 그러나 발달적 관점에서 가족을 보면서 과거에 그 가족이 거쳐 온 과정, 현재 단계와 수행해야 하는 과업, 현재 단계에서의 가족의 적응단계를 살피면서 가족의 정서적 경험내용을 이해할 수 있게 된다(성정현 외, 2014). 즉, 가족생활주기는 통상적인 발달과정에서 가족들이 경험할 수 있는 일들을 확인하여 가족기능을 평가하고, 개입 계획을 수립할 수 있게 한다.

9) 가족 강점

최근 가족복지 실천에서는 가족의 병리적 측면이 아니라 가족이 가진 장점, 강점, 자원에 초점을 맞추고 이를 활용하려는 노력이 활발하다. 강점은 기능적인 가족뿐 아니라 이른바 역기능적인 가족에게도 있으며, 어떤 관점에서 보느냐에 따라 병리적인 측면이 강점으로 변화될 수도 있다. 가족의 강점은 개별 가족원의 재능, 능력, 기술 등에서 찾아낼 수도 있으며, 가족의 자부심, 정체감, 융통성, 상호 간의 인정과 지지, 헌신 등에서도 나타난다. 또한 가족이 과거에 어려움을 극복해 온 과정이나 사회적인 자원과 지지망을 이용하는 것도 강점이 될 수 있다(허남순 외 공역, 2004).

4. 가족사정의 방법

가족의 정보를 수집할 때 다양한 방법을 사용하면 다차원의 풍부한 정보를 얻을 수 있다. 이때 사용할 수 있는 방법으로는 가족을 직접 만나서 면담하며 자료를 수집하는 질적인 방법, 표준화된 척도나 검사지, 질문지 등을 활용하는 양적인 방법 등이 있다.

1) 면담 및 관찰

면담 및 관찰은 가족사정에서 기본적이면서도 중요한 방법이다. 면담의 과정에서 나타나는 가족 구성원 및 가족 전체의 언어적 · 비언어적 요소들을 통해 그 가족에 대한 정보를 수집할 수 있다. 면담은 가족 구성원 개개인 및 가족 전체와 함께 진행되고, 경우에 따라서는 그 가족을 잘 알고 있는 친척, 이웃, 교사, 종교인 등과도 진행될 수 있다. 면담을 하기 전에는 가족에 관한 기록을 통해 사전정보를 탐색한 후 진행하는 것이 좋다(노안영, 2005).

면담과정은 질문을 통해 진행되는데, 그 과정에서 앞서 언급했던 가족의 문제나 욕구, 가족체계의 특성, 가족생활주기의 파악, 가족의 강점 등을 파악할 수 있다. 면담은 질문과 관찰로만 진행되는 것이 아니라 다양한 도구를 함께 사용하면서 진행될 수 있으며, 이를 종합 · 분석하는 것이 가족의 욕구를 이해하는 데 도움을 줄 수 있다(김정진 외, 2007; 한재희 외, 2013).

2) 생태도

(1) 개념

생태도(eco-map)는 Ann Hartman에 의해 1975년에 개발된 것으로서 가족과 주변 환경과의 상호작용을 그림으로 그려 나타내는 것이다. 가족체계 및 가족 구성원과 주요 환경으로 생각되는 체계를 원으로 그리고 최근 3개월간 가족체계의 욕구와 자원/환경 간의 관계를 선으로 표시하여 나타낸다. 따라서 가족체계에 유용한 자원이나 환경, 가족체계에 스트레스를 주는 요인, 체계 간의 관계의 유지 경향, 갈등이나 긴장관계 등이 시각화되어 있어서, 가족체계 및 가족 구성원과 주요 환경체계와의 자원의 흐름을 파악하는 데 유용하다.

생태도는 사회복지사와 가족이 함께 작성하는 것이 바람직한데, 가족이 생태도를 그리는 과정에 참여하면서 가족기능 향상을 위해 활용할 수 있는 자원에 대한 논의를 주고받으며 개입계획을 수립하는 데 도움이 되기 때문이다. 사회복지사는 생태도를 통해 생태체계적 맥락에서 가족 전체에 대한 분석과, 가족체계의 경계선의 특성 파악, 가족체계 내부의 상호작용 등에 대해 분석할 수 있어야 한다. 생태도를 그리는 방법은 다음과 같다(김정진 외, 2007; 박미은 외, 2012; 성정현 외,

2014; 이영실 외, 2013).

(2) 작성 방법

첫 번째, 가운데에 원을 그리고, 그 안에 내담자 가족의 가계도를 그려 넣은 후, 연령, 결혼시기, 직업 등의 간략한 정보를 기록한다.

두 번째, 중앙의 원을 중심으로 가족과 상호작용하는 환경체계를 원으로 그린다. 이때 가족들의 이야기를 바탕으로 환경체계와 가족의 상호작용 수준에 따라 크기 및 거리를 조절한다. 상호작용 수준이 높을수록 가족과 가깝고 큰 원으로, 그 반대의 경우에는 멀고 작은 원으로 그린다.

세 번째, 가족과 환경체계의 관계를 선, 화살표, 짧은 사선 등의 부호를 활용해서 나타낸다.

네 번째, 완성된 그림을 가족과 함께 확인한 후, 그 그림에 대해 평가하게 하고, 차후 계획에 대해 논의한다.

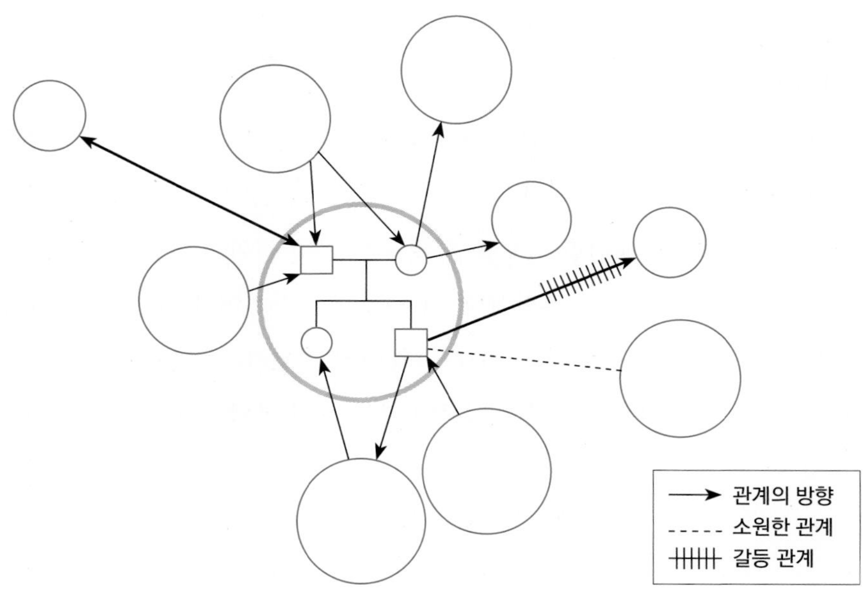

[그림 3-1] 생태도 주요 기호 및 예시 그림

3) 가계도

(1) 개념

생태도가 가족체계와 환경체계 간의 관계를 보여 주는 것이라면 가계도(genogram)는 가족체계의 역사와 그 과정에서 발생한 주요 사건을 한눈에 볼 수 있게 해 주는 사정도구이다. 가계도는 Bowen의 다세대가족체계 이론에 근거한 것으로 2~3대에 걸쳐 그리게 되며, 가족 계보를 중심으로 중요한 생활사건이나 인구사회학적 특성, 가족체계의 특성, 의사소통방식 등을 알려 준다. 따라서 가족들은 사회복지사와 함께 가계도를 그리면서 가족에서 제시하는 문제나 욕구와 관련한 주요한 요인 혹은 관련한 가족 사항을 알 수 있고, 가족의 구조와 유형, 가족의 역사 등을 하나의 단위로 보는 기회가 된다. 간혹 가족 구성원 중 자신의 가족에 대해 새로운 정보를 깨닫게 되는 계기가 되기도 한다. 그러나 가족 구성원이 가계도 그리는 것을 꺼리는 경우에는 이를 존중해 주어야 한다. 가계도를 그리는 방법은 다음과 같다(김정진 외, 2007; 박옥임 외, 2013; 성정현 외, 2014; 이영실 외, 2013).

(2) 작성 방법

첫 번째, 가계도 기호를 이용해 가족구조를 그린다. 각 가족 구성원의 생물학적 · 법적 연관성을 부호로 표시한다.

두 번째, 가족 구성원에 관한 정보를 기록한다. 가족 성원의 이력(연령, 출생과 사망시기, 직업, 교육 수준 등), 가족의 역할(각 가족원의 신체, 정서, 행동에 관한 객관적 정보), 중요한 가족 사건(이사, 전직, 실직 등)에 관한 정보를 기록한다.

세 번째, 가족 성원 간의 친밀, 소원, 단절 등 정서적 관계를 기호를 사용하여 그린다.

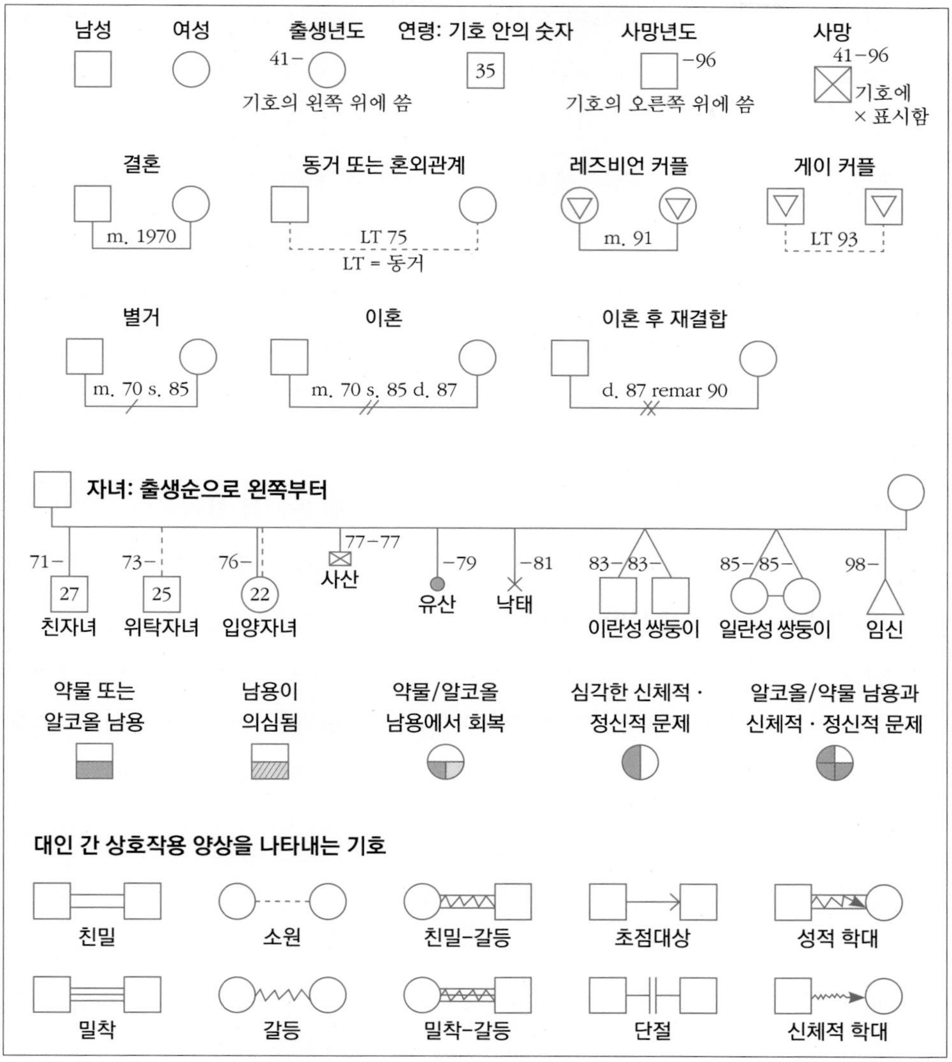

남성 여성 출생년도 연령: 기호 안의 숫자 사망년도 사망

41– 35 –96 41–96

기호의 왼쪽 위에 씀 기호의 오른쪽 위에 씀 기호에 × 표시함

결혼 동거 또는 혼외관계 레즈비언 커플 게이 커플

m. 1970 LT 75 LT = 동거 m. 91 LT 93

별거 이혼 이혼 후 재결합

m. 70 s. 85 m. 70 s. 85 d. 87 d. 87 remar 90

자녀: 출생순으로 왼쪽부터

71– 27 친자녀 73– 25 위탁자녀 76– 22 입양자녀 77–77 사산 –79 유산 –81 낙태 83–83– 이란성 쌍둥이 85–85– 일란성 쌍둥이 98– 임신

약물 또는 알코올 남용 남용이 의심됨 약물/알코올 남용에서 회복 심각한 신체적 · 정신적 문제 알코올/약물 남용과 신체적 · 정신적 문제

대인 간 상호작용 양상을 나타내는 기호

친밀 소원 친밀-갈등 초점대상 성적 학대

밀착 갈등 밀착-갈등 단절 신체적 학대

[그림 3-2] 가계도 주요 기호 및 예시 그림

출처: McGoldrick: 이영분 외 공역(2011)에서 재인용.

4) 가족조각

(1) 개념

가족조각(family sculpture)이란 가족 구성원이 다른 가족 구성원에 대해 인식하고 느낀 것을 특정 자세를 취하여 시각적으로 표현하는 것이다. 이것은 가족의 관계와 상호작용을 파악할 때 유용한 도구이며, 특히 말이 없는 가족 구성원이나 언어 표현이 능숙하지 못한 어린이들과 함께 사정할 때 효과적이다.

가족조각은 다른 가족 구성원들의 위치나 신체 동작을 몸으로 표현하게 하고, 특정 가족 구성원은 자신의 느낌이나 행동을 표현할 수 있다. 가족조각의 과정을 통해 가족 구성원들은 가족 내의 문제나 욕구에 대해 새롭게 인식할 기회가 된다. 가족조각의 절차는 다음과 같다(김정진 외, 2007; 성정현 외, 2014; 이영실 외, 2013).

(2) 방법

첫 번째, 사회복지사가 가족원에게 가족조각에 대해 간단히 설명한다.

두 번째, 가족 구성원 중 누가 조각가 역할을 할 것인지 결정한다. 비자발적인 경우, 안정되고 표현적인 사람을 선택할 수도 있다.

세 번째, 사회복지사는 조각가로 선택된 가족 구성원에게 가족조각이 비언어적 과정임을 강조하면서 진행하는 방법을 설명한다. 사회복지사는 조각가가 된 가족 구성원에게 다른 가족 구성원을 의미 있게 배치해 보도록 한다. 가족 구성원이 참여하지 않았을 경우, 보조진행자로 대신할 수 있다.

네 번째, 가족 구성원의 배치를 마치고 나면, 바라보는 방향, 그 가족 구성원의 특징을 나타낼 수 있는 특정 자세 등을 취하게 한다. 필요한 경우, 다른 도구를 사용할 수도 있다.

다섯 번째, 조각가가 된 가족 구성원은 조각을 다 완료한 후, 자신도 그 조각 속의 어느 자리에 위치한다. 그리고 사회복지사는 조각가가 된 가족 구성원의 느낌을 이야기하게 한다. 이후 조각 안에 있는 가족 구성원들도 자신의 위치에서 느끼는 점을 이야기하게 한다.

여섯 번째, 이야기를 마치거나, 가족들이 바라는 새로운 가족조각을 만들어 본다.

참고문헌

김유숙(2014). 가족치료(3판). 서울: 학지사.

김은영, 임승희, 박소영(2009). 가족복지론. 경기: 학현사.

김정진, 임은희, 권진숙(2007). 사회복지실천기술론. 경기: 서현사.

김혜경, 도미향, 문혜숙, 박충선, 손홍숙, 오정옥, 홍달아기(2014). 가족복지론(5판). 경기: 공동체.

노안영(2005). 상담심리학의 이론과 실제. 서울: 학지사.

박미은, 신희정, 이혜경, 이미림(2012). 가족복지론. 경기: 공동체.

박옥임, 서선희, 김경신, 옥경희, 박준섭, 최은정(2013). 가족복지학. 경기: 공동체.

박태영(2005). 쇼핑중독과 신용카드 남용하는 딸에 대한 가족치료 사례연구. 한국가족복지학, 15(15), 101-134.

박태영, 김선희(2013). 양극성장애를 겪고 있는 딸에 대한 가족치료 사례연구. 한국가족치료학회, 21(2), 147-176.

박태영, 문정화(2013). 가족치료를 통해 본 부부갈등 및 이혼결정 요인에 관한 연구. 한국가족관계학회지, 18(1), 23-49.

성정현, 여지영, 우국희, 최승희, 임세희(2014). 가족복지론. 경기: 양서원.

양옥경, 김정진, 서미경, 김미옥, 김소희(2005). 사회복지실천론(3판). 경기: 나남출판.

이영분, 김유숙, 정혜정, 최선령, 박정희 공역(2011). 가계도: 사정과 개입[*Genograms: Assessment and intervention* (3rd ed.)]. McGoldrick, M., Gerson, R., & Petry, S. 공저. 서울: 학지사. (원저는 2008년에 출판)

이영실, 김재경, 김봉순, 박용권, 조명희, 홍성희(2013). 가족복지론. 경기: 양서원.

조홍식, 김인숙, 김혜란, 김혜련, 신은주(2010). 가족복지학(4판). 서울: 학지사.

최규련(2012). 가족상담 및 치료. 경기: 공동체.

한국버지니아사티어연구회 역(2000). 사티어 모델(*Satir model*). Satir, V. 저. 서울: 김영애 가족치료연구소. (원저는 1991년에 출판)

한재희, 김영희, 김용태, 서진숙, 송정아, 신혜종, 양유성, 임윤희, 장진경, 최규련, 최은영(2013). 부부 및 가족상담. 서울: 학지사.

허남순, 한인영, 김기환, 김용석 공역(2004). 사회복지실천이론과 기술[*Direct social work practice theory and skills* (5th ed.)]. Hepworth, D. H., Rooney, R., & Larsen, J. A. 공저. 서울: 나눔의 집. (원저는 1997년에 출판)

Hepworth, D. H., Rooney, R. H., & Larsen J. A. (1997). *Direct social work practice theory and skills* (5th ed.). Boston, MA: Thomson Learning.

McGoldrick, M., Gerson, R., & Shellenberger, S. (1999). *Genograms: Assessment and intervention*. New York: WW Norton & Company.

제4장
가족복지 실천의 개입 및 종결

개요

가족복지 실천의 개입 및 종결을 다루는 제4장에서는 가족복지 실천의 개념과 원리를 살펴본 후, 가족 환경 변화를 위한 개입, 가족 구성원과 세대 간 관계 변화를 위한 개입, 가족기능 강화를 위한 개입, 이렇게 세 가지 측면에서 가족복지 실천 방법을 다룬다. 마지막으로 가족복지 실천의 최종 단계인 평가와 종결단계를 살펴본다.

1. 개입

가족이 가지고 있는 여러 가지 문제의 원인과 유형에 따라 다양한 개입이 이루어질 수 있으며 이러한 개입과정을 통해 수립된 계획들이 현실에 적용된다. 가족이 가지고 있는 욕구는 복잡하고 다양하기 때문에 다양한 개입 기술과 모델들을 복합적으로 활용하는 것이 효과적이다. 여기서는 가족복지 실천의 개념과 원리를 살펴보고 가족 환경 변화를 위한 개입, 가족 구성원과 세대 간 관계 변화를 위한 개입, 가족기능 강화를 위한 개입인 가족중심 사례관리에 대해 살펴보고자 한다.

1) 가족복지 실천의 개념과 원리

가족복지서비스는 가족을 대상으로 실천되는 사회복지서비스 중 하나이며(손병덕, 황혜원, 전미애, 2008; 조흥식, 김인숙, 김혜란, 김혜련, 신은주, 2006), 가족 구성원들의 성장과 발달을 도모하고 가족이 가지고 있는 심리사회적 욕구 충족을 가능케 할 뿐만 아니라 개별적이고 구체적인 가족문제를 해결하도록 돕는다. 가족복지서비스는 국가 혹은 사회의 가족복지정책의 방향성을 기반으로 하기 때문에 가족복지정책의 거시적인 틀 혹은 사회가 가지고 있는 가족에 대한 관점과 가치와 맞물려서 개발 혹은 발전된다(송다영, 2006). 예를 들어, 성별 분리에 근거한 가족형태를 지향하는 국가의 경우와 양성평등적 가족 가치에 근거한 국가의 경우는 그에 따른 가족복지서비스나 프로그램의 내용이 다를 수 있다.

우리나라의 경우, 가부장제도의 영향으로 인해 가족이 사적 영역으로 간주되어 온 경향이 있었으며, 이로 인해 가족복지서비스가 정책화되거나 사회화되지 못하는 등 가족복지 실천의 기반이 취약한 편이었다(김영화, 이진숙, 이옥희, 2002). 그러나 최근 이혼율의 증가, 여성들의 경제활동 참가율 증가, 고령화 현상 등으로 인해 발생되는 다양한 가족문제를 국가가 더 이상 외면할 수 없는 상황에 이르렀으며 이로 인해 가족의 역할을 국가가 분담해야 한다는 당위성 또한 증가되고 있다(김영화 외, 2002).

이처럼 가족의 역할을 국가가 분담하는 이른바 '선진국형 가족복지서비스'가 요구되면서(김영화 외, 2002) 가족복지 실천의 관점으로서 가족과 사회환경과의 연계성, 가정기반의 지원, 가족중심의 철학, 위기 개입의 중요성이 강조되고 있다. Collins, Jordan과 Coleman(1999)이 강조한 가족복지서비스의 실천원리를 정리해 보면 다음과 같다.

첫째, 가족과 사회환경과의 연계성이다. 가족복지서비스를 실천하는 사회복지사는 가족을 전체적이고 통합적으로 이해하기 위해서 가족의 내적 요소뿐 아니라 가족을 둘러싼 사회환경에도 관심을 기울여야 한다. 가족 외부의 사회환경이 가지고 있는 맥락을 살펴보면서 가족과의 연계성을 파악하고 사회환경이 가지고 있는 강점과 자원을 규명하여 이를 가족과 연계시키는 것은 효과적인 가족복지서비스의 실천이 될 수 있다.

둘째, 가정기반의 지원은 여러 가지 장점이 있다. 예를 들어, 가족에 대한 사정은 가정을 기반으로 하여 진행하면 보다 정확해진다. 즉, 가족문제가 발생한 장소에서 사정하고 개입하면 보다 더 효과적이며, 장애를 가진 내담자의 이동 문제나 약속 불이행과 같은 서비스 실천에서의 제한적 요인을 보완하는 데 도움이 될 수 있다.

셋째, 가족중심의 철학이다. 이는 치료의 중심축을 가족에게 두는 것을 의미하는데 예를 들어, 문제행동을 보이는 아동에게만 개입의 초점을 국한시킨다면 치료의 효과는 더 이상 확대되지 못하겠지만 부모가 개입의 목표에 포함되면 문제행동을 보이는 아동의 근원적인 치료를 도울 뿐만 아니라 다른 자녀에게도 효과

적인 양육방법이 적용되기 때문에 가족 전체에게 치료의 효과가 확대되는 이점을 기대할 수 있다.

넷째, 위기 개입의 중요성이다. 위기 개입은 가족복지서비스의 주요 요소이며 위기 상황에서 즉각적인 개입을 하는 것은 문제가 발생한 장소에서의 개입을 한다는 '가정기반의 지원'과 맥을 같이하는 것이다. 가족의 위기 상황에 개입함으로써 가족에 대한 현장 지원을 하고 위기를 해소하며 가족에게 대처기술을 발달시킨다는 목적을 가지고 있다.

가족복지 실천은 인간과 인간을 둘러싼 사회환경 간의 관계에 관심을 갖는 사회복지 실천과 일치한다(성정현 외, 2014). 즉, 가족복지 실천은 개인만을 대상으로 하는 것도, 환경만을 대상으로 하는 것도 아니며 개인, 가족, 환경 사이의 역동적 상호 교류를 다루는 것이다. 가족복지 실천가들은 인간은 가장 가까운 체계인 그들 가족의 맥락 속에서 가장 잘 이해될 수 있다는 전제를 가지고 있다(Hartman & Laird, 1983). 그러므로 가족복지 실천은 전체로서의 가족은 물론 그 구성원들의 사회적 기능 수행을 효과적으로 증진시키고 가족과 가족원들이 개인으로서 혹은 집단으로서 가정생활과 사회생활에 성공적으로 적응할 수 있도록 도와주는 제반 영역에서의 실천적 서비스이다(김혜경 외, 2014).

2) 가족 환경 변화를 위한 가족복지 실천

가족은 주변 환경체계들과 밀접한 상호작용을 통해 필요한 자원과 지지를 확보해야 한다. 환경으로부터 확보된 자원과 지지체계를 통해 가족은 제 기능을 발휘할 수 있고 부양가족을 보호하는 것에 어려움이 없으며 위기가 찾아왔을 때 이를 극복할 수 있게 된다. 그러나 주변 환경으로부터 자원과 지지체계가 확보되지 못하는 경우, 사회복지사는 가족의 환경 변화를 위한 다양한 개입을 실천하는데 여기서는 그러한 개입방법을 살펴보고자 한다.

(1) 가족기능보완사업

① 개념

급변하는 사회구조의 변화로 인해 약화된 가족의 기능을 보완하기 위해 실시되는 서비스로서 특히 부모의 역할을 보완하기 위한 서비스가 이에 해당된다. 자녀 돌봄 서비스를 제공함으로써 시설보육의 사각지대를 해소하여 아동의 안전한 보호 및 성장을 돕고 가족의 자녀 양육 부담을 경감하기 위함이다.

② 대상

지역 내 아동 및 청소년, 한부모 및 저소득 맞벌이 가정의 자녀 등

③ 사례

• 건강가정지원센터의 아이돌봄 서비스

여성가족부와 지방자치단체가 공적인 지원체계를 통하여 부모에게 저렴하고 질 높은 육아지원 서비스를 제공하며, 일정 시간 동안의 전문 교육을 받은 아이돌보미를 각 가정에 파견하는 '찾아가는' 형태의 서비스이다. 이는 양육지원체계가 부족한 상황에 있는 개별 가정에게 아이돌보미를 파견함으로써 아동 돌봄의 공백을 해소하고 가족의 아동양육 부담을 경감시키기 위한 목적을 가지고 있다. 만 3개월에서 만 12세 아동을 가진 가정이라면 이용 가능하며 시간제 돌봄서비스와 종일제 돌봄서비스로 나누어 지원하고 있다. 또한 아이돌보미는 활동 시 발생될 수 있는 안전사고에 대비하여 배상책임 및 상해 보험에 가입되어 있다. 서비스 이용 요금은 시간제와 종일제 서비스에 따라, 각 가구당 소득 기준에 따라, 또한 취업부모 가정, 다자녀 가정, 중증장애아 부모 가정 등 다양한 가족 형태에 따라 각각 다르게 구분되어 있다.

• S 종합사회복지관의 가족기능보완사업

S 종합사회복지관은 학년별 체계적 학습지도를 통해 학습의 기회를 제공하여 학습능력을 향상시키는 '배움방 교실'을 운영하고 있으며, 지역 내 초등학교 4~

6학년의 학생들에게 학습 및 숙제지도를 통한 학업성취 지원을 제공하여 부모의 역할을 보조하고 있다. 또한 저소득 가정의 자녀 중 학습부진을 경험하고 있는 아동 및 청소년과 자원봉사자의 1:1 연계를 통해 학습능력 향상을 지원하고 있는 '점핑클래스'와 '징검다리' 프로그램을 운영하고 있다. 이 밖에도 지역 내 아동 중 학교생활에 부적응을 보이는 아동들을 대상으로 다양한 집단프로그램 및 개별상담 접근을 통해 학교생활의 적응력을 높이는 '신나는 학교 만들기' 프로그램을 운영하여 자녀 지도에 어려움을 겪고 있는 부모의 역할을 보완하고 있다.

(2) 부양가족지원사업

① 개념

항시보호가 필요한 의존적인 가족 성원을 돌보는 서비스로서 가족들의 부양 부담을 경감시키고 이를 통해 가족의 안정성을 강화하는 것을 목적으로 부양가족을 대상으로 실시되는 가족지원 서비스이다.

② 대상

치매노인 부양가족, 만성질환자 부양가족, 장애아동 부양가족, 중증장애인 부양가족 등

③ 사례

• 건강가정지원센터의 장애아가족 양육지원사업

장애아가족 양육지원사업은 항시적인 돌봄이 요구되는 장애아동의 가족에게 돌봄의 부담을 경감시키고자 돌보미를 가정에 직접 파견하는 서비스를 제공하고 있다. 교육받은 장애아 돌보미가 가정에 파견되어 양육자 부재 시 장애아동을 임시로 보육해 주거나 양육자와 함께 보육에 참여하여 신변처리 및 일상생활을 지원해 주고 있다. 또한 장애아가족의 휴식지원을 목적으로 가족캠프, 부모교육, 자조모임 등을 연중 운영하고 있다.

• S 종합사회복지관의 부양가족지원사업

S 종합사회복지관은 장애가 있는 가족 구성원을 지원하기 위한 목적으로 '장애인 활동보조 지원사업'을 운영하고 있다. 중증장애인에게 연중 활동보조인을 파견하여 그들의 일상생활 및 사회생활을 지원함으로써 중증장애인에게는 사회생활 영위를, 부양가족에게는 부양 부담에 따른 스트레스 경감을 목적으로 하고 있다. 또한 재가 장애인들에게 나들이 제공을 하는 '장애인 여가지원사업'을 실시함으로써 여러 가지 제한으로 인해 여가활동의 기회가 적은 장애인들에게 여가생활을 지원하고 부양가족에게는 휴식의 기회를 제공하고 있다.

• K 건강가정지원센터의 치매노인 주야간보호센터

K 건강가정지원센터는 '목련데이케어센터'라는 치매노인 주야간보호센터를 운영하고 있다. 노인성 질환으로 일상생활에 어려움을 겪고 있는 어르신들을 주야간으로 돌보는 재가노인복지시설로 쾌적한 환경과 의료서비스, 재활 및 여가 프로그램을 제공하여 생활의 만족도를 높이고 어르신들에 대한 돌봄 부담의 경감을 통해 가족들의 원활한 사회적 · 경제적 활동을 지원하고 있다. 어르신들의 기능회복 및 정서적 지원을 위한 의료 및 사회 재활 프로그램과 가족 교육 및 상담과 같은 가족지원 프로그램에 이르기까지 다양한 프로그램이 운영되고 있다.

(3) 가족위기 개입

① 개념

성폭력, 학교폭력, 자살 등 충격적인 사건을 경험한 피해자 및 가족들은 이로 인해 격심한 고통과 스트레스를 경험할 수 있으며 일상생활 영위에 어려움이 발생될 수 있다. 이런 경우 위기 개입을 통해 피해를 최소화하고 가족 해체 예방 및 가족의 기능 회복을 돕기 위한 서비스이다. 긴급심리지원, 긴급가족돌봄지원, 외상치료비 지원, 경제적 지원 등이 이에 해당된다.

② 대상

학대 및 폭력 가정, 갑작스러운 경제적 위기를 당한 가정, 자살·중독 등의 가족 문제로 인하여 어려움을 겪는 가족

③ 사례

• S 종합사회복지관의 긴급위기가족지원사업

S 종합사회복지관은 갑작스러운 경제적 위기를 당한 가정을 상담하고 생계안정을 위한 일시적 경제지원을 실시하고 있다. 특히 '실직 장애인 가정의 위기 개입 프로그램'을 통해 실직과 장애라는 중복된 위기와 제한점 속에서도 가족의 기능이 회복되고 피해가 최소화될 수 있도록 돕고 있다.

• Y 종합사회복지관의 청소년 상담실

Y 종합사회복지관에서는 청소년 상담실을 운영함으로써 학교폭력, 약물 중독 등과 같은 위급한 상황에 처한 청소년들이 마음껏 상담을 요청하고 지원받을 수 있도록 하고 있다. 특히 조손가정과 다문화가정 내 취약계층 청소년들의 네트워크 지원 및 멘토링 제도 운영을 통해 학교폭력 및 가정폭력, 약물 중독 등과 같은 위급한 상황에서 겪을 수 있는 피해를 최소화하고 긴급하게 지원할 수 있도록 주·야간 상담뿐 아니라 전화와 이메일 상담도 운영하고 있다.

• D 상담센터의 가정폭력 피해 여성을 위한 쉼터

D 상담센터의 여성쉼터에서는 가정폭력으로 인해 가정을 떠날 수밖에 없는 여성과 동반 자녀들을 안전하게 입소시켜 신변 보호뿐 아니라 상처 회복을 위한 다양한 프로그램을 운영하고 있다. 심리치료 및 가족치료를 통해 가족의 기능을 회복할 수 있도록 하고 있으며 자립을 희망하는 입소자들의 재취업훈련이나 직업교육을 통한 취업 연계를 실시한다. 또한 쉼터를 퇴소한 후에도 입소자들 간 지속적 관계 형성을 하기 위한 자조모임을 운영함으로써 유대감과 공감대를 형성하고 지지체계로서의 역할을 수행할 수 있도록 하고 있다.

• S 자살예방센터

S 자살예방센터에서는 '블루터치핫라인'이라는 24시간 위기상담 전화를 운영함으로써 자살의 위험성을 발견한 즉시 적극적인 위기 개입 서비스를 제공하고 있다. 자살 시도에 대한 발견 즉시 응급 출동하여 자살 의도자의 위기를 관리함으로써 자살을 예방하고 주말 및 휴일 모니터링도 지원하고 있다.

3) 가족 구성원과 세대 간 관계 변화를 위한 가족복지 실천

가족체계 내에서의 상호작용이 기능적으로 이루어질 때 가족 내부 기능이 강화될 수 있다. 그러나 가족 간 관계가 원만치 않은 경우 사회복지사는 가족 구성원 간 혹은 세대 간 관계 변화를 위한 다양한 가족교육을 제공할 수 있으며 가족의 건전한 여가 문화 정착을 위한 문화 활동 및 가족 역량 강화를 통한 내부 기능 강화를 도모할 수 있다. 여기서는 가족 내부 변화를 위한 다양한 개입방법을 살펴보고자 한다.

(1) 가족교육

① 개념

결혼, 출산, 육아, 자녀의 독립, 배우자의 사망 등으로 인한 가정의 생성 및 소멸과 같은 단계를 가족생애주기라고 한다. 이러한 생애주기별로 가족은 형성되고 확대 또는 축소되는 단계를 거치는데, 각 단계에서 발생할 수 있는 예측 가능한 문제들과 과업들이 무엇인가에 대한 교육을 받음으로써 가족의 문제에 대해 미리 예방하고 준비하기 위한 서비스이다.

② 대상

예비부부, 어린 자녀를 둔 부부, 청소년기 자녀를 둔 부부, 노년기 부부, 부부관계 향상에 도움을 받고 싶은 부모 등

③ 사례

• 건강가정지원센터의 생애주기별 가족교육

가정은 일정한 단계를 거치는데 결혼 전부터 시작하여 노년기까지 전 생애에 걸친 단계별 가족교육이 실시되고 있다.

첫째, 예비부부 및 신혼기 부부를 위한 가족교육 프로그램이다. 결혼을 앞둔 미혼남녀 혹은 신혼기 부부를 대상으로 자신과 상대방에 대한 이해를 높이고 결혼생활에서 발생할 수 있는 다양한 문제에 대한 대처능력을 갖춤으로써 가족의 안정성을 높이고 부부 문제를 사전에 예방하기 위해 실시되고 있다.

둘째, 아동 및 청소년기 가족교육 프로그램이다. 유아기부터 학령기, 청소년기를 거쳐 자녀가 성장함에 따라 겪을 수 있는 다양한 문제와 갈등을 해결하기 위한 교육으로서 자녀의 연령에 따른 발달적 특성에 대한 이해를 돕기 위해 실시되고 있다. 특히 부모-자녀 간의 대화를 위한 교육을 통해 원만한 의사소통 기술을 습득함으로써 부모-자녀 간 관계 증진을 돕는 교육 등이 이에 해당된다.

셋째, 중년기 가족교육 프로그램이다. 중년기에 나타날 수 있는 신체적 · 심리적 변화에 대한 이해를 통해 이를 극복하고 부부관계 및 부모-자녀 관계를 원만하게 형성할 수 있도록 돕는 교육 등이 이에 해당된다. 또한 노년생활을 위한 경제 준비 교육 등 노후 준비를 돕는 교육도 있다.

넷째, 노년기 가족교육 프로그램이다. 자녀들이 결혼하고 떠나는 빈 둥지의 경험, 은퇴 이후의 삶에 대한 영위, 신체적 건강의 쇠퇴, 죽음 준비에 이르기까지 다양하게 겪게 되는 노년기의 생활사건에 가족들이 잘 적응할 수 있도록 돕는 프로그램이다.

• 기타 가족교육

연령, 생활주기, 가족 유형과 상관없이 부부관계 향상, 부모의 역할 습득, 일과 가정의 균형을 위한 시간관리 방법 등 가족생활을 보다 더 향상시키기 위한 전반적인 내용들을 교육받을 수 있는 프로그램이다. 예를 들어, 아버지 교육 프로그램을 통해 가정 내에서 아버지의 역할에 보다 충실할 수 있도록 다양한 자녀 양육방법을 습득하고, 일과 가정의 균형을 찾기 위한 아버지의 가족 참여 방법을 습득할 수 있다. 또한 부부관계 증진을 위한 교육 프로그램을 통해 부부가 함께 가족생활에 보다 더 기능적으로 적응하고 가족문제에 적극적으로 대처하도록 할 수 있다. 결혼에 대한 기대와 의미를 되새기고 배우자와의 효과적인 의사소통 기술을 습득하며 부부갈등을 원만히 해결할 수 있는 다양한 방법을 습득한다. 마지막으로 치매가족, 장애가족, 알코올 중독자 가족 등 다양한 가족 유형에 따른 가족교육을 실시할 수 있다. 각 가족 유형에 따라 필요한 교육적 · 지지적 접근을 시도하고 유사한 상황의 다른 가족들과의 경험을 공유함으로써 해당 가족들이 겪을 수 있는 심리적 부담감과 소외감을 감소시키는 것에 목적을 둔다.

(2) 가족문화

① 개념

가족이 함께 많은 시간을 보냄으로써 서로를 이해할 수 있는 폭을 넓히고 가족기능을 강화할 수 있도록 돕는 다양한 문화 및 여가 사업이다. 가족문제로 상담이나 교육을 시작하기에는 거부 반응이 있을 수 있지만, 보다 쉽게 참여할 수 있는 문화나 여가 프로그램은 접근성을 높일 수 있는 장점이 있다. 가족 내 물적 · 인적 자원을 나누고 실천하는 가족단위 봉사활동, 가족 간 서로의 노동력(품)을 교환하여 함께 돕는 가족 품앗이, 주말이나 연휴를 활용한 가족단위 여가지원 프로그램 등이 이에 해당된다.

② 대상

지역사회 내 모든 가족

③ 사례

• A 종합사회복지관의 주말문화교실

A 종합사회복지관에서는 토요 휴관일을 이용하여 가족단위 동아리 활동을 운영한다. 가족들이 함께 참여할 수 있는 요리, 비즈공예, 가족서바이벌 게임, 가족

영화제 등 다양하고 유익한 문화 활동을 제공함으로써 가족이 함께 시간을 보낼 수 있는 프로그램이다.

• 건강가정지원센터의 돌봄 나눔 및 가족 품앗이 사업

건강가정지원센터는 가족봉사단을 운영함으로써 가족이 함께 봉사활동에 참여하게 하여 지역사회 내 이웃에게 돌봄 지원을 제공한다. 예를 들어, 자녀 돌봄과 지도가 필요한 이웃 가족에게 놀이 및 학습 지원을 제공하고 정서 및 건강 지원이 필요한 이웃 가족에게 간병, 안마, 목욕, 병원동행 등의 봉사활동을 수행할 수 있다. 지역사회 참여활동 및 환경보호활동을 할 수도 있는데 결식 아동 찾기, 사랑의 집 짓기, 문화유적지 수리 및 청소, 자연보호활동과 같은 환경캠페인, 재활용품 수집 등의 봉사활동을 수행할 수 있다.

또한 가족이 가진 노동력(품)을 서로 교환하여 지역사회 내 가족이 함께 협력하는 품앗이 사업을 진행하고 있다. 자녀 양육의 어려움과 고통을 나누고 돌봄의 공백을 해소하여 지역 자원을 개발하고 주민자치 활동을 전개해 나가는 문화를 정착하는 사업이다. 이는 상호신뢰를 바탕으로 자신이 알거나 가지고 있는 것을 이웃에게 주고 자신이 배우거나 얻고 싶은 것을 이웃으로부터 도움받아 지역사회와 가족이 함께 서로 협력할 수 있다는 장점이 있다. 건강가정지원센터에서는 가족 품앗이를 하고 싶은 가족들을 서로 연결해 주고 지원하는 역할을 하며 지역 자원을 개발하고 가족자치 활동을 전개할 수 있도록 지원한다.

(3) 가족 역량 강화

① 개념

한부모가족, 조손가족 등 취약계층의 가족들이 겪는 복합적인 문제를 해결하는 위기 지원뿐 아니라 가족 역량을 강화하여 가족기능 회복을 도모하기 위한 사업이다. 모든 가족은 강점을 가지고 있다는 것에 초점을 두고 가족을 둘러싼 환경은 잠재적 자원을 보유하고 있다는 전제하에 가족의 자립에 필요한 자원과 경제력을 획득하도록 도움으로써 궁극적으로는 가족의 자립을 도모한다. 또한 가족마다 가지고 있는 다양한 문제점을 대상으로 '가족단위' 맞춤형 서비스를 제공하여 가족의 기능을 회복하고 역량을 강화할 수 있도록 돕는다.

② 대상

한부모가족, 조손가족 등

③ 사례

• S 종합사회복지관의 한부모 여성 가장 자립 역량 강화 프로그램

S 종합사회복지관에서는 저소득 한부모가정 여성 가장에게 기술교육과 함께 경제교육, 구직 및 취업정보를 제공하여 경제적 자립을 위한 기틀을 마련하고 다양한 가족활동으로 가족 구성원들의 응집력을 강화한다. 이를 통해 한부모 여성 가장들이 겪을 수 있는 빈곤과 배우자 부재로 인한 정서적 · 사회적 소외감 문제를 해결하고 가족기능이 약화된 한부모가구의 빈곤 여성 자립을 도모하고 자신감과 자존감 회복을 통한 역량 강화를 할 수 있도록 지원하고 있다.

• K 건강가정지원센터의 가족 역량 강화 사업

K 건강가정지원센터는 지역사회 내 가족들이 건강하고 성숙한 가족으로 성장할 수 있도록 가족응집력과 가족 내 역량을 강화시키는 프로그램을 실시하고 있다. 가족 내 부부관계 향상뿐 아니라 지역사회 내 다른 가족과의 교류를 통해 공동체 의식을 고취하고 봉사활동을 통해 지역사회에 기여할 수 있는 역량 강화를 도모하고 있다.

• X 종합사회복지관의 가정폭력 피해여성 자조모임

X 종합사회복지관에서는 가정폭력 피해여성들의 자조모임을 통해 다양한 지역사회 활동을 펼치고 있다. 가정폭력 피해여성들 간의 지지와 격려, 지원을 비롯하여, 더 나아가 지역사회 내 가정폭력 예방을 위해 사회적 인식개선과 공감을 얻기 위한 활동까지 확대하고 있다. 이를 통해 피해여성들은 비슷한 처지의 여성들과

사회적 지지체계를 형성할 수 있으며 각종 교육을 통해 가정폭력에 관한 법률, 피해자 및 행위자에 대한 이해, 의사소통방법 등에 대한 지식을 습득함으로써 자립을 위한 역량 강화를 도모한다. 또한 쉼터 퇴소 후 자녀와 함께 자립할 수 있는 기반을 만들어 준다.

4) 가족기능 강화를 위한 가족복지 실천: 가족중심 사례관리

(1) 가족중심 사례관리의 개념

다양한 학자와 조직에 의해 정의된 사례관리의 대표적인 정의를 살펴보면 다음과 같다. 미국사회복지사협회(NASW)의 정의에 따르면 사례관리란 사회복지사가 내담자의 문제를 발견하고 욕구에 따라 다양한 형태의 서비스들을 포괄적으로 계획하고 관리하는 것을 의미한다(Baker, 2003). Moxley(1989)는 사례관리를 복합적인 욕구를 가진 사람들의 기능 향상과 복지를 위해 자원과 활동의 관계망을 조직 · 조정 · 유지하는 것으로 정의하였다(박용순, 송진영, 권성애, 2016에서 재인용). Ballow와 Mink(1996)는 여러 원조가 요구되는 많은 문제를 가진 사람들의 생이 만족스럽지 못하거나 생산적이지 못할 때 그들을 돕는 과정이라고 하였다(권진숙 외, 2014에서 재인용). Kumar(2000)의 정의를 살펴보면, 사례관리는 사정 · 계획 · 조정 · 전달 및 모니터링을 통하여 내담자 중심의 서비스 통합을 달성하기 위한 과정이라고 하였다(박정란, 2016에서 재인용). 그리고 미국정신지체인협회(1992)의 정의에 따르면 사례관리는 내담자와 가족의 욕구에 대해 사정 · 계획 · 지원할 수 있는 서비스를 확보하고 모니터링하며 그것을 기반으로 활동하는 지속적인 과정이라고 하면서 내담자 개인뿐 아니라 가족개입의 중요성을 강조하고 있다(박용순 외, 2016에서 재인용).

가족은 개별 가족 구성원들의 합이자 독립된 체계이기 때문에 사례관리의 대상이자 매개가 되는데 영국, 미국, 캐나다 등에서는 이미 가족중심의 사례관리(FECM), 또는 가족사례관리(FCM)라는 방법이 정부와 민간 차원에서 도입되어 실시되고 있다(김혜경 외, 2014). 가족중심 사례관리의 특성을 정리해 보면 다음과 같다. 첫째, 사례관리의 초점단위가 개인뿐 아니라 가족이 된다. 둘째, 가족의 기능적 역량을 극대화하는 것을 주된 목적으로 한다. 셋째, 가족을 둘러싼 환경에 대한 사정을 함으로써 생태체계적 접근을 기반으로 한다.

이 내용들을 요약하면, 가족복지 실천방법으로서 사례관리란 생태체계적 관점을 토대로 가족중심적 기반에 여러 원조가 요구되는 가족과 함께 일하면서 가족의 손상된 기능을 향상시키고 역량을 강화하도록 돕는 접근방법이라고 할 수 있다(송정애, 정해은, 2007).

(2) 사례관리의 실천원칙

사례관리 실천에 대한 원칙을 소개하면 다음과 같다(Livingston et al., 1991; Moxley, 1989; Stainberg, 1983: 권진숙 외, 2014에서 재인용). 첫째, 체계적 관점을 유지하고 내담자가 자신의 개인 자원을 이용할 기회를 보장해 준다. 이는 사례관리자가 내담자에게 필요한 자원을 공식적 체계와 비공식적 체계를 활용하여 동원하는 데 노련함이 있어야 하고 내담자가 살고 있는 지역사회 내 자원이 가장 우선시되어야 함을 의미한다. 둘째, 사례관리자는 행정적 과정과 기술을 이용한다. 이는 사례 발견부터 모니터링까지 체계적인 과정과 기록이 이루어져야 하는데, 특히 종합적 사정과정이 잘 정의되어 있어야 하고 사례기록에는 계획, 활동단계, 제공된 서비스가 잘 나타나 있어야 함을 의미한다. 셋째, 사례관리자는 임상적 과정과 기술을 이용한다. 프로그램에는 내담자의 사회적 · 경제적 · 환경적 상태뿐 아니라 신체적 · 정신적 건강에 대한 내용까지 포괄적으로 포함되어야 하며 개입활동은 사무실을 벗어난 활동 영역에서 개인과 팀으로 이루어져 제공되는 것이 더 효과적이다. 또한 사례량은 내담자와 비교적 잦은 접촉이 가능할 수 있도록 적게 주어져야 한다. 넷째, 사례관리자는 내담자의 선택권을 부양시켜야 한다. 보호계획은 내담자의 독특한 욕구 · 조건 · 참여로부터 나와야 하며 내담자 자신에게 선택권이 주어졌을 때 사례관리에 대한 만족도와 개입결과에 대한 안정성이 더 향상될 수 있기 때문이다.

(3) 사례관리자의 역할

사례관리자의 역할은 크게 직접적 개입과 간접적 개입으로 구분될 수 있다(박희숙, 강월숙, 고선영, 2014).

직접적 개입에서 사례관리자의 역할은 위기 상황에서 심리적 지지를 제공하는 상담가로서의 역할을 하는데, 이때 사례관리자는 내담자의 행동에서 역기능적인 패턴을 발견하게 해 주고 더 유용한 패턴을 개발하도록 내담자를 돕는다. 또한 내담자를 이해하고 신뢰를 형성하며 내담자가 자신을 위해 지원망을 개발하고 유지하기 위해서 알아야 할 것을 상담한다(송정애, 정해은, 2007). 혹은 내담자가 높은 수준의 자기지향을 수행하려 할 때 새로운 지식과 기술을 알려 주는 교육자로서의 역할, 전문적인 정보를 많이 가지고 내담자에게 전달해 주는 정보전달자의 역할도 직접적인 개입에 포함된다.

간접적 개입에는 중계자 역할, 연결자 역할, 조정가 역할, 옹호자 역할, 협동가 역할, 협의자 역할 등이 포함된다(박희숙 외, 2014). 조정자로서의 역할을 위해 사례관리자는 내담자의 문제와 욕구를 동시에 사정하고 계획을 세우며 원조자들과 효과적인 만남을 갖도록 돕는다. 또한 필요시에는 원조자들 사이의 갈등을 줄이기 위해 의사소통을 촉진하고 자원망의 효율성을 증가시켜야 한다(송정애, 정해은, 2007). 옹호자로서의 역할을 위해 사례관리자는 필요한 자원을 얻을 수 있도록 일한다. 또 다른 경우 사회가 내담자에게 지나치게 과한 것을 요구하는 상황도 발생하는데 사례관리자는 그 요구를 중화시키거나 충족시키도록 돕는 옹호자의 역할을 한다(송정애, 정해은, 2007).

사례관리자의 역할은 사례관리자 자신의 전문적 수준에 따라 달라질 수 있고 동시에 모든 역할을 한 사람의 사례관리자가 수행하는 것도 불가능하다. 따라서 사례관리자는 최소한의 기본교육과 훈련을 받은 자이어야 하며 또한 지속적인 보수교육과 훈련을 받는 것도 필수적이다. 그리고 자신이 감당하기 힘든 서비스와 자원 제공, 조정 및 옹호에 관한 역할이 요구되었을 때는 다른 사례관리자가 다른 기관에 의뢰하기도 한다.

(4) 사례관리의 실천과정

사례관리의 실천과정은 크게 6단계로 나눌 수 있다(송정애, 정해은, 2007).

첫째, 내담자와의 접촉단계이다. 사례관리를 통하여 도움을 받을 수 있는 대상자를 찾고 그들과 신뢰감을 형성하며 그들의 욕구나 기대에 대해 이해하는 과정을 거친다.

둘째, 사정단계이다. 내담자를 위한 사례관리를 시작할 때 가장 먼저 이행되는 중요한 단계이다. 사정의 경우, 내담자의 욕구를 기반으로 개인과 가족의 변화 욕구와 문제 및 강점에 대한 사정이 이루어지는 내담자 사정이 있으며 내담자를 둘러싼 주변 환경과 사회적 관계망을 사정하여 지역사회 내 자원을 사정하는 자원사정이 있다. 이 두 가지 차원의 사정은 동시에 이루어져야 한다.

셋째, 계획단계이다. 내담자의 문제를 해결하기 위해 선택된 전략들을 기반으로 개입방법들을 서술하되 변화가 필요한 우선순위 목표를 정하고 각각의 목표에는 구체적인 계획을 포함해야 하며 변화된 결과에 대해서도 평가될 수 있는 형태로 명시하여야 한다. 또한 각각의 목표에는 내담자의 욕구가 최대한 반영되어 있어야 하고 내담자가 동의할 수 있는 내용이 장·단기적 계획으로 혹은 직·간접적 방법으로 구분되어 있어야 한다. 그리고 계획에 따라 예상되는 결과를 획득하기 위하여 내담자의 참여적 행동과 계획에 따른 실천에 동의한다는 것을 협의한다.

넷째, 개입단계이다. 이 단계는 계획단계에서 명시된 서비스들을 내담자에게 제공하는 단계로서 내·외부 자원을 개발하고 개발된 자원을 내담자에게 연계해 주며 장애물을 극복하여 내담자가 기능을 회복할 수 있도록 돕는 여러 활동이 실행된다. 다각적인 방면에서 내담자에게 개입하는 다른 전문가들과 협력하는 팀워크를 이루어 내기도 한다.

다섯째, 조정단계이다. 내담자에게 실행되고 있는 여러 서비스가 원래 목적한 대로 제공되고 있는지 모니터링해야 한다. 원래의 계획이 방향성을 잃거나 자원연결 후 조정의 실패로 인해 그동안의 원조가 일시적인 변화로만 종결되는 경우도 있기 때문에 내담자의 상황을 파악하고 개입계획의 점검과 수정을 위하여 필

수적인 단계이다. 또한 내담자의 욕구 변화도 모니터링에 포함하여 점검함으로써 재사정단계를 거쳐 새로운 계획이 수립될 수도 있다.

여섯째, 종결단계이다. 이 단계에서는 그동안의 개입결과를 평가하고 내담자와 종결을 협의하거나 종결의 표시를 전달 · 확인하는 과정을 거친다. 종결 후에도 필요시 계속적인 원조가 제공될 수 있음을 알려 줌으로써 내담자로 하여금 종결로 인한 상실감을 최소화시켜 줄 필요가 있다. 마지막으로 이 단계에서는 사례관리의 전 과정을 평가한다.

2. 평가와 종결

가족복지 실천의 마지막 단계인 평가와 종결은 개입단계에서 나타난 가족의 변화를 확인하여 평가하고 가족이 변화를 지속시키도록 지원하며 필요한 경우 사후관리를 계획하는 단계이다. 일반적으로 초기에 계획되었던 목표와 과제가 성취된 경우 이루어지는 계획된 종결도 있지만, 예기치 못한 기타 다양한 이유로 인해 종결이 이루어지기도 한다.

1) 종결의 유형

종결의 유형은 크게 세 가지로 나누어 볼 수 있다(한국여성복지연구회, 2008).

첫째, 종결 시점을 계획한 경우이다. 가족복지 실천의 계획단계에서 원칙적으로 종결의 시점도 함께 고려하여 계획을 하는 경우가 일반적이다. 사회복지사는 가족에게 초기단계부터 미리 종결의 시점을 알려 주며 종결 시기를 미리 상기시키고 종결과 관련되어 남아 있는 과제들을 함께 해결해 나간다. 가장 바람직한 것은 가족이 스스로 해결할 수 있는 시점에서 종결이 이루어지는 것인데 이는 가족들에게 성취감을 경험하게 하여 역량을 더욱 강화시킬 수 있는 이점이 있다.

둘째, 가족이 진전을 보이지 않는 경우이다. 이때 자신의 능력이 부족한 것으로 생각하여 사회복지사가 스스로 위축되는 경우나 혹은 가족이 사회복지사에게 책임을 전가하는 경우도 발생할 수 있게 된다. 그러나 문제를 해결하는 것의 주체는 가족이며 사회복지사는 원조하는 전문가이기 때문에 자책이나 책임 전가는 바람직하지 못한 해결방법이다. 이런 경우, 사회복지사는 가족과 함께 개방적으로 논의할 필요가 있으며 각자 서로 인식하지 못한 문제를 파악하고 이를 해결할 수 있는 다른 대안을 모색해야 한다.

셋째, 가족이 서비스의 실행에 보조를 맞추지 않거나 비협조적인 경우이다. 개입과정에서 보이는 가족의 저항은 흔히 볼 수 있는 현상인데 가족은 새로운 변화가 찾아왔을 때 기존의 안정성을 위협하는 것에 대한 불안으로 저항을 하는 경우가 많다. 이런 경우 사회복지사와 가족은 그동안 변화된 사항을 돌아봄으로써 종결의 타당성을 함께 검토할 필요가 있다.

이처럼 다양한 이유에 의해 종결이 되었을지라도 서비스 종료 후 내담자의 삶의 상태가 적절한지를 살피기 위한 사후관리가 수행되어야 한다.

2) 종결의 과제

종결의 과제는 크게 세 가지로 나누어 볼 수 있다(한국여성복지연구회, 2008).

첫째, 종결과 관련된 정서를 다루어야 한다. 종결에 대해 가족은 다양한 감정을 느낄 수 있는데 슬픔이나 상실감을 경험할 수도 있고 더 이상 도움을 받을 수 없다는 두려움과 계속 의존하고 싶은 마음을 느낄 수도 있다. 혹은 종결에 대해 냉담하고 사무적인 반응을 보임으로써 종결을 부정하는 태도를 취할 수도 있다. 사회복지사는 이러한 다양한 감정을 가족과 함께 개방적으로 논의하여 다룰 필요가 있다.

둘째, 변화 유지와 사후관리 계획을 수립해야 한다. 실천과정을 통해 이룩한 변화를 상기시키고 종결 후에도 이를 지속시킬 수 있는 동기를 부여해 주는 것이 필요하다. 또한 가족들에게 상황이 다시 악화되거나 새로운 상황이 찾아올 수 있음을 미리 준비시키고 이런 경우 사후면접이 가능함을 알려 줌으로써 종결 후 새롭게 찾아온 변화를 성공적으로 대처해 나가도록 해 준다.

셋째, 의뢰이다. 가족의 문제가 아직 해결되지 않은 채 종결이 되는 경우가 이에 해당된다. 예를 들어 내담자의 주거지 변화, 이직과 같은 사회복지사의 개인 사정 등등의 이유로 종결이 되면 내담자를 의뢰해야 한다. 내담자가 가지고 있는 문제에 적합한 도움과 자원을 제공해 줄 수 있는 전문가와 기관에 의뢰함으로써 개입의 일관성과 지속성을 보장해 주어야 한다.

3) 평가

종결단계에서 사회복지사는 가족과 그동안의 과정을 검토하고 계획단계에서 수립되었던 목표가 어느 정도 달성되었는지 평가해야 한다. 주관적인 평가와 객관적인 평가를 모두 하는 것이 바람직한데 주관적인 평가의 경우, 가족 성원들이 그동안 느낀 점과 만족한 점 혹은 개선할 점을 개방적으로 논의하여 이를 평가의 자료로 활용해야 한다. 객관적인 평가를 위해서는 목표에 적합한 척도나 측정도구들을 활용하여 향상 정도를 수치화하는 것이 바람직하다. 또한 사회복지사 자신의 개입을 성찰하고 되돌아볼 수 있는 시간과 기회를 갖도록 사회복지사의 실천에 대한 피드백을 제공해야 한다.

참고문헌

권진숙 역(2004). 사례관리(*Case management*). Frankel, A. J., & Gelman, S. R. 공저. 서울: 학지사. (원저는 2004년에 출판)

권진숙, 김상곤, 김성경, 김혜성, 민소영, 박선영, 백은령, 유명이, 유서구, 이기연, 조미숙, 조현순, 황성철(2014). 사례관리론. 서울: 학지사.

권진숙, 박지영(2010). 사례관리의 이론과 실제(3판). 서울: 학지사.

김영화, 이진숙, 이옥희(2002). 성인지적 가족복지론. 서울: 양서원.

김혜경, 도미향, 문혜숙, 박충선, 손홍숙, 오정옥, 홍달아기(2014). 가족복지론(5판). 경기: 공동체.

박용순, 송진영, 권성애(2016). 사례관리. 서울: 창지사.

박정란(2016). 사례관리실천론. 경기: 양서원.

박희숙, 강월숙, 고선영(2014). 가족복지론. 경기: 공동체.

성정현, 여지영, 우국희, 최승희, 임세희(2014). 가족복지론. 경기: 양서원.

손병덕, 황혜원, 전미애(2008). 가족복지론. 서울: 학지사.

송다영(2006). 한부모가족을 위한 사회권에 대한 고찰. 한국사회복지학회 추계학술대회 발표논문.

송정애, 정해은(2007). 가족복지론. 서울: 양서원.

이화여자대학교 사회복지연구회 역(2001). 가족복지실천론(*An introduction to family social work*). Collins, D., Jordan, C., & Coleman, H. 공저. 서울: 나눔의 집. (원저는 1999년에 출판)

조흥식, 김인숙, 김혜란, 김혜련, 신은주(2006). 가족복지학(3판). 서울: 학지사.

최경석, 김양희, 김성천, 김진희, 박정윤, 윤정향(2008). 한국 가족복지의 이해(3판). 서울: 인간과복지.

한국여성복지연구회(2008). 가족복지론(개정판). 서울: 청목출판사.

Baker, R. L. (2003). *The social work dictionary*. Washington, DC: NASW Press.

Collins, D., Jordan, C., & Coleman, H. (1999). *An introduction to family social work*. Boston, MA: Brooks/Cole.

Family Strengthen Policy Center (2005). *Marriage and relationship education: Will it reduce poverty and strenghten families?* Washington, DC: National Human Services Assembly. Policy Brief.

Hartman, A., & Laird, J. (1983). *Family-centered social work practice*. New York: The Free Press.

NASW (1995). *Encyclopedia of social work* (19th ed.). Washington, DC: NASW Press.

Olson, D. H. (2004). *Marital and family strengths: An international perspective*. Korean International Family Strength Conference.

Zastrow, C. (2000) *Introduction to social work and social welfare* (7th ed.). Boston, MA: Brooks/Cole.

관련 웹사이트

강남구건강가정지원센터 홈페이지 http://www.gangfamily.com

건강가정지원센터 홈페이지 http://www.familynet.or.kr

동산상담센터 홈페이지 http://dscc.or.kr
상리종합사회복지관 홈페이지 http://www.sangli.org
서울시자살예방센터 홈페이지 http://suicide.blutouch.net
서울YMCA청소년쉼터 홈페이지 http://shelter.ymca.or.kr

제5장
가족치료

개요

이 장에서는 가족치료 발달에 관한 전반적인 내용을 살펴보고자 한다. 가족치료 이론과 관련된 패러다임의 변화에 대하여 살펴보기 위하여 사이버네틱 인식론과 관련하여 일차적인 사이버네틱스와 이차적인 사이버네틱스에 관하여 알아보고자 한다. 또한 가족치료에 있어서의 치료의 초점이 되는 상호적인 결정주의 그리고 환아와 증상의 표출과 관련된 개념 및 가족치료 모델들의 관점에 대하여 살펴보고 마지막으로 가족생활주기에 관하여 서술하고자 한다.

가족치료 모델 유형의 발달과 관련하여 11개의 가족치료 모델 유형으로 나누어서 설명하였고, 특히 포스트모더니즘과 사회구성주의 이론을 중심으로 두 개의 흐름으로 구별 지어 설명하였다. 첫째, 전통적이고 일차적 사이버네틱스의 관점을 가진 치료 접근법으로서의 정신역동적 대상관계 가족치료 모델, 애착 이론, 가족체계 치료 모델, 의사소통 가족치료 모델, 경험주의적 가족치료 모델, 구조적 가족치료 모델 그리고 전략적 가족치료 모델을 포함시켰다. 둘째, 사회구성주의와 포스트모더니즘의 영향을 받았고, 이차적 사이버네틱스의 관점을 가진 치료 접근법으로서의 해결중심 단기 가족치료 모델, 이야기 치료 모델, 협력적 접근 그리고 반응팀을 포함시켰다. 여기서는 Milan 모델을 전략적 가족치료 모델로 분류하여 설명하였지만, 학자에 따라서는 Milan 모델을 사회구성주의와 포스트모더니즘의 영향을 받은 모델로서 분류하기도 한다. 이 장에서는 11개의 가족치료 모델들에 관하여 모델들의 핵심적인 내용과 모델의 창시자들을 중심으로 살펴보고자 한다.

마지막으로, 결론에서는 현재 한국에서의 가족치료 모델의 적용들에 관하여 살펴보고, 이러한 가족치료 모델들을 어떻게 임상실천에서 적용해 나가야 할 것인지에 대하여 견해를 피력하고자 한다.

1. 가족치료의 발달

전통적인 심리치료에서는 개인이 분석의 단위였으며, 치료의 초점은 개별적인 정신병리에 두었다. 그렇지만 개인에 초점을 둔 개별 심리치료에 대한 한계점을 인식하면서부터 가족에 초점을 두고 가족체계의 변화를 도모하는 가족치료가 1950년대부터 발달하게 되었다(Goldenberg & Goldenberg, 2017; Janzen, Harris, Jordan, & Franklin, 2006). 이러한 가족치료 발달은 20세기 후반의 자연과학과 사회과학에서 일어난 패러다임의 전환으로부터 발생하였다. 즉, 사물의 본질의 특성이나 존재 또는 진실에 초점을 두기보다는 주변 상황이나 관계 또는 의미에 초점을 두게 된 사회과학의 철학적인 토대하에 가족치료의 역사가 이루어지게 되었다. 실제로 가족치료 발달의 시작을 정확히 지적하기란 무리라고 볼 수 있으며, 또한 어느 한 경로를 통하여 발전된 것도 아니다. 대부분의 가족치료와 관련된 권위자들은 가족 성원 중 한 사람 또는 그 이상의 가족 성원이 심리적인 불안 또는 혼동을 겪게 되고 또한 그러한 증상을 유지하게 하는 가족의 역할에 주의를 하게 된 것은 제2차 세계대전 이후 약 10년 정도의 기간이라고 말하고 있다. 전쟁 후에 가족의 갑작스러운 재결합이 가족 성원들에게 사회적 · 인간 상호적 · 문화적 · 상황적으로 여러 가지 문제를 야기시켰다(Goldenberg & Goldenberg, 2017).

가족치료에 지대한 영향을 끼친 이론들로는 수학, 물리학, 사회학, 일반체계 이론, 인공두뇌학, 생태학, 의사소통 이론 그리고 더 최근에 사회구조주의 이론 등을 들 수 있다. 이러한 이론에서 인간은 물리적 · 사회적 · 문화적 · 정치적 · 경제적 환경들의 영향을 받게 되고, 또한 이러한 환경들과의 상호적인 또는 순환적인 관계 안에서 개인의 삶이 형성된다는 것이다.

이 장에서는 최근에 일어나고 있는 패러다임의 전환과 이로 인한 가족치료의 변화에 대하여 살펴보고자 한다. 또한 최근에 포스트모더니즘과 구성주의의 영향으로 인하여 거의 1990년대 이전까지 탄생하고 발전하였던 가족치료 이론과 1990년대 이후에 새로 탄생되고 발전하기 시작한 이론들에 대하여 조사해 보고자 한다.

2. 가족치료에 있어서 패러다임의 변화

새로운 패러다임의 변화는 Kuhn(1970)에 의한 과학적 혁명에서 비롯되었고, 이러한 Kuhn의 영향은 또한 많은 심리치료자의 사고에도 영향을 미쳤으며, 이러한 혁명은 가족치료가 시작되었던 50년대에 일어났다(Goldenberg & Goldenberg, 2017). Sluzki(1978)는 가족치료를 행동과학에 있어서 중요한 인식론적인 혁명으로 간주한다. 인식론이란 사람이 어떻게 지식을 얻고 세상에 대하여 어떻게 결론을 내리는가에 대하여 언급하는 것이며, 경험을 이해하는 데 사용하는 규칙과 들어오는 정보를 해석하는 데 사용되는 기술적인 언어를 의미한다. 인식론은 치료자나 이론가로서 우리 주위에서 발생하는 것과 어떻게 우리가 변화를 야기시킬 수 있는가를 이해하기 위하여 시도하는 우리의 행동에 대한 근본적인 가정을 결정한다. 그런데 가족치료자들은 공통적으로 인식론이라는 용어를 개념적인 준거틀 혹은 신념체계를 가리키는 용어로서 사용한다(Goldenberg & Goldenberg, 2017).

이 장에서는 가족치료 이론에 지대한 영향을 미치고 있는 사이버네틱 인식론에 관하여 설명하고 또한 일차적 사이버네틱스 이론과 이차적 사이버네틱스 이론에 대하여 설명해 보고자 한다. 또한 가족치료에서의 순환론적인 관점에서의 상호적인 결정주의 그리고 환아와 증상의 표출에 대하여 살펴보겠다.

1) 사이버네틱 인식론

가족치료는 알고 인식하는 우리들의 습관적인 방법에 대한 사이버네틱 인식론을 제안한다. 사이버네틱스라는 용어는 수학자인 Norbert Wiener(1948)가 만들어 냈는데, 그는 특히 정보의 과정화와 피드백 기제(mechanism)가 단순하고 복잡한 체계를 통제하는 데 어떻게 작동하고 있는가에 대하여 관심을 두었다. 사이버네틱스는 기계뿐만 아니라 인간에게 있어서 의사소통과 통제의 학문을 나타낸다. 사이버네틱 이론은 기계의 자동제어 장치의 원리를 가족체계와 연결시켜 도입, 응용한 것이다. 이 이론에서는 하나의 체계는 안정을 유지하기 위하여 과거에 실행했던 결과를 현재 기능에 다시 재투자하여 스스로를 조절해 나간다고 한다. 더 중요한 것은 피드백 정보를 바꿈으로써 미래의 행위에 대한 패턴을 바꿀 수 있게 하는 것이다(Goldenberg & Goldenberg, 2017). 사이버네틱스 개념은 가족이 변화를 원하면서도 현재의 상태를 유지하려는 항상성 현상을 설명하기 위하여 도입되었다. 한편, 이 개념은 가족체계 내의 하위체계가 다른 하위체계에 영향을 미치는 현상을 설명할 수 있게 해 준다(이영분 외, 2008). 이 사이버네틱 이론에 의하면, 가족치료란 치료자가 피드백의 정보를 바꾸는 데 개입함으로써 가족의 비정상적인 행동 패턴을 보다 바람직스러운 패턴으로 바꾸어 주는 것으로 비유하였다(고미영, 1998: 19). 가족치료가 전환을 하기 시작한 계기는 일차적 사이버네틱스와 이차적 사이버네틱스의 구분에서 찾아볼 수 있다.

(1) 일차적 사이버네틱스

일차적 사이버네틱스(first-order cybernetics)는 모든 종류의 체계가 어떻게 조절되는가에 대한 일반적인 원리를 이해하는 수단으로서 통신공학과 컴퓨터과학으로부터 파생되었다. 영국의 인류학자이자 민속학자인 Gregory Bateson은 이러한 수학적이고 공학적인 개념들을 사회과학과 행동과학에 적용하였다. 점차로 인식론적인 문제에 관심을 가지게 된 Bateson(1972)은 자기교정 피드백 기제에 대한 강조와 함께 사이버네틱스란 안정과 변화 사이의 분리할 수 없는 관계를 가리키는 것이라고 이해하였다. 즉, 모든 변화는 어떤 항상성을 유지하려는 노력으로서 그리고 모든 항상성은 변화를 통하여 유지하려는 것으로서 이해될 수 있다. Bateson(1972)은 정신병리학과 관련된 것을 포함하여 어떻게 사이버네틱 원리를 인간의 의사소통 과정에 적용할 것인가를 연구하였다. 조현병을 정신 내부적인 장애라고 보기보다는 관계현상으로 보는 Bateson의 이론은 중요한 정신병의 실체를 묘사하는 데 있어서 기념할 만하다고 할 수 있다(Goldenberg & Goldenberg, 2017). 이러한 Bateson의 기여는 많은 임상가에게 왜 문제가 된 개인이 그와 같은 행동을 하는가에 대한 통찰을 얻는 것으로부터 정보의 교환과 가족으로서 개인들 사이의 관계 과정에서 무엇이 발생하는가를 조사하는 것으로 관심의 초점을 전환시키는 데 중요한 역할을 하게 되었다. 그러나 일차적 사이버네틱스 이론은 치료자를 가족체계 밖에서 그 체계로부터 거리를 두고 객관적으로 관찰하며 그 체계를 조절할 수 있는 자로 보았다. 이것은 마치 Marx Weber가 주장한 연구자가 가치 중립적일 수 있다는 것과 맥이 같다고 할 수 있다. 또한 일차적 사이버네틱스 이론에서는 내담자 가족체계에 치료자가 관여함으로써 가족체계에 줄 수 있는 영향력에 대해서도 전혀 개의치 않았다. 이것은 하나의 체계가 외부의 의도적인 개입에 의하여 조절되며 그 조정에 반응하리라는 가정에 입각해 있는 것이다. 그러나 이러한 가정은 이 같은 의도적인 조정이 오히려 더 부정적인 영향을 낳을 수 있다는 것을 보여 준다. 왜냐하면 한 가족체계에 대한 치료자의 의도적인 조정은 가족 내의 다른 변수들을 희생하면서까지 어느 특정한 변수를 조정함으로써 체계의 분열과 무리를 야기할 수 있기 때문이다(고미영, 1998).

(2) 이차적 사이버네틱스

가족치료 이론과 실천에 대한 또 다른 중요한 도전은 예술, 과학 그리고 사회과학에 엄청난 영향을 미쳤던 인식론적인 혁명인 포스트모더니즘으로 발생되었다. Kuhn의 철학적 후계자들인 포스트모더니스트들은 우리는 현실 밖의 진리를 알 수 없으며, 단지 해석과 인식을 통해 밖의 진리를 알 수 있다고 주장하였다. 사회과학 및 제도 그리고 사회서비스 실천과 정신보건에 있어서 특히 중요한 것은 사

회구성주의자들이다. 그들은 우리가 사회과정으로부터 현실을 구성하며 '진리'는 사회적이고 문화적인 환경에 의해서 형성된다고 하였다(Hartman, 1995).

다른 포스트모던 가족치료자들(Andersen, 1991; Anderson & Goolishian, 1988; Hoffman, 1990; Zimmerman & Dickerson, 1996)과 함께 White는 이차적 사이버네틱스의 주창자이다. 이차적 사이버네틱스(second-order cybernetics)는 체계의 외부적인 그리고 독립된 관찰자는 있을 수 없다는 것이다. 왜냐하면 체계를 관찰하고 변화시키려고 시도하는 어떤 사람도 그 체계에 서로 영향을 미치고 또한 영향을 받는 참가자로 정의되기 때문이다. 즉, 일차적 사이버네틱 패러다임은 두 개의 다른 체계로 인식한다. 하나는 치료자 체계, 또 다른 하나는 문제 내담자 가족체계로 분리하며, 치료자는 외부로부터 중재의 수단에 의하여 변화에 영향을 미치는 외부의 관찰자, 전문가로서 남는다.

이차적 사이버네틱스 연구자들은 사이버네틱 비유를 유지하면서 가족치료를 행하는 데 있어서 치료자는 많은 개인이 현실과 가족에 대하여 다르게 묘사를 한다고 하였다. 실제로 가족에 대한 각자의 감각을 가지고 있고, 각자는 분리되어 있고 합리적인 개념들을 가지고 있다는 것이다(Slovik & Griffith, 1992). 따라서 그들은 객관성 그 자체는 존재하지 않는다고 본다. 다시 말해서, 소위 가족에 대한 객관적인 묘사라는 것은 가족 그 자체에 대한 것보다는 단지 묘사하는 사람에 대하여 더 많은 것을 말할 수 있는 사회적인 구성이다. 즉, 가족의 '실제'는 객관적인 방법을 통하여 발견될 수 있다기보다는 가족 성원들의 사회적 상호작용을 통하여 일어나는 서로 동의한 합의에 지나지 않는다는 것이다(Real, 1990).

이러한 새로운 시각에 의하면 가족은 다양한 시각과 다양한 현실로 구성된다는 것이다. 따라서 치료자는 이제는 더 이상 문제 상황을 관찰하는 외부의 관찰자로서 보지 않으며, 관찰되는 현실을 구성하는 데 있어서 한 부분이다. 다른 참가자와 마찬가지로, 치료자를 가족 내에 존재하는 사람으로 보는 것은 가족과 가족의 문제들에 대한 치료자의 독특한 가정의 산물이다. 가족 내에는 단 하나의 '진실'이 존재하는 것이 아니라 여러 개의 '진실'이 존재한다는 것이다. 따라서 치료자는 어떤 가족 성원들의 견해를 치료자(또는 특별한 가족 성원)가 단지 홀로 볼 수 있는 실제에 대한 어떤 정확한 해석으로 간주할 수가 없다. 포스트모던 시각에서의 가족치료는 가족치료자가 가족으로부터 초대되어 대화를 나누는 형태가 된다. 실제로 치료자와 가족은 함께 가족이 가족치료에 가져오는 병리적인 이야기를 변형시키는 새로운 이야기를 생산해 낸다(Doherty, 1990). 이제는 많은 학자가 살아 있는 체계가 관찰될 수 있고, 객관적으로 연구될 수 있으며, 외부로부터 변화될 수 있다는 단순한 사이버네틱적인 사고를 버리도록 요구를 받고 있다. 이들은 가족문제에 대하여 답을 제공하기보다는 치료자와 가족 성원들이 함께 생활과 관계의 재저자(reauthor) 과정에 있어서 의미를 찾는 것이다.

일차적 사이버네틱스가 가족을 기계적인 체계와 유사한 것으로 보는 많은 가족치료자의 일차적인 초점으로 본다면, 이차적 사이버네틱스는 살아 있는 체계를 외부로부터 프로그램화될 수 있는 대상으로 보아서는 안 되며, 스스로 창조하고, 독립된 실제로서 보아야 한다는 것이다. 가족치료에서의 일차적 사이버네틱스 견해는 기술을 이용하여 가족이나 다른 사람들에게 영향을 줄 수 있다고 가정한다. 즉, '나는 당신을 프로그램화할 수 있고, 가르칠 수 있으며, 교육할 수 있다'라는 것이다. 이차적 사이버네틱스 견해는 치료자가 외부에 서 있는 사람이 아니라 자신을 변화시켜야만 하는 부분으로서 자신을 포함한다는 것이다. 따라서 이차적 사이버네틱스의 원리는 다른 변수를 희생하면서 어느 특정 변수들을 조정하려고 하지 않으며 그보다는 그 체계의 자가 조절을 증진시키는 방향으로 관여한다. 특히 이차적 사이버네틱스는 먼저 문제가 되는 상호작용의 패턴을 관찰한 후 그 패턴을 유발하는 가정과 전제들을 드러내고자 한다(Atkinson & Heath, 1990: 154). 이것은 개인들이 자신의 경험을 각각 다른 부분들로 분리하여 그 경험의 일부는 소외시키고 어떤 일부는 부각시키려는 경향, 의도를 파헤쳐야 한다(고미영, 1998: 20). 따라서 이차적 사이버네틱스의 원리를 적용한 가족치료란 특정한 변화를 제시하기보다는 변화를 위한 배경이나 맥락을 제공하는 것이 바람직하며 행위보다는 전제와 가정들을 바꾸어 주는 데 더 초점을 둔다(Hoffman, 1985).

2) 상호적인 결정주의

가족치료에서 치료의 초점을 개인의 내부 심리적인 면에서 인간 상호관계에 둠으로써, 치료의 관심은 말하는 내용으로부터 의사소통하는 과정으로 변하게 되었다. 이러한 관점에서는 현재의 문제에 대하여 설명하기 위하여 과거의 사실들을 강조하기보다는 사이버네틱적인 가족체계 내에 상호 교환하는 연결된 의사소통의 전후관계에 초점을 둔다. 즉, 개인의 직선적이며 연속적인 행동으로부터 사람들 사이에서 발생하는 교류에 관심의 초점을 두게 되었다. 내용은 직선적인 인과관계의 언어인 반면에, 과정은 순환론적인 인과관계의 언어이다. 설명은 부분들의 행동에서 발견될 수 있는 것이 아니라 체계 내에서 전체로서 볼 수 있는 것이다. 따라서 상호성은 모든 관계에서 기초가 되는 원리이다(Goldenberg & Goldenberg, 2017).

대부분의 가족치료 이론가는 인간의 행동이 사람과 환경 간 상호작용의 복잡한 형태의 결과라는 것에 동의를 한다. 또한 관찰대상은 관찰자와 분리될 수 없고 가족치료자는 가족과 분리될 수 없다고 본다. 모든 전문가가 스스로 대화를 해 왔던 내용을 인식하고 끊임없이 자신의 가정에 대하여 조사하고 그들의 이론과 해석들에 한계를 정하는 것은 중요하다. 치료자는 아픈 가족에게 의학적인 방식의 치료를 적용하는 외부의 전문가가 아니라, 가족과 함께 체계를 만드는 의미의 한 요소라는 것이다(Doherty, 1990: 42).

3) 환아와 증상의 표출

가족 준거틀 내에서 문제는 행동이 발생하는 맥락에 주의하지 않고는 개별적인 가족 성원의 행동을 이해할 수 없다는 사실에 주목하게 된다. 문제의 근원 혹은 증상의 표출을 단 한 명의 '아픈' 사람으로부터 나오는 것으로 보는 것보다는 가족치료자들은 환아(identified patient)를 단지 가족의 불균형 또는 역기능을 표현하는 증상 보유자로 본다. 이러한 견해는 환아의 증상을 가족의 안정을 유지하는 것을 도우려는 목적을 가지고 있다고 본다. 실제로 역기능적인 가족은 '아픈' 사람을 필요로 하며, 가족의 안녕을 위하여 그 사람이 희생되는 경향이 있다.

예를 들어, Virginia Satir(1967)는 환아의 증상을 가족 스트레스를 감소시키는 데 도움이 되고, 가족을 습관적인 행동의 정상적인 반경 내에 돌아오게 안정화시키는 장치로서 보았다. Salvador Minuchin과 Charles Fishman(1981)은 환아의 증상을 역기능적인 가족 교류에 뿌리가 있는 것으로 본다. Watzlawick, Weakland와 Fisch(1974)는 증상이나 문제를 역기능적인 가족체계의 신호로서 보는 것이 아니라 역기능적인 해결책의 반복적인 사용으로부터 일어난다고 본다. 즉, 단지 문제를 더욱 악화시키는 반복된 시도 때문에 문제 또는 증상이 발생되고 유지되며, 변화 없이 반복적으로 시도된 해결책은 문제가 된다는 것이다.

오스트리아 사회복지사였던 Michael White(1989)의 포스트모더니즘적인 견해(현재의 가족치료에서 사고의 전위에 있는 견해)는 가족 성원들의 문제가 그 바탕에 깔려 있는 가족 갈등을 반영하고 있다는 생각을 거부한다. White의 구성주의적인 견해로부터 가족은 그들 스스로의 이야기를 말하고 자신들에 대한 신념을 발달시킨다. 이러한 구성은 그들의 경험을 조직하고 삶을 형성하는 데 강력한 역할을 하게 된다. White의 견해에서 가족은 가족 내의 증상적인 행동에 의하여 보호되거나 안정화되기보다는 억압받는 것으로 느낀다. 특히 해체적인 질문들을 통해 치료하려는 노력은 지금까지 진행된 그들의 이야기들을 탐색하고 새로운 가능성과 새로운 방법을 유지할 수 있는 새로운 이야기를 구성할 수 있도록 돕는 데에 있어서 가족과 협력하는 것을 의미한다.

3. 가족치료 모델 유형의 발달

여기서는 지금까지 임상에서 활용되고 있는 가족치료 모델을 11개의 유형으로 나누어 살펴보기로 한다. 특히 첫 번째부터 여섯 번째까지의 가족치료 모델 유형이 전통적 사회과학의 패러다임이 전제되어 발달된 치료 모델이라고 한다

면 여덟 번째에 속하는 치료 모델 유형은 구성주의 이론과 포스트모더니즘에서 영향을 받아서 생겨난 모델이라고 볼 수 있다. 즉, 이 모델들은 지금까지 내려온 사회 조직에 대한 보편적이고 규범적인 이해를 부정하고, 대화를 통해 의미와 사회체계가 창조되며 유지된다고 보는 가족치료 모델들이라고 할 수 있다. 여기에서는 가족치료 모델과 더불어 가족치료 모델을 개발해 낸 인물 중심으로 살펴보기로 하겠다.

1) 정신역동적 대상관계 가족치료 모델

1950년대와 1960년대에 있어서, 미국 심리분석 이론은 자아 심리학에 의하여 지배되었다. 자아 심리학은 인간 내부의 구조와 개인의 정신적인 방어 사이의 갈등을 강조하였다. 심리분석 이론에 따르면 현저한 정신 내적 과정은 무의식에서 발생한다. 이러한 것들에는 억압, 투사적 동일시, 어떤 해결되지 못한 슬픔들 그리고 전이가 포함된다. 이러한 과정들에 포함되어 있는 한 중요한 개념은 '정신적 결정주의'이다. 정신적 결정주의는 정신적 사건이 임의로 발생되는 것이 아니고 모든 행동은 원인을 가지고 있거나 혹은 개인적인 역사에 묻혀 있는 자원을 가지고 있다는 아이디어를 말한다(Broderick, Weston, & Gillig, 2009).

대상관계 이론은 이러한 Freud의 이론을 근거로 하여 관계론적 입장에서 발전시킨 것인데, Freud는 욕동이 투자되고 양육하는 사람에 의해서 만족될 것으로 기대되는 어떤 목표물을 언급하는 것으로 대상이라는 용어를 사용하였다(임종렬, 1997). 심리분석 이론에서 말하는 전이(transference)는 한 사람의 감정, 생각 그리고 소망이 과거로부터 한 사람을 나타낼 수 있게 하는 또 다른 사람에게 개인이 투사될 때 발생한다. 전이를 통해 사람이 다른 사람(그 '대상')을 마치 그 사람이 과거에 중요했던 사람인 것처럼 느끼고 대하게 된다. 개인적인 심리분석치료에 있어서 전이는 치료적 관계 안에서 발생하며, 정신과 의사에 대한 환자의 투사를 말하고 있다. 반면에 가족 전이를 언급할 때는 가족 내 투사에 초점을 두며 정신과 의사 혹은 가족치료자에게 초점을 두지는 않는다(Heru, 1980). 역동적 가족치료의 과정은 가족 구성원들 사이의 무의식적인 갈등을 해석과 같은 기술을 사용하여 의식적인 수준으로 끌어올리는 것을 포함한다. 변화는 각각의 가족 구성원들의 무의식적인 전이 왜곡에 대한 탐색과정에 의하여 촉진된다. 이러한 과정을 통하여 부모들은 현재 가족체계 내의 갈등이 그들의 원가족으로부터 발생한 옛날의 갈등을 지배하기 위한 그들의 무의식적인 시도와 어떻게 연결되는가를 인식하게 된다(Aponte & VanDeusen, 1987).

대상관계 이론은 개인이 태어나면서 다른 사람들, 특히 엄마와의 사이에서 관계를 맺고 애정을 형성하게 된다고 본다. 여기에서 주요 초점은 관계에 대한 외부의 관점이 아니라 아동이 그 관계를 이해하거나 의식적 또는 무의식적으로 내면화하는 방법에 있다. 특히 관심을 두는 부분은 아동의 초기 내면화된 관계가 성인이 되었을 때에도 영향을 미치고 성격을 형성하는 과정이다(천성문 외 공역, 2013; Sharf, 2012). 정신역동적 가족치료에서는 내담자의 현재 가족 또는 삶에 있어서 관계의 문제를 해결하기 위해서는 초기의 부모-자녀 관계로부터 내면화된 문제가 되는 무의식적인 대상관계에 대한 탐색과 해결이 필요하다고 본다.

반면, 영국에서는 Melanie Klein(1932)이 Anna Freud와는 다른 방향에서 아동을 분석하였고(Brumann, 1996; Donaldson, 1996; Likerman, 1995; Viner, 1996), 이를 토대로 대상관계 이론을 개발하였다. 대상관계 이론은 태어나면서부터 개인들이 다른 사람들과 관계를 맺고 애정을 형성하게 된다는 것을 인정한다. 따라서 대상관계 이론가들은 정신 내적인 역동성과 인간관계 사이의 상호작용을 이해하려고 하는 것이다(Engler, 1999). 가족치료에 대한 정신역동적 접근법에서는 정신역동 또는 심리분석과 체계적인 사고가 복합되어 있다. 특히 정신역동적 개념과 가족체계 개념의 통합을 시도한 인물로는 Bentovim과 Kinston(1991) 그리고 Slipp(1991)을 들 수 있다.

Bentovim과 Kinston(1991)은 영국의 가족치료자들로서, 그들이 개발한 접근법을 초점(focal) 가족치료라고 명명하였다. 영국에서 발달한 이 접근법은 오로지 아동지도와 아동 정신과 클리닉에 그 발달의 근거를 가지고 있고, 이 접근법은 발달지향적이며, 가족 혼란, 특히 가족 내의 정신 내부적이고 인간 상호 간의 혼란을

이끌어 온 가족 성원들에 대한 외상적인 사건을 찾는다. 심리분석과 가족치료 훈련을 받은 Slipp(1991)은 심리분석과 가족치료 두 이론이 모두 잠재적으로 서로 상호 보완적이며, 정신병리학의 기원과 유지에 관련된다고 보고 있다. 결과적으로 그는 대상관계 이론의 준거틀을 사용하여 진행되는 가족 상호작용을 언급하면서, 참가자의 어떤 중요한 어린 시절 발달에 초점을 두었다.

많은 대상관계 이론가는 근본적으로 Freud의 심리분석 이론으로부터 파생된 각자의 독특한 대상관계 이론들을 파생시켰다. 심리분석 이론은 공상에 빠진 대상의 내부 세계에 대하여 더 많은 강조점을 두고 있는 반면에, 가족치료에서는 그러한 환상이 창조된 대상과 외부 세계에 대하여 더 많은 강조점을 두고 있다. 대상관계 가족치료에서는 인간은 대상을 찾고 관계를 맺으려는 본능을 가지고 있다고 가정을 하며(김용태, 2000), 개인들의 내적인 면과 개인들 간의 상호작용하는 면들이 치료과정에서 탐색된다(Scharff & Scharff, 1987). 정신분석에 근거를 두고 있는 대상관계 이론은 Freud의 인간 존재에 대한 규정과 매우 다른 시각을 가지고 있다. 여기서는 대상관계 이론을 중심으로 가족치료의 시각을 지니고 있는 다섯 개의 이론을 인물 중심으로 살펴보겠다.

(1) James Framo

초기 가족치료 운동에서 있어서 몇 안 되는 심리사들 중 한 사람이었던 James Framo는 1958년부터 가족과 부부에 관심을 갖기 시작하였으며 주로 부부를 치료하였고, 그는 치료의 필수적인 부분으로서 성인 내담자를 부모, 형제들과 함께 만난다. 그는 Fairbairn(1952)의 대상관계 이론과 이 대상관계 이론을 적용한 Dicks(1967)의 부부치료를 그의 이론에 적용하였다. Framo(1981)는 심리분석 이론과 체계 개념을 혼합하였으며, 정신 내부적인 것과 사람 간의 관계를 강조한다. 그는 어린이들이 미묘하게 부모로부터 투사되어 '자기가 받아들인 것'(예: 나쁜 대상)을 동일시하고 행동하는 점에 있어서 세대 간의 투사적인 동일시를 강조한다. 즉, 그는 가족의 역기능을 확대가족체계에 뿌리가 있는 것으로 보기 시작하였다. 궁극적으로 그는 각각의 배우자가 자신의 원가족으로부터 결혼생활에 가지고 오는 미해결된 문제들을 다루는 것을 돕는 일련의 개입 기술을 발전시켰다. Framo의 원가족 접근법은 과거의 오해 또는 만성적인 불만족의 원천을 제거할 수 있는 직접적인 기회를 제공한다(Goldenberg & Goldenberg, 2017). Framo(1992)는 각각의 내담자가 배우자를 참석시키지 않고 원가족(부모, 형제, 자매)과 함께하는 치료 세션을 갖는다. 그의 가족치료는 두 가지의 주요 목표를 가지는데, 첫 번째는 원가족으로부터 현재 가족에게 투사될 수 있었던 문제가 무엇인가를 발견하는 것이고, 두 번째는 부모 및 형제와 교정적인 경험을 가지는 것이다.

(2) William R. Fairbairn

William R. Fairbairn은 Sigmund Freud와 Melanie Klein의 생각을 발전시켜 대상관계 이론을 만들어 냈으며, 가족치료자로서 그의 영향을 받은 치료자는 James Framo이다. Fairbairn(1952)은 대상관계를 만족시키는 것이 인간의 기본적인 동기라고 주장한다. 이것은 개인이 사랑하는 부모와 증오하는 부모상을 동시에 내면화하고 그 자신의 정신 안에서 이런 양가감정의 상을 억누르고 통제하는 것에 의하여 아동기의 갈등을 해결할 수 있다는 것을 의미한다. 이러한 내면화된 상은 좋은 대상과 나쁜 대상으로 양분화되는 경향이 있으며, 결과적으로 개인의 관계에 무의식적으로 영향을 미치는 그러한 대상의 심리적 표출을 내면화하게 된다.

(3) Harry Dicks

Dicks(1967)는 Fairbairn의 대상관계 개념을 결혼에 적용한 첫 번째 사람들 중의 한 사람이다. 그는 고통스러운 결혼생활의 경우 상대를 어느 정도 내적 대상으로 인식하면서 상호 간에 책임전가와 투사를 하는 특징이 있다고 말했다. Dicks의 개념은 많은 '고양이와 개'와 같은 부부가 함께 머무르나 변화하기에는 무감각해 보이는 결혼을 이해하는 데 유용하다. 결혼생활은 각각의 배우자의 유아기 경험에 의하여 반드시 영향을 받게 된다고 주장하였다. Jill Scharff(1995)에 의하면, Dicks는 무의식적인 동기가 무의식적인 수준에서 작동하고 있다고 보았으며, 부부들은 인식하지 못하지만 자신에게 특별히 맞는 배우자를 찾게 된다는 것이다. 따라서

각각의 배우자는 상대방에게서 자신이 없는 것을 발견함으로써 자신이 잃어버렸던 내면화된 것의 통합을 원한다. Dicks는 문제 있는 결혼생활에서 각각의 배우자는 무의식적인 욕구 수준에서 상대방과 관계를 맺으며, 상대방을 어느 정도는 내면화된 대상으로 인식을 하며, 그들은 함께 연합된 성격으로서 기능을 한다고 주장하였다. 이러한 방법으로 각각의 배우자는 상대방을 통하여 자신의 잃어버렸던 면이나 혹은 자신의 초기 어린 시절에 분리되었던 일차적인 대상관계를 재발견하려고 시도한다. 이것은 투사적 동일시(projective identification)라는 방어기제의 활용을 통하여 획득될 수 있다. 투사적 동일시라는 것은 배우자가 자신의 어떤 분리되거나 혹은 원하지 않은 부분을 상대방의 배우자에게 투사하거나 외면화하는 것에 의하여 자신의 불안을 무의식적으로 방어하는 정신적인 과정을 말하는 것이다. 그 대가로, 그들의 배우자는 이러한 투사에 따라 행동하도록 조정당한다. 결과적으로, 각각의 배우자는 자신들의 잃어버린 또는 거부된 부분과 접촉을 재수립하기 위하여 시도를 하는 것이다.

(4) Robin Skynner

Skynner(1981)는 Melanie Klein 치료 학파에서 훈련을 받은 영국의 심리분석학자로서, 여러 세대를 거쳐 변화하는 가족은 Freud의 심리성적인 발달단계와 유사한 중요한 발달 이정표를 가지고 있다고 하였다. 대상관계 접근법을 적용한 Skynner는 런던에 있는 가족치료 연구소에서 근무하였고, 불충분한 역할 모델 또는 다른 학습 부족으로 인하여 관계의 어려움을 가진 성인들은 여전히 아동기 때의 결핍으로부터 전수된 기대감을 가지기 때문에 다른 사람들에 대하여 비현실적인 태도를 발전시키는데, 그는 이러한 비현실적인 태도를 투사적인 체계라고 불렀다. 가족치료는 확인된 환아가 될 가능성이 있는 증상을 지닌 아동으로부터 투사적인 체계를 확인해야 할 뿐만 아니라 투사를 제거해야 한다고도 하였다.

(5) David Scharff와 Jill Savege Scharff

David Scharff와 Jill Savege Scharff는 부부로, 심리분석 이론을 가장 충실하게 대

상관계 이론에 적용하였던 정신과 의사들이며, Washington School of Psychiatry 에서 수년 동안 일하였고, 지금은 자신들의 연구소인 대상관계 치료 국제 연구소(International Institute of Object Relations Therapy)의 소장들이다. 이 두 사람은 Melanie Klein과 부부치료에서 투사적인 동일시의 중요성을 강조하였던 영국의 대상관계 학파(British School of Object Relations)의 영향을 받았다(Scharff & Scharff, 1991, 1992a, 1992b). 투사적인 동일시란 분리불안에 대한 초기의 방어기제로서, 병리적일 뿐 아니라 정상적인 적응에 도움을 주는 역할을 한다(Spaulding, 1997). 그들의 치료 접근법에서는 꿈과 환상에서 표현된 무의식적인 주제들을 끌어내고 조사하며, 현재 관계와 관련되는 가족사가 탐색되며, 가족과 관련하여 해석된다. 또한 통찰이 추구되며, 전이와 역전이 감정이 더 많은 이해와 성장을 위하여 탐색된다.

그렇지만 개별적인 심리분석과는 다르게, 이 접근법에서는 가족생활 발달단계를 통하여 가족이나 혹은 분리된 가족 성원의 발전을 방해하거나 또는 지지하는 관계의 체계로서 가족에게 초점을 둔다(Scharff & Scharff, 1987). 그들의 접근법에서는 개인뿐만 아니라 가족 내에 존재하는 무의식적이면서 의식적인 관계의 체계가 분석을 받는 문제가 된다(Scharff, 1989). 대상관계 치료자들은 새롭게 나타나는 이해를 위한 지지자가 되는 것이며, 해석의 형태로 가족에게 피드백을 준다(Scharff, 1989: 424). 이 치료 접근법에서는 성공적인 치료가 환아의 증상 경감에 의하여 측정되는 것이 아니라 가족의 증가된 통찰력 또는 자아 이해 그리고 발달단계의 스트레스를 지배할 수 있는 향상된 능력에 의하여 측정된다. 대상관계 가족치료자들의 근본적인 목표는 가족이 다른 가족 성원의 애착에 대한 욕구와 개별화 및 성장을 지지하는 데 둔다(Goldenberg & Goldenberg, 2017).

2) John Bowlby의 애착 이론

가족치료를 하다 보면 부부관계는 별 문제가 없는데 자녀들이 심각한 문제를 가지고 있는 경우가 있다. 그러나 그런 경우에 현재는 별 위기 없이 부부가 잘 지내

고 있다 하더라도 과거에 자녀를 임신했을 때나 자녀가 영아기 때 시댁문제로 부부가 힘들었을 경우가 있거나, 아니면 원하지 않았던 임신 또는 심지어 성폭행으로 인해 임신을 했거나 하는 경우가 있다. 또 다른 경우는 첫째 아이가 출생한 지 얼마 안 되어 둘째 아이를 임신하여 본의 아니게 첫째 아이를 친정부모나 시부모가 양육하는 경우도 있다. 또는 영아기 때 형제간에 차별하여 기른 경우 차별받았던 아이가 어렸을 때는 별 문제 없이 지내다가 사춘기, 심지어는 30~40대 위기가 찾아와서 문제행동을 나타내는 경우도 있다. 이런 경우에 가족치료 이론 하나로는 이 같은 행동을 설명하는 데 한계를 느끼게 된다. 물론 가족 구성원의 행동을 이해하기 위해서는 좀 더 폭넓고 체계적인 영향과 관련된 이론들을 이해해야 하지만 최근에 애착 이론이 가족 구성원들의 밀접한 관계의 더 깊은 근원을 묘사하는 데 가장 중요한 도구로서 부상하고 있다(Nichols, 2014). Bowlby의 애착 이론은 20세기 후반기에 발달한 주요 정신분석 이론 중 하나이다. 애착 이론은 대상관계 이론에서 파생된 새롭고 독립적인 지위를 얻게 된 이론이다(김창대, 김진숙, 이지연, 유성경 공역, 2008; Gomez, 2002). 애착 이론은 동물행동학의 엄격한 과학적 경험주의와 정신분석의 주관적인 통찰을 연결함으로써 아동발달, 사회복지, 심리학, 심리치료와 정신의학 분야에 많은 영향을 미쳤다(이경숙 역, 2005; Holmes, 2014). 애착 이론은 친밀한 유대와 비언어적 영역 그리고 경험에 대한 자기 관계에 초점을 두고 발달해 왔다(김진숙, 이지연, 윤경숙 공역, 2010; Wallin, 2007). 애착 이론은 건강한 성인들조차 서로에게 의존할 필요성이 있다는 것을 설명해 주는 데 도움이 되기 때문에 부부치료에 있어서 특히 유용하다(Johnson, 2002).

유아가 태어나면 자신을 돌보는 사람, 특히 어머니와 강한 정서적 유대를 맺게 되는데 이것이 애착관계이다. 아기의 애착행동(미소 짓기, 옹알이하기, 잡기, 매달리기, 울기 등)은 선천적인 사회적 신호이다(정옥분, 2007: 245; Bowlby, 1969, 1973). Bowlby(1988)는 태어나서 3년까지가 사회정서발달의 민감한 시기라고 보고, 만약 이 기간 동안 친밀한 정서적 유대를 형성할 기회를 갖지 못한다면 이후에 친밀한 인간관계를 형성하는 것이 거의 불가능하다고 보았다(김수임, 강예리, 강민철 공역, 2014에서 재인용). 한편, 애착연구의 초기단계에서는 애착이란 영아와 양육자

간에 형성된 애정적 유대관계만을 의미하였으나, 영아기에 형성된 애착관계는 전 생애를 걸쳐서 지속되고 가족뿐만 아니라 타인과의 관계에서도 형성될 수 있다고 보았다(정옥분, 2007; Ainsworth, 1989).

Bowlby에 따르면 아이는 어떤 한 대상에 대하여 영속적인 신체적 애착이 필요하다. 만약에 아이가 원초적인 욕구를 거부당할 때 아이는 정서적 세계로부터 멀어져 무감정으로 돌아가는 의존성 우울증에 빠지게 된다. 따라서 부모가 자녀를 건전하게 양육하고자 한다면 유아기 자녀에게 안전하고 애정 있는 접촉을 해야만 한다. 애착경험이 결핍된 사람은 약간의 지지가 없더라도 지나치게 상처받기 쉬우며 만성적 의존자가 되기 쉽고 이것은 밀착된 가족을 야기한다(서혜석, 강희숙, 이미영, 고희숙, 2013).

한편, 아동기에 부정적인 경험을 한 어머니는 불안정 애착으로 인해 성장하면서 아이로부터 보살핌을 받고자 하는 경향이 있다. 이로 인하여 아이는 불안해하고, 죄책감을 가지며 공포증을 갖게 될 수 있다(Bowlby, 1973). 아이를 학대하는 어머니의 연구에 따르면, 어머니가 아이에게 돌봄과 관심을 기대하고 요구하는 경향을 '역할전도'라고 하는데 이렇게 전도된 부모-자녀 관계가 학교 거부(학교공포증), 광장공포증, 우울증에 대한 상당 부분의 숨어 있는 진짜 이유라고 하였다(Bowlby, 1988; 김수임 외 공역, 2014). 또한 Bowlby는 '신경증의 기원에 관한 일반 이론'에서 어린 시절의 환경요인 중 특히 죽음이나 결손가정으로 인해 엄마와 헤어진 일이 신경증의 원인이라고 하였다(Holmes, 2014). 한편, Bowlby는 생후 5년간 아이가 엄마(또는 엄마를 대신할 만한 사람)와 오랫동안 떨어져 지낸 사실이 비행적 성격 발달을 유발하는 여러 원인 중 가장 중요한 요인이라고 하였다(Homles, 2014).

어머니가 자신의 부모와 겪었던 그리고 아마도 현재도 겪고 있을 경험이 어머니의 아이에 대한 감정과 행동에 많은 영향을 미친다. Zahn-Waxler, Radke-Yarrow와 King(1979)은 심리적 고통을 받고 있는 타인을 돕고 위로하는 행동이 보통 2세 무렵의 영아기 때부터 발달하는데 이러한 행동은 어머니가 아이를 대하는 방식에 영향을 받게 된다고 하였다. 즉, 어머니가 아이의 신호에 민감하게 반응하고 신체적 접촉을 통한 위로를 제공하게 되면, 아이는 타인의 심리적 고통에 신속하고 적

절하게 반응한다. 이때 아이가 하는 행동은 어머니가 한 행동의 재연으로 나타난다(김수임 외 공역, 2014; Bowlby, 1988). Bowlby는 부모가 어린 시절에 해결하지 못한 문제점은 그 부모의 아이들에게도 동일한 문제를 유발시키고 영원히 지속시키는 데 많은 역할을 한다고 하였다(이경숙 역, 2005; Holmes, 2014). 따라서 부모의 아동기 경험이 아이를 대하는 데 중대한 역할을 한다(Parke & Collmer, 1979: Bowlby, 1988에서 재인용).

이와 같이 애착 이론은 아동뿐만 아니라 성인의 문제행동의 근원을 이해하는 데 많은 도움을 줄 수 있는 이론이라고 생각된다. 특히 애착 이론은 부부가 자신과 상대 배우자의 화나고 방어적인 상호작용 이면에 있는 애착 공포와 취약성을 이해하는 데 도움을 준다(Gottman, 1994; Johnson, 1996). 애착에 초점을 둔 치료의 관계적 · 정서적 · 성찰적 과정은 그동안 부인해 온 경험의 통합을 촉진함으로써 환자에게 더 일관되고 안정된 자신감을 증진시킨다. 최초의 애착관계가 유아의 발달을 가능하게 했던 것처럼 환자의 변화를 가능하게 하는 것은 궁극적으로 치료자와의 새로운 애착이다(김진숙 외 공역, 2010; Wallin, 2007). Bowlby(1988)는 이러한 애착관계는 환자에게 안전기지(safe base)를 제공하여 환자가 스스로 느껴서는 안 된다고 여겨 온 것을 느끼고, 알아서는 안 된다고 여기는 것을 알아볼 수 있는 모험을 할 수 있게 해 준다. 여기서 치료자의 역할은 환자가 과거의 애착패턴을 해체하고 새로운 애착패턴을 구성할 수 있도록 돕는 것이다(김진숙 외 공역, 2010; Wallin, 2007).

3) 다세대적인 가족치료 모델

다세대적인 가족치료 모델로서, Murray Bowen의 가족체계 이론과 Ivan Boszormenyi-Nagy의 맥락적 가족치료 모델을 살펴보겠다.

(1) Murray Bowen의 가족체계 이론

Murray Bowen의 가족체계 이론은 정신역동적 접근법과 체계론적 관점을 연결시킨 것으로 볼 수 있으며, 이러한 이론적인 근거와 함께 임상으로부터 탄생된 이론이다. 대부분의 초기 가족치료자들은 통찰보다는 행위에 관심을 두었고, 이론보다는 기법에 더 치중을 하였다. 반면에 Bowen은 기법보다는 이론에 더 관심을 가지고 연구를 하였다. 가족체계 이론의 초점은 대부분의 가족치료 접근법보다 광범위하나 그의 실제 치료단위는 더 작다. 가족체계 이론에서는 가족을 정서적 체계로 보았는데, 이 체계는 한 집안에 살고 있는 사람을 모두 포함하는 핵가족 그리고 현재는 함께 살고 있지 않는 확대가족으로 구성된다. Bowen은 정신분석적 개념인 '미분화된 가족자아군'이라는 용어를 체계론적 개념인 '융합과 분화'의 용어로 대체하여 사용하였다. 자아 분화의 개념은 가족체계 이론의 핵심적인 개념으로서, 가족체계 이론에서는 불안 수준을 감소시키고 자아 분화를 높이는 데 치료 목표를 둔다.

Murray Bowen의 이론은 가족치료에 심리분석적인 접근법을 적용한 예로서 볼 수 있다. 그는 1946년부터 1954년까지 캔자스주 토피카에 있는 Menninger 클리닉에서 근무하였다. Bowen의 가족체계 이론은 정신분석 및 조현병과 관련된 개념들을 중심으로 발전하였다. 그는 정신질환이 아동기의 부모-자녀 관계의 산물이라는 Freud의 가설에 회의를 품고 비슷한 정신적 외상을 경험해도 왜 어떤 사람은 장애를 나타내고 어떤 사람은 장애를 나타내지 않는지에 대하여 연구하였다. 이때 그는 조현병이 어머니와 미해결된 관계의 결과로서 발생된다는 가정을 둔 모자 공생관계에 초점을 두기 시작하였다(Hoffman, 1981: 29). 그 후 Bowen은 1954년부터 1959년까지 국립정신건강연구소(National Institute of Mental Health)에서 조현병 환자 7가족이 함께 사는 것을 관찰하고 연구하면서 관심의 초점을 모자 관계에서 전체 가족으로 확대하게 되었다. Bowen 이론의 목표는 가족 성원들이 가족의 감정적인 자아 덩어리로부터 분화시켜서 개인이 그의 가족으로부터 분화된 확고한 자아를 수립하도록 돕는 데 있다. Bowen은 가족 성원 중 한 사람이 분화될 때 그 파급효과가 가족을 통하여 발생된다고 보았다. 따라서 Bowen은 가족을 하나의 유기체라고 생각하고 치료에 참여시키기 시작했는데, 이것이 가족치료의 시작이었다.

특히 Bowen의 가족체계 이론은 다양하게 나타나는 증상과 장애가 어떻게 가족 내의 정서기능의 패턴과 관련성이 있는가를 설명해 준다. 즉, 가족 구성원들 사이의 역기능적인 상호작용 유형이 지속적으로 이루어지면 가족 내의 불안이 증가되면서 가족 내의 배우자 또는 자녀들을 통하여 증상들이 나타난다(Kerr & Bowen, 1988). 또한 역기능적인 가족일수록 분화수준이 낮아 가족 구성원들이 지나치게 결속되어 서로에 대하여 집착함으로써 각자의 개별성을 갖기가 힘들다. 그리하여 부모로부터 정서적으로 독립을 하지 못하고 부모 사이에서 갈등이 심한 자녀들은 부적응적 행동이나 증상을 나타낸다(Hoffman & Weiss, 1987). 반면에 원가족과 정서적으로 단절된 사람은 대인관계에서 건강한 관계를 맺는 데 어려움을 겪는다(Framo, 1981).

Bowen의 새로운 이론 개념들을 설명한 첫 번째 중요한 논문은 1966년에 출판된「임상실천에 있어서의 가족치료의 사용(The Use of Family Therapy in Clinical Practice)」이었다. 1978년에는「임상실천에서의 가족치료(Family Therapy in Clinical Practice)」, 1988년에는 그의 제자인 Kerr와 함께『가족 평가(Family Evaluation)』라는 책을 출판하였는데, 이 책은 가족체계 이론에 관한 가장 포괄적인 내용을 담고 있다(Kerr & Bowen, 1988). Daniel Papero(1990)가 쓴『보웬 가족체계 이론(Bowen Family Systems Theory)』은 Bowen 이론의 적용에 더 많은 강조점을 두고 있다. 그 외에 Bowen 이론의 시각으로부터 가족생활의 특별한 면에 초점을 둔 최근의 책들로는『부부갈등의 평가와 치료(The Evaluation and Treatment of Marital Conflict)』(Guerin, Fay, Burden, & Kauggo 1987),『이혼 속의 성인 어린이들(Adult Children of Divorce)』(Beal & Hochman, 1991),『바이오피드백 개척자들(Biofeedback Frontiers)』(Rosenbaum, 1989),『치료자 자신의 가족(The Therapist's Own Family)』(Titelman, 1987),『가족 평가에 있어서 가계도(Genograms in Family Assessment)』(McGoldrick & Gerson, 1985) 등이 있다. 특히 Friedman(1985)이 쓴『세대에서 세대로: 교회와 유태교 회당(Generation to Generation: Family Process in Church and Synagogue)』이라는 책은 Bowen 이론을 업무 체계 그리고 업무 체계와 가족체계 사이의 상호연결에 적용한 내용으로 구성되어 있다. 또 Bowen과 관련된 논문으로는「보웬 이론과

치료(Bowen Theory and Therapy)」(Friedman, 1991), 「보웬 가족체계와 치료(Bowen Family Systems and Therapy)」(Papero, 1995)를 들 수 있다.

(2) Ivan Boszormenyi-Nagy의 맥락적 가족치료

Boszormenyi-Nagy는 다세대적인 관점, 즉 인간관계 맥락을 강조하는 맥락적 치료라는 학파를 만들었다. 맥락적 가족치료 이론은 Ronald D. Fairbairn의 대상관계 이론과 Martin Buber의 관계 철학의 영향을 받았고, 조현병 환자와 가족들에 대한 치료를 통해서 임상적으로 검증되었다. Boszormenyi-Nagy는 가족 성원이 서로에게 충성해야 한다고 믿었다. 따라서 그는 가족은 다른 가족 성원에게 근원적 채무를 지니고 있다고 보았다. 즉, 가족을 여러 세대에 걸친 출납부에 비유하였다. 오랜 세월에 걸쳐서 채무나 부채가 상환되는 다세대적 체계를 구성한다는 것이다. 맥락적 가족치료에서는 가족 내의 윤리적 책임을 강조하였다(Boszormenyi-Nagy & Krasner, 1986). 맥락적 가족치료의 목적은 자아 분화, 자아 강화, 자아존중감에 대한 안정감 등을 증가시키는 것이다. 치료의 성공 여부는 치료자가 개인과 중요한 사람들 간의 대화가 이루어지도록 촉진하는 것에 달려 있다.

Boszormenyi-Nagy는 정신분석훈련을 받은 헝가리 출신의 정신과 의사로서 1948년에 미국으로 이민 온 후 50년대 중반까지 정신의료 사회사업분야와 아동상담소에서 일했던 경험이 있는 Geraldine Spark와 팀으로 일했다. 이들은 함께 일하면서 세대 간 과정에 초점을 둔 가족치료 이론을 개발하였다. Boszormenyi-Nagy는 1957년에 필라델피아에 동부 펜실베이니아 정신과 연구소를 설립하여 소장이 되었으며, 정신과 의사로서도 일하였다. 그는 1961년에 그곳에서 James Framo, David Rubenstein, Albert Scheflen, Geraldine Spark, Ray Speck 그리고 Gerald Zuk과 함께 조현병과 가족에 대하여 연구를 하였다(Atwood, 1992).

Boszormenyi-Nagy는 세대 간 관계의 중요성과 환자와 연루될 가능성에 대하여 더 많은 관심을 가지게 되었다. 그의 책 『볼 수 없는 충성심: 세대 간 가족치료의 상호성(Invisible Loyalties: Reciprocity in Intergenerational Family Therapy)』(Boszormenyi-Nagy & Spark, 1973)에서 치료를 위한 세대 간 접근법에 대한 더 많

은 자료를 보여 주었다. 현재 맥락적 가족치료(contextual family therapy)라고 불리는 그의 이론은 오늘날 중요한 가족치료 학파 중의 하나를 대표하고 있다. 그의 맥락적 가족치료에서는 정신 내적 차원뿐 아니라 대인관계 과정에도 초점을 두었다. 즉, 그의 접근은 정신 내적인 것과 대인관계적인 것을 모두 다루면서 세대에서 세대로 전수되는 전통을 통해서 생활의 연속성을 깨닫게 한다. Boszormenyi-Nagy와 그의 동료들은 가족 내의 증상 형성에 있어서 세대 간의 권리 부여와 책무의 중요성을 강조하였다. 그는 종종 무의식적이어서 볼 수 없는 충성심 혹은 세대를 넘어선 유대감이 현재의 행동에 엄청난 영향을 미친다고 믿었다. 그는 신뢰성과 충성심이 관계에서 중요한 영역이며, 가족의 리더들은 이러한 영역에서 조화를 이루어야만 한다고 하였다. 그의 치료는 부모와 조부모에 대한 충성심이 사람들로 하여금 부모와 배우자로서 그들의 능력을 제한시키는 패턴 속에 갇히게 만드는 방법을 발견하는 것을 포함한다. 그는 맥락을 떠나서 사람을 판단하는 것은 정당하지 못하다고 말하였다. 왜냐하면 사람들은 좋거나 나쁜 것이 아니고, 성인이나 죄인도 아니기 때문인데, 이렇게 말하는 것은 사람들에 대한 우리의 환상이라고 그는 말하였다. 따라서 사람들은 현재 있는 그대로의 자기이며, 원가족으로부터 물려받은 유산을 포함하는 상황 속에서 그들이 할 수 있는 최선을 다한다(Becvar & Becvar, 1988: 147). 그는 심리분석 원리에 입각한 강력한 가족치료를 믿으며, 가족 성원들과 가족 집단들에서의 재건설적인 변화에 치료 목표를 둔다. 그의 지지적 치료에서는 의사소통을 명확히 하고, 상호작용 패턴을 변경시키며, 구체적인 스트레스 상황에 대처할 수 있는 가족의 능력을 촉진하려고 시도한다(Atwood, 1992).

4) 의사소통 가족치료 모델

내적 정신역동에 초점을 두지 않는 의사소통 이론가들은 사람은 언어적 · 비언어적 의사소통 방법을 연구함으로써 가족체계에 대하여 배울 수 있다는 것을 가정하고 있다. 따라서 의사소통 이론가들은 가족 성원들의 개인적인 역사적 분석에 초점을 두는 것이 아니라 가족체계 내에서 관찰할 수 있는 현재의 상호작용(관계)에 초점을 둔다.

MRI(Mental Research Institute) 집단의 의사소통 모델은 의사소통과 체계 개념에 기반을 두고 있으며, 가족의 문제는 문제를 해결하려고 시도했던 방식에 의하여 오히려 문제가 유지되거나 악화된다고 보았다(Goldenberg & Goldenberg, 2017). 따라서 문제를 유지시키는 행동이 적절히 변화되면 문제가 해결된다고 보았다(Watzlawick et al., 1974). 그리고 Watzlawick, Beavin과 Jackson(1967)은 상황을 고려하지 않고 현상을 완전히 이해할 수 없다고 하였다. MRI의 의사소통 모델은 조현병 환자들과 그들의 가족 성원들의 상호작용을 연구하였으며, 특히 의사소통 방식에 초점을 두었다. MRI 집단은 조현병 환자들과 가족들이 역설적 의사소통방식 중 이중구속(double-bind) 메시지를 사용한다고 하였다. 이중구속 메시지란 한 사람이 다른 사람에게 논리적으로 상호 모순되고 일치하지 않는 두 가지 메시지를 동시에 전달하는 것을 의미한다. 그런데 Bateson 등(1956)의 초기 의사소통 이론가들은 조현병을 겪는 내담자의 가족에게서 이러한 상호 모순된 의사소통이 매우 빈번하게 일어나는 것을 발견하였다(Goldenberg & Goldenberg, 2017에서 재인용).

가족치료의 창시자들은 조현병 환자들을 중심으로 가족치료와 관련된 많은 개념을 발견하였는데, 그중 팔로 알토에 위치한 MRI 집단의 여러 학자의 연구로부터 의사소통 가족치료의 중요개념, 이론적인 틀, 치료적 기법 등이 나왔다. MRI 집단의 연구자들은 Gregory Bateson을 비롯하여 John Weakland, Jay Haley, William Fry, Don Jackson, Juels Riskin, Paul Watzlawick 등을 들 수 있다. 따라서 여기서는 그중 대표적인 학자들을 중심으로 살펴보겠다.

(1) Gregory Bateson

의사소통 이론의 선구자이며, 인류학자인 Gregory Bateson은 MRI 집단의 리더로서 1952년부터 팔로 알토에 있는 퇴역군인 행정(Vaterans Administration) 병원에서 다른 연구자들과 팀을 구성하여 의사소통 이론을 개발하였다. Bateson은 원래 록펠러 재단으로부터 '의사소통에 있어서 추상성의 역설에 대한 중요성(The

significance of the paradox of abstraction in communication)'이라고 명명된 프로젝트를 지원받았다. 이 프로젝트는 동물들 사이에서 그리고 동물과 인간들 사이에서 의사소통을 포함한 비임상적인 대상들과 상황에서 의사소통에 있어서의 추상성의 역설에 관한 인류학적인 연구를 포함하였다(Weakland, Watzlawick, & Riskin, 1995). 그 프로젝트를 실시한 2년 후 Bateson과 그의 연구팀은 팔로 알토에 있는 퇴역군인 병원에서 조현병 환자와 그들의 가족 성원들의 상호작용을 관찰하고, 녹화하고, 연구하기 시작하였으며, 특히 문제행동과 그것의 치료와 관련하여 오로지 사람의 의사소통에 초점을 맞추기 시작하였다. Bateson의 프로젝트 팀원들에 의하여 처음으로 출판된 논문들 중의 하나인 「조현병 환자의 이론에 관하여(Toward a Theory of Schizophrenia)」에서 인간관계에서 중요한 요소로 이중구속 이론의 개념을 소개하였다. 따라서 이 논문이 MRI 집단이 출판한 논문들 중에 가장 영향력 있는 논문이라고 볼 수 있다. Bateson은 조현병 환자 가족 전체를 분석대상으로 관찰하여 그때까지 정신의학자들이 치유 불가능한 신경증으로 간주하였던 조현병을 의사소통분석을 통하여 재해석하였다. 그 결과 Bateson은 의사소통이 가족 간의 관계를 규정한다는 것과 규정된 관계가 항상성을 유지하려는 가족 본래의 속성에 의해 확고해진다는 결론을 이끌어 냈다(Nichols, 2014).

(2) Don Jackson

Don Jackson은 1954년에 Bateson, Haley, Weakland, Fry 등으로 구성된 팔로 알토의 조현병 환자의 의사소통 연구팀에 정신의학 고문으로서 참여하게 되었다. 그는 팔로 알토 집단의 연구에서 사용된 두 가지 주요한 개념인 이중구속과 가족 항상성을 발견하게 되었다. 또한 그는 1959년에 팔로 알토에서 MRI의 설립을 주도하였으며, 이곳을 중심으로 Satir, Haley, Weakland, Watzlawick 등과 함께 가족치료 모델을 연구하였다. Jackson은 Watzlawick 등과 함께 병리적 의사소통에 대하여 연구를 하였는데, 그들은 병리적 의사소통이 조현병의 발병과 중요한 관계가 있지만, 이러한 의사소통 유형이 결코 조현병 환자 가족의 고유한 것은 아니라는 사실을 밝혔다. 그는 치료 목표로서 가족의 규칙을 지적해 주고 확실히 해 주는 것을 포함시켰다. 또한 그는 가족 내의 새로운 관계적 균형을 발전시키기 위하여 오래된 항상성을 깨고자 하였다. 그는 현재의 상호작용 유형에 대한 통찰과 재구성 및 증상 처방과 같은 역설적인 개입을 모두 사용하였다(Becvar & Becvar, 1988: 196).

(3) John Weakland

John Weakland는 원래 화학과 화학공학을 전공하였으며, 그 후에는 사회학과 인류학에 관심을 가지게 되었다. 1953년에는 인간의 의사소통에 대한 Bateson의 팔로 알토 연구에 참가하기 위하여 캘리포니아 지역으로 이동하였다. 거기서 그는 Milton Erikson과 함께 최면술과 치료적 임상을 연구하였다. 가족항상성의 개념을 세우는 데 있어서 그는 조현병 환자와 가족을 연구하기 시작하였다. 팔로 알토 집단에서의 그의 견해는 상호작용적인 관점이었지만, 그의 방향은 인류학적이었다. 가족은 특별한 문화로서 보였으며, 집단의 목적은 이러한 문화 내에서 정상적이고 비정상적인 행동패턴의 양면을 기술하는 것이었다. 비록 치료가 원래 계획에 속했던 것은 아니지만, 그의 팀은 스트레스를 감소시키고 문제를 해결하는 데 관심을 가지기 시작했다. 이러한 관심의 결과로서 단기치료의 개념이 탄생되었다(Watzlawick & Weakland, 1977). 단기 가족치료 모델의 가정에 따르면, 단지 가족에 의해서 정의된 문제만이 변화를 위한 목표가 되어야만 한다는 것이다. 그러한 문제들이 행동적인 용어로 분류되고 그렇게 행동적인 용어로 정의된 문제들을 제거하는 것이 치료의 목표가 된다. 문제행동을 유지하였던 의사소통의 패턴을 발견한 후에 치료자는 역설을 통하여 이러한 패턴을 막는 것을 추구하게 되는 것이다. 1974년에 Watzlawick 등이 이러한 모델을 토대로 『변화(Change)』라는 책을 저술하게 되었다.

(4) Paul Watzlawick

Paul Watzlawick은 오스트리아 사람으로서 이탈리아에서 철학, 현대 언어학과 융 연구소에서 심리치료를 연구하였다. 1960년에 전통적인 치료방법인 정신

분석적 심리치료 결과에 실망한 그는 MRI 연구팀의 일원으로서 일하게 되었다. Watzlawick의 의사소통 이론의 기본적인 가정은 어떠한 현상도 상황을 고려하지 않는 상태에서는 완전히 이해될 수 없다는 것이다. 따라서 의사소통을 통해 드러난 관계들은 적합한 연구의 대상이 된다(Watzlawick et al., 1967). 그는 특히 MRI의 단기치료에 관심을 가졌는데 이 단기치료의 특징은 현재 내담자의 구체적인 문제를 치료하는 것이다. 이것은 그가 치료경험에서 발견한 사실, 즉 작은 문제의 해결이 가족의 다른 전반적인 문제에 긍정적인 영향을 미친다는 사실에 근거한 것이다. 그는 내담자의 문제를 잘못된 현실인식에 기인한 것으로 보았다. 즉, 현실인식이란 내담자가 맺는 세상과의 관계이며 세상에 대한 내담자의 이미지라는 것이다. 그리고 이러한 관계와 이미지는 그의 언어를 통해 표출된다. 따라서 그의 문제를 해결하기 위해서는 그의 현실인식을 수정할 필요가 있고 이러한 수정은 구체적으로 그의 언어를 수정하는 것을 통해 가능하다는 것이다. 따라서 내담자의 언어, 의사소통 방법을 변화시키는 것이 치료의 주된 기법이었다(Hansen & L'Abate, 1982: 80-95). Watzlawick(1978)은 치료자들이 내담자에게 영향을 미치지 않을 수 없으며, 적극적이며, 그들이 결정한 도덕적인 판단에 책임이 있다고 하였다. 더군다나 Weakland, Fisch와 뜻을 같이한 그는 행복, 개별화, 자아실현 등을 목표로 하는 정신치료 학파는 유토피아를 지향하고, 그래서 성취할 수 없는 결과를 지향한다고 생각했다.

5) 경험주의적 가족치료 모델

경험주의적 가족치료 모델은 실존주의적-인본주의적 심리치료로부터 파생되었다. 경험주의적 가족치료 모델은 구조적 · 전략적 가족치료 모델처럼 과거보다는 현재에 초점을 둔다. 경험주의적 가족치료 모델에서는 치료자와 가족 사이에 순간순간 발생하는 상황을 중시하는 것이다. 가족과 치료자 사이의 상호작용은 치료에 참여하는 가족이나 치료자 모두가 성장할 수 있는 기회가 된다고 본다. 그렇지만, 경험주의적 가족치료 모델은 일차적으로 개별 가족 성원에 초점을 둔다는 점에서 구조적 · 전략적 가족치료 모델과는 다르며, 오히려 정신역동적 모델에 가깝다고 볼 수 있다. 이 모델에서 치료자는 가족 성원들이 자신의 경험들을 다른 가족 성원들에게 이야기하도록 격려한다. 가족 성원들이 제공하는 경험이란 가족 성원이 자발적으로 자신을 열어 보일 수 있는 기회, 표현의 자유, 개인의 성장 등을 의미한다. 비록 경험주의적 가족치료 모델이 개인에게 초점을 두었다고 할지라도 치료는 여전히 체계론적인 치료로서 간주된다. 그렇지만 이러한 체계론적인 방향성은 Bertalanffy의 일반체계 이론보다는 Fritz Perls의 게슈탈트 심리학으로부터 파생되었다고 볼 수 있다. 게슈탈트와 심리 내부적, 인간 상호 간의 경계와 같은 개념들은 체계론적인 사고와 막연하게 관련이 되며(그들 모두 상황과 관련되어 있다는 점에서), 이러한 개념들이 경험주의적 가족치료 모델에 중대한 영향을 주었다(Brown & Christensen, 1999).

경험주의적 가족치료 모델의 대표적인 인물로서는 Carl Whitaker와 Virginia Satir를 들 수 있다. Whitaker와 Satir는 역기능적인 상호작용을 변화시키거나 증상을 제거하기보다는 개인적인 성장에 더 많은 초점을 두었다. 성장이라는 것은 자율성과 선택의 자유를 포함할 수 있다. 성장이라는 것은 각각의 가족 성원이 현재의 순간을 경험할 수 있고, 더군다나 다른 가족 성원들과 그 순간을 함께 나눌 수 있을 때 발생하는 것이다. 치료자는 가족 성원들이 가능한 한 공개적으로 그리고 솔직하게 사실들을 표현할 수 있도록 돕기 위하여 자신을 활용한다. 가족 성원들은 문제나 증상으로서 한 사람에게 초점을 두기보다는 그들의 문제를 공유하도록 격려된다(Brown & Christensen, 1999: 137).

이와 같이 두 사람은 치료과정을 통하여 내담자의 체험을 중시하고 치료자의 가족에 대한 개인적인 관여가 치료적 변화를 촉진한다는 점에서는 공통점을 가지고 있지만, 방법에서는 차이를 보였다. 즉, 자신의 치료방법을 상징적 경험주의 가족치료라고 명명한 Whitaker는 개인적 만남을 강조하여 치료자는 자신을 활용하여 가족 성원과 인간 대 인간의 관계를 맺을 수 있도록 도와야 한다라고 주장하였다. 그에 반하여, Satir는 치료란 성장과정의 체험연습이라고 주장하였으며, 치료자는 가족이 성숙한 인간으로 성장할 수 있도록 도와야 한다는 성장 모델을 주장하였

다(김유숙, 1998: 108).

(1) Carl Whitaker

조현병의 패턴과 가족에 대한 개척자적인 연구로 알려진 Whitaker는 켄터키주의 루즈빌에 위치한 거주지역 시설에 있는 비행청소년과 아동 지도소에 있는 아동들을 연구하였다. 산부인과를 전공한 Whitaker는 루즈빌에 머물고 있을 때 Otto Rank의 영향을 받았으며, 실존주의적 심리치료 또는 상징적 경험주의 가족치료라고 알려진 접근법을 개발하였다. Whitaker는 이론들이란 단지 초보자들을 위하여 필요하다고 믿었다. 치료자들이 그들의 능력에 입각한 용기를 발달시킬 때 그들은 이론을 단념할 수 있다. 이러한 그의 비이론적인 접근법으로 인하여 그의 모델을 이해하기가 힘들었고, 모방하기란 거의 불가능했다. 그는 치료란 예술이라고 믿었고, 이론을 자신의 능력 안에 있는 신념으로 대체할 것을 권유하였다. 이러한 점에서, 치료는 치료자와 내담자 모두 공유하고 혜택을 받는 성장과정이다.

Whitaker는 치료의 기본적인 목적은 개인적인 자율성과 가족과 함께할 수 있는 것을 조화시키고 촉진하는 데 있다고 믿었다. 이러한 목적은 모든 가족 성원이 성장하고 변화하는 데 자유스러울 수 있도록 하기 위하여 가족 내에서 '창의성' 혹은 '열광'을 증진시킴으로서 획득될 수 있다. 그는 조현병을 성장과정에서 궁지에 몰린 사람이 그 상황을 대처해 나가기 위하여 만들어 낸 창의적인 해결책이라고 규정하였다. 또한 그는 조현병 치료에 있어 치료에 참가하는 모든 사람은 환자인 동시에 치료자가 될 수 있다는 파격적인 입장을 보여 주었다. 그는 치료과정에서 환자와 치료자가 서로 몰입하는 경험을 통하여 양쪽 모두 성장할 수 있다고 생각하였다. 왜냐하면 만약 치료자가 환자를 성장시킨다면, 치료자 역시 인간적으로나 학문적으로 성장할 것이기 때문이다. 그는 이와 같은 역설적 접근으로 조현병 환자를 치료하던 중, 질병의 원인 중에 가족이 중심역할을 한다는 사실을 깨닫게 되었다. 그는 초기 입장을 확장시켜 내적 · 심리적 딜레마와 대인관계의 딜레마를 가지고 조현병을 개념화하고 가족을 치료에 참여시키기 시작하였다. 이러한 과정을 통하여 Whitaker의 상징적 경험주의 가족치료가 탄생되었다(Whitaker & Keith, 1981).

(2) Virginia Satir

Virginia Satir는 교육학과 사회사업학을 전공하였고, 그 뒤 가족치료를 시작하였다. 그녀는 초기에 MRI에서 일했기 때문에 의사소통 가족치료자로도 알려져 있다. MRI에 참여한 후에는 의사소통 이론의 기본 개념의 정립과 발전에 기여하였다. 특히 그녀는 모든 행동은 의사소통이며 의사소통은 메시지 전달과 메시지에 대한 메시지인 메타커뮤니케이션의 두 차원으로 이루어진다고 하였다. 그녀에 의하면, 가족의 정서체계는 의사소통에 의하여 표현되며 가족의 역기능은 의사소통의 불일치에 의해 일어난다. 즉, 커뮤니케이션과 메타커뮤니케이션의 불일치에서 가족의 역기능이 발생된다. 그러나 MRI를 떠난 이후에는 인본주의적 개념을 바탕으로 하여 에살렌 성장센터(Esalen Growth Center)에서 일하면서 행태심리학, 감수성 훈련, 마사지, 댄스치료 등 전통에서 벗어난 다양한 치료기법을 흡수하면서 경험주의적 가족치료 모델을 발전시켰다. 그녀는 인간은 선천적으로 선하며 잠재력을 개발할 수 있는 능력을 가지고 있고 긍정적인 성장과 발전을 하는 데 필요한 모든 자원을 소유하고 있다고 믿었다. 그녀의 이론은 인간의 성장과 정서, 자기가치를 강조하였으며, 가족의 의사소통 유형이 이러한 개인의 성장에 영향을 미친다고 보았다. 따라서 의사소통을 지배하는 가족규칙, 가족의 사회와의 연결 및 관련성 등을 주요한 치료주제로 다루었다(Satir, 1988). 그녀의 치료는 감정표현을 중점으로 하며, 접근방법은 치료기간 동안 가족을 연습과 활동에 참여시키는 경험적인 것이다. 그녀의 관점의 중심 개념은 '성숙'이다. 성숙한 인간은 자신에 대하여 책임을 지며, 그 자신의 선택과 결정에도 책임을 갖는다. 이러한 성숙을 달성하기 위해 중요한 것은 가족으로부터 스스로 분리되고 분화된 자기를 형성하는 것이다. 또 다른 중심 개념은 자존감인데, 인간은 자존감 없이 성숙될 수 없기 때문이다.

6) Salvador Minuchin의 구조적 가족치료 모델

의사소통 가족치료자들이 어떻게 가족이 상호작용하는가에 관심을 두는 반면에 구조적 가족치료자들은 가족체계 자체의 역동적 질서에 관심을 둔다. 구조적 가족치료 모델은 진단과 치료를 위한 명확한 지침을 제공하는 아주 기본적인 구조와 체계를 가지고 가족을 묘사하기 때문에 1970년대에 가장 영향력이 있는 가족치료 접근법이었다. 구조적 가족치료자들은 개인을 사회적인 존재로서 파악하여 개인을 둘러싼 구조에 초점을 두었다. 이러한 점에 있어서 Minuchin은 더 큰 사회정치적 체계를 가족의 조직과 구조에 중요한 영향을 미치는 것으로 간주한 첫 번째 가족치료자들 중의 한 사람이었다(Elizur & Minuchin, 1989). 가족의 구조가 변하면 동시에 가족의 지위가 변하며, 결국에는 각 가족 성원들의 경험도 변할 수밖에 없다는 것이다. 이 접근법의 가장 주된 특징은 치료의 목적으로 가족 내의 구조적 변화를 강조하는 데 있다. 이 접근법에서 치료자는 개인 변화, 가족체계, 가족역동을 잘 이해하여 가족의 재구조화를 행하는 역할을 한다(Colapinto, 1991). 여기서는 구조적 가족치료의 창시자인 Salvador Minuchin에 대하여 살펴보겠다.

Minuchin은 아르헨티나에서 태어났으며, 제2차 세계대전 이후 미국으로 건너가서 소아정신과 의사로서 훈련을 받으면서 가족에 관심을 갖게 되었다. 훈련을 마친 그는 1952년에 버려진 아이들을 돕기 위하여 이스라엘로 갔는데, 그곳에서의 활동은 그가 가족의 중요성에 대하여 더 절실히 깨닫는 계기가 되었다. 1950년대의 가족치료를 하는 대부분의 치료자들, 예를 들면 Nathan Ackerman, Don Jackson 등은 중산층 가족을 대상으로 치료를 하였는데(Nichols, 2014), Minuchin은 지금까지의 중산층을 위한 가족치료 이론들이 빈곤가족들에게는 적합하지 않다고 생각하였다. 그는 대부분의 빈곤가족은 복합적인 문제를 가지고 있기 때문에 그들을 위해서 새로운 개념과 기법이 필요하다고 하였다. 그리하여 Minuchin은 1960년대에 뉴욕에 있는 윌트윅 학교에서 비행청소년들을 교정하는 정신과 의사로 일하게 되었다(Colapinto, 1991: 417). Minuchin은 저소득층의 많은 가족과 접하면서 그의 독자적인 이론과 개념들을 개발하였다. 윌트윅에서 가난한 사람들과 함께한 Minuchin은 임상경험과 새로운 개념의 성공적인 적용의 결과로 『빈민가의 가족들(Families of the Slums)』(1967)이란 책을 출판하였다.

가족구조는 개인을 형성하기 위하여 내부의 가족체계의 요구와 사회의 요구를 통합한다는 점에서 사회문화적이다. Minuchin은 가족체계에 영향을 미치는 더 큰 사회문화체계의 중요성을 인식한 가족치료자로서 현대 사회의 성(gender) 불평등의 중요성에 대해서도 인식하고 있었다. 따라서 그는 그의 이론에 거시 사회학적인 이론을 첨가했고, 성 역할을 구조적 가족치료 이론에 통합하였다(Atwood, 1992). 특히 구조적 가족치료는 가족 내 상호작용의 형태에 초점을 둔다.

Minuchin은 가족치료자들은 다음의 세 가지 주요 역할을 하여야 한다고 하였다. 첫째, 인도자로서 가족에 합세해야 한다. 둘째, 밑에 깔려 있는 가족구조를 발견하고 평가해야 한다. 셋째, 이러한 가족구조를 변경시킬 수 있는 분위기를 만들어야 한다. Minuchin의 치료는 가족 구성원 등이 경직되거나 밀착된 관계로부터 벗어날 수 있도록 도움을 제공했으며, 구조적 가족치료 분야를 개척하는 데 매우 성공하였다.

7) 전략적 가족치료 모델

MRI 의사소통/상호작용 접근법이 1950년대의 가족치료 전문가들에게 가장 큰 주목을 받았다고 한다면, Minuchin의 구조적 가족치료 모델은 1970년대에 가장 지속적으로 연구되어 왔으며, 1980년대에는 전략적 가족치료 모델이 가족치료 모델의 중심을 차지하였다(Goldenberg & Goldenberg, 2017). 전략적 가족치료는 1950년대 초 팔로 알토 연구집단에 뿌리를 두고 있다. 이 치료 모델은 원래 Haley(1973)가 Milton Erickson의 관점과 개입방법을 '전략적 치료(strategic therapy)'라고 명명한 데서 비롯되었으며, Erickson의 전략적 접근을 사용하여 제시된 문제를 해결하는 특성을 갖는 치료 모델을 통칭하는 말이다. 이 치료 모델은 초기에는 일반체계 이론과 Bateson의 사이버네틱스 이론을 중심으로 발전되었고, 후기에는 Minuchin의 구조적 관점을 추가하여 발전한 단기치료 모델이다(Keim,

1999; Nichols, 2014). 이 접근법은 문제의 지속과 유지에 관하여 체계 이론에 근거한 순환적인 관점을 지니며, 변화를 위해서 전략적이고 계획된 목표를 가진다. 그리고 저항을 극복하고 가능한 단기에 종결하기 위해 고안된 창의적인 개입방법으로 치료를 이끌어 간다. 특히 전략적 가족치료 모델에서는 문제해결에 초점을 두어 개별 가족 성원들의 정신 내적 과정에 대해 거의 고려하지 않는다. 의사소통이론과 상호작용적인 개입으로부터 발전된 이 접근법의 주요한 특징은 치료자가 내담자의 문제를 해결하기 위하여 고안해 낸 전략에 대해 책임을 진다는 것이다 (Madanes & Haley, 1977). 이처럼 전략적 가족치료 모델에서는, 치료자가 가족 성원의 과거가 아닌 현재의 상호작용에 초점을 두고, '성장'보다는 '변화'에 초점을 두었다는 점에서 '변화'보다는 '성장'에 치료 목표를 둔 경험적 가족치료 모델과는 치료적 접근법이 전혀 다르다고 볼 수 있다.

이러한 Jay Haley의 전략적 가족치료 모델은 그 후 이탈리아의 Milan에 있는 치료자들에게 영향을 주어 독특한 체계론적 가족치료를 개발하는 데 많은 공헌을 하게 되었다. 따라서 여기서는 전략적 가족치료 모델의 창시자인 Jay Haley와 Milan의 체계론적 모델과 관련된 학자들에 관하여 살펴보기로 하겠다.

(1) Jay Haley

Jay Haley는 가족치료 발전에 가장 많은 영향을 끼친 Milton H. Erickson, Gregory Bateson, Salvador Minuchin 등 세 사람으로부터 영향을 받고 또한 이들에게 영향을 주었다는 점에서 가족치료자들 중에서도 독특하다. Haley는 1950년대에 Bateson의 조현병 연구팀에 참여하여 내담자와 그 가족들과의 상담을 통해 의사소통을 연구하였는데, 그때 이중구속의 개념을 발견하게 되었다. 그후 1962년부터 1967년까지 MRI에서 Don Jackson과 함께 일하였다. 그는 1963년에 출판한 『심리치료의 전략(Strategies of Psychotherapy)』이라는 책에서 모든 인간관계는 관계규정을 위하여 세력 다툼을 하는 것이라고 하였다. 그리하여 사람의 병리적 증상은 다른 사람을 통제하기 위하여 사용하는 수단이라고 하였다. 그는 치료자와 내담자 사이에도 세력 다툼이 존재하므로 치료자는 내담자와의 관계를 활용하여 저항을 막거나 이용해야 한다고 강조하고, 역설적 기법과 지시적 기법을 발전시켰다. 특히 치료자가 내담자와의 관계에서 완전한 주도권을 갖는 것을 치료의 중요한 조건으로 보았다.

Haley는 1967년 필라델피아 아동지도 클리닉에서 가족치료 연구소장이 되었으며, 그곳에서 1976년까지 Salvador Minuchin, Braulio Montalvo 그리고 Bernice Rosman과 함께 일했다. 1976년에 Haley는 그의 부인인 Cloe Madanes와 함께 워싱턴에 가족치료 연구소를 설립하였다. Haley는 행동의 연속성, 의사소통 유형 그리고 여기-현재에 초점을 두었다. 그는 행동을 변화시키기 위한 지시와 행동계획을 사용하였으며, 가족의 독특성에 맞는 전략을 고안하였다. 치료에 대한 그의 접근법은 심리 내적인 면에 대한 통찰에 초점을 두는 대상관계 이론과는 전혀 다르게, 오로지 방법론 중심적이고 문제해결 중심적이었다. 그는 의사소통의 연속성과 증상을 상대방을 통제하거나 영향을 미치려는 시도로 보았기 때문에 가족 패턴을 묘사하는 데 있어서 세력과 통제의 개념들을 사용하였다.

(2) Milan 집단

Milan 학파의 체계적 가족치료는 MRI와 Haley의 전략적 가족치료 모델과 더불어 Bateson의 연구에 영향을 받았다. 이러한 Bateson의 영향은 이 세 치료 모델의 집단이 문제란 행동의 연속성에 의해서 유지되는 것으로 보게 하였다. MRI와 Haley는 Milton Erickson에 의하여 더 영향을 받았으나, Milan 집단의 경우는 Gregory Bateson의 영향을 더 많이 받았다. Milan 학파의 체계적 접근법은 의사소통 이론에 입각하여 면접하는 모델이다(Goldenberg & Goldenberg, 2017; Prevatt, 1999). 일반적으로 Milan 집단과 연관되는 사람들은 Mara Selvini-Palazzoli, Luigi Boscolo, Gianfranco Cecchin과 Giulinan Prata이다. 이들 네 사람은 다른 동료들과 더불어 이탈리아에서 가족 및 부부치료를 행한 첫 번째 사람들이었다. 처음에는 정신분석학적 모델을 기초로 하여 연구하였지만, 이 집단은 곧 MRI 모델을 실험하기 시작하였다(Bodin, 1981). 정신분석 이론에서 체계 이론 모델로 바꾸는 전환기에서 이들은 Haley(1963), Watzlawick 등(1967) 그리고 MRI의 체계론적 의사

소통 관점을 대표하였던 다른 사람들을 연구하였다. 이들은 점차로 자신들의 독자적인 이론적 기초와 기법을 발전시키기 시작하였고, 자신들의 이론의 일관성을 추구하였다.

Milan 집단의 대표적인 인물은 Mara Selvini Palazzoli이다. 밀라노의 내과의사였던 그녀는 거식증 내담자를 치료하기 어렵다는 데에 관심을 가지게 되었고, 전공을 바꿔 스위스로 가서 정신과 의사 및 정신분석가가 되었다. 그녀의 치료기술은 거식증 내담자에 대한 치료 성공률을 높여 주기는 했지만, 치료에는 여전히 긴 기간이 소요되었고 완전한 치료도 되지 않았기 때문에 만족하지 못했다. 좀 더 효과적인 치료를 위해 노력하는 과정에서 그녀는 이탈리아 최초로 부부치료와 가족치료를 실시하게 되었으며, 이러한 과정 속에서 Milan 집단이 탄생되고 발전하게 되었다.

Milan 집단의 첫 번째 주요 저서는『역설과 역설(Paradox and Counterparadox)』(Selvini-Parazzoli, Boscolo, Cecchin, & Prata, 1978)이다. 이 책은 역기능적 가족을 대상으로 일련의 시행착오적인 학습과정을 자세히 설명하고 있는데, 만약 가족이 변화되면 가족 스스로 다른 형태의 가족으로 점차 변화되도록 도울 '병리적 결찰점(nodal point)'을 찾아내는 데 초점(Tomm, 1984)을 두었다.

거의 10년에 걸쳐서 가족치료의 새로운 체계론적 사고를 창출하고 혁신적 개입기법을 창안하였던 Milan 집단은 1980년에 두 집단으로 분리되었다. 이들 중 Selvini-Palazzoli와 Prata는 주로 유럽 안에서 치료와 연구를 계속하고 있고, 단 한 번의 개입이 미치는 영향을 연구하는 데 초점을 두었다. 여성들인 이 두 사람은 심각한 문제를 지닌 가족의 게임을 이해하고 이 게임을 무력화시키는 데 치료 목표를 두었다. 예를 들면, 이들은 비밀과제를 주는 처방이 모든 가족 성원에게 긍정적인 결과를 가져온다는 것을 확인하였고, 이 처방을 모든 가족에게 적용 가능한 보편적이면서 일정한 처방을 개발하는 데에 관심을 두었다. 한편, 남성들인 Boscolo와 Cecchin은 전략적인 입장에서 약간 벗어나 질문과정을 통하여 가족체계를 변화시키는 데 관심을 가졌고, 여러 가능한 대안을 융통성 있게 가족에 사용해야 한다는 입장을 취하였다. 이들은 치료의 목표를 가족 성원들과 함께 정하는 과정 그 자체를 치료의 목표로 삼았다(Nichols, 2014). 이 두 사람은 가족들과 협력하여 문제에 대해서 공동의 목표를 세워서 이를 다루어 나가는 방식을 취하게 되었다. 그들은 치료자 자신이 목표를 설정하고 가족들을 조종하여 문제를 해결하는 방식을 지양하였다. 그들은 치료 시 일방경 뒤에서 두 집단으로 나뉘어서 별도의 대안적 가설을 만들고 치료모임이 끝난 후 같이 의논하는 방식을 택하였다. 이러한 Boscolo와 Cecchin의 시각은 1990년대의 가족치료에 대한 사고와 실천에 많은 기여를 하였다. 그리고 이 두 사람은 훈련 쪽에 더 관심을 가져서 이탈리아, 유럽, 캐나다, 미국에서 워크숍을 열고 있다(Hoffman, 1981: 304).

가족의 규칙과 항상성을 추구하는 상호작용적인 패턴에 초점을 둔 초기의 MRI 집단의 일차적 사이버네틱스 아이디어에 토대를 둔 Milan 모델은 30년 동안 끊임없는 변화를 겪어 오고 있다. 가족치료의 최첨단 시대에 있으며, 많은 중요한 새로운 포스트모더니즘의 발달을 생성해 오고 있는 오늘날은 Milan 후기시대라고 언급된다. Milan 후기시대란 이차적 사이버네틱스의 의미를 이해하고 이러한 이차적 사이버네틱스의 의미를 가족치료 이론과 실천에 적용하려고 시도하는 것을 의미한다(Campbell, Draper, & Crutchley, 1991). 특히 오늘날 치료자가 치료를 제공하는 체계의 한 부분이라는 관점은 치료자를 다른 참가자와 마찬가지로, 특별한 시각을 가지고 있으나 치료자의 관점이 진정으로 가족의 객관적인 시각이거나 그들을 위한 최선의 견해는 아니라고 재정의되고 있다. 이러한 점에서 치료자는 비위계적인 촉진자로서 가족 성원들에게 그들 자신의 방법과 속도로 자신들의 미래에 대하여 조사하고 결정하는 것을 허락하게 한다(Goldenberg & Goldenberg, 2017). Milan 모델은 오늘날 이탈리아뿐만 아니라 세계 여러 나라에 보급되었다. Milan 집단은 1977년에 뉴욕에 있는 Ackerman 연구소의 후원으로 미국을 방문하였으며, 이 모델은 미국에 활발하게 확산되었다. 미국에서 Milan 모델의 가장 선구자 겸 대표적인 인물은 Lynn Hoffman이며, 그 외 Peggy Penn, Olga Silverstein, Gillian Walker 등도 Milan 모델에 기반을 둔 치료를 하고 있다. 그 밖에 영국에서는 David Campbell과 Rosalind Draper가, 캐나다에서는 Karl Tomm, 오스트리아에서는 Michael White가 이 모델을 시행하고 있다(Nichols, 2014).

8) 사회구성주의적 가족치료 모델

20세기 초에 사물을 객관적으로 검증할 수 있다고 주장해 온 논리적 실증주의와는 다른 사회구성주의가 등장하였다. 사회구성주의는 실제적으로 이론에 대한 이론이고, 사물에 대한 느낌, 관점, 인식, 견해에 대한 인식과 견해를 다룬다. 사회구성주의에서는 어떤 사실은 객관성과 주관성으로 나눌 수 없으므로 주관적인 경험을 이해함으로써 비로소 사물을 알 수 있다고 주장하였다. 또한 구성주의에서는 사물 자체가 객관적으로 존재하는 것이 아니라, 사람에 의해서 만들어진 것으로 이해되었다(고미영, 1998). 따라서 사회구성주의에서는 객관적인 현실보다는 개인의 정신적 구성에 관심을 가진다. 사회구성주의 이론에 의하면, 가족은 치료적 개입에서 이끌어 낼 수 있는 본질적인 요소를 가지고 있는 것이 아니라, 그들이 현실을 어떻게 지각하느냐에 의해서 만들어진다는 것이다. 현실이란 사람들이 그 문제에 대하여 어떻게 지각하고 이야기하느냐에 따라 다르게 존재한다. 따라서 같은 상황을 다른 관점에서 보고 이야기할 수 있다면 문제는 더 이상 존재하지 않을 수 있다는 것이다(김유숙 역, 2004).

포스트모더니즘에 의하면, '현실'이라는 것은 밖에 있는 것의 정확한 모방이라기보다는 사회적으로 구성되는 것을 말한다. 포스트모던적인 사고를 가진 사람들은 세상에 대한 우리의 신념, 즉 현실을 구성하는 것은 세상의 반영이거나 지도가 아니라, 다른 사람들과의 대화로부터 발전되는 것이라고 강조한다(Goldenberg & Goldenberg, 2017). 가족치료에서의 포스트모더니즘 운동은 21세기에 들어오면서 특히 일차적 사이버네틱스 유형의 체계적 사고에 직접적인 도전을 제공하면서 계속해서 위력을 얻기 시작하였다. 치료에 대한 포스트모던적인 접근법은 지난 30년간에 걸쳐 발전되어 왔다. 이 접근법은 휴스턴 갤버스턴 연구소(Houston Galveston Institute)의 Harlene Anderson, Harry Goolishian 그리고 그의 동료들의 창의성을 반영하고, 갤버스턴 집단의 다중 충격 치료 연구 프로젝트에 그 뿌리를 두고 있다(Anderson, 1997; Anderson & Goolishian, 1988; 1992; Goolishian & Anderson, 1987).

Gergen(1993)이 엄청난 변화라고 말했듯이, 포스트모던적인 시각을 가진 치료자들은 우리가 전통적으로 모더니스트와 문제에 초점을 둔 접근법(충격 또는 무의식적 갈등, 흠이 있는 가족구조, 정서적인 무능력, 왜곡된 인식 혹은 역기능적인 성격 특성에 초점을 둔 접근법)을 중심으로 고려해 왔던 그러한 특징들에 대하여 관심이 없다. 포스트모던적인 시각을 가진 치료자들은 치료자와 내담자 사이에 놓여 있는 전통적인 장벽에 관심이 없다. Gergen의 시각에서는 이러한 전통적인 장벽이란 한편에서는 객관성, 중립성 그리고 이유, 또 다른 한편에서는 주관성, 편견 그리고 열정 사이에서의 침해할 수 없는 거리를 의미한다. 치료자가 전문가라 할지라도, 치료자의 선입견은 객관적이거나 편견이 없을 수 없다는 것이다. 포스트모던적인 사고에 영향을 받은 치료자들은 '알지 못하는' 입장을 취하는 경향이 있으며(Anderson & Goolishian, 1988), 가족 성원들과 치료자는 평등하게 다른 가족 성원들이 '현실'을 보는 신념체계를 조사하는 데 협력적인 태도를 취하는 경향이 있다. 치료자는 문제의 기원에 초점을 두기보다는 가족 성원들과 함께 효과적인 해결책을 찾는 데 초점을 둔다.

초기의 가족치료자들은 가족의 상호작용적인 패턴 혹은 역기능적인 가족구조에 초점을 맞춰 온 반면에, 사회구성주의 치료자들은 문제에 대하여 다른 가족 성원들이 지녀 왔던 가정이나 전제들에 관심을 가진다. 이러한 치료자들은 내담자들에 대한 내담자의 지식보다 내담자에 관하여 치료자들의 지식을 더 높은 위치에 두는 것을 거부함으로써 통상적인 치료자-내담자의 위계질서에 대한 생각을 거부한다. 사회구성주의 치료자들은 특히 내담자의 세상에 대한 엄격하고 융통성 없는 견해를 변화시키는 데 관심을 갖는다. 왜냐하면 비록 내담자가 고려할 수 있는 것을 불가능하게 만들지는 않을지라도 그러한 교리적이고 부정적인 확신이 사건의 대안적인 설명이나 혹은 관계를 어렵게 만들기 때문이다. 내담자의 시각은 현실을 구성하는 데 사용하는 언어 안에 반영되는 것이다. 언어-대화는 새로운 해결책을 낳는 새로운 설명을 고려하는 것에 의하여 옛 행동을 변경하기 위한 치료적인 매체가 되는 것이다(Goldenberg & Goldenberg, 2017). 따라서 사회구성주의의 핵심은 현실이란 우리가 존재하는 언어적 체계에 뿌리를 내리고 있으며 매우 가변적이라는 사실이다. 이 이론에서는 치료자가 치료의 어떤 본질적인 요소

를 지니고 있다고 생각하지 않고 내담자 주변에 일어나고 있는 대화의 산물이 치료라고 본다. 그리하여 치료자는 내담자들로 하여금 자신의 지식과 문화의 뿌리에 대하여 이해하게 해 주는 것이 중요하며, 문제에 대한 열린 생각과 새로운 구성을 할 수 있도록 인도하는 언어적인 작업을 하는 것이다(고미영, 1998). 이러한 사회구성주의적 접근방법의 영향으로 탄생하였고, 1990년대에 가장 관심을 받고 있는 대표적인 가족치료 모델로서, 여기서는 해결중심 단기 가족치료, 이야기 치료, 반응팀 그리고 협력적 접근에 대하여 살펴보겠다.

(1) 해결중심 단기 가족치료 모델

해결중심 단기 가족치료 모델은 지난 25년 동안 밀워키에 있는 단기 가족치료 센터(Brief Family Therapy Center)에서 Steve de Shazer와 Insoo Kim Berg에 의해 이끌어 온 치료자의 팀에 의하여 발달하였다(de Shazer et al., 1986). 해결중심 단기 가족치료 모델은 MRI 이론에 뿌리를 두고 있으나(Eron & Lund, 1996: 30), 해결중심 단기 가족치료자의 대부분은 MRI 모델에 한계를 느껴서 밀워키에 있는 단기 가족치료 센터에서 일하거나 훈련을 받은 사람으로 구성되어 있다. 해결중심 단기 가족치료 모델은 내담자의 목표에 초점을 두고 치료 세션의 영향을 내담자의 실제 생활에 확대하기 위하여 과제부여를 활용한다는 점에서 다른 단기 치료 모델들과 유사하다. 한편, 해결중심 단기 가족치료는 치료과정을 개념화하고 수행한다는 점에서 전통적인 심리치료나 다른 단기 치료들과는 다르다(Berg & De Jong, 1996; de Shazer et al., 1986).

MRI의 단기 가족치료 모델과 해결중심 단기 가족치료 모델은 다음과 같은 공통점을 가지고 있다. 첫째, 기본적인 병리를 강조하지 않는다. 둘째, 문제의 형태와 기능보다는 과정과 피드백 고리(loops)에 초점을 두고, 시도되었던 문제해결책에 초점을 둔다. 셋째, 문제는 어려움을 반복적으로 잘못 다룬 것으로 규정한다. 넷째, 가족의 기능과 역기능적인 위계에 관심을 두지 않으며, 생각과 행동에 대한 자기 강화 패턴에 초점을 두었다(Cade & O'Hanlon, 1993: 5-13).

두 모델의 차이점은 다음과 같다. 첫째, MRI 모델은 문제에 초점을 맞춘 반면에, 해결중심 단기 가족치료 모델은 해결에 초점을 맞춘다. 다시 말하면, MRI 모델은 주로 가족이나 개인을 둘러싼 문제들의 결과에 초점을 맞추며, 문제를 둘러싼 일련의 순서들에 대하여 가족에게 질문을 한다. 반면, 해결중심 단기 가족치료 모델의 치료자들은 내담자의 예외적인 해결에 중점을 둔다. 그리하여 치료자들은 가족이 적용해 왔던 또는 적용 가능한 해결책 등에 초점을 맞추어 질문하게 된다. 이와 같이 해결중심 단기 가족치료 모델은 기존의 관점과는 다른 입장에서 문제해결을 시도한다. 그들은 문제가 무엇인가를 찾아내기보다는 가족이 원하는 해결이 무엇인가에 초점을 두어 치료를 진행시킨다. 왜냐하면 문제를 해결할 때 문제가 무엇인가를 반드시 밝힐 필요는 없다고 보기 때문이다. 그보다는 치료를 통해 가족이 기대하는 미래가 어떤 것인가를 분명하게 하는 것이 가족에게 보다 도움이 된다고 하였다(김유숙 역, 2004). 둘째, MRI 모델은 내담자에게 다르게 하도록 촉구하는 반면에, 해결중심 단기 가족치료 모델은 사물을 다르게 보도록 한다(Shoham, Rohrbaugh, & Patterson, 1995).

이러한 해결중심 단기 가족치료는 20세기 말의 가족치료에 대한 패러다임의 변화로 인하여 해결중심 단기 가족치료 이론 스스로 발전시킨 철학과 접근전략에 더하여 사회구성주의 관점의 영향을 받아 이론을 더욱 발전시켰다(Walsh, 1993: 32). 해결중심 단기 가족치료는 이야기 치료보다 실제적이고 구체적인 방향에서 사회구성주의 관점을 가족치료에 접목시키고 있다. 또한 해결중심 단기 가족치료는 포스트모더니즘을 이야기 치료보다 더 적극적으로 치료기법에 적용했으며, 매우 단순하게 소화하여 치료자들의 호응을 불러일으키고 있다. 이 치료 접근법의 장점은 상대주의의 극대화를 통하여 문제라는 현실을 내담자들로 하여금 지나치게 무겁고 절대적으로 받아들이지 않게 함으로써 재빨리 문제로부터 벗어 날 수 있는 용기를 불러일으킨다는 점을 들 수 있다. 해결중심 단기 가족치료는 1980년에 일어난 미국 정신보건 분야의 단기간 치료와 치료비용 절감에 대한 욕구를 충족시켜 줌으로써 많은 가족치료자뿐만 아니라 다른 임상 실천가들에게서도 크게 환영을 받았다(Berg & de Shazer, 1993: 326: 고미영, 1998: 29에서 재인용).

Steve de Shazer와 Insoo Kim Berg는 해결중심 단기 가족치료 모델을 개발하

였는데, 이 모델은 1970년대 팔로 알토의 MRI 단기 가족치료 센터에서 쌓은 훈련과 치료경험을 통하여 이 두 사람에 의해 개발된 것이다. 이 두 사람은 Milton H. Erickson의 가치, 철학, 기술, 전략 등에서 영향을 받았고(Quick, 1996), Gregory Bateson의 의사소통 이론으로부터 많은 영향을 받았다(Selekman, 1993). 또한 언어의 기능과 역할에 관해서는 철학자인 Wittgenstein으로부터 영향을 받았다(송성자, 2000; de Shazer & Berg, 1992).

특히 Milton H. Erickson은 문제의 원인이라고 생각하는 부적응을 고치려 하거나 그것을 제거하려는 노력이 필요 없다고 보았다. de Shazer는 Milton H. Erickson의 이론과 전략을 연구하였고, 그로부터 많은 영향을 받았으며, 실제로 Erickson의 이론과 개념을 근거로 하여 해결중심 단기 가족치료의 전략과 기술을 발전시켰다(Eron & Lund, 1996). de Shazer는 이러한 Milton H. Erickson의 영향으로 인하여, 해결중심 단기 가족치료 모델의 핵심은 가족이 자신들의 일상생활을 영위하면서 생긴 욕구를 충족시키기 위하여 상담에 가지고 오는 것을 활용하는 데 있다고 보았다. de Shazer는 철학에 관심이 많고, 사람들이 저항 없이 스스로 변화할 수 있는 상황, 단순하고 짧은 것, 언어의 기능 등에 관심을 두었다. 그는 단순한 가정이 좀 더 빨리 변화를 일으킨다고 하는 신념을 가지고 있기 때문에 상황을 복잡하게 형식화하지 않았다. 그리고 그는 복잡한 문제라고 해도 복잡한 해결을 필요로 하지 않는다고 믿었다. 그리고 내담자의 신념과 행동을 변화시키기 위하여 내담자와 협동하는 치료적인 접근법을 발전시켰다. 협동하는 방법으로서 내담자가 사용하는 언어를 활용하는 전략을 발전시켰고, 내담자의 잠재능력과 자원을 찾아내고, 문제가 해결된 상태를 상상하도록 돕는 것을 강조했다. 이러한 철학과 가정은 Erickson 이론의 영향을 받은 해결중심 단기 가족치료에서 잘 보여 주고 있다(Walsh, 1993: 32; Quick, 1996: 3: 송성자, 1998: 43에서 재인용).

de Shazer는 연구와 이론화 작업 및 저술 활동에 많은 노력을 기울여 왔고, 2005년에 사망하였다. Insoo Kim Berg는 치료자들을 교육하고 훈련시키는 데 헌신하였고 2007년에 사망하였다. 이 모델의 이론 형성과 치료기법 개발에 기여한 대표적인 사람으로는 Eve Lipchik을 들 수 있는데, 그는 단기 가족치료 센터의 치료자이면서 이론가이며, 특히 치료적 질문을 개발하는 데 기여했다. 또한 Michele Weiner-Davis는 일리노이주 우드스턱에서 해결중심 모델을 사용하고 있다. 네브라스카주의 오마하에서 치료자로 일하는 Bill O'Hanlon 역시 Milton Erickson에 의해 훈련을 받았으며, 그의 관점을 잘 실천해서 해결중심 접근법을 지향하고 있다. 이들은 해결중심 치료 모델의 이론과 개념 구성의 발달에 크게 기여하였다(Nichols, 2014).

(2) 이야기 치료 모델

이야기 치료는 호주와 뉴질랜드 출신의 가족치료자들인 Michael White와 David Epston의 연구방법론을 주로 다룬다. 1980년대에 개발된 이야기 치료는 1990년에 『치료적인 종결을 위한 이야기 방법(Narrative Means to Therapeutic Ends)』이라는 책을 발간한 후에 북미에서 인기를 끌게 되었다. 이 접근법은 동시대에 나타난 구성주의자 치료기법과 포스트모던 문화의 영향을 받아서 발전하게 되었다. 1980년대에 텍사스에서 Anderson과 Goolishian(1988), 이탈리아의 Milan 학파의 Boscolo와 Cecchin, Milan 학파와 공동 연구한 미국의 Hoffman과 Penn(Boscolo, Checchin, Hoffman, & Penn, 1987) 그리고 Milan 학파와 함께 연구했던 캐나다 앨버타의 Tomm 모두가 새로운 구성주의 접근법에 대하여 기술하였다. 그렇지만 이야기 치료가 어떤 면에서는 인간의 변화를 보는 새로운 패러다임처럼 보일 수도 있지만, 한편으로는 기존의 실천 이론으로부터 발전된 것으로 볼 수도 있다(Kelly, 1996).

Hoffman(1985)에 의하면, 가족치료의 관점이 초기에는 정신 내적인 초점으로부터 인간 상호 간의 과정과 행동에 초점을 두는 체계론적 관점으로 변하였고, 지금은 체계론적 관점에서 아이디어, 신념, 느낌 그리고 신화에 더 많은 초점을 두는 관점으로 변하고 있다. 체계론적 접근법은 일차적 사이버네틱스 이론에 기초를 두고 있는데, 일차적 사이버네틱스 이론은 통제에 대한 기계론적인 이론이며, 이제는 그것의 유용성을 상실하였다. 반면에 구성주의 이론에 입각한 치료들은 이차적 사이버네틱스에 입각해 있으며, 이차적 사이버네틱스에서는 관찰이란 관찰

자에 의존하는 것으로 본다. 동시대에 나온 행동주의 접근법이나 인지주의 접근법에서처럼 체계 이론은 객관성, 합리성 그리고 관찰을 통한 지식을 강조하는 모더니스트적인 견해를 가지고 있다. 반면에 예술, 문학으로부터 사회과학에 이르기까지 여러 학문에 포함되고 있는 포스트모던적인 시각은 현실이란 주어지는 것이라기보다는 사회적으로 구성되는 것이라고 본다(Neimeyer, 1993).

포스트모던 구성주의의 영향을 받아 탄생한 이야기 치료는 문제를 표출하기 위하여 고안된 대화에 가족을 관여시킨다(Nichols, 2014). 이러한 이야기에 근거한 대화 이론은 사람이 그들 자신의 삶에 대한 이야기를 창조할 수 있다는 것을 가정한다. 이러한 이야기는 진실과 이야기의 조화에 근거를 두고 있다. 여기서 진실이란 논리적으로 추론될 수 있으며, 이야기는 사람들에 의하여 그들의 고유한 경험에 입각하여 진실을 이해하게 하는 방법 안에서 창조될 수 있다. White와 Epston(1990)에 따르면, 사람들은 이러한 이야기 창조를 통해 그들의 삶의 의미를 느끼며, 미래에 대하여 구상한다는 것이다. 이러한 관점은 창조된 현실이란 개인들이 그들의 세상을 필터를 통하여 보는 것이라는 Milan 모델의 견해와 유사하다. White는 개인의 복잡한 삶을 정확히 묘사하는 데 있어 단순한 이야기로는 할 수 없고, 항상 이야기를 재창조할 수 있는 여지가 있다고 하였다. 치료에 있어서 White의 초점은 개인의 부정적이고 자기 패배적인 견해를 반박하고 문제를 다루는 데 있어서 긍정적인 경험으로 대체하는 방법으로 이야기를 재창조하는 데에 둔다(Prevatt, 1999: 288). 포스트모더니즘은 이야기나 서술을 삶을 구성하는 재료 또는 원동력이라고 보는 이야기 치료를 탄생시켰다. 이야기 치료자들의 역할은 가족과 함께 새로운 현실들을 이야기를 통해 구성해 나가는 것이다. 이야기 치료자들이 하는 질문은 내담자에게 무엇이 진실이냐는 것이 아니라 어떠한 견해가 유용하며 내담자에게 무엇이 더 좋은 효과를 주는가에 있다(Nichols, 2014).

Michael White는 호주의 애들레이드에 있는 덜위치 센터에서 소장으로 일하였고, David Epston은 뉴질랜드 출신의 인류학자로서 오클랜드에 있는 가족치료센터의 소장으로 일하고 있다. White는 1967년에 호주에서 사회사업가로 훈련을 받았고, 1970년대는 정신병원에서 임상사회사업가로서 집단 가족치료 분야에서 많은 경험을 하였다. 그 후 그는 개인 상담소에서 가족치료를 계속 실시하였고 독특한 치료법을 개발하여 1985년부터는 국제적으로 워크숍과 훈련을 시작하였으며, 국제적으로 널리 알려졌으나 2008년에 사망하였다. White(1989)는 이야기 치료를 발전시키는 데 있어서, Jerome Bruner(1986)와 Gregory Bateson(1972)뿐만 아니라 프랑스 철학자이자 역사가인 Michel Foucault(1980)의 영향을 받았다. 그는 특히 Foucault(1980)의 권력과 지식의 사회적 지배, 그 구조 속에서 소외되는 문제가족, 문제집단에 대한 분석을 상담 치료에 반영시키고 있다(고미영, 1996: 4-5).

Epston은 전래되는 이야기의 수집과 이야기적 전통에 관심을 가지고 가족치료자로 전향한 후 계속적으로 이야기의 비유를 사용한 상담 치료법을 독자적으로 개발해 왔다. 1981년에 애들레이드에서 열린 가족치료 회의에서 White를 만나 뜻을 같이하고, 그 후로 이 두 사람은 함께 이야기 치료를 개발하는 데 전념하였다. Epston(1994)은 White에게 이야기 은유 사고(narrative metaphor thinking)에 대하여 소개를 하였는데, 특히 가족에게 쓰는 혁신적인 치료적 편지와 재저작하는 삶을 목표로 하는 대화 확대의 치료적인 기법을 개발한 것으로 알려져 있다. 이 두 사람은 오늘날 가족치료 분야에서 포스트모던 혁명의 충격을 반영할 수 있어 국제적으로 영향력이 있고, 매우 주목을 받고 있는 개입 기술인 이야기 치료를 개척하였다.

이 두 사람 외에도 Cheryl White는 호주 애들레이드에 있는 덜위치 센터에서 해외 출판 업무를 담당하고 있다(White & Hales, 1997). 미국 일리노이주 에번스턴에서 Jill Freedman과 Gene Comb(1996), 뉴욕주의 캣스킬스에서는 Joseph Eron과 Thomas Lund(1996), 샌프란시스코에서는 Jeffrey Zimmerman과 Victoria Dickerson(1996), LA에서는 Jennifer Andrews와 David Clark(Andrews, Clark, & Baird, 1998)이 이야기 치료적인 시각과 개입 절차의 유명한 옹호자들이다. 또한 캐나다에서 밴쿠버 반-거식증/반-대식증 연맹을 운영하고 있는 Stephan Madigan(1994)은 환자가 되는 것으로부터 지역 활동가가 될 수 있도록 사고를 변화시키는 것을 돕고 있다.

(3) 반응팀

다중의 현실이 존재한다는 생각을 반영하고 있는 또 하나의 포스트모던적인 접근법은 Tom Andersen(1991, 1993)이 개발하였으며, 그는 대화 중심적이며 공동적인 치료를 추구한다. 노르웨이의 정신과 의사인 Andersen에 의하여 처음으로 개발된 반응팀(reflecting team)은 전통적으로 치료에서 사용하였던 일방경 대신에 양방경을 사용한다. 양방경의 사용은 치료 세션의 과정에 있어서 치료자와 가족이 역할을 바꾸어 행함으로써 가족문제에 대한 시각들을 공개적으로 제공하는 것을 서로가 관찰할 수 있는 기회를 가질 수 있다(Goldenberg & Golderbergn, 2017). 초기의 Milan 면접에서는 일방경을 통하여 관찰하는 전문가 팀과 의논하기 위하여 가족과의 상담을 멈추도록 요구한 반면에, Andersen은 이러한 Milan 팀의 방법에서 경계선을 깨고 가족–치료자–자문팀의 대화를 여는 방법으로 확대하였다. 반응팀의 방법은 치료자와 가족이 상담하는 동안에 일방경 뒤에서 몇 명의 치료자들이 반응팀을 구성하여 상담을 먼저 관찰한다. 처음의 상담이 끝난 후에 치료자와 가족은 일방경 뒤로 가고 반응팀이 그들 앞에 자리를 잡아 처음의 치료에서 반응팀이 상담을 관찰한 감정, 생각, 가족에 대한 반응을 서로 이야기한다. 이러한 반응팀의 대화를 가족들이 관찰하게 되며 이에 대한 가족들의 반응을 반응팀은 다시 관찰한다. 이러한 반응팀을 이용한 가족치료법은 가족들이 치료적 상황에서 일어나는 모든 것을 숨김없이 다 알 수 있도록 하며 아무도 가족의 뒤에서 전략을 짜거나 가족 모르게 의논하는 일이 없도록 한다. 따라서 이 반응팀의 접근법에서는 가족들을 치료과정에서 소외시키지 않으려고 한다. 또한 가족들로 하여금 상담을 받는 입장에서만이 아니라 듣는 입장이 되어 새로운 관점을 가질 수 있도록 하는 의미를 포함하고 있다(고미영, 1998: 26). 가족과 직접적으로 가족들에 대한 가설들에 대하여 서로 대화하는 이러한 Andersen의 접근법은 치료의 신비성을 제거하는 데 도움을 준다.

진정한 포스트모던적인 방식을 추구하는 데 있어서, 다른 접근법을 실천하고 있는 치료자들은 각각 반영하는 과정을 다른 방식으로 제공하고 있다. 특히 이야기 치료자들은 반응팀을 가족과 연합할 수 있는 기회를 제공하는 것으로 보고, 새로운 이야기를 전개하게 하고 문제 중심의 묘사를 해체시키도록 돕는다(Feedman & Combs, 1996). 치료 세션을 관찰하고 경청하고 지배적인 이야기에 맞지 않는 사건에 주의를 기울임으로써, 팀원들은 독특한 성과(unique outcomes)를 인지하는 위치에 있다. 누가 이끌거나 혹은 어떤 방식으로도 평가를 하지 않고 모든 가족 성원에게 이야기를 하는 팀원들은 그들이 각각 관찰하였던 것에 대하여 개인적으로 코멘트할 수 있는 기회를 가지는 점에 있어서 솔직한 대화를 한다. 또한 팀원들의 이야기를 듣고 있는 가족 성원들이 자신들의 경험에 팀원들의 아이디어를 적응시킬 수 있도록 하기 위하여 팀원들은 전문가로서가 아니라 개인 자격으로서 말하는 것이다. 치료 세션 후에 전체적인 과정을 반영하기 위하여 관련된 모든 사람, 즉 치료자, 슈퍼바이저, 팀원, 가족 성원들 모두가 모인다(Freedman & Combs, 1996). 사회구성주의 사고와 일치하는 반응팀의 접근법은 더 평등주의적이며, 치료자와 가족 사이에서 주체와 객체를 나누지 않음으로써 Milan 팀 접근법을 포함한 대부분의 치료 접근법보다 더 평등적인 입장을 취한다.

(4) 협력적 접근

이전에 협력적 언어체계 접근법(collaborative language systems approach)이라고 알려진 협력적 접근(collaborative approach)은 언어와 의사소통을 강조하는 포스트모던 철학에 근거를 두고 있는 널리 알려진 사회구성주의 치료 모델이다. MRI에 뿌리를 두고 있는 이 내담자-치료자 대화 접근은 심리치료자인 Harlene Anderson과 고인이 된 정신과 의사인 Harry Goolishian이 개발하였다(Goldenberg & Goldenberg, 2017). 이 협력적이고 대화적인 파트너 치료에 대한 근본적인 근거에 대하여 폭넓게 저술하고 있는 Anderson은 의미는 타인들과 자신과의 대화 속에서 창조되고 경험된다고 주장하였다(Anderson, 1997, 2003; Anderson, Burney, & Levin, 1999). 치료에 있어서 협력적 접근은 지난 30년 이상 넘게 전개돼 왔다.

Goolishian은 1950년대에 입원치료를 받았던 청소년이 퇴원 후 재발률이 높다는 점을 발견하고 재발률을 낮출 수 있는 치료방법을 개발하고자 하였다. 그는 처음에는 MRI에서 전략적 치료자였으나 포스트모더니즘과 구성주의를 접하면서 더

효과적인 치료기법을 개발하기 위하여 휴스턴주에 있는 갤버스턴 가족치료연구소에서 Anderson과 함께 이 모델을 개발하였다. 이 모델은 어떤 특정한 기법이나 준거틀을 갖고 있지 않으며, 치료자가 내담자와 공감하고 대화하면서 새로운 의미를 찾는 과정에 초점을 둔다(정문자, 정혜정, 이선혜, 전영주, 2007).

협력적 접근은 사회적 구성, 현대적 성서해석 그리고 이야기 치료를 함께 개념화한 콜라주(collage)를 반영한다. 또한 치료실 내에서 우리 자신의 경험에 대한 은유적인 틀을 제공한다. 이 치료에서의 공통적인 맥락으로, 우리의 삶에서 사건과 경험에 귀속되는 의미와 이해는 사회적 · 문화적 · 역사적으로 구성된다. 의미와 이해의 세계는 언어를 통해 사회적으로 창조되며 구성된다. 이러한 과정을 통하여 다양한 관점과 가능성이 창조된다. 언어와 지식은 서로 상관이 있으며 생성된다. 따라서 변형과 변화에 대한 잠재성은 그것을 깨닫는 개인들처럼 다양성과 표현에서 제한이 없다(박태영, 김현경 공역, 2005; Anderson, 1995, 1997; Anderson et al., 1999; Anderson & Goolishian, 1988).

Anderson과 Goolishian(1988)은 치료자의 지식과 경험 그리고 가치가 내담자의 지식, 경험, 가치보다 진실에 더 가깝다고 가정하지 않으며, 동일한 상황에 대하여 하나의 시각만 존재하는 것을 거부하였고, 다양한 관점이 존재한다고 하였다. 따라서 그들은 자신과 타인에 대한 시각이 사회적으로 구성되거나 언어로 구성된다고 보았기 때문에 치료자와 내담자가 협력하여 다른 방식으로 대화하면 이를 재구성할 수 있다고 하였다. 치료자는 전문가가 아니라 알지 못하는 자세를 취해야 한다고 하였다. 치료자의 선 경험과 선 지식이 치료과정을 이끌어 가는 것이 아니라 문제와 해결에 관한 내담자의 전문성이 문제해결로 인도한다고 보았다(정문자 외, 2007; Anderson & Goolishian, 1988). 내담자가 자신의 삶에 있어서 전문가인 반면에 치료자는 대화과정을 촉진할 수 있는 전문성과 책임감을 가지고 있으며, 변화를 위한 기회가 올 수 있게 하는 전문성을 가지고 있다(Goldenberg & Goldenberg, 2017).

Anderson과 Goolishian(1988)은 가족이 체계라는 개념을 거부하였고, 체계가 문제를 만든다는 관념을 수용하지 않았다. 대신 그들은 문제가 체계를 만든다고 가정하였고, 따라서 체계는 문제를 둘러싸고 조직된 대화나 의미체계로 구성된다고 보았다. 이 모델에서 치료체계는 언어체계이며, 치료자는 치료적 대화의 참여관찰자이자 참여관리자로서 치료적 대화를 구축하는 예술가이다(정문자 외, 2007).

4. 가족생활주기

인간이 태어나서 죽기까지 일정한 발달단계와 단계마다 과업을 가지는 것처럼 가족 또한 발달단계와 과업을 가지게 된다. 이처럼 가족생활주기 또한 시간이 경과함에 따라 가족 내에 발달적인 경향을 나타내기 위하여 사용하는 용어이다(Carter & McGoldrick, 1999). 개인의 발달이 가족의 영향을 받을 뿐만 아니라 가족에게 영향을 주기 때문에 가족 구성원의 발달은 가족 전체의 가족생활주기의 관점에서 이해할 필요가 있다. 가족생활주기 모델은 개인적인 생활과정의 모든 영역을 포함하지만 전체로서 가족을 강조한다. 이 모델에서는 본래 개인으로서 사람과 체계로서 가족 사이에 긴장감이 존재한다(Gladding, 2002).

가족은 한 쌍의 남녀가 결혼함으로써 형성되어, 자녀의 출생과 성장과 함께 확장되며, 자녀가 독립하거나 출가함으로써 축소되고, 마지막으로는 부부의 사망으로 소멸하게 되는 규칙적인 경로를 거치게 된다. 대부분의 가족은 어떤 예견할 수 있는 특별한 사건이나 단계를 거치게 된다. 부부가 가족생활주기의 단계들을 원만히 넘어가기 위해서는 결혼생활에서 주어진 과업들을 수행해야만 한다. 한편, 모든 가족은 계속해서 변화하는 상황 속에서 살고 있으며 어떤 주요한 전환점은 보편적이라고 할 수 있다. 가족 내에서 가족 구성원들의 지위와 기능은 가족생활주기의 단계마다 변화하게 된다. 따라서 가족의 발달주기에 맞게 가족 구성원들의 지위와 관계가 변화될 때 가족은 보다 잘 기능하게 된다(박태영, 2002: 16-17). Carter와 McGoldrick(1998)은 가족생활주기를 여섯 단계로 설명하였다.

첫째, 독립된 젊은 성인 단계로서 결혼하지 않은 성인 자녀가 자신의 원가족을 떠나 결혼하기 전까지의 기간을 말한다. 이 단계에서 성인 자녀가 자신의 원가족

과 정서적으로 분화를 잘할수록 가족생활주기를 통한 세대 전환적 긴장을 줄일 수 있다. 상담을 하다 보면, 한국의 많은 부모가 자녀들을 독립적인 성인으로 대하려는 준비가 되어 있지 않는 경우를 너무나 많이 목격하게 된다. 예를 들어, 성인이 된 자녀들의 귀가시간을 통제한다거나, 자녀의 배우자가 될 사람이 마음에 들지 않는다는 이유로 헤어지게 한다거나, 심지어는 부모들이 성인 자녀의 옷을 골라 주고 성인 자녀의 헤어스타일까지 간섭하는 경우를 보게 된다. 이와 같은 부모들은 성인 자녀들을 무능력하게 만들고 있다는 것을 의식하지 못하는 경우가 많다(박태영, 2002). 물론 이와 같이 성인 자녀와 부모가 분리하지 못하는 배경에는 우리나라의 가정과 학교에서의 효 사상에 대한 강조와 부모의 부정적인 부부관계가 많은 영향을 미치고 있는 것도 사실이다.

이 독립된 젊은 성인 단계에서는 부모들이 자녀를 모두 성인으로서 인정해 주어야 한다. 그리고 지혜로운 부모라면 성인이 된 자녀를 스스로 독립하여 살아갈 수 있도록 자녀들의 능력을 더욱 확장시킬 수 있어야 한다. 또한 젊은 성인 자녀들은 지나치게 자신을 희생하면서까지 부모의 기대나 소망에 맞춰 살아도 안 된다. 따라서 부모나 성인 자녀 모두 상대방을 위하여 지나치게 희생하다 보면, 결국에는 원망과 배신감만 생기고 심지어는 부모와의 관계가 단절되는 경우도 많다. 따라서 지혜롭고 현명한 부모라면 자녀들이 결혼하기 전부터 미리 자녀들에 대한 간섭을 줄이고 자녀들의 권위를 더욱 인정해야만 한다. 물론 부모의 부부관계가 원만하다면 이 작업이 다소 덜 어려울 수 있지만 부부관계가 안 좋거나 이혼 또는 사별한 부모라면 자녀들과의 관계를 정리한다는 것이 수월하지는 않을 것이다.

둘째, 신혼부부 단계로서 서로 다른 문화를 가진 두 사람이 결혼으로 부부가 되는 단계를 말한다. 결혼이 의미하는 것은 다른 두 개의 전체 체계의 변화이며, 제3의 하위체계를 형성하는 것을 의미한다(Carter & McGoldrick, 1998). 신혼부부 단계에 있는 많은 배우자는 자신들이 자라 온 가정에서 익숙한 방식대로 생활을 하게 되는데, 자신과 다른 가정의 문화에서 나오는 배우자들의 익숙한 방식을 이해하지 못하는 경우가 많다. 예를 들면, 신혼부부 단계에 있는 배우자들은 자신들에게 적합한 온도, 음식, 취침과 기상하는 시간, 양말 벗어 놓는 방식, 치약 짜는 방식과 치약 뚜껑을 닫는 방식, 성교 후에 처리하는 방식이 다르다. 한편, 친밀한 관계를 추구하는 방식, 화를 내는 방식, 화를 내고 나서 해결하는 방식, 의사소통방식 등 모두가 차이가 있다. 그런데 많은 배우자가 자신의 방식과 기준이 맞고 상대방의 방식은 잘못되었다고 하는 경우를 의외로 많이 보게 된다. 상대 배우자의 방식이 잘못되었거나 틀린 것이 아니라 가정문화의 차이로 인하여 단지 다를 뿐인데 자신의 방식에 따라 오라고 할 때 부부간의 갈등이 발생하기 시작한다(박태영, 2002). 따라서 이 시기에서는 부부가 공통적인 삶을 위하여 자신들이 가지고 있는 서로 다른 두 개의 패러다임을 조정해야 한다(Minuchin, Rosman, & Baker, 1978). 신혼부부 단계에 있는 배우자들은 끊임없이 서로의 문제를 내놓고 협상해야만 하는데, 원가족에서 협상하는 의사소통방식을 배우지 못한 경우에는 다시 갈등을 겪게 된다.

Chapman(1995)에 따르면, 부부간의 사랑의 언어에는 인정하는 말, 함께하는 시간, 선물, 봉사 그리고 육체적인 언어 등 다섯 가지 언어가 있다. 그런데 사람들은 자신이 익숙한 사랑의 언어를 사용하게 된다. 남편과 부인이 사용하는 사랑의 언어가 다를 때, 남편이 자신의 익숙한 사랑의 언어를 사용할 때, 부인은 남편의 사랑을 느낄 수 없다는 것이다. 따라서 신혼부부 단계에 있는 배우자들은 상대 배우자의 사랑의 언어를 사용하는 것이 매우 중요하다(장동숙 역, 1997).

많은 한국 남성이 결혼했음에도 불구하고 원가족과의 관계나 친구관계를 결혼 전이나 마찬가지로 변화시키지 않고 그대로 유지하면서 부인만을 그 사이에 살짝 끼워 넣는 경우를 본다. 특히 한국문화에서 신혼부부 단계에 있는 성인 자녀들에게는 자신들의 삶을 위해 이성을 만나 새로운 가족을 탄생시킨다는 시각보다는 가계를 계승한다는 시각이 여전히 만연해 있다(이선혜, 1998; Shon & Ja, 1982). 대부분의 한국 어머니는 아들의 결혼생활에 간섭하는 것을 의무, 사랑, 관심으로 생각하기도 한다(송성자, 2001). 한국 어머니들은 일반적으로 결혼한 아들을 여전히 소유하고 있으며, 며느리에 대하여 비판적이다. 결혼한 아들과 어머니 간의 정서적인 미분리로 인하여 시어머니와 며느리 사이에 때로는 심각한 문제가 발생한다. 며느리는 종종 시어머니의 도움을 자신의 부부를 통제하려는 것으로 여긴다

(Kim & Ryu, 2005). 특히 신혼부부 단계에 있는 많은 한국 남성은 원가족과의 관계 변화를 원하지 않는 경우가 너무 많다. 이러한 배경에는 한국의 '효'에 대한 강조와 부모의 보상심리가 너무 크게 작용하고 있다고 볼 수 있다. 상담을 하면 할수록, 한국의 대부분의 가족문제 안에는 남편 또는 부인이 원가족에서 정서적으로 분리가 안 된 경우가 비일비재하며, 특히 남편이 시어머니와 분리가 안 된 문제가 결국에 부부문제와 자녀문제를 유발하는 원인 중 하나로 작용하고 있다는 것을 목격하게 된다.

셋째, 어린 자녀를 둔 단계로서 결혼한 성인들에게 이 단계는 한 세대 위로 변화되는 것과 젊은 세대를 돌보는 세대가 되어야 한다는 것을 요구한다. 결혼한 남성과 여성이 지나치게 '자녀'나 '직업'을 강조하여 결혼생활의 친밀한 경험이 부족하게 되면 부부관계가 소홀해지기 쉽다. 특히 결혼 초에 남편이 직장으로 인하여 지나치게 바빠서 부부와 자녀와 함께할 수 없는 경우 자녀들이 사춘기에 접어들면서 아버지의 빈자리의 결과가 나타나는 경우를 너무나 많이 보게 된다. 많은 가정을 상담하면서 느끼는 것은 바쁘더라도 가족과 함께하는 시간을 늘려야 한다는 것이다. 어떤 사람들은 자신이 원하는 명예와 부를 가졌지만 자신이 꿈꾸던 가정이 아니라고 깨진 가정을 회복시킬 수 있는 방법을 알려 달라고 치료자를 찾는다. 남편과 아버지가 되는 사람들은 자신들이 젊고 능력 있을 때 가족과 함께하는 지혜와 가족을 위해서 봉사하는 연습을 해야 하리라 생각된다. 그런데 남편과 아버지의 많은 경우는 어렸을 때 원가족에서 어떻게 자녀를 대하여야 하는가에 대한 적절한 아버지 모델링이 없이 살아와서 자녀들을 대하는 방식을 모르는 경우가 너무나 많다. 이 단계에서는 부모가 자녀와의 세대 경계를 분명히 할 때, 자녀와의 관계도 향상되고 자녀들 또한 학교나 친구 등의 가정 밖에서 타인들과 원만한 관계를 맺게 된다.

넷째, 사춘기 자녀를 둔 단계로서 가족 내의 자녀에 대한 규정과 자녀와 관련된 부모의 역할에 대한 규정을 변화시켜야 하는 단계이다. 청소년 자녀는 신체적으로 성숙하고 부모세대는 중년기에 접어들며 조부모세대는 고령화로 인해 여러 가지 문제에 직면하게 된다. 이 단계에서는 부모와 자녀의 관계에서 자립과 의존의 갈등이 더욱 심화된다. 따라서 부모는 자녀의 성장에 알맞은 형태로 변화해야만 한다. 만약 부모가 자녀를 이전 단계의 관점으로 보고 자녀들을 통제하려고 하면 부모와 자녀는 충돌하게 된다. 부모가 사춘기 자녀에게 일방적으로 부모의 가치관을 따르라고 강요하는 경우를 보게 된다. 예를 들어, 사춘기에 있는 아들이 김치 중 속은 먹지 않고 배추만 먹을 때 아버지는 배추와 속을 같이 먹어야 몸에 좋다고 하며 야단을 치는 경우가 있다. 또 자녀들에게 신발 정리와 방 정리를 하라고 강요하는 경우에 부모들은 자신의 방식이 옳다고 생각하거나 자녀들에게 어려서부터 좋은 습관을 들여 주는 것이 필요하다는 생각에 자녀들에게 자신의 기준을 강요한다. 그런데 정리정돈하는 방법과 정리하는 시간도 사람마다 다르다. 사춘기 자녀에게 부모들의 기준을 일방적으로 강요하기보다는 부모와 자녀 간의 차이를 부모가 인정하는 것이 중요하다. 부모는 사춘기 자녀와 협상하는 방법을 터득해야만 한다.

다섯째, 자녀가 집을 떠나는 단계로, 이 시기는 자녀가 부모의 품에서 떠나 독립된 사람으로 자율성을 확립하는 단계이다. 이 단계에서 부모는 자녀를 출가시키고 은퇴단계에 있으며 가족은 여러 가지 발달적 어려움과 전환뿐만 아니라 다양한 문제에 봉착하게 된다. 이 단계에서 중요한 특징은 가족 성원들이 가정에 많이 들어오고 나간다는 것이다. 성장한 자녀가 집을 떠나는 것으로 시작하여 자녀의 배우자와 자녀들이 유입되고 더 나이 든 부모들은 종종 아프거나 사망하는 때이기도 하다. 어떤 가족들은 이 시기에 가족의 붕괴와 공허감, 상실감, 우울증 그리고 해체감을 경험한다.

여섯째, 노년기 단계로서 성공적인 전환을 위하여 가족이 다루어야 할 문제는 은퇴, 배우자 상실, 조부모 역할, 질환과 신체적인 쇠퇴 및 의존성 등을 들 수 있다 (Goldin & Mohr, 2000). 특히 일과 과업 성취에만 몰두해 왔던 사람들은 이 시기에 자신들의 정체감과 역할을 잃어버렸다는 것을 느끼면서 힘든 시간을 경험할 수 있다. 이 단계에서 노인들이 자신들의 과거에 누렸던 권력에 대한 생각을 단념하지 않을 때 더욱 힘든 생활에 직면할 수 있다. 특히 노년세대는 자신의 세력이 약화된 것과 제한된 것에 대하여 현실적으로 수용해야 하며 필요에 따라서는 다른

가족 구성원에게 의존할 수 있도록 자신을 허용해야 한다. 이 단계의 주요 과업 중 하나는 은퇴한 배우자가 가정 내에 합류하는 것이다. 부부는 역할관계를 재구성하고 상호만족을 줄 수 있는 관심과 활동을 개척함으로써 부부관계를 강화시킬 수 있다. 노년기에서는 친구나 친척들의 죽음에 대한 상실감을 경험할 뿐만 아니라 특히 배우자의 상실은 가장 힘든 적응을 요구한다. 이 단계에서 노년세대 가족 구성원들은 부모가 최대한으로 기능할 수 있도록 지원하는 것이 중요하다(박태영, 2002: 26-41).

5. 결론

지금까지 가족치료의 시작과 더불어 50년 동안 변화해 온 가족치료의 패러다임과 가족치료의 초점에 대하여 살펴보았다. 한편, 이러한 가족치료의 패러다임 전환으로 인하여 일차적 사이버네틱스를 근거로 하는 전통적인 가족치료 모델들과 이차적 사이버네틱스 및 사회구성주의와 포스트모더니즘에 입각한 가족치료 모델들을 살펴보았고, 마지막으로 가족생활주기에 대하여 서술하였다.

가족치료 모델들은 내담자들을 다양한 시각으로 본다. 초기의 가족치료자들은 증상 그 자체가 체계를 안정화시키고 가족스트레스를 완화시키는 기능을 한다고 믿었다. 또 다른 가족치료자들은 증상적인 행동을 가족의 조화를 회복하기 위한 보호적인 해결책이라기보다는 가족스트레스에 대한 반응으로 보았다. 또 다른 견해에서는 증상 자체가 문제가 되는 반복되고 해결할 수 없는 해결책이라고 본다. 전통적인 사이버네틱 사고에서 탈피한 포스트모던 견해에서는 증상을 억압적인 것으로 보고, 가족은 이러한 힘든 증상으로부터 가족 구성원들의 삶에 대한 통제를 되돌릴 수 있게 하기 위하여 통합하도록 권유를 받는다(Goldenberg & Goldenberg, 2017).

특히 전통적인 가족치료 모델들에서는 치료자가 전문가적인 입장으로서 내담자들을 도와주는 입장이었지만, 1990년대에 떠오른 가족치료 모델들에서는 치료자가 전문가라는 입장을 버리고 내담자와 동등한 입장을 취하고 있다. 내담자 문제에 대하여 가족치료자보다는 내담자 가족들이 더욱 전문가로서 자신들의 문제를 더 잘 알고 또한 해결하는 데 더 전문가라는 인식을 받아들이고 있다.

그렇지만 전통적인 가족치료 모델에서는 치료자가 보다 분명한 틀을 가지고 접근하고 있고 그러한 준거틀을 가지고 내담자의 증상을 치료하고 있다. 예를 들어, Scharff와 Scharff(1987)는 자신이 개발한 정신역동적 대상관계 가족치료 모델에 대한 확신을 가지고 내담자들의 문제를 해결할 수 있다고 보았다. 하지만 전통적인 가족치료 모델이나 포스트모던적 가족치료 모델이나 어느 것이 더 효과가 있고 더 치료가 잘된다고 주장할 수는 없을 것 같다. 중요한 것은 어떤 모델을 택해서 치료하든지 그 모델을 자신의 가족치료 사례에서 계속해서 적용하면서 소화해 나가는 과정에서 자신의 깊이 있는 이해를 통하여 자신의 모델을 구축해 나가는 과정이 필요할 것으로 보인다.

물론 현재 사회과학 학문에서 전체적으로 변화하고 있는 패러다임 전환에 민감해야 하는 것은 기정사실이다. 또한 이러한 패러다임의 전환으로 인하여 가족치료 영역에서도 치료 모델의 철학이 변하고 있다. 그렇지만 사회구성주의와 포스트모더니즘에 입각하여 발생한 이야기 치료와 해결중심 단기 가족치료 모델 등도 엄밀히 말해서 독자적으로 개발된 모델들이 아니라 이미 발달해 온 전통적인 여러 가족치료 모델에서 그 근원을 찾아볼 수 있다.

한국에서는 가족치료가 1980년대부터 소개되기 시작하여, 1990년대에 들어서는 일반 사회복지사들, 가족치료자와 임상가들에 의하여 현장에서 쓰이고 있다고 볼 수 있다. 또한 2000년대에 들어서는 아직까지 일반인들에게는 널리 알려져 있지 않으나, 임상을 하고 있는 사람들에게는 가족치료가 많이 일반화되기 시작하였다고 볼 수 있다. 하지만 한국에서는 전통적인 가족치료 모델들의 적용에 대한 효과성들도 입증되지 못하고 있지 않나 하는 생각이 든다.

현재 한 가지의 가족치료 모델을 사용하기보다는 많은 가족치료자가 절충적 또는 통합적인 가족치료 모델을 사용하는 경향이 있다(Goldenberg & Goldbernberg, 2017; Nichols, 2014). 예를 들어, 비록 앞에서 언급한 11개의 가족치료 접근법들이 계속해서 발전하고 있다 할지라도, 다음과 같은 절충적인 가족치료 접근법에 대한 효과성의 연구결과가 있다. Jose Szapocznik이 개발한 단기전략적 가족치료(brief strategic family therapy)가 청소년 품행과 행동문제를 감소시킨다는 것을 보여 준다(Robbins et al., 2011; Santisteban et al., 2003). Scott Henggeler가 개발한 복합체계적 치료(multisystemic therapy)는 12세와 17세 사이의 청소년 범법자들의 물질남용과 반사회적 행동에 있어서 효과적인 치료 모델이라는 것으로 보여 준다(Randall & Cunningham, 2003). Howard Liddle이 개발한 복합적 가족치료(multidimensional family therapy)는 마리화나 사용, 비행행동 그리고 우울증과 불안증상을 감소시켰다(Dennis et al., 2002; Henderson, Dakof, Greenbaum, & Liddle, 2010; Liddle et al., 2001; Liddle et al., 2002; Rowe, Liddle, & Dakof, 2001). 기능적 가족치료(functional family therapy)는 품행장애, 반항장애 그리고 파괴적 행동장애와 연관이 있는 행동과 물질남용을 감소시키기 위하여 청소년들에게 성공적으로 사용된 가족치료적인 개입방법이다(Alexander et al., 1998; Franklin & Hopson, 2013; Sexton & Turner, 2010).

특별히 어떤 모델이 더 효과가 있다는 결론 없이 많은 가족치료자가 다양한 가족치료 모델을 자기 나름대로 실천에 적용하면서 그러한 적용의 결과에 대한 효과성들에 대한 많은 연구가 나오고 있다. 하지만 한국에서는 너무나 빠르게 변화에 편승하여 가고 있지 않나 하는 생각과 더불어 가족치료 모델을 적용하는 데 있어서도 다양한 모델을 소화하여 내담자들과 문제에 따라 다양하게 적용하는 가족치료의 문화가 되었으면 하는 바람이다. 따라서 설사 전통적인 가족치료 모델의 적용이라도 그러한 적용의 결과들을 축적하여 한국 상황에 어느 정도 실시 가능한가에 대한 타진과 더불어 새로운 가족치료 모델들의 적용도 병행할 필요가 있지 않나 하는 생각을 해 본다.

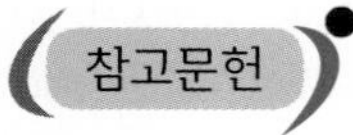

고미영(1996). 이야기 치료의 경험에 관한 질적 연구: 이야기의 전환은 가능한가. 한국사회

복지학, 30, 1-24.
고미영(1998). 탈근대주의 시대의 가족치료의 동향. 한국가족치료학회지, 6(1), 15-34.
김수임, 강예리, 강민철 공역(2014). 존 볼비의 안전기지: 애착이론의 임상적 적용(*Secure base: Clinical applications of attachment theory*). Bowlby, J. 저. 서울: 학지사. (원저는 1988년에 출판)
김용태(2000). 가족치료 이론. 서울: 학지사.
김유숙(1998). 가족치료: 이론과 실제. 서울: 학지사.
김유숙 역(2004). 심리치료와 사회구성주의(*Therapy as social construction*). McNamee, & Gergen, K. J. 공저. 서울: 학지사. (원저는 1992년에 출판)
김진숙, 이지연, 윤경숙 공역(2010). 애착과 심리치료(*Attachment in psychotherapy*). Wallin, D. J. 저. 서울: 학지사. (원저는 2007년에 출판)
김창대, 김진숙, 이지연, 유성경 공역(2008). 대상관계이론 입문(*Introduction to object relations*). Gomez, L. 저. 서울: 학지사. (원저는 2002년에 출판)
박태영(2002). 가족생활주기와 가족치료. 서울: 학지사.
박태영, 김현경 공역(2005). 가족치료사례집(*Casebook in family therapy*). Lawson, D. M., & Prevatt, F. F. 공저. 서울: 시그마프레스.
서혜석, 강희숙, 이미영, 고희숙(2013). 가족치료 및 상담. 경기: 공동체.
송성자(1998). 사회구성주의와 해결중심치료 이론의 연관성에 관한 연구. 한국가족치료학회지, 6(1), 35-51.
송성자(2000). 해결중심치료의 한국적 적용에 관한 연구: 한국가족에 대한 해결중심치료 언어게임 개념의 적용. 한국가족치료학회지, 8(1), 87-112.
송성자(2001). 한국문화와 가족치료. 서울: 법문사.
이경숙 역(2005). 존 볼비와 애착이론(*John Bowlby and attachment theory*). Holmes, J. 저. 서울: 학지사. (원저는 1993년에 출판)
이선혜(1998). 한국에서의 Bowen 이론 적용에 대한 고찰: 자아분화 개념을 중심으로. 한국가족치료학회지, 8(1), 31-58.
이영분, 신영화, 권진숙, 박태영, 최선령, 최현미(2008). 가족치료: 모델과 사례. 서울: 학지사.
임종렬(1997). 대상관계이론과 가족치료. 서울: 도서출판 신한.
장동숙 역(1995). 5가지 사랑의 언어(*The 5 love languages*). Chapman, G. 저. 서울: 생명의말씀사. (원저는 1995년에 출판)
정문자, 정혜정, 이선혜, 전영주(2007). 가족치료의 이해. 서울: 학지사.
정석환(2000). 이야기 심리학과 가족치료: 해석학적 접근. 2000년 한국가족치료 추계학술 대회 자료집, 1-9.
정옥분(2007). 전생애 인간발달의 이론. 서울: 학지사.
천성문, 김진숙, 김창대, 신성만, 유형근, 이동귀, 이동훈, 이영순, 한기백 공역(2013). 심리치료와 상담이론: 개념 및 사례(*Theories of psychotherapy and counseling: Concepts and cases*). Sharf, R. S. 저. 서울: 센게이지러닝코리아. (원저는 1995년에 출판)

Ainsworth, M. D. S. (1989). Attachments beyond infancy. *American Psychologist, 44*(4), 709–716.

Alexander, J., Barton, C., Gordon, D., Grotpeter, J., Hansson, K., Harrison, R. et al. (1998). Functional family therapy: Blueprints for violence prevention, Book 3. In D. S. Elliott (Ed.), *Blueprints for violence prevention series*. Boulder Co: Center for the Study and Prevention of Violence, Institute of Behavioral Science, University of Colorado.

Andersen, T. (1991). *The reflecting team: Dialogues and dialogues about dialogues*. New York: Norton.

Andersen, T. (1993). See and hear, and be seen and heard. In S. Friedman (Ed.), *The new language of change: Constructive collaboration in psychotherapy*. New York: Guilford Press.

Anderson, H. D. (1995). Collaborative language systems: Toward a post–modern therapy. In R. H. Mikesell, D. D. Lusterman, & S. H. McDaniel (Eds.), *Integrating family therapy: Handbook of family psychology and systems theory*. Washington, DC: American Psychological Association.

Anderson, H. D. (1997). *Conversation, language, and possibilities: A postmodern approach to therapy*. New York: HarperCollins.

Anderson, H. D. (2003). Postmodern social construction therapies. In T. L. Sexton, G. R. Weeks, & M. S. Robbins (Eds.), *Handbook of family therapy: The sicence and practice of working with families and couples*. New York: Brunner–Routledge.

Anderson, H. D., Burney, J. P., & Levin, S. B. (1999). A postmodern collaborative approach to therapy. In D. M. Lawson & F. F. Prevatt (Eds.), *Casebook in family therapy* (pp. 259–287). Pacific Grove, CA: Brooks/Cole.

Anderson, H. D., & Goolishian, H. A. (1988). Human systems as linguistic systems: Preliminary and evolving ideas about the implications for clinical theory. *Family Process, 27*, 371–393.

Anderson, H. D., & Goolishian, H. A. (1992). The client is the expert: A not–knowing approach to therapy. In S. McNamee & K. Gergen (Eds.), *Social construction and the therapeutic process* (pp. 25–39). Newbury Park, CA: Sage.

Andrews, J., Clark, D., & Baird, F. (1998). Therapeutic letter–writing: Creating relational case notes. *The Family Journal: Counseling and Therapy for Couples and Families, 5*, 149–158.

Aponte, J. H., & VanDeusen, J. M. (1987). *Object relations family therapy*. Northvale, NJ: Jason Aronson.

Atkinson, B., & Heath, A. (1990). Further thoughts on second–order family therapy–This time it's personal. *Family Process, 29*, 145–155.

Atwood, J. D. (1992). *Family therapy: A systematic−behavioral approach*. Chicago, IL: Nelson−Hall.

Bateson, G. (1972). *Steps to an ecology of mind*. New York: Dutton.

Beal, E., & Hochman, G. (1991). *Adult children of divorce*. New York: Delacorte Press.

Becvar, D. S., & Becvar, R. J. (1988). *Family therapy: A systemic integration*. New York: Allyn and Bacon.

Bentovim, A., & Kinston, W. (1991). Focal family therapy: Joining systems theory with psychodynamic understanding. In A. S. Gurman & D. P. Kniskern (Eds.), *Handbook of family therapy* (Vol. 2, pp. 284−324). New York: Brunner/Mazel.

Berg, I. K., & De Jong, P. (1996). Solution−building conversations: Co−constructing a sense of competence with clients. *Families in Society: The Journal of Contemporary Human Service, 77*(8), 376−391.

Berg, I. K., & de Shazer, S. (1993). Making numbers talk: Language in therapy. In S. Friedman (Ed.), *The new language of change*. New York: Guilford Press.

Bodin, A. (1981). The interactional view: Family therapy approaches of the Mental Research Institute. In A. S. Gurman & D. P. Kniskern (Eds.), *Handbook of family therapy* (Vol. 1, pp. 276−309). New York: Brunner/Mazel.

Boscolo, L., Cecchin, G., Hoffman, L., & Penn, P. (1987). *Milan systemic family therapy*. New York: Basic Books

Boszormenyi−Nagy, I., & Krasner, B. R. (1986). *Between give and take: A clinical guide to contextual therapy*. New York: Brunner/Mazel.

Boszormenyi−Nagy, I., & Spark, G. (1973). *Invisible loyalties: Reciprocity in intergenerational family therapy*. New York: Harper and Row.

Bowlby, J. (1969). *Attachment and loss: Attachment* (Vol. 1). New York: Basic Books.

Bowlby, J. (1973). *Attachment and loss: Separation, anxiety and anger* (Vol. 2). New York: Basic Books.

Bowlby, J. (1988). *A secure base: Clinical applications of attachment theory*. London, UK: Routledge.

Broderick, P., Weston, C., & Gillig, P. M. (2009). Family therapy with a depressed adolescent. *Psychiatry, 6*(1), 32−37.

Brown, J. H., & Christensen, D. N. (1999). *Family therapy: Theory and practice*. New York: Brooks/Cole.

Brumann, H. (1996). Metapsychology and professional politics. The Freud−Klein controversy. *Luzifer−Amor: Zeitschrift zur Geschichte der Psychoanalyse, 9*, 49−112.

Bruner, J. (1986). *Actual minds, possible worlds*. Cambridge, MA: Harvard University Press.

Cade, B., & O'Hanlon, W. (1993). *A brief guide to brief therapy*. New York: Norton.

Campbell, D., Draper, R., & Crutchley, E. (1991). The Milan systemic approach to family therapy. In A. S. Gurman & D. P. Kniskern (Eds.), *Handbook of family therapy* (Vol. 2, pp. 325–362). New York: Brunner/Mazel.

Carter, B., & McGoldrick, M. (1998). Overview: The changing family life cycle–A framework for family therapy. In B. Carter & M. McGoldrick (Eds.), *The changing family life cycle: A framework for family therapy* (2nd ed., pp. 3–28). Boston, MA: Allyn & Bacon.

Carter, B., & McGoldrick, M. (1999). *The expanded family life cycle* (3rd ed.). Boston, MA: Allyn & Bacon.

Chapman, G. (1995). *The five love languages*. Los Angeles, CA: Word of Life Books.

Colapinto, J. (1991). Structural family therapy. In A. S. Gurman & D. P. Kniskern (Eds.), *Handbook of family therapy* (Vol. 2, pp. 417–443). New York: Brunner/Mazel.

de Shazer, S., & Berg, I. K. (1992). Doing therapy: A post–structural re–vision. *Journal of Marital and Family Therapy, 18*(1), 71–81.

de Shazer, S., Berg, I. K., Lipchik, E., Nunnally, E., Molnar, A., Gingerich, W., & Weiner–Davis, M. (1986). Brief therapy: Focused solution development. *Family Process, 25*, 207–221.

Dennis, M., Titus, J. C., Diamond, G., Donaldson, J., Godley, S. H., Tims, F. M. et al. (2002). The Cannabis Youth Treatment(CYT) experiment: Rationale, study design and analysis plans. *Addiction, 1*, 16–34.

Dicks, H. (1967). *Marital transitions*. New York: Basic Books.

Doherty, W. J. (1990). Family therapy goes postmodern. *Family Networker, 15*(5), 36–42.

Donaldson, G. (1996). Between practice and theory: Melanie Klein, Anna Freud and the development of child analysis. *Journal of the History of the Behavioral Sciences, 32*, 160–176.

Elizur, J., & Minuchin, S. (1989). *Institutionalizing madness: Families, therapy, and society*. New York: Basic Books.

Engler, B. (1999). *Personality theories*. New York: Houghton Mifflin Company.

Epston, D. (1994). Extending the conversation. *Family Therapy Networker, 18*(6), 30–37.

Eron, J. B., & Lund, T. W. (1996). *Narrative solutions in brief therapy*. New York: The Guilford Press.

Fairbairn, W. R. (1952). *An object relations theory of the personality*. New York: Basic Books.

Foucault, M. (1980). *Power/knowledge: Selected interviews and other writings*. New

York: Pantheon Books.

Framo, J. L. (1981). The integration of marital therapy with sessions with family of origin. In A. S. Gurman & D. P. Kniskern (Eds.), *Handbook of family therapy* (pp. 133–158). New York: Brunner/Mazel.

Framo, J. L. (1992). *Family-of-origin therapy: An intergenerational approach*. New York: Brunner/Mazel.

Franklin, C., & Hopson, L. M. (2013). Family therapy. In T. Mizrahi & L. E. Davis (Eds.), *The encyclopedia of social work*. Washington, DC: National Association of Social Workers.

Freedman, J., & Combs, G. (1996). *Narrative therapy: The social construction of preferred realities*. New York: Norton.

Freud, S. (1988). Cybernetic epistemology. In R. A. Dorfman (Ed.), *Paradigms of clinical social work* (pp. 356–387). New York: Brunner/Mazel.

Friedman, E. H. (1985). *Generation to generation: Family process in church and synagogue*. New York: Guilford Press.

Friedman, E. H. (1991). Bowen theory and therapy. In A. S. Gurman & D. P. Kniskern (Eds.), *Handbook of family therapy* (Vol. 2, pp. 134–170). New York: Brunner/Mazel.

Gergen, K. J. (1993). Foreword. In S. Friedman (Ed.), *The new language of change: Constructive collaboration in psychotherapy*. New York: Guilford Press.

Gladding, S. T. (2002). *Famil therapy: History, theory and practice*. Columbus, OH: Merrill.

Goldenberg, I., & Goldenberg, H. (2017). *Family therapy: An overview* (9th ed.). Pacific Grove, CA: Brooks/Cole.

Goldin, E., & Mohr, R. (2000). Issues and techniques for counseling long-term, later-life couples. *The Family Journal, 8*, 229–235.

Gomez, L. (2002). *An introduction to object relations*. New York: The Free Press.

Goolishian, H. A., & Anderson, H. (1987). Language systems and therapy: An evolving idea. *Psychotherapy, 24*, 529–538.

Gottman, J. (1994). *What predicts divorce*. Hillsdale, NJ: Erlbaum.

Guerin, P. J., Fay, L., Burden, S. L., & Kauggo, J. G. (1987). *The evaluation and treatment of marital conflict*. New York: Basic Books.

Haley, J. (1963). *Strategies of psychotherapy*. New York: Grune & Statton.

Haley, J. (1973). *Uncommon therapy: The psychiatric techniques of Milton G. Erickson, M.D.* New York: Norton.

Hansen, J., & L'Abate, L. (1982). *Approaches to family therapy*. New York: Macmillan.

Hartman, A. (1995). Family therapy. In R. L. Edwards et al. (Eds.), *Encyclopedia of*

social work (19th ed., pp. 983–996). Washington, DC: National Association of Social Workers.

Henderson, C. E., Dakof, G. A., Greenbaum, P. E., & Liddle, H. A. (2010). Effectiveness of multidimensional family therapy with higher severity substance-abusing adolescents: Report from two randomized controlled trials. *Journal of Consulting & Clnical Psychology, 78*(6), 885–897.

Heru, A. M. (1980). *Family therapy: A comparison of approaches*. Bowie, MD: Prentice–Hall.

Hoffman, J. A., & Weiss, B. (1987). Family dynamics and presenting problem in college students. *Journal of Counseling Psychology, 34*(2), 157–163.

Hoffman, L. (1981). *Foundations of family therapy: A conceptual framework for systems change*. New York: Basic Books.

Hoffman, L. (1985). Beyond power and control: Toward a second–order family systems therapy. *Family Systems Medicine, 3*, 381–396.

Hoffman, L. (1990). Constructing realities: An art of lenses. *Family Process, 29*, 1–12.

Holms, J. (2014). *John Bowlby and attachment theory*. New York: Routledge.

Janzen, C., Harris, O., Jordan, C., & Franklin, C. (2006). *Family treatment: Evidence-based practice with populations at risk* (4th ed.). Pacific Grove, CA: Brooks/Cole.

Johnson, S. (1996). *Creating connection: The practice of emotionally focused marital therapy*. New York: Brunner/Mazel.

Johnson, S. (2002). *Emotionally focused couple therapy with trauma survivors: Strenthening attachment bonds*. New York: Norton.

Keim, J. (1999). Strategic therapy. In D. M. Lawson & F. F. Prevatt (Eds.), *Casebook in family therapy* (pp. 210–231). New York: Brooks/Cole.

Kelly, P. (1996). Narrative theory and social work treatment. In F. J. Turner (Ed.), *Social work treatment: Interlocking theoretical approaches* (pp. 461–479). New York: The Free Press.

Kerr, M. E., & Bowen, M. (1988). *Family therapy in clinical practice*. New York: Aronson.

Kim, B. L. C., & Ryu, E. (2005). Korean families. In M. McGoldrick, J. Goirdano, & N. Garcia–Preto (Eds.), *Ethnicity and family therapy* (pp. 349–362). New York: The Guilford Press.

Klein, M. (1932). *The psychoanalysis of children*. London, UK: Hogrth.

Kuhn, T. (1970). *The structure of scientific revolutions*. Chicago, IL: University of Chicago Press.

Liddle, H. A., Dakof, G. A., Parker, K., Diamond, G. S., Barrett, K., & Tjeda, M. (2001). Multidimensional family therapy for adolescent drug abuse: Results of a randomized clinical trial. *American Journal of Drug and Alcohol Abuse, 27*(4), 651–688.

Liddle, H. A., Rowe, C. L., Quille, T., Dakof, G., Sakran, E., & Biaggi, H. (2002). Transporting a research–developed adolescent drug treatment into practice. *Journal of Substance Abuse Treatment*, *22*, 231–243.

Likerman, M. (1995). The debate between Anna Freud and Melanie Klein: An historical survey. *Journal of Analytical Psychology, 21*, 313–325.

Madanes, C., & Haley, J. (1977). Dimensions of family therapy. *The Journal of Nervous and Mental Disease, 165*, 88–98.

Madigan, S. (1994). Body politics. *Family Therapy Networker, 18*(6), 18.

McGoldrick, M., & Gerson, R. (1985). *Genograms in family assessment*. New York: Norton.

Minuchin, S., & Fishman, H. C. (1981). *Family therapy techniques*. Cambridge, MA: Harvard University Press.

Minuchin, S., Rosman, B. L., & Baker, L. (1978). *Psychosomatic families: Anorexia nervosa in context*. Cambridge, MA: Harvard University Press.

Neimeyer, R. A. (1993). An appraisal of constructivist psychotherapies. *Journal of Consulting and Clinical Psychology, 61*(2), 221–234.

Nichols, M. P. (2014). *Family therapy: Concept and methods* (10th ed.). New York: Pearson.

Papero, D. V. (1990). *Bowen family systems theory*. Needham Heights, MA: Allyn & Bacon.

Papero, D. V. (1995). Bowen family systems and therapy. In N. S. Jacobson & A. S. Gurman (Eds.), *Clinical handbook of couple therapy* (pp. 11–30). New York: Guilford Press.

Parke, R. D., & Collmer, C. W. (1975). Child abuse: An interdisciplinary analysis. In E. M. Hetherington (Ed.), *Review of child development research* (Vol. 5). Chicago, IL: University of Chicago Press.

Prevatt, B. C. (1999). Narrative therapy: The work of Michael White. In D. M. Lawson & F. F. Prevatt (Eds.), *Casebook in family therapy* (pp. 288–309). New York: Brooks/Cole.

Prevatt, F. F. (1999). Milan systemic therapy. In D. M. Lawson & F. F. Prevatt (Eds.), *Casebook in family therapy* (pp. 188–209). New York: Brooks/Cole.

Quick, E. K. (1996). *Doing what works in brief therapy: A strategic solution focused approach*. San Diego, CA: Academic Press.

Randall, J., & Cunningham, P. B. (2003). Multisystemic therapy: A treatment for violent substance–abusing and substance–dependent juvenile offenders. *Addictive Behaviors, 28*, 1731–1739.

Real, T. (1990). The therapeutic use of self in constructionist systematic therapy. *Family Process, 29*, 255–272.

Robbins, M. S., Feaster, D. J., Horigian, V. E., Bachrach, K., Burlew, K., Carrion, I. et al. (2011). Brief strategic family therapy versus treatment as usual: Results of a multisite randomized trial for substance using adolescents. *Journal of Consulting & Clincial Psychology, 79*(6), 713–727.

Rosenbaum, L. (1989). *Biofeedback frontiers*. New York: AMS Press.

Rowe, C., Liddle, H. A., & Dakof, G. A. (2001). Clssifying adolescent substance abusers by level of externalizing and internalizing symptoms. *Journal of Child and Adolescent Substance Abuse, 11*(2), 41–66.

Santisteban, D. A., Coatsworth, D., Perez-Vidal, A., Kurtines, W. M., Schwanz, S. J., LaPerriere, A. et al. (2003). The efficacy of brief strategic family therapy in modifying Hispanic adolescent behavior problems and substance use. *Journal of Family Psychology, 17*, 121–133.

Satir, V. (1967). *Conjoint family therapy* (rev. ed.). Palo Alto, CA: Science and Behavior Books.

Satir, V. (1988). *The new peoplemaking*. Mountain View, CA: Science and Behavior Books.

Scharff, D. E. (1989). An object relations approach to sexuality in family life. In J. S. Scharff (Ed.), *Foundations of object relations family therapy*. Northvale, NJ: Aronson.

Scharff, D. E., & Scharff, J. S. (1987). *Object relations family therapy*. Northvale, NJ: Aronson.

Scharff, D. E., & Scharff, J. S. (1991). *Object relations couples therapy*. Northvale, NJ: Jason Aronson.

Scharff, D. E., & Scharff, J. S. (1992a). Projective identification and couple therapy. In N. G. Hamilton (Ed.), *From inner sources: New directions in object relations psychotherapy* (pp. 99–136). Northvale, NJ: Jason Aronson.

Scharff, D. E., & Scharff, J. S. (1992b). *Scharff notes: A primer of object relations therapy*. Northvale, NJ: Jason Aronson.

Scharff, J. S. (1995). Psychoanalytic marital therapy. In N. S. Jacobson & A. S. Gurman (Eds.), *Clinical handbook of couple therapy* (pp. 164–196). New York: Guilford Press.

Selekman, M. D. (1993). *Pathways to change: Brief therapy solutions with difficult adolescents*. New York: The Guilford Press.

Selvini-Parazzoli, M., Boscolo, L., Cecchin, G., & Prata, G. (1978). *Paradox and counterparadox*. New York: Jason Aronson.

Sexton, T., & Turner, C. W. (2010). The effectiveness of functional family therapy for youth with behavioral problems in a community practice setting. *Journal of Family Psychology, 24*(3), 339–348.

Sharf, R. S. (2012). *Theories of psychotherapy and counseling: Concepts and cases* (5th ed.). Pacific Grove, CA: Brooks/Cole.

Shoham, V., Rohrbaugh, M., & Patterson, J. (1995). Problem–and solution–focused couples therapies: The MRI and Milwaukee models. In N. S. Jacobson & A. S. Gurman (Eds.), *Clinical handbook of couple therapy* (pp. 142–165). New York: Guilford Press.

Shon, S. P., & Ja, D. Y. (1982). Asian families. In M. McGoldrick, J. K. Pearce, & J. Giordano (Eds.), *Ethnicity and family therapy* (pp. 208–228). New York: The Guilford Press.

Skynner, A. C. R. (1981). An open–systems, group analytic approach to family therapy. In A. S. Gurman & D. P. Kniskern (Eds.), *Handbook of family therapy*. New York: Brunner/Mazel.

Slipp, S. (1991). *Object relations: A dynamic bridge between individual and family treatment*. Northvale, NJ: Aronson.

Slovik, L. S., & Griffith, J. L. (1992). The current face of family therapy. In J. S. Rutan (Ed.), *Psychotherapy for the 1990s*. New York: Guilford Press.

Sluzki, C. E. (1978). Marital therapy from a systems theory perspective. In T. J. Paolino & B. S. McCrady (Eds.), *Marriage and marital therapy: Psychoanalytic, behavioral, and systems theory perspectives*. New York: Brunner/Mazel.

Spaulding, E. C. (1997). Three object relations models of couple treatment. *Clinical Social Work, 25*(2), 137–161.

Titelman, P. (1987). *The therapist's own family: Toward the differentiation of self*. Northvale, NJ: Jason Aronson.

Tomm, K. (1984). One perspective on the Milan systemic approach: Part I. Overview of development, theory and practice. *Journal of Marital and Family Therapy, 10*(2), 113–125.

Viner, R. (1996). Melanie Klein and Anna Freud: The discourse of the early dispute. *Journal of the History of the Bebavioral Sciences, 32*, 4–15.

Wallin, D. J. (2007). *Attachment in psychotherapy*. New York: The Guilford Press.

Walsh, F. (1993). *Normal family process*. New York: The Guilford Press.

Watzlawick, P. (1978). *The language of change: Elements of therapeutic communication*. New York: Basic Book.

Watzlawick, P., Beavin, J. H., & Jackson, D. D. (1967). *Pragmatics of human communication: A study of interactional pattern, pathologies, and paradoxes*. New

York: W. W. Norton.

Watzlawick, P., & Weakland, J. H. (1977). *The interactional view: Studies at the Mental Research Institute 1963–1974*. New York: W. W. Norton.

Watzlawick, P., Weakland, J. H., & Fisch, R. (1974). *Change: Principles of problem formation and problem resolution*. New York: Norton.

Weyland, D. (1995). From the dictatorship of Lacan to the democracy of short-term therapies. In J. H. Weakland & W. A. Ray (Eds.), *Progpations: Thirty years of influence from the Mental Research Institute* (pp. 189–195). New York: Haworth Press.

Whitaker, C. A., & Keith, D. V. (1981). Symbolic-experiential family therapy. In A. S. Gurman, & D. P. Kniskern (Eds.), *Handbook of family therapy* (pp. 187–225). New York: Brunner/Mazel.

White, C., & Hales, J. (1997). *The personal is the professional: Therapists reflect on their families, life and work*. Adelaide, Australia: Dulwich Centre Publications.

White, M. (1989). *Selected papers*. Adelaide, Australia: Dulwich Centre Publications.

White, M., & Epston, D. (1990). *Narrative means to therapeutic ends*. New York: Norton.

Wiener, N. (1948). Cybernetics. *Scientific American, 179*(5), 14–18.

Zahn-Waxler, G., Radke-Yarrow, M., & King, R. A. (1979). Child-rearing and children's prosocial initiations toward victims of distress. *Child Development, 50*, 319–330.

Zimmerman, J., & Dickerson, V. (1996). *If problems talked: Adventures in narrative therapy*. New York: Guilford Press.

제6장

한부모가족

개요

한부모가족을 다루는 제6장에서는 한부모가족을 이해하기 위하여 먼저 한부모가족의 개념과 주요 현황을 중심으로 실태를 살펴본다. 또한 한부모가족이 가지는 어려움을 중심으로 한부모가족의 가족관계, 사회관계 속에서 발현되는 특징을 검토하고, 이러한 어려움을 완화하기 위하여 「한부모가족지원법」을 살펴본다. 「한부모가족지원법」에서는 지원 대상과 유형, 전달체계, 주요 서비스 내용과 한부모가족 관련 시설의 종류와 특징을 이해하는 기회를 마련한다. 이를 통해 한부모가족에 대한 이해를 높이고, 향후 한부모가족의 발전을 위해 고려해야 할 점들에 대해 살펴본다.

1. 한부모가족에 대한 이해

한부모가족이란 부모 중 한쪽의 사망, 이혼, 배우자로부터의 유기, 별거 및 미혼 상태에서의 출산으로 인하여 한쪽 부모가 없거나 법적으로 또는 현실적으로 한쪽 부모가 역할을 할 수 없는 한부 또는 한모로 이루어진 가족을 의미한다. 한부모가족의 형성은 단순히 부모와 자녀로 형성된 전통적인 핵가족의 구조에서 부 또는 모가 상실됨으로 인해 가족구조의 변화가 발생하는 것에서 그치지 않고 구조의 변화로 인해 다양한 가족기능 및 가족관계에서의 복잡한 변화를 가져온다. 이러한 한부모가족 구성에 있어서의 양상 변화는 한부모가족에 대한 개념을 어떻게 설정할 것이며, 한부모가족에 누구를 포함시킬 것인지에 대한 선택을 어렵게 하고 있다. 한부모가족의 개념에 대한 논의가 중요한 것은 한부모가족을 정의함에 있어서 부모 중 한 명의 상실 사유로 무엇을 포함할 것인지, 양육하는 자녀의 연령을 어떻게 결정할 것인지, 자녀와의 동거 및 배우자와의 동거를 어떻게 규정하고 제한할 것인지에 따라 한부모가족의 개념이 변화하기 때문이다. 한부모가족에 대한 개념의 변화는 가족복지의 차원에서 지원해야 할 한부모가족의 대상 변화를 가져오게 되고, 궁극적으로 한부모가족에 대한 정책 집행에 있어서 혼란을 가져오게 한다.

여전히 논란이 되는 요소들을 포함하고 있지만 우리나라에서 정하고 있는 한부모는 가족복지정책의 「한부모가족지원법」에서 살펴본 바와 같이 한부모가족을 대상으로 하여 운영되고 있는 실제 「한부모가족지원법」에서 규정하고 있는 한부모가족의 개념을 적용하는 것이 보편적이다. 한부모가족이란 일반적으로 제시되어지는 한부모가족의 범주인 배우자의 사망, 이혼, 배우자로부터의 유기 상태 이외에도 배우자가 장애로 인해 노동력을 상실한 경우 또는 교정시설이나 치료감호시설에 입소 또는 병역복무 중인 경우를 포함하고 있다. 또한 한부모가 양육하고 있는 자녀의 연령 역시 한부모가족을 판단하는 중요한 개념이 되는데, 우리나라의 경우 일반적으로 자녀 연령을 만 18세 미만으로 보고 있으며, 자녀와 동거하고 있는 경우에만 한부모가족으로 인정하고 있다. 또한 한부모가족의 유형은 발생원인과 가족의 결합 형태에 따른 분류될 수 있다. 한부모가족의 발생원인이 부모 중 어느 한쪽의 사망, 이혼, 유기, 미혼모 등 어디에 속하느냐에 따라 이혼가족, 사별가족, 미혼모가족 등으로 개념화할 수 있고, 가족의 결합 형태와 자녀의 양육자가 누구인지에 따라 부자가족과 모자가족으로 구분된다. 이러한 한부모가족은 우리나라에서 급격하고 지속적으로 증가하고 있는 가족 유형으로, 과거에는 한부모가족이 배우자의 사망으로 인해 이루어지는 경우가 많았으나 현대 사회로 접어들면서 이혼으로 인한 경우를 포함하여 한부모가족을 형성하는 사유가 다양해지고 있어 앞으로도 한부모가족의 개념은 지속적으로 변화할 것으로 보인다.

한부모가족의 형성 원인은 크게 배우자의 사망, 이혼, 미혼모·부의 가족 형성으로 볼 수 있다. 먼저, 배우자의 사망에 의해 발생하는 한부모가족은 산업화와 도시화 현상의 심화로 인해 사회활동이 증가하게 되고, 이로 인해 사고로 인한 사망이 전통사회에 비해 증가하게 되었다. 이러한 배우자 사망의 경우 중에서 사고로 인한 사망은 남성의 비율이 높고, 우리나라 40대 남성의 경우 사고로 인한 사망률이 여성의 3배 이상으로 알려져 있다(통계청, 2017). 배우자 사망으로 인해 한부모가족을 형성하는 경우에는 부자가족에 비해 모자가족의 비율이 높으며, 이러한 현상은 재혼, 특히 여성의 재혼에 대한 인식이 사회적으로 아직까지 수용적이지 못함으로 인한 영향을 반영하고 있는 것으로 판단된다.

배우자와의 이혼 역시 한부모가족 형성에서 높은 비중을 차지하고 있는 원인으로, 전통적인 가족의 기능 변화와 결혼과 가족, 혼인유지에 대한 가치관의 변화로 인하여 이혼이 증가하고, 따라서 한부모가족도 증가하고 있다. 특히 우리 사회의

경우 1997년 외환위기 이후 가정 내 남성의 생계부양자 역할 상실, 가족 내 경제적인 어려움의 증가 등으로 인하여 이혼이 급증하면서 한부모가족이 크게 증가하였다. 이와 함께 여성의 교육 수준 증가와 사회 진출 증가로 인해 경제적인 독립 가능성이 향상되고 장기적인 경제 불황으로 인해 남성의 경제적 지위가 약화되면서 급격히 증가한 이혼율은 현재도 높은 수준을 유지하고 있어 향후 한부모가족 형성은 지속적으로 이혼과 밀접한 관련성을 가질 것으로 보인다.

한부모가족 형성의 또 다른 원인은 미혼 한부모의 증가로 볼 수 있다. 사회 변화에 따라 영향을 받은 가족 역시 형태의 다양화와 형성 방식의 변화를 나타내게 되었고, 성문화의 개방과 혼전 임신 및 출산을 개인의 선택으로 인정하는 문화의 확산과 맞물리면서 미혼 한부모 증가 현상이 나타나고 있다. 또한 성평등 의식과 성별 분업이 완화되는 현상 증가와 한부모가족 중 미혼 한부모에 대한 「한부모가족지원법」의 정책 방향 변경에 따라 기존 미혼모만을 서비스 대상에 포함시켰던 것에서 미혼부를 한부모가족에 포함시킴으로써 한부모가족 내에서 미혼 한부모의 증가 현상이 나타나게 되었고, 향후 지속적으로 증가할 것으로 예측되고 있다.

2. 한부모가족의 실태

한부모가족의 실태를 살펴보기 위한 한부모가족의 현황에서 가장 먼저 검토해야 하는 것은 한부모가족의 비율이다. 한부모가족의 증가 추세는 인구주택총조사의 자료에서 추출하여 정리한 〈표 6-1〉의 한부모가구 비율의 증가에서 살펴볼 수 있다. 〈표 6-1〉에 제시된 내용 중 한부모가구는 한부모와 미혼자녀로 구성된 가구를 의미하는 것으로 「한부모가족지원법」상의 한부모가족과는 차이를 보이지만 자녀 양육비의 중장기 소요예산 추정의 기초자료로 활용된다는 점에서 의미를 갖는다. 실제 한부모가족의 현황을 살펴볼 수 있는 것은 한부모가족과 관련된 지표이며, 저소득 한부모가족은 「한부모가족지원법」상 한부모가족과 「국민기초생활 보장법」상의 한부모가족을 의미한다. 〈표 6-1〉에서 확인할 수 있는 것과 같이 한부모가구의 비율은 2009년 9.1%에서 2015년 9.5%로 지속적으로 증가 추세를 보이고 있으며, 1990년 7.8%, 2000년 7.9%, 2005년 8.6%에 비해 급격히 증가한 수준임을 알 수 있다. 이러한 한부모가구의 증가 수준은 2010년을 기준으로 OECD 국가들과 비교하여 볼 때 캐나다 10.33%와 미국 9.56%에 비해 약간 낮은 수준이며, 일본 8.70%, 영국 8.54%보다는 높은 수준이다. 특히 핀란드 5.54%, 독일 5.49%에 비해서는 거의 2배 정도로 매우 높은 수준을 보이고 있다

〈표 6-1〉 전체 가구 대비 한부모가구의 현황 (단위: 천 가구, %)

구분	2009년	2010년	2011년	2012년	2013년	2014년	2015년
전체 가구	17,052	17,339	17,687	17,951	18,206	18,457	18,705
한부모가구	1,551	1,594	1,639	1,677	1,714	1,749	1,783
저소득 한부모가족	171	185	189	218	222	225	230
한부모가족 (한부모가족지원법)	94	108	115	131	140	142	131
비율	9.1	9.2	9.3	9.3	9.4	9.4	9.5

전체적인 한부모가구의 증가현상과 함께 살펴보아야 할 한부모가구 형태에서의 변화는 가족 구성 형태의 특징이다. 한부모가족은 하나의 단일한 속성을 갖는 집단이 아니며, 가족 내에서 경험하는 현상 역시 다양하다. 특히 한부모가족이 어떤 형태로 구성되어 있는가는 가족구조의 특성을 보여 줌과 동시에 가족이 경험하는 현상에 대한 이해의 기초를 마련해 준다. 이에 영향을 주는 한부모가구의 형성 형태를 살펴보면 1995년 모자가구의 비율이 전체 한부모가구의 약 82%를 차지하고, 부자가구가 18%에 머물렀던 것에 비해 2000년 모자가족 80%, 부자가족 20%로 변화를 보이다가, 2010년에는 모자가구가 78%를 차지하여 비율이 지속적으로 감소하는 경향을 보이는 반면, 부자가족은 22%로 지속적으로 증가하여 대조적인 현상을 나타내고 있다.

〈표 6-2〉 한부모가구의 형태 (단위: 천 가구, %)

구분	한부모가구		
	계	모자가구	부자가구
1990년	889(7.8)	–	–
1995년	960(7.4)	788(82)	172(18)
2000년	1,124(7.9)	904(80)	220(20)
2005년	1,370(8.6)	1,083(79)	287(21)
2010년	1,594(9.2)	1,247(78)	347(22)

한부모가족의 특징을 살펴보는 데 중요한 요소가 되는 한부모가족의 형성 원인에 따른 현황은 〈표 6-3〉에 제시되어 있다. 한부모가족의 형성 원인은 한부모가족의 개념에서 살펴본 바와 같이 한부모가족이 발생하게 되는 특성에 있어 차이를 보이고, 한부모가족 형성 이후 자녀를 포함한 다른 가족 구성원, 사회적인 관계에서 경험하게 되는 현상에 있어 차이가 있다. 〈표 6-3〉에 제시된 한부모가구의 형성 원인별 현황 중 가장 큰 변화를 보이고 있는 것은 사별과 이혼으로 인한 한부모가구 형성 비율의 변화와 미혼 한부모가족의 증가로 볼 수 있다. 먼저, 사별로 인한 한부모가구 형성은 1990년 56.0%로 한부모가구 형성의 가장 많은 부분을 차지하는 요인이었던 반면에, 2000년 44.7%, 2005년 36.6%로 점차적으로 감소하여 2010년 29.7%로 이혼보다 낮은 비율을 차지하게 되었다. 반면, 이혼으로 인한 한부모가구 형성은 1990년대 8.9%로 미혼 한부모가구 형성보다 더 낮았지만 2000년 21.9%, 2005년 29.1%로 급격히 증가하여 2010년 32.8%로 전체 한부모가구 형성에 있어서 가장 많은 비율을 차지하고 있다. 미혼 한부모가구 역시 지속적으로 증가하는 경향을 보이고 있는데, 1990년 전체 한부모가구 중 9.6%를 차지하던 것에서 2000년 10.9%로 점차적으로 증가하여 2010년 11.6%로 급격한 증가 경향을 보이고 있다.

〈표 6-3〉 한부모가구의 형성 원인별 현황

(단위: 천 가구, %)

구분	총 가구수	한부모가구의 형성 원인					한부모가구 비율
		사별	이혼	미혼	유배우	계	
1990년	11,355	498(56.0)	79(8.9)	85(9.6)	227(25.5)	889(100)	7.8
1995년	12,958	526(54.8)	124(12.9)	94(9.8)	216(225)	960(100)	7.4
2000년	14,312	502(44.7)	245(21.9)	122(10.9)	252(22.5)	1,124(100)	7.9
2005년	15,887	501(36.6)	399(29.1)	142(10.4)	328(23.9)	1,370(100)	8.6
2010년	17,339	474(29.7)	523(32.8)	185(11.6)	413(25.9)	1,594(100)	9.2

「한부모가족지원법」상의 서비스 대상자의 특성을 볼 수 있는 저소득 한부모가족 현황은 〈표 6-4〉와 같다. 저소득 한부모가족의 현황을 살펴보면 2010년 107,775세대가 「한부모가족지원법」의 지원을 받고 있었던 것에서 2012년 130,509세대로 크게 증가하고 2014년 142,069세대로 지속적으로 증가 경향을 보이다가 2015년 131,218로 약간 감소하는 경향을 보여 주고 있다. 「한부모가족지원법」 대상자인 저소득 한부모가족을 구성하고 있는 형태에 따라 모자가족, 부자가족, 조손가족으로 구분하여 볼 때 저소득 한부모가족의 하위 형태들의 비율은 크게 변화하지 않는 것으로 나타나고 있다.

〈표 6-4〉 저소득 한부모가족의 현황

(단위: 세대, 명)

구분	계		모자가족		부자가족		조손가족	
	세대	세대원	세대	세대원	세대	세대원	세대	세대원
2010년	107,775	227,577	81,299	208,100	26,112	68,537	364	904
2011년	115,382	297,019	86,809	222,181	28,167	73,766	406	1,072
2012년	130,509	341,651	98,209	256,096	31,781	84,154	519	1.401
2013년	140,015	367,571	104,915	274,716	34,518	91,326	582	1,529
2014년	142,069	373,258	106,598	279,427	34,884	92,262	587	1,569
2015년	131,218	327,936	98,579	245,700	32,150	80,976	489	1,260

3. 한부모가족의 특성

한부모가족은 양부모가족과 달리 한 명의 부모와 자녀로 구성됨으로 인해 양부모가족과 다른 특성을 볼 수 있다. 또한 한부모가족의 형태가 어떻게 구성되어 있는지, 한부모가족의 형성 원인이 무엇인지에 따라 그 특성을 달리하는 것으로 나타나고 있다.

1) 정서적 어려움

한부모가족의 구성원들이 경험하게 되는 심리적인 문제는 한부모가족의 형성 과정, 한부모가족 형성 이후 가족을 유지하는 과정에서 경험하게 되는 어려움과 밀접한 관련을 갖는 것으로 나타나고 있다. 이는 한부모가족을 형성하는 과정에서 발생하는 배우자와의 갈등이나 상실로 인한 어려움과 한부모가족을 형성한 이후 한부모가 양부모의 역할을 모두 감당하는 과정 속에서 생계부양자와 돌봄노동자의 역할을 혼자 감당함으로 인해 발생하는 역할 과중과 밀접한 관련을 갖는 것으로 알려져 있다(김승권, 김연우, 2012). 또한 사회적으로 한부모가족에 대해 갖고 있는 부정적인 시각과 낙인 현상들은 한부모가족의 심리적인 어려움을 더욱 증가시키게 된다(한정원, 2014).

일반적으로 한부모가족의 부모는 홀로 가족을 부양해야 하는 심리적인 부담감을 경험하게 되고, 자녀 양육에 있어서 성 역할 모델링의 어려움과 자녀 지도의 어려움, 지속적인 부정적 경험으로 인한 심리적인 위축을 경험하게 된다(성정현, 2017). 한부모는 부정적인 정서를 경험하게 되는데, 주로 배우자에 대한 상실감이나 배신감, 분노의 감정을 경험하는 것으로 알려져 있고, 높은 수준의 우울감과 좌절감을 지속적으로 경험하면서 한부모가족 형성 이후의 변화된 상황에 적응하는 데 어려움을 가중시키는 것으로 알려져 있다(Amato, 2000). 한부모가족의 한부모는 배우자가 없음으로 인한 지지체계의 부족을 경험하게 되고, 사회적으로 부여되는 부정적인 시각으로 인해 사회적인 관계망이 지속적으로 축소되며, 낙인경험으로 인한 자존감의 손상, 삶에 대한 통제력의 상실 현상을 경험하게 되면서 일상생활에서의 스트레스 정도가 높고, 삶의 만족도는 지속적으로 낮아져 심리적인 어려움이 가중된다(김정란, 김혜신, 2014). 이러한 한부모가족의 심리·정서적인 어려움은 실증 데이터를 통해서도 나타나는데, 2014 여성가족패널에 따르면 한부모가족의 여성들은 양부모가족의 여성들에 비해 우울과 스트레스 수준이 통계적으로 유의미하게 나타난다. 한부모가 경험하는 정서적 어려움은 점차적으로 한부모의 정서적 어려움을 심화시키게 되고, 우울증과 같은 심리적인 문제를 가져와 자살 생각이나 시도와 같은 심각한 문제를 야기하기도 한다(황은숙, 2008). 2014년 여성가족패널에 대한 실증 분석에서도 한부모가족의 여성이 양부모가족의 여성에 비해 지난 1년간 자살생각을 한 경험이 더 높은 것으로 나타났다.

이러한 정서적인 어려움은 한부모가족의 형성 원인 중 사별로 인해 한부모가족을 형성하는 경우에 비해 이혼으로 인해 한부모가족을 형성하는 경우에 더 심각한 것으로 알려져 있다. 이는 이혼으로 한부모가족을 형성하게 되는 경우 자녀를 포함하여 한부모 자신의 부모와의 갈등이 증가하게 되는 경향을 보이게 됨으로써 감소된 지지체계를 대체할 수 있는 대상이 축소됨과 동시에 가용할 수 있는 사회적 자원이 감소하게 되는 것으로 해석되었다. 2012 한부모가족 실태조사에 대한 실증적인 분석에서도 사별 한부모가족의 한부모에 비해 이혼 한부모가족의 한부모가 우울로 인한 어려움을 더 많이 경험하는 것으로 나타나고 있다(조성희, 2016). 이는 미혼 한부모가족의 한부모에게도 나타나는 현상으로 가족을 포함한 사회적 관계의 단절로 인해 변화된 상황에 대한 적응력이 감소하고, 가용할 수 있는 자원의 축소가 가중됨으로써 발생된다. 같은 맥락에서 한부모가족의 형태 중 모자가족에 비해 부자가족의 경우 심리적 어려움을 경험할 가능성이 더 높은 것으로 제시되고 있다. 이러한 현상은 한부모가족 중 모자가족의 모는 부자가족의 부에 비해 상대적으로 자신의 부모나 형제, 친척들과의 상호작용이 상대적으로 높은 것으로 나타났기 때문이다.

2) 자녀 양육의 어려움

한부모가족 형성 이후 한부모는 변화된 상황과 역할에 적응하지 못한 상태에서 자녀를 경제적으로 부양하는 것과 함께 자녀를 돌봐야 하는 역할 과중의 문제를 경험하게 된다. 즉, 배우자의 사망이나 배우자와의 이혼 과정에서 갑작스럽고 혼돈된 상황 변화를 경험하면서 자기 스스로 안정된 상태를 취하지 못하고 있음에도 불구하고 자녀를 돌봐야 함으로 인해 기능적이지 않은 양육방식을 사용할 가능성이 높아진다(김미숙, 원영희, 이현송, 장혜경, 2005). 이러한 역기능적인 양육방식은 자녀와의 관계를 악화시키는 요인으로 작용하게 되고, 부모와 자녀 간의 갈등을 상시적으로 유발하는 요인이 된다.

가족 내에서 통제권을 행사하던 아버지의 부재로 인해 모자가족의 모는 자녀들의 행동을 통제하고 감독하는 기능을 일정 부분 상실하게 된다. 자녀에 대한 이러한 부모의 통제권 상실은 부 또는 모의 부재로 인해 심리적인 어려움을 경험하게 되는 자녀의 문제행동이나 심리적 갈등과 맞물리면서 더욱더 심각한 수준의 부적응과 문제행동을 야기하게 된다. 모자가족의 경우에는 경제적인 어려움이 부자가족이 비해 심각하기 때문에 한국 사회의 특성상 학령기 자녀의 교육을 위해 소요되는 많은 교육비를 감당하지 못함으로 인해 자녀의 학업 지원에 현실적으로 적절히 대응하지 못하는 상황이 발생하게 된다(이진숙, 최원석, 2011). 부자가족의 경우에는 남성 생계부양자로서 직장에서의 역할에 많은 부분을 할애하던 패턴과 사회적 기대로 인해 자녀를 양육하고 상호작용할 수 있는 물리적인 시간이 절대적으로 부족하게 되고, 직접적인 자녀 양육 경험의 부족으로 인해 자녀 양육방법을 충분히 습득하지 못한 상황하에서 자녀를 양육하게 된다. 한부모가족의 자녀 양육의 어려움은 2015년 한부모가족 실태조사에서도 나타나는데, 자녀 양육이나 교육 관련 정보 부족의 어려움을 제시하고 있는 경우가 많은 것으로 나타났다(김은지 외, 2015).

자녀 양육에 있어서 부모들이 어려움을 경험하는 것과 같이 자녀들 역시 변화된 가족 내에서 이전과 다른 새로운 환경과 양육방식에 적응해야 하는 문제를 경험하게 된다. 가족의 변화 상황에 적응하지 못하는 아동들의 경우 가정과 학교에서 문제행동을 보일 가능성이 높아지고, 이는 부모, 교사, 또래와의 갈등을 더욱 심화시키게 됨에 따라 한부모가족 자녀의 적응을 더욱 어렵게 만들어 궁극적으로 양육자와의 갈등을 더욱 심화시키게 되는 기제로 작용하게 된다.

3) 경제적 어려움

한부모가족은 한 명의 부 또는 모가 생계부양자의 역할과 돌봄노동자의 역할을 모두 감당해야 하는 이중 역할의 상황에 놓이게 되어 어느 한쪽도 완벽하게 해결하지 못하는 상황에 빠질 가능성이 높다. 대표적인 경우로 자녀 양육을 대체할 수 있는 대상이 없는 한부모의 경우에는 정규직 일자리에 취업을 하거나 구직을 하지 못하고 파트타임 형태의 근로를 하게 될 가능성이 높다. 2015년 한부모가족 실태조사 결과에 따르면 한부모가족의 월평균 소득은 100만 원 이상 200만 원 미만인 경우가 전체 응답자의 51.5%로 절반 이상을 차지하고 있었고, 100만 원 미만인 경우도 10.4%를 차지하는 것으로 나타났다. 전체 한부모가족의 월평균 소득은 189.6만 원으로 2014년 가계동향조사의 결과에서 전체 가구 월평균 소득이 430만 원인 것과 비교하여 볼 때, 한부모가족은 전체 가구 월평균 소득의 44.1%로 절반도 유지하지 못하는 것으로 나타났다. 이러한 결과는 한부모의 경우 자녀 양육으로 인해 충분한 시간을 노동시장에 투자하지 못하고 있고, 높은 소득을 얻을 수 있는 충분한 직업훈련과 교육을 받지 못한 상태이기 때문이다. 또한 교육을 받을 기회를 획득한다고 해도 실제 취업으로 연결되기까지의 소득 부재로 인해 생활상의 어려움이 증가하는 문제가 있다.

한부모가족의 유형에 따른 소득 분포를 살펴보면, 혼인 상태별 한부모가족 유형 간 비교에서는 사별가족인 경우에 가장 소득이 높은 것으로 나타났고, 이혼가족은 상대적으로 소득이 낮은 것으로 나타났다. 가족 구성의 형태에서는 부자가족에 비해 모자가족인 경우가 소득이 낮은데, 부자가족 월평균 소득 약 204만 원의 77% 수준인 157만 원 정도였다. 이러한 현상은 전통적으로 생계부양을 담당하던 남성에 비해 돌봄노동을 담당했을 가능성이 높은 여성이 생계부양자의 역할을 담

당함으로 인해 발생하는 현상임과 동시에 사회적으로 여성에 대해 상대적으로 낮은 임금 수준을 보장하는 현상, 이혼가족의 경우 양육비가 제대로 주어지지 않는 현상이 영향을 주는 것으로 판단하여 볼 수 있다. 이로 인해 2015년「한부모가족지원법」의 대상자를 보면 전체 대상자 중 모자가족이 75.1%로 부자가족 24.5%의 3배 이상을 차지하고 있어 특히 모자가족의 경제적인 어려움이 심각한 수준임을 알 수 있다. 부자가족과 모자가족 모두 자녀 이외에 다른 가족 구성원이 있는 경우 상대적으로 그렇지 않은 경우보다 소득이 높은 것으로 나타났다.

4) 사회적 편견

한부모가족이 경험하게 되는 정서, 자녀 양육, 경제 등의 문제 이외에도 지속적으로 나타나고 있는 어려움은 사회적 편견으로 인한 어려움이다. 특히 사회적 편견으로 인한 어려움은 다른 어려움들에 직·간접적으로 부정적인 영향을 주고 있다는 점에서 한부모가족의 어려움을 심화시키는 요소로 제시되고 있다. 한부모가족이 증가하고 사회적으로 인식을 개선하기 위한 노력과 다양성을 수용하는 사회적 역량의 강화로 인해 사회적 편견이 점차적으로 완화되고 있지만 여전히 양부모가족이 아닌 한부모가족에 대해 우리 사회가 갖고 있는 편견은 높은 수준이다. 사회적 편견은 한부모가족 전체를 대상으로 하여 발생되는 문제이기도 하지만 상대적으로 사별로 인해 형성된 한부모가족에 비해 이혼 한부모가족과 미혼 한부모가족에 좀 더 강하게 나타나는 것으로 보고되고 있다(김혜영, 2013). 한부모에 대해 갖게 되는 막연한 부정적 인식은 개별 한부모가 가진 특성으로 대상자를 평가하는 것이 아니라는 점에서 차별을 발생시키게 된다. 즉, 노동시장 진출을 위한 취업과 승진의 기회에서 배제되고, 직장 내에서 부당한 성희롱과 같은 처우를 경험하게 되며, 가족을 비롯하여 한부모가족 형성 이전에 구축된 사회적 관계가 단절되거나 소원해지는 현상이 나타나게 된다(이화명, 정원철, 2016). 이러한 인식으로 인해 한부모가정의 부모는 객관적인 평가를 받지 못하고 있는 실정이다. 한부모가정의 부모이기 때문에 취업이 안 되고, 취업이 된 경우에도 승진이 어려우며,

직장 내 성희롱의 피해자가 되기도 한다. 사회적 편견은 직장뿐 아니라 원가족과 친구관계에도 영향을 미쳐 가족 간의 관계가 멀어지고, 친구와의 관계도 소원해지는 것으로 나타났다(황은숙, 2008).

4. 「한부모가족지원법」의 주요 내용

1) 「한부모가족지원법」의 지원대상자과 유형

「한부모가족지원법」 제4조에서 제시하고 있는 대상인 한부모가족은 부모 중 한 명이 다음의 다섯 가지 조건 중 하나 이상을 가지고 있는 자로, 18세(취학 시 22세이며, 취학 중 병역의무 이행 시 병역의무 이행을 가산함) 미만인 자를 양육하고 있는 가족을 의미한다.

- 첫째, 배우자와 사별 또는 이혼하거나 배우자로부터 유기(遺棄)된 자
- 둘째, 정신이나 신체의 장애로 장기간 노동능력을 상실한 배우자를 가진 자
- 셋째, 교정시설 · 치료감호시설에 입소한 배우자 또는 병역복무 중인 배우자를 가진 사람
- 넷째, 미혼자[사실혼(事實婚) 관계에 있는 자는 제외한다]
- 위에 규정된 자에 준하는 자로서 여성가족부령으로 정하는 자

한부모가족 지원대상으로 판단되는 경우 소득인정액에 따라 서비스의 제공 여부가 결정되게 되며, 한부모가족 및 조손가족의 지원대상 가구 소득인정액은 2015년도까지는 「국민기초생활 보장법」 최저생계비의 130%로 결정되었으나 2016년부터는 저소득 한부모가족 지원대상자의 경우 기준 중위소득 52% 이하, 청소년 한부모가족 지원대상자의 경우 기준 중위소득 60% 이하로 변경되었다. 2018년도 「한부모가족지원법」 지원대상과 지원대상 가구의 소득인정액 기준은

〈표 6-5〉와 같다.

이를 유형별로 살펴보면 한부모가족 중 모자가족 또는 부자가족인 경우는 모 또는 부가가 세대주[세대주가 아니더라도 세대원(世代員)을 사실상 부양하는 자를 포함]인 가족을 의미하는 것이다. 이와 함께 조손가족은 부모로부터 사실상 부양을 받지 못하는 아동(이혼, 유기, 행방불명, 실종, 사망, 경제적 사유 등)을 (외)조부 또는 (외)조모가 양육하는 가족도 지원대상에 포함된다. 또 다른 지원대상인 청소년 한부모가족은 한부모가족으로서, 모 또는 부의 연령이 만 24세 이하인 가족을 의미한다.

〈표 6-5〉 「한부모가족지원법」 지원대상의 소득인정액 기준(2018년) (단위: 원/월)

구분	2인	3인	4인	5인	6인
2018년 기준 중위소득	2,847,097	3,683,150	4,519,202	5,355,254	6,191,307
〈참고〉 생계급여 수급자 (기준 중위소득 29%)	854,129	1,104,945	1,355,761	1,606,576	1,857,392
한부모 및 조손가족 (기준 중위소득 52%)	1,480,490	1,915,238	2,349,985	2,784,732	3,219,480
청소년 한부모가족 (기준 중위소득 60%)	1,708,258	2,209,890	2,711,521	3,213,152	3,714,784

2) 「한부모가족지원법」의 업무처리 체계

「한부모가족지원법」의 업무처리 체계는 [그림 6-1]과 같다. 「한부모가족지원법」의 신규신청자는 읍 · 면 · 동 사무소에서 신청서를 작성하여 신청하며, 이 과정 속에서 담당자와의 상담이 이루어지게 된다. 접수된 신청서에 대한 공적자료 조회를 포함한 조사 업무는 시 · 군 · 구 통합조사관리팀에서 이루어진다. 지원대상자의 결정 및 결과 통지와 이의신청에 대한 접수 및 처리는 시 · 군 · 구 사업팀에서 이루어지게 된다. 이와 함께 신분노출을 꺼리는 취약계층의 한부모가족이 경험하는 불편함을 해소하기 위해 2016년도 하반기부터는 복지포털(http://www.bokjiro.go.kr)에서 온라인 신청을 시작하도록 하였다.

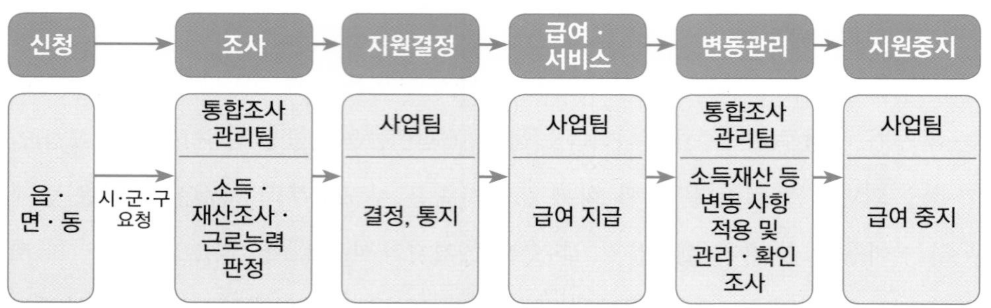

[그림 6-1]「한부모가족지원법」의 업무처리 체계

3) 주요 한부모가족지원사업

(1) 국민기초생활보장제도의 생계비 지원

한부모가족에 대한 생계비 지원은「한부모가족지원법」에 의해 제공되지 않고「국민기초생활 보장법」에 의해 지원하고 있다. 2015년 하반기부터는 국민기초생활보장제도의 수급권을 수급권자의 특성에 따라 개별적으로 제공하는 형태로 변경되었으며, 저소득 한부모가족이 지원받을 수 있는 생계급여, 의료급여, 주거급여, 교육급여의 기준은 〈표 6-6〉과 같다.

〈표 6-6〉 국민기초생활보장제도의 급여별 소득인정액 기준(2018년) (단위: 원)

구분	1인	2인	3인	4인	5인	6인	7인
생계급여 수급자 (기준 중위소득 30%)	501,632	854,129	1,104,945	1,355,761	1,606,576	1,857,392	2,108,208
의료급여 수급자 (기준 중위소득 40%)	668,842	1,138,839	1,473,260	1,807,681	2,142,102	2,476,523	2,810,944
주거급여 수급자 (기준 중위소득 43%)	719,005	1,224,252	1,583,755	1,943,257	2,302,759	2,662,262	3,021,765
교육급여 수급자 (기준 중위소득 50%)	836,053	1,423,549	1,841,575	2,259,601	2,677,627	3,095,654	3,513,680

주: • 생계급여 수급자 선정기준 기준 중위소득 30%는 동시에 생계급여 지급기준에 해당
• 8인 이상 가구의 급여별 선정기준: 1인 증가 시마다 7인 가구 기준과 6인 가구 기준의 차이를 7인 가구 기준에 더하여 산정
• 8인 가구 생계급여 수급자 선정기준: 2,359,024원=2,108,208원(7인 기준)+250,816원(7인 기준−6인 기준)

(2)「한부모가족지원법」의 급여

한부모가족을 대상으로「한부모가족지원법」에 의해 수행되는 주요 지원사업의 내용은 〈표 6-7〉에 제시된 것과 같다. 한부모가족 지원의 대표적인 사업은 한부모가족 자녀의 양육비를 지원하는 것으로 만 14세 미만 자녀의 경우 아동양육비를 매월 13만 원을 지급하고 있다. 추가아동양육비는 조손 및 만 25세 이상 미혼 한부모가족의 5세 이하 자녀의 경우에는 월 5만 원을 추가 지급한다. 중학생과 고등학생 자녀를 대상으로 연 5.41만 원의 학용품비를 지급하며, 한부모가족 복지시설에 입소한 한부모가족에게는 생활보조금으로 월 5만 원을 지급하도록 하고 있다.

청소년 한부모의 자립을 지원하기 위한 방안으로는 만 24세 이하의 청소년 한부모가족에게 추가아동양육비를 포함하여 월 18만 원을 지원하고, 청소년 한부모가족의 모 또는 부가 검정고시 학원 수강 시 연 154만 원 이내에서 검정고시 학습비를 지원한다. 청소년 한부모가족의 모 또는 부가 고등학생인 경우 수업료와 입학금을 지원하는 고등학생 교육비를 지급하고, 생계급여 · 의료급여 수급 청소년 한부모에게는 월 10만 원의 자립지원촉진수당을 지급한다.

한부모가족의 미혼모 · 부 스스로가 자녀를 양육하자고 할 경우 초기 양육의 어려움에 적절히 대처할 수 있도록 서비스를 제공함과 동시에 자립이 가능하도록 지원하기 위하여 2018년 1월 기준 전국 17개소에 권역별 미혼모 · 부자 지원기관을 운영하고 있다. 권역별 거점기관에서는 미혼모 · 부 가족의 자녀 양육과 경제자립을 위한 포괄적이고 종합적인 서비스를 제공하고 있다. 주요 사업내용으로는 임신 초기부터 온 · 오프라인 상담 그리고 출산 및 양육에 대한 종합적인 정보를 제공하고, 자녀 출산과 양육 과정에서 응급상황 발생 시 병원비와 생필품을 지원하기도 한다. 또한 미혼모 · 부자를 위한 문화체험과 교육프로그램을 운영하고, 자조모임 운영을 통해 미혼모 · 부 간 자립경험을 공유하고 네트워크 형성을 하도록 지원하고 있다. 권역별 미혼모 · 부자 지원기관 운영지원 사업수행기관 현황은 〈표 6-8〉과 같다.

〈표 6-7〉「한부모가족지원법」의 주요 사업(2018년)

사업명 및 개요	사업대상	수행기관
• 한부모가족 자녀 양육비 등 지원 –아동양육비: 만 14세 미만 자녀, 월 13만 원 –추가아동양육비: 조손 및 만 25세 이상 미혼 한부모가족 5세 이하 자녀, 월 5만 원 –학용품비: 중·고등학생 자녀, 연 5.41만 원 –생활보조금: 시설 입소가구, 월 5만 원	소득인정액 기준 중위소득 52% 이하 한부모 및 조손가족	자치단체
• 청소년 한부모 자립지원 –아동양육비: 월 18만 원 –검정고시 학습비, 고등학생 교육비, 자립촉진수당 등 지원	소득인정액 기준 중위소득 60% 이하 만 24세 이하 한부모가족	자치단체
• 권역별 미혼모·부자 지원기관 운영 –미혼모·부의 임신·출산·자녀 양육을 위한 초기 지원, 교육·문화프로그램, 자조모임, 상담 및 정보 제공 등	미혼모·부자 가족	지방자치단체 17개 지원기관
• 한부모가족 복지시설 지원 –시설 기능 보강: 시설 신축, 증개축, 개보수, 장비 보강 지원 –한부모가족 복지단체 지원: 시설종사자 역량 강화 등 –한부모가족 복지시설 입소자 상담·치료 지원 –시설배치 사회복무요원 인력경비 지원 –공동생활 가정형(매입·임대) 주거 지원	각 시설 시설종사자, 시설입소자, 사회복무요원 등	자치단체, 민간단체, 한부모가족 시설/단체
• 한부모가족 무료 법률구조 –한부모가족 대상 법률상담, 소송대리, 기타 법률사무 등 무료 법률구조 지원	「한부모가족 지원법」 제5조, 제5조의2 제2항 한부모가족	대한법률구조공단
• 이혼 전·후 가족관계 회복사업 –이혼위기 또는 이혼 후 가족 대상 가족기능 강화를 위한 상담·교육·문화 서비스 제공	이혼을 준비 중인 가족 또는 이혼 후 부부와 아동	지방자치단체 (전문기관 선정·운영)

〈표 6-8〉 권역별 미혼모 · 부자 지원기관 운영지원 사업수행기관 현황(2018년)

연번	시도	사업수행기관	주소	전화번호
1	서울	서울시한부모가족지원센터	서울 구로구 가마산로 272	02-861-3020
2	서울	나너우리한가족센터	서울 마포구 백범로1길 4	02-704-4750
3	부산	부산미혼모 · 부자지원센터	부산 서구 감천로 229	051-253-5235
4	대구	대구서구건강가정지원센터	대구 서구 옥산로 28	053-355-8042
5	인천	인천서구건강가정지원센터	인천 서구 경명대로 693번길 6	032-569-1546
6	광주	광주남구건강가정지원센터	광주 남구 군분로 155	062-315-9337
7	대전	대전시건강가정지원센터	대전 유성구 테크노6길 40-17	042-932-9934
8	울산	물푸레 복지재단	울산 중구 성안10길 16	052-903-9200
9	경기	안산시건강가정지원센터	경기 안산시 상록구 충장로 432	031-501-0033
10	강원	원주시건강가정지원센터	강원 원주시 원일로 38 1층	070-4398-4474
11	충북	청주새생명지원센터	충북 청주시 상당구 144번길 23 4층	070-7725-6905
12	충남	천안시건강가정지원센터	충남 천안시 서북구 동서대로 129-12	070-7733-8318
13	전북	전주시건강가정지원센터	전북 전주시 완산구 서신로 61	063-231-0386
14	전남	여수시건강가정지원센터	전남 여수시 좌수영로 369-1	061-659-4171
15	경북	칠곡군건강가정지원센터	경북 칠곡군 북삼읍 인평1길 54	070-4333-5976
16	경남	경남한부모가족지원센터	경남 창원시 마산회원구 내서읍 호계본동2길 15-1	070-4334-5335
17	제주	제주시건강가정지원센터	제주 제주시 중앙로14길 15	064-725-7015

마지막으로 「한부모가족지원법」에서는 한부모가족 복지시설을 지원하기 위하여 시설의 신축과 개보수를 포함한 시설 기능 보강, 한부모가족 복지단체의 시설 종사자 역량 강화 지원, 한부모가족 복지시설 입소자 상담 및 치료, 사회복무요원의 배치, 공동생활 가정형(매입 임대) 주거를 지원하고 있다. 한부모가족 복지시설의 유형은 크게 모자가족 복지시설, 부자가족 복지시설, 미혼모자가족 복지시설, 일시지원 복지시설, 한부모가족 복지상담소로 구분하여 볼 수 있다. 모자가족 복

지시설과 부자가족 복지시설은 다시 기본생활 지원, 공동생활 지원, 자립생활 지원과 같은 지원 형태를 중심으로 재구분되고, 미혼모자가족 복지시설도 기본생활 지원과 공동생활 지원의 형태로 구분된다. 한부모가족 복지시설의 각 시설 유형에 따라 입소대상과 기능에 차이가 발생하며, 입소기간도 다르게 운영되고 있다. 한부모가족 복지시설을 제공되는 서비스에 따라 구분하면 모 · 부자가족 복지시설(기본생활 지원형 및 자립생활 지원형), 모 · 부자가족 복지시설(공동생활 지원형), 미혼모자가족 복지시설(기본생활 지원형), 미혼모자가족 복지시설(미혼모자 · 미혼모 공동생활 지원형), 일시지원 복지시설로 살펴볼 수 있다.

먼저, 모 · 부자가족 복지시설 중 기본생활 지원형 및 자립생활 지원형은 모자가족 복지시설(기본생활 지원형)의 경우「한부모가족지원법」제4조에 따른 모로서 만 18세 미만(취학 시 만 22세 미만)의 아동을 양육하는 무주택 저소득 모자가족이거나 미혼모자가족 복지시설(기본생활 지원형 또는 공동생활 지원형) 퇴소자 중 스스로 아동을 양육하는 미혼모는 모자가족으로 시설입소 대상자의 입소가 가능하다. 부자가족 복지시설(기본생활 지원형)의 경우에는「한부모가족지원법」제4조에 따른 부로서 만 18세 미만(취학 시 만 22세 미만)의 아동을 양육하는 무주택 저소득 부자가족의 입소가 가능하며, 모자가족 복지시설(자립생활 지원형)의 경우에는「한부모가족지원법」제4조에 따른 모로서 만 18세 미만(취학 시 만 22세 미만)의 아동을 양육하는 무주택 저소득 모자가족이나 모자가족 복지시설(기본생활 지원형)에서 퇴소한 모자세대로서 자립준비가 미흡한 세대 우선 입소를 가능하도록 하고 있다. 모 · 부자가족 복지시설 중 기본생활 지원형 및 자립생활 지원형에서는 방과 후 아동에 대한 지도와 기본생활 지원형의 경우에는 아동급식비 지급이 이루어진다. 또한 심리 · 정서적 전문상담 및 심리치료를 지원하고, 직업교육 연계를 통한 자립준비 지원, 기타 국가 또는 지방자치단체가 정하는 경비 지원의 연계나 정보 제공이 이루어진다. 지역사회 유대강화를 위하여 지역사회의 민간단체 · 종교단체 · 기업과 결연사업을 추진하며, 시설의 놀이터, 운동장, 강당 등 문화 · 체육 부대시설을 입소자가 이용하는 데 지장을 주지 아니하는 범위 내에서 지역사회 주민에게 개방하여 운영을 가능하도록 하고 있다.

두 번째 유형인 모・부자가족 복지시설(공동생활 지원형)의 경우에는 독립적인 가정생활이 어려운 모・부자가족으로서 일정 기간 공동으로 가정을 이루어 생활하면서 자립을 준비하는 자를 대상으로 입소 자격을 부여하고 있다. 주요 지원서비스 내용은 기본적인 주거 제공과 함께 시설 내부 또는 외부 교육기관을 활용하여 컴퓨터, 기계자수, 홈패션, 양재, 미용 등의 직업교육을 제공하며, 양육교육, 인성교육, 상담지도를 실시하고 있다. 또한 기타 국가 또는 지방자치단체가 정하는 경비 지원의 연계나 정보 제공이 추가적으로 이루어진다.

세 번째 유형인 미혼모자가족 복지시설(기본생활 지원형)은 미혼의 임산부 및 출산 후(6월 미만) 일정 기간 아동의 양육지원이 요구되는 여성으로서 분만혜택과 숙식지원을 필요로 하는 미혼모를 대상으로 하고 있다. 주요 지원 내용은 숙식을 무상으로 제공하며, 분만의료 혜택을 위해 의료급여 대상자로 관리하여 지역 내 병원 및 보건소 등을 지정하여 산전・분만・산후에 필요한 검진을 받을 수 있도록 하며, 임신 및 출산 관련, 분만을 위한 병원 진료, 진료를 위한 병원이용료로서 의료 급여 항목으로 적용되지 않는 사항에 대해서는 미혼모 특수치료비를 지원한다. 미숙아를 분만하였을 경우에는 「모자보건법」 제10조(임산부・영유아・미숙아 등의 건강관리 등)에 따른 의료지원을 받을 수 있도록 조치가 이루어지고, 보장시설 수급자로 지정되었을 경우에는 해산급여, 장제급여를 지급하고 있다. 또한 자립을 지원하기 위하여 시설 내외 교육기관을 이용하여 직업교육을 제공하고, 인성교육과 상담지도 및 기타 국가 또는 지방자치단체가 정하는 경비 지원의 연계나 정보 제공을 하고 있다.

〈표 6-9〉 한부모가족 복지시설 유형(2017년 12월)

시설 유형		시설 수	입소대상 및 기능	입소기간 (연장가능기간)	입소 정원
모자가족 복지시설 (48)	기본생활 지원	42	만 18세 미만의 자녀를 양육하는 무주택 저소득 모자가족	3년(2년)	1,031세대
	공동생활 지원	3	독립적인 가정생활이 어렵고 일정 기간 공동으로 가정을 이루어 생활하면서 자립을 준비하고자 하는 모자가족	2년(1년)	37세대
	자립생활 지원	3	만 18세 미만의 자녀를 양육하는 무주택 저소득 모자가족, 기본생활 지원형에서 퇴소한 모자세대로서 자립준비가 미흡한 모자가족	3년(2년)	41세대
부자가족 복지시설 (4)	기본생활 지원	2	만 18세 미만의 자녀를 양육하는 무주택 저소득 부자가족	3년(2년)	40세대
	공동생활 지원	2	독립적인 가정생활이 어렵고 일정 기간 공동으로 가정을 이루어 생활하면서 자립을 준비하고자 하는 부자가족	2년(1년)	15세대
	자립생활 지원	–	기본생활 지원형에서 퇴소한 부자세대로서 자립준비가 미흡한 부자가족	–	–
미혼모자 가족 복지시설 (62)	기본생활 지원	21	이혼·사별 또는 미혼의 임신여성 및 출산 후 (6월 미만) 지원을 요하는 여성	1년(6월)	537명
	공동생활 지원	39*	3세 미만의 영유아를 양육하는 미혼모(*휴지시설 1개소 포함)	2년(1년)	329세대
		2	출산 후 해당 아동을 양육하지 않는 미혼모	2년(6월)	15명
일시지원 복지시설(11)		11*	배우자의 학대로 인하여 아동의 건전 양육과 모의 건강에 지장을 초래할 우려가 있는 모와 아동(*휴지시설 1개소 포함)	6월(6월)	311명
한부모가족 복지상담소(4)		4*	한부모가족에 대한 위기·자립상담 및 문제해결 지원(*미운영시설 1개소 포함)	이용시설	

네 번째 유형인 미혼모자가족 복지시설(미혼모자·미혼모 공동생활 지원형)에서는 3세 미만의 영유아를 양육하는 미혼모로서 일정 기간 숙식 보호와 자립지원을 필요로 하는 자(미혼모자 공동생활 지원형)이거나 제한적으로 출산 후 아이를 양육하

지 않는 미혼모로서 일정 기간 숙식 보호와 자립지원을 필요로 하는 자를 대상으로 하여 서비스를 제공하고 있다. 주요 서비스는 저소득 한부모가족의 아동양육비 지원, 숙식 무상 제공, 직업교육과 양육교육, 인성교육, 상담지도를 통한 자립 프로그램 실시이며, 기타 국가 또는 지방자치단체가 정하는 경비 지원에 대한 연계와 정보 제공이 이루어진다.

마지막 일시지원복지시설에서는 배우자의 물리적 · 정신적 학대로 아동의 건전양육과 모의 건강에 지장을 초래할 우려가 있는 모와 아동을 대상으로 서비스를 제공하며, 자녀 동반 없이 혼자 입소를 희망하는 모의 경우에도 입소가 가능하다. 주요 지원 내용은 숙식 무상 제공과 일부 생활보조금이며, 의료급여 대상자로 관리하여 의료혜택을 이용할 수 있도록 하고 있다. 이와 함께 학대와 관련한 법률상담과 심리상담이 이루어지며, 퇴소 후의 자립을 위하여 시설 외에서 근로를 희망하는 경우 이를 적극 지원하고 있다. 자녀의 방과 후 지도 및 아동급식비 지급과 학령아동이 인근학교에 출석을 원하는 경우에는 관련 교육기관과 협의하여 수업참여가 가능하도록 전입학의 문제들을 지원한다. 또한 입소 사실에 대한 비밀보장과 특별지원을 통해 외부의 위협으로부터 보호조치를 실시한다.

5. 한부모가족에 대한 가족복지의 발전방안

사회변동과 가족의 변화에 따라 급격히 증가하고 있는 한부모가족에 대한 지원정책 역시 가족복지정책의 발달과 함께 다양한 측면에서 확대되어 오고 있다. 하지만 사회적 변화와 가족 변화의 속도에 비해 현재 한부모가족을 대상으로 제공되고 있는 복지의 내용과 수준은 안정적인 가족생활의 영위와 충분한 수준의 자립을 달성하기에는 많은 부분 제한점을 갖고 있는 것이 사실이다. 이러한 상황에서 한부모가족 복지의 발전적인 방향을 모색하기 위한 방안을 검토해야 한다.

첫째, 자녀 돌봄과 관련하여 다양한 수준에서의 보육 및 교육에 대한 지원서비스가 강화되어야 한다. 소득 수준에 관계없이 보육서비스를 받을 수 있도록 보편적인 공공보육을 확대한 것은 상대적으로 낮은 소득 수준으로 인해 자녀 양육의 어려움이 많은 한부모가족에게는 큰 도움이 될 수 있다. 하지만 한부모로서 생계 부양과 자녀에 대한 돌봄을 병행해야 하는 한부모가족에게는 필요에 따라 추가적인 보육과 교육에 대한 지원이 제공되어야 할 것이다. 대표적으로 직장생활로 인해 자녀 돌봄의 어려움이 큰 한부모가족을 대상으로 한 야간 보육의 확대와 아이돌봄 서비스 활용에 있어 접근 용이성을 높여 직장생활과 자녀 돌봄 사이에서 발생하는 어려움과 역할 갈등을 탄력적으로 조정할 수 있도록 지원해야 한다.

둘째, 한부모가족의 가장인 한부모는 정서적인 어려움뿐만 아니라 건강상의 어려움을 가진 경우가 상대적으로 높은 비율을 보이고 있으나 저소득 한부모가족의 경우 시간적 여유가 없거나 경제적인 사유로 인하여 치료를 적절히 받지 못하는 경우가 많다. 이는 궁극적으로 자신에 대한 돌봄과 자녀에 대한 돌봄의 역량 하락과 가족문제 양산을 가져와 궁극적으로 한부모의 자립을 어렵게 하는 요소로 작용하게 된다. 따라서 건강상의 어려움을 가진 한부모를 대상으로 적극적인 의료비 지원이 이루어져야 할 것이다. 의료비 지원은 일차적으로 한부모가족의 형성 과정과 유지에서 발생하는 정신적 · 신체적 어려움을 완화할 수 있을 것이고, 궁극적으로는 건강한 한부모가족의 형성과 자립의 기초를 마련하게 될 것이다.

셋째, 한부모가족을 지원하기 위한 서비스 기관을 지속적으로 확대해야 한다. 현재 전국 17개소의 광역 단위로 운영되고 있는 한부모가족 지원센터 확대와 지역별 건강가정지원센터에서의 한부모가족에 대한 서비스 강화를 통해 서비스 접근성을 높여야 할 것이다. 한부모가족의 증가 경향과 사회 변화의 현상을 유추하여 볼 때 한부모가족은 지속적으로 증가할 것으로 판단되며, 이는 전체 가구에서 어려움을 경험하게 될 한부모가족이 증가함을 의미한다. 한부모가족의 어려움은 급여의 제공을 통해 완화될 수 있는 경제적인 측면뿐만 아니라 교육이나 상담과 같은 직접적인 서비스 제공을 통해 완화될 수 있는 많은 요소를 포함하고 있다. 따라서 한부모가족의 어려움을 완화하기 위한 서비스 제공의 주체를 다양화하고 공간적 · 시간적 접근성을 용이하게 하여 한부모가족 구성원들의 서비스 이용 가능성을 높여야 할 것이다.

넷째, 한부모가족에 대한 사회적 인식의 변화와 가족의 다양성에 대한 이해를 높이기 위한 교육이 강화되어야 한다. 한부모가족이 경험하는 어려움의 기반에는 사회적으로 한부모가족에 대해 가지고 있는 편견과 차별의 요소가 내포되어 있다. 이러한 편견과 차별은 단순히 한부모가족의 심리적 위축만을 가져오는 것이 아니라 궁극적으로 한부모가족을 사회자원 활용 및 참여에서 배제시켜 자립을 어렵게 하는 주요한 요소로 작용하게 된다. 따라서 한부모가족을 포함한 다양한 가족에 대한 사회적 수용성을 높이고, 다양한 가족이 가진 차이가 사회적 차별로 왜곡되지 않도록 하는 교육과 사회적 인식 개선의 노력이 필요하다.

다섯째, 한부모가족이 경험하는 어려움의 초기에 집중적인 지원을 통해 이들이 경험하는 문제를 예방하고 최소화하는 노력이 필요하다. 사별, 이혼, 미혼 상태에서의 출산과 같은 사유로 인해 한부모가족을 형성하는 경우 갑작스럽게 변화된 가족의 구조와 기능 속에서 변화에 적응하기 위한 시간적 여건과 지원이 부재한 상태에서 생계부양과 자녀 돌봄의 책임을 져야 하는 상황으로 내몰리고 있는 것이 현재 한부모가족의 실태이다. 따라서 한부모가족이 형성되는 초기 시점에 이들이 변화된 상황에 적응하고 이후 생계부양과 자녀 돌봄의 역량을 증진하기 위한 지원을 집중해야 할 필요가 있다.

참고문헌

김미숙, 원영희, 이현송, 장혜경(2005). 한국의 이혼실태와 이혼가족 지원정책 연구. 세종: 한국보건사회연구원.

김승권, 김연우(2012). 한부모가족 정책의 실태와 정책 제언. 보건복지포럼, 186, 59-69.

김은지, 장혜경, 황정임, 최인희, 김소영, 정수연(2015). 2015년 한부모가족 실태조사. 서울: 한국여성정책연구원.

김정란, 김혜신(2014). 한부모가족 가구주의 우울에 미치는 영향 요인: 가구주의 성차를 중심으로. 한국가족관계학회지, 19(1), 143-160.

김혜영(2013). 미혼모에 대한 사회적 차별과 배제. 젠더와 문화, 6(1), 7-41.

보건복지부(2018). 2018년 국민기초생활보장사업 안내.

성정현(2017). 이혼한 여성 한부모들의 자립경험. 한국콘텐츠학회논문지, 17(5), 137-152.

여성가족부(2018). 2018년 한부모가족지원사업 안내.

이진숙, 최원석(2011). 이혼한 한부모의 사회서비스 욕구에 관한 성별 비교 분석. **여성학연구**, 21(3), 141-171.

이화명, 정원철(2016). 한부모 빈곤여성의 사회적 배제감이 탈빈곤 의지에 미치는 영향. **한국콘텐츠학회논문지**, 16(5), 760-771.

조성희(2016). 韓國ひとり親家族の實態に關する硏究. 第26回 日本家族社会学会.

통계청(2017). 2016년 사망원인통계.

한정원(2014). 한부모가족지원사업의 효과성 연구: 한부모가족 심층면접을 중심으로. **여성학연구**, 24(2), 159-195.

황은숙(2008). 한부모가정 복지정책의 현황과 개선방안. **한부모가정연구**, 3(1), 1-24.

Amato, P. R. (2000). The consequences of divorce for adults and children. *Journal of Marriage and the Family, 62*(4), 1269-1287.

Amato, P. R., & Cheadle, A. (2005). The long reach of divorce: Divorce and child well being across three generations. *Journal of Marriage and the Family, 67*(1), 191-206.

제7장

재혼가족

개요

우리가 '가족'이라고 말할 때에는 일반적으로 '초혼가족'을 의미한다. 초혼가족은 '정상가족' 혹은 '표준가족'의 개념으로 통용되고 있지만 사회가 만들어 낸 하나의 가족 개념에 불과하다. 역사적으로 살펴보면 가족은 시대에 따라서 구성, 해체, 변모하였고, 실체가 있는 대상이 아니라 사람들의 생각에 따라 구성되는 개념이다(최연실, 조은숙, 성미애 공역, 1997).

현대 사회에서 가족 개념이 변화한 데에는 결혼에 대한 의미와 가치가 바뀐 것도 한몫을 하였다. 이제 결혼은 인간생활의 필수가 아닌 자기 행복을 위한 선택사항으로 인식되고 있다. 즉, 개인 행복에 우선권을 두는 결혼관이 확대되면서 이혼과 재혼의 증가로 이어지고 있다(유영주 외, 2007). 아직까지 우리나라에서는 초혼가족이 주류 가족 유형이지만 미국이나 유럽은 초혼가족만큼이나 재혼가족이 많으며 전 세계적으로 초혼가족의 비율은 감소하며 재혼가족의 비율이 증가하고 있다. 특히 이혼여성들은 경제적 성취도에서 남성보다 불리하기 때문에 불안정한 경제적 상태에서 벗어나기 위해 재혼을 선택하는 경향도 있다(김연옥, 2007). 마찬가지로 남성들도 자녀 양육의 어려움을 극복하기 위해 재혼을 선택하기도 한다(김태한, 2010).

이혼과 재혼이 보편적 사회현상으로 자리매김하고 있으며 점점 증가하는 추세임에도 여전히 우리나라 사람들은 재혼을 수치스러운 것으로 인식하고 있다. 그 배경에는 조선의 건국과 관련이 있다. 조선왕조는 고려와 다르게 유교적 이념으로 국가를 운영하고자 하였는데 여성의 재혼은 정절과 일부종사라는 유교적 이념에 어긋나기 때문에 국법으로 제한하였다. 게다가 재혼에 대한 부정적 담론들은 조선 후기에 발달한 인쇄술에 힘입은 계모소설들의 유행으로 더욱 확대되었다. 따라서 보수적인 가족 가치관을 가진 우리 문화의 특성상 여전히 재혼은 수치스러운 행위이며, 재혼가족은 초혼가족보다 열등한 가족 형태로 인식되고 있다(김태한, 2010).

이 장은 재혼가족에 대한 정의, 특성, 발달과정, 성공적 통합을 위한 과제를 살펴보고 재혼가족의 욕구, 서비스 현황 그리고 재혼가족에 대한 가족복지의 발전방향을 제시하고자 한다.

1. 재혼가족에 대한 이해

1) 재혼가족의 정의[1)]

재혼가족(remarriage family)을 나타내는 표현은 계부모가족(stepfamily), 의붓가족, 재결합가족, 재구성가족 등 매우 다양하다(Ganong & Coleman, 2004). 흔히 재혼가족은 부부 중 한쪽 혹은 모두가 이전에 다른 배우자와 결혼생활을 하였다가 현재 새로운 가구를 유지하는 경우를 말하고, 계부모가족이나 재혼부모가족은 재혼한 부부에게 이전 결혼생활에서 태어난 미성년 자녀가 있어 비혈연적 부모-자녀 관계가 형성된 경우를 말한다(김승권, 2000). 의붓가족, 의붓아버지, 의붓어머니 등에 사용되는 의붓은 '의부(義父)'에서 온 말로 어머니가 재혼하여 새로운 아버지가 생긴 경우를 말하였으나 나중에는 재혼을 의미하는 접두사로 변형되었다. 재결합가족 혹은 재구성가족은 가족과 가족의 결합으로 형성된 가족을 의미하는 개념이다(Ganong & Coleman, 2004).

일반적으로 재혼가족은 자녀 없이 재혼하는 부부나 자녀 양육의 역할이 필요하지 않은 노년층의 황혼재혼까지도 포함하는 광의의 단어이다. 그러나 이 장에서는 재혼가족의 정의를 미성년 자녀와 부모(부부)로 구성된 계부모가족에 한정해 사용하고자 한다. 왜냐하면 재혼가족 유형 중에서 계부모가족 유형이 대다수를

---

1) 이 장에서는 재혼-, 계-, 재-의 접두사를 혼용하여 재혼가족관계를 표현하였다.

차지하고 있으며, 자녀 양육과 교육 등의 가족생활주기상의 과업이 다른 유형의 재혼가족보다 더 복잡하고 다양하기 때문에 사회복지서비스의 도움이 더 많이 필요한 이유에서이다(장혜경, 민가영, 2002).

2) 재혼가족의 유형

우리나라 인구조사에서는 재혼가족의 유형을 성별과 결혼 특성을 조합하여 재혼남성과 재혼여성(남녀재혼), 재혼남성과 초혼여성(남재여초), 초혼남성과 재혼여성(남초여재)으로 구분한다. 또한 배우자 중 한 명만 재혼이면 단순재혼, 부부모두가 재혼이면 복합재혼으로 부르기도 한다. 과거에는 재혼남성과 초혼여성의 재혼이 보편적이었지만 1990년대 후반부터는 재혼남성과 재혼여성의 재혼(남재여재)이 늘어나고 있는 추세이다. 지속적으로 결혼인구의 감소와 이혼인구의 증가로 인해서 초혼부부는 감소하고 재혼부부는 증가하는 추세이다(통계청, 2011).

과거 재혼 사유는 배우자의 별세가 주요 원인이었지만 오늘날에는 이혼으로 인한 재혼이 대부분이다. 재혼자의 절대 다수는 이혼 후 재혼한 것으로 나타나지만 이혼자의 얼마가 재혼하는지에 대해서는 공식적 통계자료가 없다. 재혼자의 대부분은 이혼자이고 이혼과 재혼이 점점 증가하고 있는 추세이기 때문에 이혼자의 상당수는 재혼한다고 추정할 수 있다. 미국의 경우, 이혼자의 75%는 재혼하며 이혼여성의 90%는 자녀 양육권을 가지고 직접 양육하며(Pasley & Ihinger-Tallman, 1988), 재혼가족의 82%는 친자녀의 양육권을 가진 여성이 남성들과 재혼하는 계부형 가족이다(Glick, 1989). 우리나라도 최근에는 여성들의 사회활동이 활발하고 경제적 능력이 향상되었기 때문에 자녀 양육권을 가지고 직접 자녀를 양육하는 계부형가족이 상당히 높을 것으로 추측하고 있다(김연옥, 1999).

한편, 친자녀의 유무와 양육권에 따라 재혼가족의 구조적 유형은 〈표 7-1〉과 같이 아홉 가지로 구분할 수 있다. 남녀 모두 자녀가 없는 상태에서 재혼하였다면 무자녀 재혼가족, 남성은 자녀가 없고 여성은 자녀가 있지만 전 배우자가 양육하면 비동거 계부가족, 남성은 자녀가 없고 여성은 자녀가 있어서 함께 살고 있으면

동거 계부가족, 남성은 자녀가 있지만 전 배우자가 양육하고 여성은 자녀가 없다면 비동거 계모가족, 남성과 여성이 각각 자녀가 있지만 전 배우자가 양육한다면 비동거 계부모가족, 남성은 자녀가 있지만 전 배우자가 양육하고 여성은 자녀가 있어 함께 살고 있으면 혼합 계부모가족(계부형), 남성은 자녀와 같이 살고 여성은 자녀가 없으면 동거 계모가족, 남성은 자녀와 같이 살고 여성은 자녀가 있지만 전 배우자가 양육한다면 혼합형 계부모가족(계모형), 남녀 모두 자녀를 데리고 와서 재혼한 경우에는 동거 계부모가족으로 분류하였다(Clingempeel, Brand, & Segal, 1987).

〈표 7-1〉 재혼가족의 구조적 유형

구분		여성의 상태		
		자녀 없음	자녀 있음/양육권 없음	자녀 있음/ 양육권 있음
남성의 상태	자녀 없음	무자녀 재혼가족	비동거 계부가족	동거 계부가족
	자녀 있음/ 양육권 없음	비동거 계모가족	비동거 계부모가족	혼합 계부모가족 (계부형)
	자녀 있음/ 양육권 있음	동거 계모가족	혼합 계부모가족 (계모형)	동거 계부모가족

출처: Clingempeel et al. (1987), p. 68

3) 재혼가족의 특성

(1) 초혼가족과 구별되는 재혼가족의 특징

재혼가족 연구에 선구자인 Visher 부부는 가족의 역할과 기능에 대해 사회적으로 합의된 규범이 있는 초혼가족과 달리 재혼가족은 이러한 규범이 없기 때문에 오해가 발생한다고 주장한다. 초혼가족에게 적용되는 규범들을 재혼가족에게 적용하는 것은 바람직하지 않으며 초혼가족의 관점에서 재혼가족을 이해하려고 하기 때문에 재혼가족을 비정상적 가족으로 인식한다고 비판한다. Visher 부부는 초혼가족과 구별되는 재혼가족의 독특한 특징을 다음과 같이 정리하였다(반건호, 조아랑 공역, 2003).

첫째, 재혼가족은 초혼가족과 다른 구조적 특성을 가진다. 이혼 혹은 사별 등의 재혼 전 경험을 가지는 재혼가족은 상실과 변화의 과정을 거친다. 이러한 과정은 가족 구성원들에게 고통을 제공하고 부조화와 혼란감을 경험하도록 만든다. 이전 가족에서 이미 형성된 가족규칙, 기대, 생활방식, 가치관들을 가진 채로 재혼가족을 형성하기 때문에 가족 구성원들 간의 일치와 조화를 형성하는 것은 쉽지 않다. 자녀들이 비동거 친부모와 지속적으로 왕래를 한다면 두 개의 가정에 소속되어 있으므로 재혼부모가 일관성 있게 양육하는 것도 쉽지 않다.

둘째, 일반적으로 초혼가족들은 가족 구성원 간 소속감과 애정을 공유하는 데 비하여 재혼가족은 현재 가족에 대한 충성심이 약하다. 재혼가족 안에서 소속감과 애정을 가지기 위해서는 오랜 시간이 걸리며 어떤 경우에는 시간이 지나도 친밀감을 경험하지 못하는 경우도 있다.

셋째, 재혼가족이 하나의 정체성으로 통합되기 위해서는 엄청난 고통과 시련의 과정을 거쳐야 하고 오랜 시간이 걸린다. 서로 다른 조건에 있던 두 개의 가족을 하나의 가족으로 통합하는 과정이기 때문에 매우 힘들다. 하나의 가족이 되는 과정은 스트레스를 유발하고 스트레스는 가족의 적응을 방해하는 장애물이 되기도 한다. 초혼가족보다 많은 단계의 발달과정이 필요하며, 스트레스로 인하여 통합이 오래 걸리거나 불가능할 수도 있다. 학자에 따라 가족 통합의 시간을 최소 2년으로 잡기도 하고 7년 이상으로 잡기도 한다.

넷째, 재혼가족에 대한 사회적 인식이 대체로 부정적이다. 재혼가족은 결함이나 문제가 많은 가족으로 인식되고 있다. 이것은 재혼가족을 다양한 가족 유형의 하나로 인식하기보다는 초혼가족의 틀에 고정시키려 하기 때문이다. 특히 재혼모에 대한 '사악한 계모'의 이미지는 콩쥐팥쥐, 장화홍련, 백설공주, 신데렐라처럼 동서양 모두에서 발견되는 대표적인 재혼가족에 대한 선입견이라 할 수 있다. 이들 설화는 어린 자녀들에게 친부모의 중요성을 강조하기 위하여 재혼부모의 부정적 이미지를 강조하였기 때문에 재혼가족에 대한 사회적 편견이 쉽게 형성될 수 있다.

다섯째, 재혼가족은 초혼가족보다 더 복잡한 관계망을 가진다. 재혼가족은 이혼

과 재혼의 과정을 거치면서 관계가 복잡하게 구성된다. 초혼가족은 부모와 자녀 그리고 조부모와 외조부모로 구성되지만, 재혼가족은 친부모, 계부모, 친형제, 이복형제, 공유자녀,[2] 계형제, 친조부모와 계조부모, 친외조부모와 계외조부모 등으로 구성된다. 이렇게 복잡한 관계는 누가 가족에 포함되고 포함되지 않는지에 대한 모호함을 만든다. 가족 경계선이 모호해짐으로써 의사소통, 행동의 선택, 구성원 간 활동의 어려움이 발생하고 가족의 역할과 규칙을 불분명하게 만들어 혼란을 야기할 수 있다.

여섯째, 재혼한 부부의 관계가 좋아도 재혼부모-자녀의 관계에 좋은 영향을 미치는 것은 아니다. 일반적으로 초혼가족은 부부관계가 좋으면 부모-자녀 관계도 좋기 마련이지만, 재혼가족에서는 반드시 좋은 것만은 아니다. 또한 초혼가족은 자녀들 때문에 가족기능이 강화되고 이혼을 하지 않지만, 재혼가족은 자녀 때문에 해체되는 경우가 많다. 기존의 부모-자녀 관계의 동맹이 새로 구성된 재혼가족 안에서 재혼부모의 역할을 위축시키기 때문이다.

(2) 재혼가족의 특수한 문제들

개인의 특성이나 상황에 관련 없이 재혼가족이 경험하는 보편적인 문제들은 일곱 가지로 나눌 수 있다(반건호, 조아랑 공역, 2003; Ganong & Coleman, 2004).

첫째, 변화와 상실이다. 재혼가족은 재혼을 전후로 수많은 변화를 경험한다. 사전에 예상 가능한 것도 있겠지만 예상하기 어려운 것들도 있다. 구성원에 대한 호칭 변화에서부터 의식주와 같은 생활의 변화 그리고 신념과 가치관의 변화까지 다양한 변화를 겪는다. 이러한 변화는 익숙한 것과 좋은 것의 상실로 이어지고 자녀들은 부모들보다 더 큰 상실감을 경험할 수 있다. 가령, 재혼 전에는 친부모와 지냈던 시간을 계부/계모에게 빼앗길 수도 있고, 동거하지 않는 친부모와의 만남을 제한받을 수도 있고, 어떠한 물건이나 공간을 새로운 가족과 공유해야 한다. 게다가 자신만의 사생활을 부모의 재혼으로 인해 간섭받을 수도 있다.

---

2) 부부가 재혼 후에 낳은 자녀로, 기존의 형제자매들과는 혈연적 일치가 부분적이다.

둘째, 재혼가족에 대한 비현실적인 신념과 기대들이다. 재혼가족에게 어려움을 주는 일반적인 신화는 '재혼가족의 생활은 초혼가족과 동일하다' '재혼가족의 적응은 빨리 이뤄진다' '가족 간에 서로 아끼고 사랑하는 마음이 쉽게 생긴다' 등이다. 또한 '재혼가족은 무조건 나쁘다' '재혼부모는 자녀를 사랑하지 않는다' '내 핏줄이 아닌 자식은 품을 수 없다'와 같은 부정적인 선입견도 있다.

셋째, 가족체계 안에서 외부인과 내부인의 구별이다. 재혼가족은 기존 가족 성원과 새로운 가족 성원이라는 두 개의 하위체계로 구성된다. 친부모와 자녀들은 기존 가족을 구성하던 내부인이며 재혼으로 형성된 가족 성원을 외부인으로 인식한다. 서로 다른 두 개의 하위체계는 사소한 것에서 오해나 불필요한 갈등을 겪을 수 있기 때문에 외부인, 내부인에 대한 인식은 재혼가족을 하나의 체계로 통합되기 어렵게 만든다.

넷째, 개인과 가족의 생활주기가 불일치한다. 초혼가족은 남녀가 결혼하고 아이가 태어나고 성장한다. 따라서 부부(부모 간)의 공유경험이 우선적으로 이뤄지고 다음에 부모와 자녀 간의 공유경험들이 뒤따르며 자녀들의 연령대도 분명히 구분된다. 반면에 재혼가족은 부부(부모)간의 공유경험보다는 이전 결혼에서 형성된 친부모-친자녀 간의 공유경험이 우선된다. 또한 결혼과 동시에 자신이 낳지 않은 자녀의 부모역할을 해야 하는 것이 초혼인 계부모의 경우 대단히 힘든 경험이기도 하다. 마찬가지로 형제자매 간에도 연령이 똑같거나 혹은 지나치게 큰 차이가 날 수도 있다.

다섯째, 충성심의 갈등이다. 재혼가족의 자녀들은 자신의 친부모와 더불어 재혼부모가 있고, 재혼부모도 친자녀와 재혼자녀가 있다. 함께 생활하거나 혹은 떨어져서 지내며, 가족의 정의가 애매하고, 위기 상황에서는 혈연에 따라 가족 분열이 일어날 수 있다. 자녀의 경우 생존여부를 떠나서 친부모에 대한 강한 유대감을 가지고 있기 때문에 재혼부모와 결속력을 가지기에 어려움이 크다. 부모들도 정서적으로 재혼자녀보다는 친자녀에게 더 끌리는 것을 부정할 수는 없고 배우자보다는 친자녀에게 더 강한 소속감을 느낄 수 있다. 자녀들은 자신의 친부모가 재혼가족 성원에게 더 잘 대해 줄 때에 혼란감을 느낄 수 있다.

여섯째, 가족생활에 대한 경계선과 통제의 문제이다. 초혼가족은 가족 내부 체계 혹은 외부 체계에 대한 사회적 규범 혹은 기대가 존재하기 때문에 경계선이 큰 문제가 되지 않는다. 그러나 재혼가족은 경계에 대한 규정들이 모호하기 때문에 누구를 가족에 포함시키고 제외할지에 대한 문제가 발생할 수 있다. 자녀들이 두 개의 가족에 소속되어 있기 때문에 같이 생활하지 않는 친부모와의 교류를 어느 정도 가져야 할지도 큰 과업이다. 친부모와 교류를 지나치게 허용하거나 지나치게 통제하면 재혼부모의 양육적 권위가 받아들여지지 않고, 친부모와 양육갈등도 발생할 수도 있다. 초혼가족은 부모가 자연스럽게 자녀에 대한 주도권을 가지지만 재혼가족 안에서는 부모가 재혼자녀들에 대한 권위를 가지기 어렵다.

일곱째, 구성원 간의 친밀함과 거리감이다. 재혼가족은 정서적 혼란이 발생할 가능성이 크다. 재혼가족 성원을 사랑하지 않는 경우에도 죄책감을 느끼고, 재혼가족 성원을 사랑해도 죄책감을 느낀다. 재혼 초기에 재혼자녀들은 재혼부모에 대해 엄마 혹은 아빠라는 호칭을 쉽게 말하지 못한다. 설령 쉽게 말한다고 해도 정서적으로 부모라고 느끼기는 힘들다. 성별이 다른 청소년기의 재혼자녀들 간에는 쉽게 이성적 매력을 경험할 수도 있다.

4) 재혼가족의 발달과정

재혼가족의 발달에 대하여 Mills(1984)와 Carter와 McGoldrick(1988)의 연구가 있지만 가장 널리 활용되는 것은 Papernow(1993)의 모델이다(Ganong & Coleman, 2004). Papernow(1993)는 게슈탈트 이론과 가족체계 이론을 바탕으로 재혼가족의 발달주기를 7단계로 설명하였는데, 개인의 변화와 재혼가족의 변화를 잘 설명하면서 각 단계별로 주요한 과업들과 가족관계를 위한 조언들을 제공하고 있다.

첫째는 환상의 단계로, 재혼 초기에 가족 성원들은 비현실적인 기대를 가지고 있다. 부모들은 전 배우자로부터 경험하지 못했던 것을 경험하기 원하며, 자녀들과 즉각적으로 친밀해질 수 있다는 환상을 가지고 재혼자녀들은 친부모들이 다시 결합하는 환상을 가진다. 어떤 자녀들은 재혼부모가 자신이 겪고 있는 문제를 해결해 줄 것이라는 기대를 하기도 한다. 이 시기에 가장 중요한 과업은 비현실적인 희망과 기대를 포기하는 것이다.

둘째는 침몰(혼란)의 단계로, 초기의 장밋빛 환상 대신 재혼가족의 현실을 깨닫는다. 환상은 서서히 사라지고 초기의 기대와 달리 하나의 가족으로 통합되는 것이 쉽지 않다는 것을 경험하면서 혼란감과 부정적인 감정 속으로 침몰한다. 자녀들보다는 재혼부모들이 먼저 부정적 감정을 느끼고 자책하는 마음을 가진다. 가족 성원들은 뭔가 잘 안 되어 간다는 느낌을 가지며 부정적인 경험들을 많이 느낀다. 그리고 가족 안에서 내 편과 네 편으로 나뉘는 분열이 발생한다. 이 시기에 가장 중요한 과업은 성원들 간에 잘못되고 있는 것들에 대한 경험과 감정을 교류할 수 있도록 노력하는 것이다.

셋째는 자각의 단계로, 재혼가족 발달에서 가장 중요한 단계이다. 초혼가족과 재혼가족이 다르다는 것을 현실에 맞게 인식한다. 따라서 이 단계의 가장 중요한 과업은 성원들이 자신과 타인의 감정, 욕구, 가족 안에 존재하는 압력과 긴장을 이해하는 것이다.

넷째는 동원의 단계로, 가족 구성원 간에 강렬한 정서가 표현되면서 부부갈등이 발생한다. 가족생활은 사소한 문제들로 갈등을 겪고 스트레스가 고조된다. 가족생활에 대한 규칙을 정하면서 논쟁이 발생할 수 있다. 이런 갈등은 향후 가족의 생활방식을 결정하는 요인이 될 수 있다. 이 단계에서 가장 중요한 과업은 서로의 차이를 받아들이고, 변화를 위하여 함께 노력하는 것이다.

다섯째는 행동의 단계 혹은 함께 일하는 단계로, 부모는 해결책을 찾기 위하여 협력하기 시작한다. 가족구조의 변화가 일어나고 하위체계 간의 경계선도 명확해진다. 자녀들은 이러한 가족 변화에 저항할 수도 있다. 이전 가족생활에서 형성된 생활방식을 어느 정도 유지하면서도 새롭고 만족스러운 생활방식을 형성해 나간다. 이 단계에서 과업은 새로운 생활습관과 생활방식을 구축하는 것이다.

여섯째는 접촉의 단계로, 부모는 문제를 함께 잘 해결하며, 재혼가족 성원들은 서로 돈독한 유대감을 만들고 가족 내부의 경계는 명확해진다. 또한 초혼가족체계의 문제들도 효과적으로 잘 다룰 수 있다. 이 단계에서 가장 중요한 과업은 자

녀들과 견고한 관계를 만드는 것이다.

일곱째는 해소의 단계로, 재혼가족의 정체성이 형성되고 각자 서로의 역할과 규범을 가진다. 부모는 자녀에 대해 권위를 가지며, 자녀도 부모를 존중하는 태도를 가진다. 초기에 발생하던 문제들은 계속 유지되기도 하지만 가족생활에 위협적이지는 않으며 가족 성원들은 적절하게 풀어 나갈 수 있다. 이 단계에서 가장 중요한 과업은 상실감, 충성심의 혼란 등을 지속적으로 극복해 나가는 것이다.

7단계는 초기단계(환상, 침몰, 자각), 중기단계(동원, 행동), 후기단계(접촉, 해소)로 나눌 수 있으며, 초기단계는 2~3년 정도 소요되고, 중기단계와 후기단계는 각각 1~3년 정도 소요된다. 또한 재혼가족이 하나의 가족체계로 안정성을 가지고 기능을 하기 위해서는 더 오랜 시간이 걸리며, 후기단계에서 초기단계의 문제가 다시 발생할 수도 있다(Papernow, 1993).

5) 성공적인 재혼가족 만들기를 위한 과제

기존 연구들은 재혼가족의 성공적인 통합과 적응을 위하여 몇 가지 필수적인 과제들을 제시한다(반건호, 조아랑 공역, 2003; Ganong & Coleman, 2004).

첫째, 가족 성원들의 상실감을 다루고 변화에 대처하는 것이 필요하다. 자녀들이 경험하는 슬픔과 분노감을 인정하고 표현할 수 있도록 하며, 감정적 행동 대신에 감정을 언어로 표현하도록 돕는다. 자녀들뿐만 아니라 부모들도 자신의 상실감과 불안감을 인식하고 돌아보는 태도가 필요하다. 즉각적으로 하나의 가족이 되려는 비현실적인 기대를 내려놓고 현실적인 감각을 가지도록 재혼가족에 대한 서적을 읽고, 천천히 변화하도록 노력한다.

둘째, 상충되는 발달상의 요구를 절충하는 태도가 필요하다. 발달주기가 불일치하기 때문에 서로에게 필요한 것이 다를 수도 있다. 가족 성원들은 융통성을 가지고 서로의 욕구를 충족시킬 수 있는 대안들을 찾아보는 것이 필요하다. 부모들은 자녀 양육에 대한 교육을 받거나 발달상의 서로 다른 요구가 있음을 인정한다. 가족생활 가운데 자신의 요구를 분명하게 표현하고, 상반된 요구들에 대해서는 타협하는 태도를 취하는 것이 좋다. 가족 모두가 차이점을 인정하고 인내심과 유연성을 가지고 대화로 풀어 가도록 해야 한다.

셋째, 새로운 가족전통을 구축해야 한다. 기존에 존재하던 가족전통을 유지하면서도 새로운 전통을 형성하는 방법을 찾아야 한다. 가족규칙을 설정할 때에는 부모와 자녀가 함께 참여하는 것이 좋다. 재혼부모는 재혼자녀의 훈육을 천천히 진행하며 중요한 상황에만 집중해야 한다. 문제가 발생하였을 때에는 가족회의를 통해서 각자의 의견을 듣고 말하는 시간을 가지는 것이 필요하다.

넷째, 부부간의 견고한 유대감을 형성하는 것이다. 부부간 견고한 유대감은 재혼자녀에 대한 부모역할을 수행하는 데 필수적인 사항이다. 재혼자녀들은 친부모와 먼저 유대감을 구축하였기 때문에 재혼부부의 유대감을 방해할 수 있으며, 친부모가 자기 자녀에 대한 부모역할을 지나치게 고집한다면 재혼부모의 양육활동은 위축되기 마련이다. 즉, 성인들에게는 결혼생활이 중요하다는 것을 자녀들에게 이해시키고 부부의 일치된 모습을 보여 주어야 한다. 그리고 재혼부모가 양육자로서의 권위를 공고히 할 수 있도록 친부모와 자녀는 재혼부모의 역할과 활동을 믿어 주어야 한다. 이 두 가지는 동시에 진행되는 특성이 있다. 재혼부부 사이에 동등한 의사결정권을 갖는 것은 결혼의 만족도를 높이는 것이다.

다섯째, 새로운 관계형성을 위해 노력해야 한다. 재혼가족은 많은 노력과 함께 시간이 필요한데 친밀감을 형성하고 하나의 가족으로 정체성을 가지기 위해서는 함께 경험하는 활동이 있어야 한다. 특히 재혼부모는 재혼자녀들과 빨리 친밀해지려고 과도한 역할을 수행하는 경우가 있는데, 이는 오히려 부적응을 유발하는 요인이 되기도 한다. 재혼자녀들이 청소년기라면 재혼부모는 초혼가족의 부모와 마찬가지로 양육의 어려움이 클 수 있다. 따라서 재혼부모는 '친절한 아줌마' '친절한 아저씨'의 역할을 하며, 굳이 '엄마' '아빠'의 호칭을 강요하지 않는 태도가 필요하다. 가족생활에서 재혼자녀를 일대일로 만나서 친밀감을 형성할 수 있는 활동을 가지는 것도 좋다. 각자의 전혼 자녀들과 함께 생활하는 경우에는 자녀들에 대해서 공정하게 대하는 것이 필요하다. 비록 재혼자녀에게 친밀감을 느끼지 못하더라도 공정하게 대하는 것은 부모-자녀 관계뿐만 아니라 부부관계에도 좋은

영향을 미치기 때문이다. 재혼자녀의 연령이 어리다면 좀 더 양육적인 활동을 쉽게 할 수 있으며 친밀감도 쉽게 형성할 수 있다. 이때에는 친부모의 역할을 맡아서 유치원이나 학교 등의 행사에 참여하고, 종교 활동 및 취미와 여가활동도 같이 하는 것이 좋다.

새엄마를 위한 십계명

1. 재혼가족의 부정적 역동과 행동을 자연스러운 것으로 이해하고 비난하지 않는다. 재혼자녀들은 가족 상실의 슬픔을 표출하고 지속적으로 부부관계의 견고함을 시험할 것이다.
2. 초능력을 가진 재혼부모가 되는 것은 불가능하다. 천천히 변화를 이끈다.
3. 부부가 훈육, 허드렛일, 예의범절, 식사에 대한 집안의 규칙을 함께 결정한다. 부부가 함께 결정하지 않으면 자녀들이 따르지 않을 것이다.
4. 만약에 당신과 남편이 훈육에 대한 형식, 기준, 구조에 대해 견해가 다르다면 새엄마는 재혼자녀를 훈육하지 않는다.
5. 부부가 함께 가족의 구조와 훈육에 대해서 조정하고 일치시킴으로써 부부의 힘을 구축한다. 아니면 재혼가족을 위해 훈련된 치료자와 함께 부부관계의 견고성을 키운다.
6. 가능하다면 언제든지 친부모인 사람이 자식을 훈육한다. 새엄마는 단지 '너희 아빠와 나는 이것을 결정했다'라는 식으로 일깨워 준다.
7. 가족 모임들을 유지한다. 자녀의 친부모가 가족의 규칙들을 설명하며, 규칙들은 긍정적인 언어로 기록한다. 예를 들어, '우리는 다른 사람의 말을 가로막지 않는다' 보다는 '우리 집에서는 다른 사람이 말을 마칠 때까지 기다린다'라는 식으로 설명하는 것이 낫다. 자녀들은 투표권을 가지지만 거부권은 가지지 못한다. 확정된 규칙들은 냉장고에 '우리 집의 규칙'이라고 써서 붙인다. 믿거나 말거나 아이들은 가족의 규칙이 있다는 것을 좋아하고 친구들에게 보여 주기를 좋아한다.
8. 부부만을 위한 시간을 갖는다. '야간 데이트'가 가장 좋다.
9. 남편들은 만약에 자신이 훈육의 악역을 맡는다면 자녀의 마음을 잃어버리게 될까 두려워한다. 이혼한 아빠들은 일반적으로 친자녀의 나쁜 행동을 깊게 생각하지 않지만 이것은 아빠의 역할이 아니다. 또한 이러한 남편을 지적하는 것도 새엄마의 역할이 아니다. 남편의 마음을 읽어 주고, 함께 대화를 나누기 위해 전문가의 조언을 구한다.

> 10. 남편이 친자녀들과 함께 어디로 떠났을 때에는 자신을 위한 시간을 갖는다. 당신이 항상 그 속에 있어야 하는 것은 아니다. 재혼자녀들은 당신의 자녀가 아니다. 당신이 자녀들을 사랑해야 하는 것이 아니라, 자녀들이 가정의 어른으로서 당신의 지위를 존경해야만 한다. 자녀들의 아빠가 자녀에게 말하도록 한다. 당신은 유머 감각과 초월적 힘에 대한 신앙심을 가져야 하며 이것들을 잃어버리면 안 된다.

출처: Lofas (2004), pp. 45-60

2. 재혼가족의 욕구

1) 전문적인 상담 및 교육서비스

재혼가족은 타인의 이목을 불편해하며 재혼가족이라는 사실이 드러나는 것 때문에 상담 및 교육에 참석하는 것을 꺼린다. 그럼에도 재혼가족의 대다수는 재혼하기 전에 미리 가족생활에서 발생할 수 있는 문제들과 대처방법을 배웠다면 덜 힘들었을 것이라고 말한다. 재혼부부가 필요하다고 느끼는 것들은 사회적 교육프로그램, 상담지원 서비스 등이며, 드러내고 참여하기 어렵기 때문에 재혼가족만 참석하는 서비스, 인터넷을 통한 접근, 안내책자를 통한 도움을 원한다. 필요로 하는 구체적인 상담 및 교육 프로그램의 내용은 자녀에 대한 문제(자녀적응훈련)가 가장 많고, 부부관계(의사소통), 경제문제, 가족관계 및 생활전반에 관한 내용(스트레스 해소법, 인정과 존중 훈련) 등이다(장혜경, 민가영, 2002).

2) 재혼가족들의 자조모임

재혼가족은 전문가들의 도움도 중요하지만 재혼가족의 생활을 먼저 경험해 본 사람들의 경험을 공유하고 싶어 한다. 가족생활은 직접 경험해 본 사람이 아니라면 깊이 이해하거나 공감시킬 수 없다. 따라서 같은 경험을 먼저 가졌던 사람들이

터득한 지식과 기술들을 나누고, 힘들고 어려운 가족문제를 공유할 수 있는 지지적인 자조모임을 희망한다(장혜경, 민가영, 2002).

3) 재혼가족에 대한 사회적 인식 변화

재혼가족의 부모들은 자녀들이 사회생활에서 재혼가족이라는 사실로 부당한 처우를 당하거나 놀림 받을 것을 걱정한다. 재혼은 수치스럽고 부자연스러운 것이며 결손가족이라는 사회적 인식이 바뀌기를 원한다(장혜경, 민가영, 2002). 호주제가 폐지되기 전까지는 주민등록증이나 건강보험증을 통해서 재혼가족이라는 사실이 쉽게 드러났다. 호주제가 2008년에 공식적으로 폐지되고 가족관계등록제로 바뀌었지만 거의 모든 신고체계는 호주제 때와 크게 달라지지 않았고 오히려 과거 호주제의 단점이 그대로 남아 있다는 지적도 있다. 아직도 가족이라는 단어 속에는 초혼핵가족이라는 의미가 반영되어 있기 때문에 소수자와 다양하고 비전형적인 가족을 소외시키는 경향이 있다(여성신문, 2014. 5. 9.). 그러므로 사회와 제도 안에서 가족에 대한 정의도 현실적으로 바뀌어야 하고, 다양성이 존중받는 사회가 되기 위한 가족담론의 변화도 필요하다.

3. 재혼가족을 위한 서비스 현황

재혼가족은 점점 증가하는 추세이지만 재혼가족에 맞춰진 공식 복지서비스는 거의 없으며, 가족생활에서 겪는 어려움은 건강가정지원센터나 복지기관 혹은 민간사설기관에서 제공하는 서비스를 통해 도움을 받을 수 있다.

1) 가족상담 및 가족생활 교육프로그램

2004년에 제정된 「건강가정지원법」에 따라 전국 시 · 군 · 구마다 건강가정지원센터를 설치하여 운영하고 있으며, 이곳에서 실시하는 상담이나 프로그램은 무료로 참여할 수 있다. 건강가정지원센터에서 지원해 주는 재혼가족 생활교육은 자녀 양육을 위한 재혼부모교육, 재혼부부집단상담, 가족캠프, 재혼준비프로그램 등이 있으며 간헐적이고 단기적으로 진행되고 있다. 특히 재혼자녀들은 가정 안에서 가장 고통을 받는 대상이지만 이들을 위한 전문 상담서비스는 국내에 전무하다. 외국의 경우, 정부에서 재혼가정의 자녀 및 부모를 위한 지역별 상담소를 운영하기도 한다(EBS 뉴스, 2018. 1. 8.).

〈표 7-2〉 재혼준비 프로그램

회기	주제	세부목표
1	재혼이 부부에게 미치는 영향	• 초혼과 재혼의 차이점 이해 • 재혼가족의 긍정적 측면 이해 • 재혼부부의 문제와 해결방법 • 성공적 재혼부부의 특성을 적용하기
2	재혼부부의 갈등해결	• 재혼부부의 갈등에 대한 이해 돕기 • 효율적 갈등대처법 배우기
3	부모-자녀의 의사소통	• 부모-자녀의 의사소통 이해하기 • 부모-자녀 간 갈등을 줄이는 방법 • 효율적인 의사소통의 태도
4	자녀 양육	• 재혼 부모-자녀의 관계에 대한 이해 • 재혼가족에서 부모역할의 이해 • 재혼자녀들의 문제와 해결책 • 효율적 자녀 양육 및 교육태도 배우기

출처: 박은주(2004), pp. 52-59에서 요약 발췌.

2) 사회적 지지

일부이기는 하지만 종교기관들이 재혼자 간 사회적 지지와 정보 교환을 위하여 자조모임을 운영하고 있다. 또한 재혼자들끼리도 온라인 혹은 오프라인에서 자조

모임을 만들어 재혼가족에서 경험하는 어려움들과 문제들을 나누고 상호 도움을 주고받기도 한다. 재혼자 자조모임은 경험이 있는 재혼자들이 중심이 되어 초기 재혼자들에게 조언해 주기 때문에 실제적으로 도움이 된다. 그러나 대부분의 모임은 재혼자가 아닌 사람의 참여를 제한하고 있어서 재혼자가 아닌 경우에는 참여가 쉽지 않다(김태한, 2010).

3) 재혼 주선

재혼을 희망하는 사람들을 위하여 재혼을 주선하는 서비스는 주로 민간 결혼기관들이 유료로 운영하고 있다. 일부 이혼자 모임 혹은 재혼자 모임에서도 재혼을 위한 자체적 만남을 주선하기도 한다.

4) 재혼가족을 위한 법률적 지원

면접교섭권은 부모가 이혼한 다음에 양육권을 갖지 않은 사람이라도 자신의 자녀를 만나고 교류할 권리를 법으로 인정해 주는 것이다(「민법」 제837조의2). 면접교섭권은 자녀에게 나쁜 영향을 미치는 경우에는 일시적으로 제한할 수 있지만 영구적으로 제한할 수는 없다. 또한 성과 본의 변경 청구는 자녀의 복리를 위하여 법원의 허가를 받고 변경할 수 있다(「민법」 제781조 제6항). 실제 양육자인 새아버지와 재혼자녀의 성씨가 달라 고통받을 경우에 새아버지의 성과 본을 사용할 수 있다. 성과 본을 바꾸는 다른 방법은 새아버지가 가정법원의 허가를 받아 재혼자녀를 자신의 친양자로 입양하는 방법이 있다. 이 경우에 재혼자녀는 새아버지의 자녀로 출생한 것과 같은 조건이 되므로 생물학적 친부의 면접교섭권은 소멸된다.

4. 재혼가족에 대한 가족복지의 발전방안

1) 재혼가족 교육프로그램

이혼에 관련한 성인 혹은 아동 교육프로그램은 1990년대 후반부터 활발히 개발되었지만 재혼 교육프로그램은 굉장히 적은 편이다(임춘희, 2006). 재혼남성의 91.1%는 재혼가족을 위한 교육프로그램에 참여한 적이 없으며, 66.7%는 들어 본 적조차 없는 것으로 나타났다. 재혼여성도 이와 비슷해서 89.4%가 참여해 본 적이 없으며 67.5%는 들어 본 적조차 없는 것으로 나타났다(박은주, 2004). 우리나라의 경우 남녀 모두 재혼하기 전에 가족교육에 대한 정보나 참여기회를 가지지 못한다(장혜경, 민가영, 2002). 사전에 재혼생활에 대한 준비 없이 불안정하게 시작하는 경우에 또다시 가족 해체로 이어지는 특징을 가진다(김연옥, 2007). 건강한 적응 및 해체 예방을 위한 사전 교육프로그램은 매우 중요한 의미를 가진다.

재혼프로그램에 필요한 내용으로는 자녀와의 관계, 부부간의 관계 및 역할, 의사소통기술, 자녀의 발달과정에 따른 교육 및 지원, 부모/학부모 역할, 친족관계 역할, 가정생활 적응방법, 재혼자의 심리·정서적 안녕의 증진방법, 가족원의 결속 및 적응력 증진, 재산관리, 상담기관 이용방법, 사회적 지원체계에 대한 정보, 법률적 조언 등으로 나타났다(장혜경, 민가영, 2002). 참여자들의 경우 부부관계 교육, 자녀 양육, 재정관리교육 등에 많이 참여한 것으로 나타났으며, 재혼여성의 50.8%, 재혼남성의 27.9%가 전문 교육프로그램에 참여의사를 밝혔으나 재혼자의 84.3%가 결혼준비 프로그램에 참가해 본 적이 없는 것으로 나타났다. 그 이유는 교육에 대한 정보가 없었기 때문이다(박은주, 2004).

2) 가족치료 및 상담

재혼가족은 복잡한 관계망, 독특한 발달단계와 특성을 가지기 때문에 재혼가족에 대한 치료적 접근은 초혼가족보다 더 어렵다. 재혼가족도 자녀들이 사춘기이

거나 정서 · 행동의 문제를 가질 때에는 가족문제가 악화되는 경향이 있다. 재혼가족에 대한 가족치료의 목적은 대체로 가족생활에 대한 공동책임에 동의하며, 함께 살지 않는 자녀들의 친부모에 대해서 적절한 경계를 유지하는 것, 재혼부모를 부모로 수용하는 것, 재혼자녀에 대한 존중과 공평함을 가지며, 가족의 재정적 문제에 대한 고통의 감수와 적절한 규칙을 가지는 것이다(신선인 외 공역, 2006).

재혼가족의 치료를 경험한 내담자들이 보고한 유용한 치료방법들은 재혼가족의 역동 확인과 정상화, 가족생활에 대한 심리교육, 무기력감 감소시키기, 부부관계의 강화로 나타났다. 재혼가족이 겪는 고통에 대해 치료자가 수용하고 지지하며 충분히 정상적인 과정임을 알려 주는 것이 필요하다(Pasley, Rhoden, Visher, & Visher, 1996). 또한 재혼가족에서 발생하는 여러 가지 문제와 역동에 대해서 치료자는 충분한 지식을 가지고 가족을 교육하는 것도 필요하다. 재혼가족은 혼란과 부정적 감정들로 인해서 생활에 대한 통제감을 잃고 무기력감에 빠지거나 감정적으로 반응하게 된다. 치료자는 가족이 자기 삶에 대한 통제력을 얻고 자신감을 가지도록 도와주어야 한다. 무엇보다도 재혼가족의 안정감을 만드는 가장 중요한 요소는 부부간의 유대감이므로 견고한 부부관계를 구축하는 데 초점을 두어야 한다.

이 외에도 치료자는 재혼가족의 상실을 탐색해서 가족 성원들이 자신의 상실을 인정하고 수용하도록 돕고 해결되지 않은 상실의 문제가 드러난다면 애도작업을 하는 것도 필요하다. 가족의 기대를 현실적으로 명료화시키고, 특별한 가족행사나 의식을 마련하고, 서로 협상하는 것을 가르치고, 가족의식을 제정하는 것도 유용하다(반건호, 조아랑 공역, 2003).

재혼가족은 사회적으로 자신의 문제를 드러내는 것이 익숙하지 않으므로 온라인 상담체계를 구축하여 이혼 및 재혼가족의 고민을 들어 주고 정보와 해결책을 제공하는 서비스도 필요하다. 재혼가족에 대한 상담접근에서 주의할 점은 다음과 같다.

첫째, 함께 살지 못하는 가족 성원의 상실에 대한 애도를 하도록 해야 한다. 초혼가족관계가 해체되는 과정에서 경험하는 상실감을 극복하도록 돕고 미처 해결되지 않은 감정을 다루어야 한다.

둘째, 재혼생활에서 나타나는 다양한 차이점을 수용하도록 도와야 한다. 차이점은 갈등과 스트레스를 유발하는 원인이기도 하지만 잘 조율하고 포용할 수 있다면 긍정적인 역할을 하기도 한다.

셋째, 가족 충성심의 문제를 극복해야 한다. 충성심이란 자신이 어디에 소속되어 있는지에 대한 것으로 재혼가족은 재혼 초기에는 친형제나 친부모에 대한 소속감을 더 크게 느끼고, 비혈연 가족 구성원과 친밀감을 형성하는 것은 초혼가족에 대한 배신으로 느끼는 경우도 있으므로 상담자는 재혼가족으로서의 정체성이 발달되도록 도와야 한다.

넷째, 재혼부모는 동거하지 않는 재혼자녀의 부모를 인정해야 한다. 재혼자녀의 내면에 자리 잡은 친부모의 영역을 훼손하거나 다른 것으로 대체하려 해서는 안 된다. 오히려 함께 살지 않는 친부모의 자리를 인정해 주고 존중해 주는 태도가 필요하다.

다섯째, 재혼가족으로서의 정체감을 가지는 구체적인 활동들을 해야 한다. 초혼가족처럼 되기보다는 재혼가족으로서 자신의 색깔과 고유한 특성을 만드는 것이 중요하다.

여섯째, 재혼자녀의 연령에 따라서 재혼가족에 대한 개입이 달라져야 한다. 자녀의 나이가 어릴수록 초혼가족의 특성을 가지지만 사춘기의 자녀가 있을 때에는 힘든 상황에 놓인다. 사춘기 자녀가 있는 재혼가족은 다른 재혼가족보다 더 힘들 수 있다(권육상 외, 2011).

〈표 7-3〉 재혼가족의 치료를 위한 목표

하위체계	장기적 목표
가족 전체	• 가족생활은 구성원 모두가 책임지기 • 가족생활에서 발생하는 예외를 수용하기

부부(부모)	• 배우자의 전 배우자와 좋은 관계를 맺기 • 부모는 권력과 통제에 관해 서로 합의하기 • 특정 자녀를 편애하지 않기 • 자녀 앞에서 전 배우자를 비난하지 않기 • 재혼가족에 대한 전 배우자의 간섭을 차단하기
자녀	• 재혼부모를 친부모와 동일하게 수용하기
부모-자녀	• 재혼부모는 융통성 있게 자녀 양육하기 • 재혼부모는 재혼자녀를 존중하기 • 재혼부모는 재혼자녀를 공평하게 대하기 • 성장한 자녀의 경제적 지원에 대한 규칙을 만들기

출처: 신선인 외 공역(2006), pp. 82-89에서 요약 발췌.

3) 지지체계의 구축

재혼가족의 지지모임은 온라인 혹은 오프라인상에서 존재한다. 오프라인에서는 주로 종교기관을 통해서 모임이 이뤄지며, 온라인에서는 같은 경험을 가진 사람들 간의 상호 교류와 지지를 위하여 인터넷 카페를 통해서 운영된다. 온라인 모임은 익명성을 전제로 하기 때문에 오프라인 모임보다 더 활성화되어 있으며, 회원이 수천 명이나 되는 곳도 있다. 주로 온라인 모임은 여러 가지 고민을 올리고 유사한 경험자들이 조언과 지지를 제공하는 형태이며, 고민내용으로는 자녀 양육, 출산, 부부갈등, 재혼가족의 재이혼, 법률문제 등등 자신을 공개하지 않아도 되는 다양한 주제가 있다. 온라인 모임은 오프라인상의 모임을 병행하는 경우도 많으며, 지역별로 작은 모임을 조직해서 온·오프라인의 활동을 전개한다. 그러나 대부분의 재혼가족 모임은 일반인들이 참여하기는 어렵고 재혼자 혹은 이혼자를 중심으로 회원자격을 부여하는 등의 폐쇄성을 가지고 있다. 온라인 모임이 자신들의 이야기가 외부 사람들에게 알려지지 않도록 폐쇄적인 모임 운영을 선호하는 것은 아마도 재혼 및 이혼에 대해 경험한 사회적 편견의 영향이 크기 때문일 것이다. 아직까지 우리나라에는 공개적으로 혹은 공식적으로 재혼가족 당사자들의 삶의 질을 향상시키기 위한 지지체계나 지원조직은 없다. 그러나 이혼과 재혼이 보편화된 호주나 미국의 경우 재혼가족을 위한 지지와 지원을 제공하는 재혼가족협회나 재단이 존재한다. 일례로, 미국의 The Stepfamily Foundation와 호주의 Stepfamily Association of South Australia는 재혼가족을 위해 활발히 활동하는 대표적인 단체이다(김태한, 2010).

4) 사회적 인식 개선

재혼가족에 대한 인식을 개선하기 위해서는 가족 외부와 내부의 인식 개선이 필요하다(장혜경, 민가영, 2002). 외부적으로는 가족의 다양성에 대한 사회적 인식을 형성하려는 노력이 필요하다. 지금까지 초혼가족만 정상가족이고 나머지는 비정상적인 가족이라는 이분법적 사고가 팽배하였지만 가족은 다양한 형태를 가질 수 있으며 어떤 것이 더 옳고 그르다는 편협한 생각을 바꾸어야 할 것이다. 재혼가족에 대한 동화나 대중매체의 부정적 조명들이 사회적 편견에 미치는 영향력이 크다는 사실을 고려하여 편견의 감소와 시정을 위한 변화를 요구하는 것도 필요하다. 외국에서는 백설공주나 신데렐라와 같은 재혼가족에 대한 선입견을 유발하는 고전동화들을 화목한 재혼가족의 이야기로 전환하는 운동도 있다(김태한, 2010).

재혼가족의 내부적 인식 개선도 필요하다. 아직도 우리 사회에서는 가족생활은 개인적 영역이기 때문에 사회적 개입이나 가족교육이 필요하다는 생각을 하지 않는 경향이 있다. 그러나 가족 성원들은 문제 영역을 서로 공유하며 직간접적으로 영향을 주고받기 때문에 자력으로 조정하는 것이 쉽지 않다. 그렇기 때문에 외부의 도움을 받는 것이 가족의 적응력을 높이고 견고한 관계형성에 도움이 된다. 스스로 재혼가족이라는 사실을 부정적으로 인식하여 숨기지 않고 전문가나 지지체계의 도움을 적극 활용하려는 태도가 필요하다.

재혼가족에 대한 인식 변화를 위해서는 용어의 변경도 도움이 될 것이다. 우리나라에서는 법적이자 공식적인 용어로 계부, 계모, 계자녀, 계형제와 같은 용어가 사용되고 있는데, 이는 부정적인 의미를 내포하므로 명칭을 바꿀 필요도 있다(김태한, 2010). 친부모와 상반되거나 열등한 존재로서 계부 혹은 계모라는 용어를 사용하는 경향이 많기 때문에 새엄마, 새아빠 혹은 재혼부, 재혼모 등의 용어를 사용하고 일반화하려는 노력도 필요하다.

5) 재혼가족에 대한 연구와 조사

증가하는 노인재혼에 맞춰서 노인의 재혼생활에 대한 연구는 활발하나 미성년 자녀가 있는 재혼부모가족에 대한 연구는 별로 없다. 재혼가족의 숫자가 증가하고 있으므로 재혼가족의 특성을 정확하게 이해하고, 효과적으로 지원하기 위해서는 재혼가족에 대한 다양한 조사와 연구가 실시되어야 한다. 재혼가족의 통합과정에 영향을 미치는 한국문화만의 특수한 요소들을 찾아내는 것도 필요하다. 일례로, '재혼모가족'이 더 많은 한국과 달리 서구사회는 '재혼부가족'이 주를 이루고 있어서 외국의 연구결과를 한국에 그대로 적용해서 이해하는 데는 한계가 있다 (김태한, 2010).

참고문헌

21세기가족문화연구소 편역(2002). 행복한 결혼 건강한 가족(*Building relationships*). Olson, D. H., DeFrain, J., & Olson, A. K. 공저. 서울: 양서원. (원저는 1999년에 출판)

권육상, 김안자, 형성훈, 박애경, 장수복, 김봉수(2011). 가족복지론. 서울: 동문사.

김승권(2000). 한국가족의 변화와 대응방안. 서울: 한국보건사회연구원.

김연옥(1999). 재혼가정 내 모의 역할기능에 관한 연구. 한국가족복지학회지, 3, 42-61.

김연옥(2007). 해체된 재혼의 특성에 관한 연구: 재혼모를 대상으로. 한국사회복지학, 59(2), 171-195.

김태한(2010). 새엄마의 재혼자녀 양육경험에 관한 질적 사례연구. 숭실대학교 대학원 박사학위논문.

박은주(2004). 재혼 교육프로그램의 개발. 전남대학교 대학원 박사학위논문.

반건호, 조아랑 공역(2003). 재혼 가정 치료(*Therapy with stepfamilies*). Visher, E. B., & Visher, J. S. 공저. 서울: 빈센트. (원저는 1996년에 출판).

신선인, 김순천, 서혜석, 송유미, 이규영, 이미영 공역(2006). 가족치료 및 상담 치료계획서

(*Family therapy treatment planner*). Dattilio, F. M., Jongsma Jr. A. E., & Davis, S. D. 공저. 서울: 신정. (원저는 2000년에 출판).

여성신문(2014. 5. 9.). 8년전 죽은 호주제가 아직 살아 있다.

유영주, 강학중, 김밀양, 김순기, 김연, 박정희, 배선희, 손정영, 안재희, 양순미, 오윤자, 이인수, 이정연, 이창숙, 전영자, 최희진, 홍성례, 홍숙자(2007). **새로운 가족학**. 서울: 신정.

임춘희(1996). 재혼가족 내 계모의 스트레스와 적응에 관한 질적 연구. 고려대학교 대학원 박사학위논문.

임춘희(2006). 재혼가정 청소년의 적응교육 프로그램 개발을 위한 기초연구: 가족관계인식과 교육 요구도를 중심으로. **한국생활과학회지**, 15(5), 743–760.

장혜경, 민가영(2002). **재혼가족의 적응실태와 지원방안에 관한 연구**. 서울: 한국여성개발원.

조옥라(1996). 재혼, 그 또 다른 시작. 한국가정법률상담소 창립 40주년 기념 심포지엄. 한국가정법률상담소.

최연실, 조은숙, 성미애 공역(1997). **가족이란 무엇인가?**(*What is family?*) Schaeffer, E. 저. 서울: 하우. (원저는 1990년에 출판).

Carter, M., & McGoldrick, M. (1988). *The changing family life cycle: A framework for family therapy*. London, UK: Gardner.

Clingempeel, W. G., Brand, E., & Segal, S. (1987). A multilevel–multivariable developmental perspective for future research on stepfamilies. In K. Pasley & M. Ihinger–Tallman (Eds.), *Remarriage and stepparenting: Current research and theory*. New York: Guilford Press.

Crosbie–Burnett, M. (1984). The centrality of the step relationship: A challenge to family theory and practice. *Family Relations, 33*, 459–464.

Ganong, L., & Coleman. M. (2004). *Stepfamily relationship: Development, dynamics, and interventions*. New York: Kluwer Academic/Plenum.

Glick, P. C. (1989). Remarried family stepfamilies and stepchildren: A brief demographic profile. *Family Relations, 38*, 24–27.

Lofas, J. (2004). *Stepparenting*. New York: Citadel Press.

Mills, D. (1984). A model for stepfamily development. *Family Relations, 33*, 365–372.

Papernow, P. (1993). *Becoming a stepfamily: Patterns of development in remarried families*. New York: Gardner.

Pasley, K., & Ihinger–Tallman, M. (1982). Remarriage family life: Supports and constraints. In G. Rowe (Ed.), *Building family strengths 4* (pp. 367–383). Lincoln, NE: University of Nebraska Press.

Pasley, K., & Ihinger–Tallman, M. (1988). Stress in remarried families. *Family Perspectives, 16*, 81–86.

Pasley, K., Rhoden, L., Visher, E. B., & Visher, J. S. (1996). Successful stepfamily therapy: Clients' perspectives. *Journal of Marital and Family Therapy, 22*(3), 343–357.

Wald, E. (1981). *The remarried family: Challenge and promise*. New York: Family Service Association of America.

관련 웹사이트

Stepfamily Association 홈페이지 http://www.stepfamily.asn.au

The Stepfamily Foundation 홈페이지 http://www.stepfamily.org

제8장

가정폭력 가족

개요

가족 구성원들 간에 발생하는 폭력은 모든 시대와 사회에서 발생하였지만 현대에 이르기까지 사회문제로 인식되지는 않았다. 가족 내 약자인 여성, 아동, 노인에 대한 신체적 혹은 정신적 폭력은 가족제도를 유지하기 위해 어쩔 수 없는 행위로 인정되거나, 가족 내부의 문제이므로 외부에서 개입하는 것은 적절하지 않다는 등의 이유로 그냥 방치되었다. 인권과 복지제도가 일찍 발달한 서구사회에서도 가정폭력에 대한 법적 제도가 만들어진 지는 얼마 되지 않았다. 미국에서 「가정폭력법」이 제정된 시기는 1975년 이후이고, 영국에서도 1970년에 가정폭력을 사회문제로 인식하면서 법적 조치가 이루어졌다. 영국에는 근래에까지도 아내가 남편에게 거슬리는 행동을 하면 남편이 엄지손가락보다 작은 막대기를 사용하여 매질할 수 있다는 엄지의 법(rule of thumb)이 존재하였다(김혜경 외, 2010).

우리나라는 1997년 12월에 제정된 「가정폭력범죄의 처벌 등에 관한 특례법」(이하 「가정폭력특례법」)을 통해 가정폭력에 대한 제도적 예방과 대책을 마련하였다. 이후 자녀학대와 노인학대 등의 가족 내 폭력들도 시민단체와 언론매체를 통해 반인륜성과 위험성이 끊임없이 제기되면서 사회적 인식이 높아졌다. 그러나 아직도 가정폭력을 개인 또는 가족의 문제로만 생각하는 경우가 51.1%나 되며 가정폭력 발생 시 미온적으로 대응하거나 피해자에 대한 보호 · 지원을 소홀히 하여 가정폭력이 근절되지 않고 있다(여성가족부, 2011). 가정폭력은 가족 내에서 발생하고 사회적으로 묵인되는 은폐성, 지속적이며 점점 흉포화되는 반복성, 세대 간 대물림되는 순환성, 배우자와 자녀와 부모까지 피해대상이 되는 중복성의 특성을 가지기 때문에 사회발전을 저해하는 큰 요소이다(여성가족부, 2012).

1. 가정폭력에 대한 이해

1) 가정폭력의 정의[1)]

2014년에 개정된 「가정폭력특례법」에 의하면, 가정폭력이란 "가정구성원 사이의 신체적, 정신적 또는 재산상 피해를 수반하는 행위"이며 그 대상은 배우자(사실상 혼인관계에 있는 사람 포함) 또는 배우자였던 사람, 자기 또는 배우자와 직계존비속관계(사실상의 양친자관계 포함)에 있거나 있었던 사람, 계부모와 자녀의 관계 또는 적모(嫡母)와 서자(庶子)의 관계에 있거나 있었던 사람, 동거하는 친족으로 정의되며 범죄행위로는 상해와 폭력, 유기와 학대, 체포와 감금, 협박, 강간과 추행, 미성년자에 대한 간음, 명예훼손, 공갈, 재물손괴 등을 포함한다. 엄밀히 말하면 법적인 정의는 가족 구성원 간에 발생하는 모든 사람에 대한, 모든 유형의 폭력을 의미한다.

가정폭력이라는 용어는 일반적으로 남편의 폭력 혹은 아내에 대한 학대라는 의미로 쓰이곤 하였다. 지금까지 남편의 폭력에 아내가 희생되는 경우가 많았기 때문에 가정폭력은 남편이 아내에게 폭력을 사용하는 행위로 인식되고 있다(김재엽, 2007). 또한 부부 상호 간의 폭력이라는 의미에서 부부폭력 혹은 배우자폭력이라

1) 이 장에서는 폭력과 학대, 가해자와 학대자 혹은 학대행위자, 아동과 자녀, 노인과 노부모를 같은 개념으로 보고 혼용하였다.

는 용어로도 사용되었다. 최근에는 가정 안에서 발생하는 부부간의 폭력, 자녀에 대한 폭력, 노인에 대한 폭력 등을 포함하는 포괄적 관점에서 가정폭력을 이해하려 한다(여성가족부, 2013). 이 장에서는 여성가족부(2016)의 가정폭력 실태조사에서 분석한 부부폭력, 자녀학대, 노인학대를 중심으로 가정폭력 현황을 살펴보고자 한다.

2) 부부폭력

부부폭력은 가정폭력의 대표적 유형이면서 가장 먼저 사회적 관심사가 되었다. 흔히 부부폭력이라 말하면 아내에 대한 남편의 학대를 가장 먼저 떠올린다.

(1) 유형

부부폭력을 신체적 폭력에 한정하는 경향도 있지만 정서적 폭력, 경제적 폭력, 성적 폭력도 부부폭력의 한 형태이다. 각 폭력 유형은 신체적 폭력과 중복되어 발생하기도 하고 그렇지 않을 수도 있다(여성가족부, 2016). 부부폭력의 유형 및 구체적 행동은 〈표 8-1〉과 같다.

〈표 8-1〉 부부폭력의 유형 및 구체적 행동

유형		구체적 행동
신체적 폭력	경한 폭력	• 물건을 집어 던지는 행동 • 밀치거나 어깨, 목 등을 꽉 움켜잡는 행동 • 손바닥으로 뺨이나 몸을 때리는 행동
	중한 폭력	• 목을 조르거나 고의로 화상을 입히는 행동 • 칼이나 흉기 등으로 위협하거나 다치게 하는 행동 • 주먹으로 때리거나, 맞으면 다칠 수 있는 물건으로 때리는 행동 • 사정없이 마구 때리는 행동
정서적 폭력		• 모욕하거나 욕을 하는 행동 • 때리려고 위협하는 행동 • 물건을 부수는 행동

경제적 폭력	• 생활비를 주지 않는 행위 • 동의 없이 재산을 임의로 처분하는 행동 • 수입과 지출을 독점하는 행동
성적 폭력	• 상대방이 원치 않음에도 성관계를 강요하는 행동 • 상대방이 원하지 않는 형태의 성관계를 강요하는 행동

출처: 여성가족부(2016), p. 13.

(2) 원인

부부폭력에 대한 기존 연구는 가해자인 남편을 중심으로 폭력의 발생원인을 이해하고자 하였다. 이러한 연구들은 크게 정신의학적 이론, 사회심리학적 이론, 사회문화적 이론에서 폭력의 발생원인을 조명하였다(김승권, 조애저, 1998: 42-67; 여성가족부, 2008: 220-226). 아내에 의한 남편학대의 원인은 아직까지 연구된 바는 없지만 남편에 의한 아내학대와 동일한 측면에서 이해해도 큰 무리는 없을 것이다.

① 정신의학적 이론

정신의학적 이론(psychological theory)은 아내학대에 대한 전통적 관점으로 개인의 기질, 병리적 특성, 알코올 사용을 주원인으로 보며 사회경제적 특성보다 개인의 인격적 특성이 많이 좌우한다고 본다. 정신의학적 이론은 폭력에 희생되는 피해여성들도 정신과 성격의 결함으로 병리적인 남편을 선택하는 것으로 본다(O'Leary & Smith, 1991). 정신의학적 관점은 개인의 심리 내적 특성과 환경이 결합하여 나타나는 것으로 보고 개인의 특성을 강조한다는 것이 가장 큰 특징이다(Dutton, 1998). 정신의학적 관점은 아내학대에 대한 초기 연구에서 많이 사용되었지만 가해자에게 심리적 원인이라는 책임회피의 구실을 제공하는 취약성을 가질 수도 있다(김영호, 김미애, 권순기, 2007).

② 사회심리학적 이론

사회학습 이론, 자원불일치 이론, 가족체계 이론과 같은 사회심리학적 이론

(social-psychological theory)은 상호작용을 강조한다(Sussman, Steinmetz, & Peterson, 1999). 사회학습 이론은 폭력을 직접 경험하지 않아도 관찰이나 학습을 통해서 형성된다고 본다(Bandura, 1973). 가족 안에서 부모의 폭력을 자주 목격하였거나 부모로부터 폭력을 경험한 경우에 아내학대 가해자가 될 가능성이 크고 이것은 여러 세대를 이어서 반복될 가능성이 크다는 주장은 여러 연구를 통해서 상당히 설득력 있는 것으로 인정된다. 그러나 학대 가해자가 배우자에 대한 신체적 학대는 중단하더라도 심리적 학대를 지속하거나 강화하는 경향이 있고, 시간이 지나면 다시 악순환을 경험할 소지가 있어서 근본적 해결책이 되지 못한다는 견해가 있다(Gondolf & Russell, 1986).

자원불일치 이론은 관계에서 힘을 행사하는 것도 일종의 자원으로 이해하고, 자원이 부족하거나 욕구를 충족시키지 못했을 때에 이를 만회하기 위해서 폭력을 사용하는 것으로 본다. 문제해결을 위한 자원이 많은 사람은 폭력을 자원으로 사용하지 않는다(Goode, 1971).

가족체계 이론은 폭력주기성에 대해 안정을 추구하는 체계의 노력으로 이해하고, 아내학대를 개인의 병리현상이라기보다는 가족체계의 결과 혹은 산출(output)로 인식한다(Gelles, 1993). 즉, 가족체계가 항상성을 유지하기 위하여 정적 피드백을 사용하면 폭력이 증가하고 부적 피드백을 사용하면 폭력이 약화되는데, 이러한 피드백 고리(loop)는 반복되는 폭력의 주기성을 설명할 때에 유익하다(Straus, 1973).

③ 사회문화적 이론

구조적 이론, 문화적 이론 그리고 여성주의 이론 등의 사회문화적 이론들은 사회적 가치나 구조, 규범, 제도 등의 사회적 조건을 중시하는 공통점들이 있으며, 거시적 관점에서 아내학대를 이해하려고 노력한다(여성가족부, 2010). 구조적 이론은 스트레스, 좌절, 박탈을 폭력 유발요인으로 보며 빈곤층, 다자녀가족, 인구밀집지역에서 폭력이 보다 빈번하게 발생한다고 본다(Sussman et al., 1999). 이는 사회경제적 수준이 낮은 사람들은 좌절과 박탈감이 더 크며 이에 대한 반응으로 폭력

이 나타난다는 견해이다. 구조적 이론은 좌절-공격 이론, 학습 이론, 스트레스 이론 등을 종합하여 다양한 이론의 통합을 이루고 있지만 아내학대에 대한 정교한 설명을 하지는 못하고 있다(김승권, 조애저, 1998). 사회문화적 이론은 아내학대가 사회적으로 동일하게 분포하지 않는다는 점에서 폭력은 사회경제적 수준에 따라서 차이가 있다고 본다(Wolfgang & Ferracuti, 1967). 문제해결의 자원이 부족한 가족보다는 폭력문화에 젖어 있거나 하위문화에 속하는 가족에게서 빈번하게 발생한다(여성가족부, 2008). 아내학대는 가족 내에서 해결해야 할 사적인 부분이라고 여기는 하위문화는 결국 학대의 정당성을 인정하는 것이다. 따라서 폭력을 금지하는 규범이 사회적으로 인식되어도 아내학대는 예외로 남게 된다(김승권, 조애저, 1998).

여성주의 이론은 남성이 여성을 통제하고 지배하기 위한 수단으로 아내학대를 이해한다. 가부장적 이데올로기는 남성이 여성에 대한 지배를 정당화하려는 신념체계이며, 폭력을 남성다움의 특징으로 사회화시킨다(권영상 외, 2005). 여성주의는 가족 안에서 발생하는 갈등 및 분쟁에서 폭력이 동원되는 현상을 넘어서서 역사적 · 정치적으로 여성을 통제하기 위한 수단임을 강조한다(김승권, 조애저, 1998). 여성주의는 가부장적 사회에서의 성(gender)과 사회구조에 관심을 가지며, 여성이 사회경제적으로 남성에게 종속되고 폭력에 희생되는 상황에서 국가가 적극 개입하지 않기 때문에 아내학대가 지속된다고 본다(변화순, 원영애, 최은영, 1993).

(3) 실태

부부폭력은 조사방법, 조사대상, 개념정의에 따라서 상이한 결과를 나타내고 있다. 전국 단위로는 최초의 조사인 김재엽의 연구(1998)에서는 부부폭력이 31.4%로 나타났지만 김승권과 조애저의 연구(1998)에서는 6.7%로 나타났다. 여성가족부(2016)에서 실시한 부부폭력의 실태를 살펴보면(〈표 8-2〉 참조), 지난 1년간 만 19세 이상의 유배우자(사실혼 포함) 중에서 신체적 · 정서적 · 경제적 · 성적 폭력, 통제의 피해 및 가해 경험 중에서 하나라도 경험했다고 응답한 비율(무응답 제외)은

41.5%로 나타났다.[2] 남녀 응답자별로 경험한 폭력 유형을 살펴보면 다음과 같다.

여성들이 배우자로부터 경험한 폭력 피해율은 12.1%이며, 배우자에 대한 폭력 가해율은 9.1%였다. 여성이 경험한 폭력의 유형은 신체적 폭력이 3.7%, 정서적 폭력이 10.5%, 경제적 폭력이 2.4%, 성적 폭력이 2.3%였다. 반면, 남성이 경험한 폭력 피해율은 8.6%였으며, 배우자에 대한 폭력 가해율은 11.6%였다. 남성이 경험한 폭력의 유형은 신체적 폭력이 1.7%, 정서적 폭력이 7.7%, 경제적 폭력이 0.8%, 성적폭력이 0.3%였다. 또한 여성의 62.3%가 결혼 후 5년 내에 처음 폭력을 경험한 것으로 나타났다. 남녀별로 경험한 구체적인 부부폭력의 유형은 〈표 8-2〉와 같다.

〈표 8-2〉 부부폭력의 형태

(단위: %)

구분		부부 폭력률*	신체적 폭력		정서적 폭력	경제적 폭력	성적 폭력	응답자 수 (명)
			경한 폭력	중한 폭력				
피해	여성 응답	12.1	3.2	0.5	10.5	2.4	2.3	2,689
	남성 응답	8.6	1.6	0.1	7.7	0.8	0.3	1,272
가해	여성 응답	9.1	1.8	0.2	8.4	1.1	0.3	2,689
	남성 응답	11.6	2.1	–	10.5	1.5	1.8	1,272
상호 폭력	여성 응답	6.5	0.9	–	6.2	0.3	0.1	2,689
	남성 응답	6.2	0.6	–	5.9	0.4	0.1	1,272

* 신체적 폭력, 정서적 폭력, 경제적 폭력, 성적 폭력 중 하나라도 경험한 비율

출처: 여성가족부(2016), pp. 77-90.

(4) 가해자와 피해자의 특징

① 가해자인 남편의 특성

가해자인 남편의 특성은 매우 많고 다양한 측면에서 연구되었다. 가해자의 음주는 폭력과 매우 높은 연관성을 가진다(김재엽, 이지현, 송향주, 한샘, 2010; Maffli &

2) 통제를 제외한 부부폭력의 비율은 14.1%이다.

Zumbrunn, 2003). 즉, 상당수의 남편은 음주상태에서 아내에게 폭력을 행사하였고 술을 자주 마시거나 많이 마시는 경우에 폭력을 더 빈번하게 행사하였다. 김재엽 등(2010)의 연구에서 가해자들 중에서 한 달에 10회 이상 술을 마시거나 한 번에 10잔 이상 마시는 사람들이 70%에 이르는 것으로 나타났다.

가해자들은 가부장적인 성 역할태도를 가지고 있으며 남성중심의 사고방식을 가지고 있다(심영희, 김혜선, 2001; Ahmad & Stewart, 2004). 보호관찰 수강명령을 받은 가해자의 절반 정도가 분명한 가부장적 사고를 가진 것으로 나타났다(김경신, 김경란, 2002). 김재엽(1998)의 연구에서도 평등한 부부보다 남성 우위의 부부들에게서 폭력이 2배 이상 높게 발생하는 것으로 나타났다. 또한 가해자들은 폭력에 대한 허용도가 높았다(김재엽, 1998; Dibble & Straus, 1980). 아내에게 폭력행사를 한 남편들은 폭력에 대해 허용적인 태도를 가질 때와 공격형일 때에 아내에게 폭력을 행사하는 경향이 높았다(김재엽, 2007). 배우자에게 폭력을 사용하는 남성들은 그렇지 않은 남성들보다 자기주장을 잘 하지 못한다(Rosenbaum & O'Leary, 1981). 이것은 폭력이 세대 간에 반복되는 학습 이론과 관련이 있다고 볼 수 있는데, 가해자들은 어린 시절에 경험한 폭력을 통해서 현재의 문제해결 방식으로 폭력을 동원하기 때문에 폭력의 가능성이 높다.

우리나라의 경우에도 아내폭력 가해자의 75%가 어린 시절에 가정에서 학대를 받은 경험이 있는 것으로 조사되었다(김재엽, 2007). 가해자들은 어린 시절에 부모에게서 정서적 친밀감이나 사랑을 받은 경험이 적기 때문에 타인에 대한 신뢰성이 취약하다. 부모에게 받은 심리적 상처를 배우자에게 투사하기 때문에 배우자에 대한 강한 의심과 함께 자신을 떠날지 모른다는 두려움도 가진다. 이러한 두려움은 폭발하는 분노감으로 쉽게 전환되며 배우자에게 잘해 줄 때에는 잘해 주지만 쉽게 부정적 감정에 휩싸인다. 게다가 자신의 감정을 알아차리지 못하고 표현하는 데 어려움을 겪는다. 또한 폭발적인 분노가 사라지면 폭력에 대한 미안함과 죄책감을 갖기도 한다(현혜순, 2005). 가해자들의 상당수는 배우자뿐만 아니라 자녀들에게도 폭력을 행사하는데 배우자와 자녀에게 폭력의 동시발생은 30~66%로 나타났다(Edleson, 1999).

② 피해자인 아내의 특성

배우자의 폭력을 오랫동안 지속적으로 경험한 여성들은 정서, 사회관계, 자녀 양육 등의 생활 전반에서 고통을 당한다. 폭력의 희생자인 여성들은 분노의 감정과 적대감을 표출하지 못하고 마음에 담아 두고 있다(김광일, 1985). 따라서 이러한 부정적 감정들로 인해 심인성 질환이 발생할 수도 있다.

폭력 피해여성들이 겪는 대표적 심리증상은 우울증이다(Casaueva, Martin, Runyan, Barth, & Bradley, 2008). 김재엽, 이지현과 송향주(2009)의 연구에서는 피해여성들의 71%가 슬픔과 우울한 느낌으로 힘들었으며 평소보다 자신의 삶이 실패의 연속이라고 평가한 경우가 약 53%로 나타나 절반 이상의 피해여성이 슬픔과 우울한 느낌으로 힘들었으며 패배감을 경험한 것으로 보고하였다. 피해여성의 대다수가 수면장애, 심한 공포감, 주의집중의 곤란, 불안 등의 외상 후 스트레스장애 증상을 겪고 있는 것으로 나타났다(이성진, 조용래, 2009). 일반여성과 비교하였을 때에 학대받는 여성에게서 더 많은 우울증이 나타났다(Casaueva et al., 2008).

폭력 피해여성에게는 사회적 관계의 손상이 나타난다. 피해여성의 대다수는 가정폭력으로 인해 친정식구나 시집식구들과 사이가 멀어지거나 단절된 것으로 나타났고, 직업을 가진 여성들은 결근, 업무지장, 동료관계의 어려움을 겪었다(강호선, 2008). 또한 부모, 친척, 친구와의 유대관계가 낮은 집단에서 폭력피해가 더 많이 나타났다(여성가족부, 2008).

피해여성들 중에는 음주의존도가 높은 사람들도 많다. 이들은 폭력에 희생된 것에 대한 수치심과 죄책감을 겪기 때문에 정서적 혼란감을 해소하고자 음주에 의존하는 경향이 높은 것으로 보인다(김재엽 외, 2010). 우리나라의 상담소와 쉼터 여성 145명을 대상으로 조사한 결과, 26.2%가 문제음주자로 나타났는데, 이는 일반여성의 19.1%보다 높은 수치이다(장수미, 2008). 이러한 피해여성들의 음주문제는 반복되는 가정폭력의 빌미가 되기도 한다(박태영, 김태한, 김혜선, 2009).

③ 폭력 피해자로서 남편의 특성

부인에게 폭력을 당하는 남편들은 수치심으로 인해서 사회적으로 드러내지 않

기 때문에 실태에 대해서 잘 알려져 있지 않다. 다만, 남편에게 폭력을 행사해서 형사 입건된 아내가 서울에서만 2011년 43명에서 2013년 148명으로 급증했고, 배우자폭력의 여성 가해자 비율도 2011년 2.4%에서 2013년 3.8%로 늘어났다(JTBC, 2014. 7. 8.). 법원 등으로부터 상담위탁이 된 가정폭력의 행위자는 2004년에는 남성이 63명(92.6%), 여성이 5명(7.4%)이었지만 2014년에는 남성이 77명(82.4%), 여성이 16명(17.2%)으로, 10년 동안 폭력 행위자가 여성인 비율이 2배 이상 증가하였다(데일리한국, 2016. 2. 2.). 이처럼 남편에 대한 아내의 폭력은 대체로 증가하고 있다는 견해가 크다.

남성의 전화에서 접수한 '매 맞는 남편' 상담 전화는 2009년 856건에서 2013년 2,020건으로 급증했는데, 이는 양성평등 의식이 향상되면서 가정의 불합리에 대해 목소리를 높이는 아내가 많아졌기 때문이라 볼 수 있다(동아일보, 2014. 7. 8.). 여성가족부에 따르면 2007년 아내가 남편에게 폭력을 행사한 원인은 사소한 말다툼과 성격 차이가 각각 28%와 23.7%로 높은 비중을 차지한 반면, 경제적 문제는 9.5%로 비교적 낮게 나타났다. 하지만 2010년에는 경제적 문제로 남편을 때리는 경우가 29.6%에 달해 성격 문제(43.1%)에 이어 두 번째로 높은 비율을 차지했다(데일리한국, 2016. 2. 2.). 남편에 대한 폭력의 주된 이유는 외도, 생활비를 주지 않음, 성격차이 때문인 것으로 추측할 수 있다.

3) 자녀학대

(1) 정의 및 유형

자녀학대는 부모가 미성년 자녀(만 18세 미만)에게 행사하는 가정 안에서의 폭력행위를 말한다(여성가족부, 2013). 자녀에 대한 학대는 아동학대의 개념으로 설명할 수도 있지만 아동학대의 개념은 가정 밖의 상황도 포함하기 때문에 이 장에서는 가족 내부의 아동에 대한 폭력으로 한정하여 설명하고자 한다. 또한 유기 및 성폭력도 가정 내에서 발생할 수 있는 심각한 폭력이지만 빈도가 높지 않아 논외로 하고자 한다. 일반적으로 자녀학대의 유형은 신체적 학대, 정서적 학대, 방임

등이며 개별 행위는 〈표 8-3〉과 같다.

〈표 8-3〉 자녀학대의 유형 및 구체적 행동

유형	구체적 행동
정서적 학대	• 때리겠다고 위협하는 행동 • 욕하거나 나쁜 말을 퍼붓는 행동
신체적 학대	• 손바닥으로 뺨이나 머리를 때리는 행동 • 허리띠, 몽둥이 등으로 때리는 행동 • 자녀를 잡고 던지거나 넘어뜨리는 행동 • 주먹이나 발로 세게 때리는 행동 • 사정없이 마구 때리는 행동 • 목을 조르는 행동 • 고의적으로 화상을 입히는 행동 • 칼, 가위 등으로 위협하는 행동
방임	• 자녀의 식사를 제때에 잘 챙겨 주지 않는 행동 • 치료가 필요할 때 자녀를 병원에 데리고 가지 않는 행동 • 술이나 약물에 취해서 자녀를 돌보지 않는 행동 • 어른과 함께 있어야 함에도 불구하고 혼자 있게 하는 행동

출처: 여성가족부(2016), p. 15.

(2) 원인

자녀에 대한 폭력의 발생원인은 부모요인, 자녀요인, 심리사회적 요인으로 나누어 생각해 볼 수 있다(중앙아동보호전문기관 홈페이지; 표갑수, 1993).

첫째, 부모요인은 부모의 미성숙함과 낮은 연령, 자녀 양육 및 발달에 대한 지식 부족, 자녀에 대한 지나친 기대, 경제적 어려움과 불화로 인한 가족 내부의 위기, 부모의 스트레스와 정서적 욕구불만, 양육의 부담을 도와줄 수 있는 지지체계의 부족, 부모의 아동기 학대경험, 알코올 중독·약물중독, 충동과 감정 조절 실패, 낮은 자아존중감, 불안·우울증·정신질환, 원치 않은 자녀의 출산 등이다(중앙아동보호전문기관 홈페이지). 부모요인에 초점을 두는 관점은 정신병리 관점에서 폭력부모의 정신적 결함을 강조하고 부모의 문제 있는 양육태도가 다음 세대에 전

승되어서 아동학대의 악순환이 일어난다고 본다(표갑수, 1993).

둘째, 자녀요인은 폭력의 유발요인이면서 동시에 폭력의 결과일 수도 있다. 이 둘은 명확하게 구분하기 어렵다. 그럼에도 불구하고 취약성을 가진 자녀들은 부모의 신체적 · 심리적 부담감을 증가시키고 지치게 만드는 경향이 있다. 부모는 높은 스트레스를 경험하고 자녀에게 지속적인 관심과 애정을 주는 것이 어렵다. 특히 장애아나 기형아에 대한 사회적 편견은 부모에게 큰 스트레스로 작용하여 폭력을 유발할 가능성이 크다(중앙아동보호전문기관 홈페이지). 자녀요인은 발달적 관점에서 접근하는데 '결함과 취약성을 가진 자녀의 출생 → 부모의 부담감과 좌절감, 애착관계의 실패, 사회적 소외와 멸시로 인한 부모의 스트레스 → 성장하면서 아동의 문제행동 및 반응 증가 → 자녀에 대한 폭력'으로 이어진다고 보았다(표갑수, 1993).

셋째, 심리사회적 요인에는 가정환경, 부모의 양육태도, 경제 수준, 사회문화적 특성 등이 포함된다. 구체적으로 살펴보면 구성원 간에 갈등이 있거나 상호작용이 부족한 가족, 분위기가 폐쇄적인 가족, 저소득 및 빈곤가족, 구조적으로 취약한 가족(한부모가족, 재혼가족, 이혼가족), 사회적 고립 및 사회적 지지체계의 결여, 가장의 실직, 체벌에 대해 허용적인 문화, 자녀에 대한 소유의식과 아동을 존중하지 않는 문화, 폭력의 정당성을 인정하는 가치와 규범 등이 자녀폭력을 유발한다고 본다(중앙아동보호전문기관 홈페이지; 표갑수, 1993).

(3) 실태

여성가족부(2016)의 만 18세 미만 자녀를 둔 부모를 대상으로 실시한 조사에서 지난 1년간 응답자의 27.6%가 자녀에게 신체적 학대, 정서적 학대, 방임 중에서 하나라도 행사한 것으로 나타났다. 성별로 보면 여성의 32.1%, 남성의 22.4%가 자녀를 학대했다고 보고하였으며, 여성의 자녀학대율이 높은 것은 주로 여성이 자녀의 양육과 교육을 담당하기 때문으로 볼 수 있다. 자녀학대의 유형은 정서적 학대가 가장 많았고, 신체적 학대, 방임 순으로 나타났다.

반면, 보건복지부(2018)의 전국아동학대현황보고서는 아동학대로 판정을 받는

18,700건의 사례를 분석하였는데, 아동학대 발생장소는 가정이 82.2%로 매우 높았고, 보육 · 교육기관 · 복지시설은 9.4%로 낮았다. 아동학대의 발생빈도는 일주일에 한 번 이상 빈번하게 경험하는 경우가 전체의 절반 정도를 차지하였고, 정서적 학대, 방임, 신체적 학대, 성적 학대 순으로 나타났다. 그러나 단일학대 유형보다는 중복학대 유형이 전체의 절반 정도로 높게 나타났다. 또한 아동학대 가해자로 판정받은 경우는 남성이 여성보다 1.2배 정도 더 높았다. 이와 같은 차이는 자녀학대에 대한 주관적인 인식과 객관적 판단의 차이가 다름을 알 수 있다. 방임의 경우, 개념이 모호하기도 하지만 양육자의 입장에서는 심각한 문제라고 생각하지 않을 가능성이 크다.

(4) 가해자와 피해자의 특징

전국아동학대현황보고서(2017)에 의하면, 아동학대 피해아동의 연령은 만 13~15세가 가장 많았고, 만 10~12세, 만 7~9세 순이었으며, 피해아동에게서 나타나는 주된 특성은 방임을 제외한 모든 학대 유형에서 반항 · 충동 · 공격성, 거짓말, 약물 · 흡연 · 음주, 가출 등과 같은 적응 · 행동 특성이 가장 높았고, 정서 · 정신건강 특성, 발달 · 신체건강 특성, 장애의 순으로 나타났다. 방임의 경우 불안, 주의산만 등과 같은 정서 · 정신건강 특성이 가장 높게 나타났다. 여기서 독특한 점은 학대가 발생할 뚜렷한 특성이 없는데도 피해를 입은 경우가 22.2%로, 문제가 없는 일반아동에게도 충분히 아동학대가 발생할 수 있음을 알 수 있다.

가해자의 특성은 30~40대가 대다수였으며, 피해아동의 연령대를 살펴보아도 대부분 초등학교 고학년부터 중학생의 양육자들로 추정된다. 가해자는 부모가 가장 많았으며, 보육교직원 및 아동복지시설 종사자는 4.5%였다. 가해자 중에서 비수급권자는 70.0%로 나타나 가정의 경제적 수준과 자녀학대 관련성은 크지 않은 것으로 추정되며, 오히려 가해자들의 특성과 관련성이 깊어 보인다. 가해자의 특성은 양육태도 및 방법 부족이 가장 많았고, 사회 · 경제적 스트레스 및 고립 요인, 부부 및 가족 갈등 순으로 나타났다. 성적 학대의 경우 성문제가 양육태도 및 방법 부족 다음으로 가장 높은 분포를 보였다.

4) 노인학대

(1) 정의 및 유형

노인에 대한 폭력은 노인에게 신체적·정신적·성적 폭력 및 경제적 착취 또는 가혹행위를 하거나 유기 또는 방임하는 것을 말하며, 유형으로는 신체적 학대, 정서적 학대, 성적 학대, 경제적 학대, 방임, 자기방임으로 분류하기도 한다. 특히 자기방임은 노인 스스로가 의식주 제공 및 의료 처치 등의 최소한의 자기보호 관련 행위를 의도적으로 포기 또는 비의도적으로 관리하지 않아 심신이 위험한 상황이나 사망에 이르게 하는 행위이다(중앙노인보호전문기관, 2018). 자기방임은 신체손상과 죽음까지 이르는 경우도 있으나 노인학대와 방임에 포함시킬 것인지에 대하여 논란이 있다(이원숙, 2016). 노인보호전문기관과 관점과 달리 가족원에 의한 노인학대를 다루는 전국가정폭력현황조사에서는 노인학대를 정서적 폭력, 신체적 폭력, 경제적 폭력, 방임으로 분류하였다(여성가족부, 2016). 그 내용은 〈표 8-4〉와 같다.

〈표 8-4〉 노인학대의 유형 및 구체적 행동

유형	구체적 행동
정서적 학대	• 노인에게 모욕적인 말을 하여 감정을 상하게 하거나 수치심을 느끼게 하는 행동 • 노인에게 집을 나가라는 폭언을 하는 행동 • 노인을 가족으로부터 따돌리거나 가족모임 또는 의사결정 과정에서 자주 소외시키는 행동 • 노인과의 대화를 기피하거나 의견을 무시하거나 또는 화내는 행동(못 들은 척, 무관심, 침묵, 냉담, 짜증, 불평) • 노인의 신체적 기능의 저하로 인한 실수(실변, 실금)를 비난하거나 꾸짖는 행동 • 부양 부담으로 인한 스트레스를 노인에게 노골적으로 표현하는 행동

신체적 학대	• 화풀이 또는 의사표시를 거칠게 하는 행동(물건 집어 던지기, 부수기 등의 기물파손) • 노인을 할퀴거나 꼬집거나 물어뜯는 행동 • 노인의 머리(채)나 목 또는 몸을 강하게 잡거나 흔드는 행동 • 노인을 밀치거나 넘어뜨리는 행동 • 노인을 발로 차거나 주먹으로 때리는 행동 • 도구나 흉기를 사용하여 노인을 위협하거나 상해 또는 화상을 입히는 행동 • 노인을 방이나 제한된 공간에 강제로 가두거나 묶어 두는 행동
경제적 학대	• 노인의 연금이나 임대료 등의 소득 또는 저축, 주식 등을 가로채거나 임의로 사용하는 행동 • 노인의 동의 없이 부동산에 대한 권리를 임의로 행사하거나 강제로 명의를 변경하는 행동 • 노인에게 빌린 돈을 갚지 않거나 물건을 돌려주지 않는 행동 • 노인의 유언장을 허위로 작성하거나 변조하여 재산을 착취하는 행동
방임	• 노인을 길이나 낯선 장소에 버려 사고를 당할 수 있는 위험한 상황에 처하게 하는 행동 • 스스로 식사하기 힘든 노인을 방치하는 행동 • 경제적 능력이 있음에도 불구하고 노인이 필요한 보장구(틀니, 보청기, 돋보기, 휠체어 등)를 고의로 제공하지 않는 행동 • 노인이 병원에서 치료를 받아야 할 상황인데도 노인을 병원에 모시지 않는 행동 • 노인에게 필요한 기본생계비용을 제공하지 않거나 중단하는 행동 • 노인과 연락 또는 왕래하지 않고 방치하는 행동 • 노인의 동의 없이 시설에 입소시키거나 병원에 입원시키고 연락을 끊는 행동

출처: 여성가족부(2016), p. 17.

(2) 발생원인

노인에 대한 폭력의 발생원인은 가해자 요인, 가족-환경요인, 피해자 요인, 사회적 요인으로 구분할 수 있다.

첫째, 가해자 요인은 가해자가 신체적으로 노인에게 의존하는 신체적 의존성, 정신적 문제(우울증, 정신질환)로 노인에게 의존하는 정신적 의존성, 고정수입이

없거나 낮은 소득으로 인해 금전적으로 노인에게 의존하는 경제적 의존성, 분노나 자신감 결여 혹은 냉담한 성격으로 인한 성격적 문제, 가해자의 이혼 · 재혼 · 부부갈등 · 실직 등의 개인 외적 문제, 알코올 및 약물의 과다사용, 아동기에 부모로부터 학대당한 경험, 피해자를 부양해야 하는 부담감이다(보건복지부, 2014; 중앙노인보호전문기관 홈페이지).

둘째, 가족-환경원인은 가해자와 피해자 간 갈등, 부모 부양문제나 재산문제 등으로 인한 가족 구성원 간의 갈등, 피해자의 부양문제로 인한 부양가족들의 경제적 어려움이다(보건복지부, 2014). 또한 의료비용의 과중한 부담, 내키지 않은 부양, 부족한 가족자원도 포함된다(중앙노인보호전문기관 홈페이지).

셋째, 피해자 원인은 피해자의 성격, 연령과 성별, 알코올 중독, 정신 및 신체 장애, 무기력감, 질병, 치매 등과 같은 개인적 특성이며, 피해자의 장애나 질병으로 인해 발생하는 의존성도 포함될 수 있다(서윤, 2000).

넷째, 사회적 요인으로는 무능력하다는 선입견으로 노인을 배제하는 노인 차별주의, 핵가족화 현상으로 인해 부양자의 역할을 수행할 자녀가 적어지고 지리적으로 노인과 분리되어 생활하는 가족구조의 변화, 부모에 대한 효의식의 변화, 노인복지시설의 부족 등이다(중앙노인보호전문기관 홈페이지).

(3) 실태

여성가족부(2016)에 의하면, 지난 1년간 가족원에게 학대받은 적이 있는 65세 이상 노인은 응답자의 7.3%로 나타났다. 피해자는 남성이 여성보다 약간 더 많았으며, 남녀 모두 정서적 학대를 가장 많이 경험하였다. 그러나 2순위부터는 성별에 따라 차이가 있었다. 여성은 방임, 신체적 학대, 경제적 학대 순이었고 전체 여성의 1.7%에 불과하였다. 반면, 남성은 경제적 학대, 방임의 순이었고 전체 남성의 5.2%나 되었다.

학대를 유형별로 살펴보면 피해자의 과반 이상이 중복학대를 경험하였으며, 단일학대로는 자기방임이 7.5%로 가장 많았고, 정서적 학대, 방임, 신체적 학대의 순으로 나타났다(중앙노인보호전문기관, 2018).

(4) 가해자와 피해자의 특징

노인학대로 판정받은 사례를 분석한 중앙노인보호전문기관(2017)의 보고서에 의하면, 2016년 한 해에 노인학대로 판정받은 사례는 여성이 남성보다 2.5배 이상 높았으며 남녀 모두 70~80대를 중심으로 발생하였고 70대를 기준으로 급격히 증가하였다. 남녀 모두 정서적 학대가 가장 높았고 공통적으로 정서적 학대, 신체적 학대, 방임 순으로 나타났다. 가해자와 동거하는 경우가 67.3%로 비동거의 경우보다 2배 이상 높았으며, 가해자와 동거할수록 학대의 위험요인이 높다고 판단할 수 있다. 피해노인의 가구형태는 자녀동거 가구가 31%로 가장 높았고, 노인단독 가구, 노인부부 순으로 나타났다. 정신건강 측면에서도 치매이거나 치매로 의심되는 사례의 비중이 26.0%로 상당히 높은 편이었다.

피해자들이 생각하는 학대 이유는 '나에 대한 부양 부담감'이 가장 많았고, '해당 가족원의 스트레스' '이유를 모름' '해당 가족원에게 내가 좋은 부모가 아니어서'의 순으로 나타났다. 학대가 발생한 경우에 주위에 도움을 요청한 피해자는 없었으며, 그 이유는 '가족이라서'가 61.1%로 가장 많았고 그다음이 '자존심 상해서' '그 순간만 넘기면 되어서' 순이었다(여성가족부, 2016).

가해자의 유형은 자녀인 경우가 69.5%로 가장 많았고, 사위 · 며느리, 손자녀 순이었으며, 가해자와의 동거 비율은 28.6%였다. 가해자는 배우자가 34%로 가장 많았고, 아들, 손자녀 순으로 나타났다(여성가족부, 2016). 그리고 가해자의 성별은 여성에 비해 남성이 두 배 이상 높았다. 가해자의 연령은 70대 이상이 28.9%로 가장 많았고, 50대, 40대 순이다. 가해자와 피해자의 관계를 살펴보면 친족이 75.5%로 가장 많았으며, 친족 중에서도 아들, 배우자, 딸 순으로 비율이 높았다. 아들과 딸을 합친 자녀의 비율은 가해자의 절반을 차지하는 비율을 보였다. 자신을 스스로 돌보지 않거나 돌봄을 거부하는 자기방임의 경우도 11.3%나 되었다. 피해자 연령대 중에서 가장 많은 70세의 경우, 배우자 및 자신에 의한 학대가 가장 높았고, 40~50대 가해자는 주 부양자인 아들이었다.

가해자의 직업 유형은 무직 및 단순노무종사자가 68.6%나 되었는데, 경제적 불안정성은 노부모에 대한 경제적 부양 부담감으로 이어졌을 가능성이 높다. 가해

자 중에서 알코올 및 도박 등의 중독유형도 14.4%나 되었다.

2. 가정폭력 가족의 서비스 욕구

1) 화목한 가족관계를 위한 가족생활교육

가정폭력이 발생하는 가정도 일반가정과 마찬가지로 화목한 가족관계를 영위하고자 하는 욕구가 있을 것이다. 심지어 심각한 수준의 폭력이 발생하는 가정에서도 가해자와 분리되거나 가족이 해체되는 것을 원하지 않는 경우를 종종 볼 수 있다. 누구나 가정이라는 울타리 속에서 행복하게 살기를 바라는 마음은 보편적일 것이다.

가족 성원 간에 폭력이 발생하는 이유 중의 하나는 가족관계 및 가족과정에 대한 지식과 기술이 부족하기 때문이라 할 수 있다. 폭력이 반복되는 가족은 비폭력적으로 문제를 해결하는 방법들을 습득할 기회가 부족하고, 기능적 상호작용을 학습할 대상이 없는 경우가 많으므로 가족생활방식을 습득할 수 있는 교육의 기회를 필요로 한다.

2) 정신건강 회복을 위한 심리상담 및 치료

가정폭력이 발생하는 가정에서는 가족 성원들이 알코올 중독, 성격장애, 우울증, 불안증, 외상 후 스트레스장애 등의 병리적 문제를 가지는 경우가 많다. 가해자뿐만 아니라 피해자들에게서도 이러한 문제들이 나타날 수 있고, 어린 자녀들에게는 행동장애나 정서장애로 나타날 수 있다. 병리적 증상들은 가정폭력의 원인이 되기도 하지만 가정폭력의 결과일 수도 있다. 병리적 문제를 동반한 가족들은 스스로 역기능적 상호작용에서 나오기 어렵기 때문에 외부의 전문가를 통한 심리상담 및 치료를 필요로 한다. 상황에 따라서는 정신과에서 약물치료까지 병행해야 할 수도 있다.

3) 가정폭력 피해자의 보호를 위한 거주시설 지원

피해자들은 공포와 불안에서 벗어날 수 있는 안전한 곳에 피신하기를 원한다. 심각한 가정폭력이 발생하는 경우에는 완전한 보호와 피신이 가능하도록 피해자에게는 접근성이 유리하고 행위자에게는 접근성이 어려운 피난시설이 필요하다. 일반가정과 마찬가지로 일상생활을 지속할 수 있는 의식주에 관련된 물품, 설비, 서비스들이 있어야 하고 심신의 안정과 회복을 위한 프로그램도 있어야 한다.

피해자들은 임시보호시설에서 퇴소한 이후 가정으로 돌아갈 수 없거나 자립생활이 어려운 경우에 장기거주시설에 입소하기를 원한다. 양육자에 의한 학대로 가정에서 분리된 아동은 가족 대신 그들을 보호해 줄 수 있는 그룹홈 및 복지시설, 가족기능을 대신 제공하는 위탁가정, 입양가정 등과 같은 양육적인 조건에서 생활하는 것이 필요하다.

4) 가정폭력 해결을 위한 제도적 지원

가정폭력 피해자들이 정부로부터 지원이 필요하다고 느끼는 서비스로는 자립지원, 경제적 지원, 법률서비스, 가정폭력 관련 기관의 확충 등이 있다(권육상 외, 2011). 부부폭력의 경우 여성이 남편과 분리되면 경제적 문제가 가장 큰 장애가 되므로 자립을 위한 지원서비스를 원한다. 빈곤가족에게서는 경제적 요인이 폭력의 원인이 되기도 하며, 빈곤과 폭력은 공존하는 경우가 많기 때문에 저소득층 가정에 대한 경제적 지원을 원하기도 한다. 법률적 지식은 가정폭력 사건에 대처하는 데 유익할 수 있다.

3. 가정폭력 가족에 대한 사회복지서비스 현황

1) 부부폭력에 대한 사회복지서비스

(1) 피해여성 보호시설(쉼터)

학대받는 여성을 위한 쉼터는 피해자를 가해자와 분리시키는 안전한 공간으로, 보통 가정폭력쉼터라 불리며, 1889년 영국에서 민간 운영체인 구세군이 최초로 시작하였다. 보호시설은 피해여성의 신체와 심리의 안정을 위해서 존재하며 더 이상의 피해를 입지 않도록 보호하면서 취업 및 자활자립의 기회를 제공한다. 가정폭력피해자 보호시설은 숙식 제공, 심리적 안정과 사회적응을 위한 상담 및 치료, 질병치료와 건강관리를 위한 의료기관에의 인도 등 의료지원, 법률구조기관 등에 필요한 협조와 지원요청 등을 제공한다. 2011년부터는 10세 이상 남아 등의 자녀를 동반할 수 있는 가족보호시설이 설치되기 시작해서 2017년 1월 기준 전국에 67개소가 운영되고 있다. 이주여성 보호시설은 가정폭력, 성폭력, 성매매 피해를 입은 이주여성 및 동반아동에 대한 보호 및 지원, 상담·의료·법률·출국 등 지원, 치료·회복 프로그램 제공 등을 위해 설치되었으며, 2017년 3월 기준 27개소가 운영되고 있다(여성가족부 홈페이지).

피해여성이 보호시설에 머무를 수 있는 기한은 단기보호시설의 경우 6개월 이내이며 3개월의 범위 안에서 연장이 가능하다. 장기보호시설(외국인 및 장애인 보호시설 포함)은 2년 이내이다. 또한 임시보호시설의 경우 3일 이내 머무를 수 있으며 필요하면 7일까지 연장이 가능하다. 주거 문제로 어려움을 겪는 보호시설 입소자나 남아를 동반하여 시설 입소가 어려운 가정폭력·성폭력 피해자를 위하여 주거 및 자립지원책을 제공하고자 2008년도에 시범적으로 그룹홈 형태의 임대주택을 제공하였으며 2017년까지 총 295호의 임대주택을 공급하였다(여성가족부 홈페이지).

(2) 상담서비스 지원 기관

부부폭력에 대한 서비스 지원 기관은 크게 가정폭력상담소, 여성긴급전화 1366,

경찰청 원스톱 서비스 지원센터 등이 있으며 상담과 다양한 연계서비스를 통해서 피해자에게 도움을 제공한다. 그 외에도 다양한 상담기관, 복지기관에서 부부폭력에 대한 도움을 제공하기도 한다.

가정폭력상담소는 가정폭력을 예방하고 피해자를 보호할 목적으로 설립되었으며, 2017년 기준 전국에 205개소가 운영 중이다. 가정폭력상담소는 가정폭력 신고접수, 가정폭력 관련 상담, 가정폭력으로 인해 위급한 보호를 필요로 하는 피해자에 대한 일시보호, 의료기관 의뢰, 장기시설로의 의뢰, 가해자에 대한 고발, 법률자문 및 법적 지원활동, 가정폭력의 예방을 위한 홍보활동, 가정폭력 관련 조사·연구, 지역사회에 대한 다양한 홍보활동을 실시한다(여성가족부 홈페이지).

여성긴급전화 1366은 가정폭력, 성폭력, 성매매 등으로 긴급한 구조·보호 또는 상담이 필요한 여성들을 대상으로 전화상담을 지원한다. 2017년 기준 전국에 총 16개소가 365일 24시간 운영되고 있다. 여성긴급전화 1366은 피해자에 대한 1차 긴급상담, 서비스 연계(여성폭력 관련 상담소, 의료기관, 상담기관, 법률구조기관, 보호시설, 112, 119 등 관련 기관) 등 위기 개입 서비스를 제공한다(여성가족부 홈페이지; 여성긴급전화 홈페이지).

경찰청 원스톱 서비스 지원센터는 성폭력, 가정폭력, 성매매, 학교폭력 피해여성 등 여성피해자가 필요로 하는 모든 서비스를 한곳에서 지원하는 경찰청의 서비스이며, 피해자의 직접신고, NGO 연계접수, 수사기관연계 등을 통해서 사례에 개입한다. 여성경찰관 및 전문상담사가 24시간 근무하면서 심리상담 및 쉼터연계를 지원하는 상담서비스, 응급의료진이 대기하면서 실시하는 야간진료, 영상진료 및 증거채취 등의 의료지원 서비스, 진술녹화 및 원격지 화상대질조사와 같은 수사지원 서비스, 법률지원단 소속의 변호사를 통한 민형사소송 및 범죄피해자 구조금과 같은 법률지원 서비스를 제공한다(경찰청 원스톱 서비스 지원센터 홈페이지).

(3) 부부폭력의 해결을 위한 상담개입

부부폭력에 대한 상담은 크게 가해자에 대한 개입과 피해자에 대한 개입으로 나뉘며 접근하는 방식에 따라 개인접근, 집단접근, 부부 및 가족접근으로 나눌 수 있다.

① 가해자에 대한 개입

가해자에 대한 개입은 재발방지가 가장 큰 목적이다. 이 상담개입은 가정폭력 가해자 교정 · 치료프로그램 운영 기관으로 선정된 가정폭력상담소 혹은 보호관찰소에서 진행한다. 상담대상이 되는 가해자는 검찰의 상담조건부 기소유예자, 「보호관찰 등에 관한 법률」에 의한 수강명령 처분자, 가정보호사건 중 법원의 상담위탁 처분자, 기타 상담소의 상담과정에서 권유받은 사람으로서 본인이 동의서를 제출한 경우에 상담참여가 가능하다. 우리나라의 가정폭력 가해자에 대한 상담자는 대부분 여성들이며, 사회복지학 전공자가 다른 전공자들보다 월등히 높으며 절반 이상은 상담 관련 자격증을 가지고 있고 주로 보호관찰소, 가정폭력상담기관에서 활동하는 것으로 나타났다(장희숙, 정정호, 김예성, 변현주, 2003).

개별상담의 실천 모델은 해결중심 모델, 인지행동 모델, 여성주의 모델이 가장 많이 활용되고 있다. 개별상담의 주요 목표는 기관에 따라 조금씩 다른데 보호관찰소는 폭력행위의 책임성 인정 및 폭력중단, 자신 및 배우자 이해 증진, 갈등해결 기술 습득이고, 상담기관은 폭력행동 원인 및 태도 파악, 가해자 심리특성 및 성장과정 이해, 부부갈등 원인 및 욕구 파악, 폭력행동 중단 및 여성주의 시각교육에 초점을 두고 있다.

부부상담에 적용한 실천 모델도 해결중심 모델, 인지행동 모델, 여성주의 모델이 가장 많았고 상담의 주된 목표는 부부간 이해 증진 및 관계 개선이다. 주로 다루는 내용들에는 부부갈등과 폭력의 영향력이 가장 많고 의사소통 및 스트레스 대처법이 있다.

집단상담의 경우 모든 기관이 집단심리상담을 가장 많이 사용하였으나 보호관찰소는 심리교육을, 상담기관은 초청강연을 다음 순위로 활용하는 것으로 나타났다. 실천 모델에서도 보호관찰소는 혼합 모델과 해결중심 모델을 많이 선호하였고, 상담기관은 여성주의 모델 및 인지행동 모델과 해결중심 모델을 더 선호하였다. 그런데 가해자에 대한 접근에서 보호관찰소나 상담기관 모두 절반 이상은 가해자에 대한 사후서비스를 제공하지 않는 것으로 나타났다(장희숙 외, 2003).

② 피해자에 대한 개입

피해자에 대한 상담개입은 자존감 및 사회생활, 가족생활의 회복을 목적으로 진행된다. 부부폭력 피해자들에 대한 개입은 매우 다양한 모델을 가지고 있다. 대표적으로 개별상담, 집단상담, 심신회복캠프 등이 있으며 가족관계의 회복을 위해서는 부부치료, 집단부부치료, 가족상담 등도 있다.

첫째, 개별상담은 폭력피해자들을 지지하고 이들의 능력 고취를 돕는 역량 강화의 관점으로 진행된다. 즉, 피해자가 스스로 자신의 삶에 대한 힘을 가지고 선택하고 대처하는 능력을 향상시키도록 돕는다(신성자, 1999). 개별상담은 주로 위기개입의 관점에서 접근하는데, 현재의 위험요인에 대해서 피해여성을 분리시키고 보호시설과 연결하여 안전을 보장한다. 필요에 따라서 경찰과 연계하거나 법률적 의뢰도 실시한다(장희숙 외, 2003).

둘째, 집단상담은 자아존중감 향상, 자기주장 훈련, 의사소통, 의식향상 등의 내용으로 진행된다. 장기간 가정폭력에 희생된 여성들은 학습된 무기력(learned helplessness) 상태에 있기 때문에 변화를 추구하지 않는 경향이 있다. 그렇기 때문에 개인별 접근이 아니라 비슷한 상황에 있는 다른 사람들과 함께 변화를 공동으로 추구하는 접근법이 더 유용할 수 있다(김정옥, 김득성, 박충선, 송정아, 이희자 공역, 2003).

(4) 피해자 보호제도

2010년 이후부터 피해자에 대한 초기대응 강화 및 피해자 보호를 위해 여러 제도가 도입되어 운영되고 있다. 대표적 제도는 피해자보호명령제도, 긴급임시조치제도, 현장출입·조사권제도, 재범위험성 평가제도이다(여성가족부, 2013).

피해자보호명령제도는 가해자로부터 자신을 보호하기 위하여 피해자가 직접 법원에 청구하는 제도이다. 피해자보호명령에서는 피해자 또는 가정구성원의 주거 또는 점유하는 방실로부터의 퇴거 등 격리, 피해자 또는 가정구성원의 주거, 직장 등에서 100미터 이내의 접근금지, 피해자 또는 가정구성원에 대한 전기통신을 이용한 접근금지, 친권자인 가정폭력 가해자의 피해자에 대한 친권행사의 제한 등이

가능하며 미이행 시 2년 이하의 징역 또는 2천만 원 이하의 벌금이 부과되며, 기간은 6개월이고 2년의 범위 안에서 연장도 가능하다(여성가족부, 2013).

긴급임시조치제도는 가정폭력범죄의 재발 우려가 있고 긴급한 상황에서 법원의 임시조치 결정을 받을 수 없을 때 사법경찰관에 의해 이뤄지며, 가정폭력 가해자에 대해 피해자의 주거로부터의 퇴거 등 격리, 100미터 이내의 접근금지(전기통신에 의한 접근금지 포함) 등이 가능하며 법원의 임시조치 결정 전까지 유효하다. 현장에 출동한 경찰관이 퇴거명령 또는 접근금지명령과 같은 긴급임시조치를 취하는 것은 가정폭력범죄 이후에 발생할 수 있는 위해를 방지하기 위해서인데, 현장에서 가해자가 피해자를 폭행하고 있거나 협박하고 있으면 가해자를 형법에 따라 수사하면 되지만, 현장에 출동했을 때 가해자의 폭행 또는 협박행위는 이미 종결되었고 현행범 또는 준현행범으로 체포하여 수사하는 것도 어려울 경우 경찰이 돌아가면 다시 피해자가 폭행 또는 협박당할 수도 있는 상황일 때 경찰은 긴급임시조치권을 행사할 수 있다(성홍재, 2011).

현장출입 · 조사권제도는 피해자를 보호하기 위해 경찰이 현장에 출입하여 조사를 할 수 있는 제도이다. 경찰은 피해자 또는 가해자가 현장 출입을 거부하여도 경찰에게 현장출입 · 조사권이 있음을 고지한 후에 출입하여 피해자를 대면하고 안전 여부, 피해상태 조사활동을 전개한다. 현장에서 폭력은 중단되었어도 재발 가능성이 있으면 경찰이 피해자의 안전 여부를 직접 확인할 수 있는 제도이다(윤덕경, 2013).

재범위험성 평가제도는 출동한 경찰관이 사건의 심각성, 피해자 심리상태, 가정폭력 전력, 가해자 성격 및 심리적 특성에 대한 조사표를 작성하는 제도이다. 조사표는 재범 위험성을 판단하기 위한 것으로 가정폭력에 대한 초기대응의 기초자료로서 의미가 있다. 가정폭력 재범 위험성 조사표는 2단계로 나뉘어 조사하던 것을 1단계로 통합하였는데, 총 16점 이상을 고위험 가해자로 분류한다(윤덕경, 2013).

(5) 예방적 활동

부부폭력에 대한 대국민 인식 개선을 위하여 실시하는 홍보활동은 크게 학교를 기반으로 하는 예방교육과 일반 국민을 대상으로 하는 홍보활동이 있다.

첫째, 학교기반 부부폭력예방교육은 2006년부터 각 학교들에서 매년 의무교육으로 실시하고 있으며 연간교육과정에 포함되어 있다. 여성가족부(2007)는 2007년부터 '학교기반 가정폭력예방교육 프로그램 지침서'를 개발하여 보급하고 있으며, 한국가정법률상담소(2009)에서도 성인지도교육 교안을 제작하여 학교에 보급하고 있는데 이 중에 부부폭력의 내용을 담고 있다. 이렇게 학교를 연계하여 폭력문제를 다루는 것은 부부폭력이 아동학대와 연관성이 크기 때문이며, 아동청소년 시기에 폭력의 위험성과 정당한 문제해결 방식을 습득하는 것이 예방에 효과적이기 때문이다.

둘째, 일반 가정폭력 홍보활동은 부부폭력 예방을 주제로 하는 홍보동영상의 배포(예방동영상, 공익광고 등), 여성긴급전화 1366의 리플릿 배포, 가정폭력 사례를 통한 예방지침서 배포, 가정폭력 현장대응 업무수첩 배포 등이 있다.

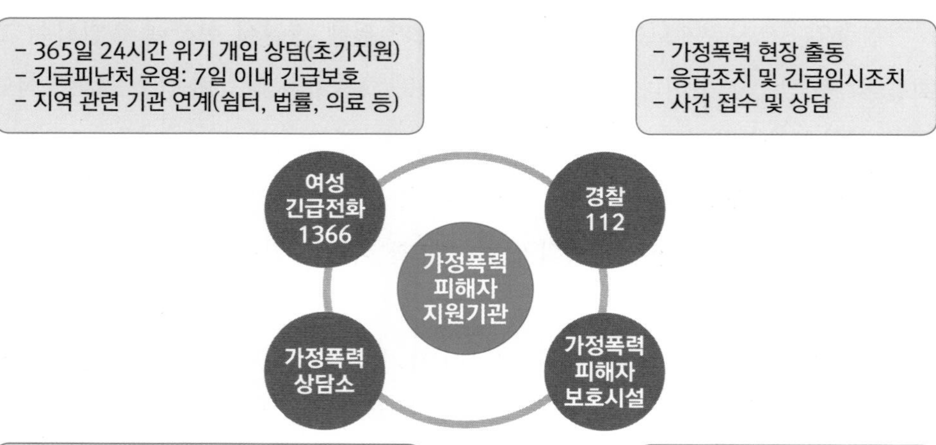

[그림 8-1] 가정폭력 방지 및 피해자 추진체계

출처: 여성가족부 홈페이지.

2) 자녀학대에 대한 사회복지서비스

2014년 9월 29일부터 시행된 「아동학대범죄의 처벌 등에 관한 특례법」(이하 「아동학대특례법」)은 아동에 대한 강력한 보호조치를 위하여 가해자인 부모나 보호자에 대한 처벌강화와 초기대응을 강조하는 내용이 추가되었으며 학대치사죄를 적용하면 5년 이상 징역에서 최고 무기징역까지 선고할 수 있게 하였다. 아동학대 신고가 접수되면 재판을 거치지 않고서도 가해자와 아동을 격리시킬 수 있게 하였다. 변경된 내용은 〈표 8-5〉와 같다.

〈표 8-5〉 아동학대 가해자 처벌 및 피해아동 보호강화 내용

1. 아동학대 가중처벌 규정 신설: 학대치사는 무기 또는 5년 이상 징역, 학대 중상해는 3년 이상 징역, 상습범 및 신고의무자가 학대한 경우에는 형량의 1/2 가중처벌
2. 아동학대 관련 범죄전력자 10년간 아동 관련 기관 취업 및 운영 금지
3. 중상해 및 상습 학대가해자는 검사가 친권 상실 청구
4. 신고의무자 제도 강화(과태료 500만 원 상향조정, 아이돌보미 등 직군확대)
5. 현장조사권 강화-학대가해자 임시조치(친권제한, 격리 등, 최장 4개월)
6. 피해자 국선변호사 및 진술조력인 제도 도입(기존은 성폭력사건만 혜택)
7. 아동보호전문기관장이 법원에 '피해아동 보호명령' 청구 가능

출처: 중앙아동보호전문기관(2014b).

누구든지 아동학대를 발견하면 국번 없이 112로 전화로 신고할 수 있으며, 전국 아동보호전문기관의 방문 및 홈페이지를 이용한 신고도 가능하다. 아동학대에 관련된 제반 사업을 전담하는 아동보호전문기관은 2018년 기준 전국에 62개소가 있으며, 「아동복지법」 제45조에 근거하여 24시간 아동학대 신고접수, 현장조사 및 응급보호, 피해아동 및 아동학대 가해자 대상 상담 및 교육, 아동학대 예방교육·홍보, 피해아동 가정 사후관리, 아동학대 사례 판정위원회 설치·운영 및 자체 사례회의 등의 업무를 수행한다. 또한 2018년 시행한 e아동행복지원시스템은 장기결석, 예방접종 미실시, 건강검진 미실시 등 각종 빅데이터를 활용하여 아동학대

등의 위험징후를 예측하고, 보호가 필요한 아동이 발견될 경우에는 읍·면·동 공무원이 직접 가정을 방문하여 조사와 상담을 진행하여 실제 위기 상태를 점검하는 시스템이며, 아동학대가 의심되는 경우에는 아동보호전문기관에 연계한다(중앙아동보호전문기관 홈페이지).

(1) 아동학대사례의 개입 및 관리

아동보호전문기관은 아동학대 의심사례를 접수한 후 현장조사를 실시한다. 아동, 학대행위 의심자, 기타 관련된 사람들을 면접조사를 하는데 만약 현장에서 아동을 긴급히 보호해야 할 경우에는 보호자로부터 긴급격리보호를 실시한다. 아동학대사례로 판정될 경우 아동 및 가족지원을 위한 계획을 수립하는데 피해아동은 가정 내 보호, 격리보호, 타기관 의뢰 등의 조치를 내릴 수 있다. 가해자에게는 상담 및 교육, 고소·고발, 타기관 의뢰 등의 조치를 취할 수 있다.

아동보호전문기관에서 제공하는 피해아동에 대한 서비스로는 상담, 의료지원(통원 및 입원), 심리검사, 각종 심리치료, 학습지원, 고소·고발지원 등이 있다. 학대행위자에 대한 서비스에는 상담, 교육, 심리검사, 심리치료, 의료지원(통원 및 입원), 가정지원(경제, 가사지원) 등이 있다. 그 외에도 필요하다고 여겨질 때에는 가족치료 등의 필요한 서비스를 제공하기도 한다. 지역사회 자원을 활용하여 가족의 기능을 강화시키고 아동학대 재발방지를 위하여 가해자에게 개입하기도 한다. 피해아동의 심신이 회복되고 일상생활이 가능해졌다고 판단될 때나 학대재발 가능성이 희박하다고 판단될 때에 개입을 종결한다. 아동보호전문기관은 사례종결 이후에 아동과 가족을 만나서 학대 발생여부를 확인하고 추가적으로 필요한 도움을 제공한다(중앙아동보호전문기관 홈페이지).

(2) 피해아동 격리보호

격리보호는 공동생활가정(그룹홈)이나 아동양육시설에 아동을 입소시켜서 보호하는 것을 말한다. 피해아동을 위한 공동생활가정은 심각한 학대 상황으로 인해 긴급한 격리보호가 필요한 아동을 대상으로 차후 가족복귀, 친인척보호, 장기보

호를 위한 보육시설 입소가 결정되기 전까지 일시적으로 생활교사와 함께 지내면서 보호, 치료, 양육, 교육을 하는 곳이다. 공동생활가정의 입소는 아동에게 정서적 안정을 제공하고 학대후유증을 극복하고 가정 혹은 생활시설에 잘 적응할 수 있도록 돕는다. 만약에 가정으로 돌아갈 수 없거나 친인척보호가 어려운 아동은 공동생활가정의 보호가 끝나면 아동보육시설에 입소시켜서 성인이 될 때까지 보호하기도 한다(광주 아동보호전문기관 홈페이지; 전남 아동보호전문기관 홈페이지).

(3) 아동학대 예방교육

아동학대 재발을 예방하기 위한 아동학대 가해자교육, 일반부모를 대상으로 하는 아동 발달에 대한 지식과 올바른 양육법 등의 부모교육, 유아를 대상으로 하는 아동 성학대 예방 인형극, 일반아동을 대상으로 하는 아동학대 예방교육, 일반인 및 자원봉사자를 대상으로 하는 아동학대 예방교육, 신고의무자(교육계, 의료계, 보육시설, 복지전담공무원, 구급대원)를 대상으로 하는 아동학대 예방교육 등이 있다. 이러한 교육들은 아동학대가 발생하지 않도록 다양한 차원에서 예방하며 아동학대가 발생하면 신속하게 신고하여 아동을 보호할 수 있도록 한다(중앙아동보호전문기관 홈페이지).

(4) 아동학대 예방을 위한 홍보 및 지역사회 자원개발

아동학대에 대한 인식을 개선하고 예방하기 위하여 각종 캠페인, 사진전, 신문 및 방송 등의 다양한 매체를 활용하여 아동학대의 심각성을 알린다. 또한 원활한 아동보호 사업의 수행을 위하여 파출소, 병원, 복지관, 사회복지시설 등 지역사회 내의 관련 기관과 협력체계를 구축하며 이용 가능한 다양한 자원을 개발하고 함께 연계하는 활동도 실시한다(중앙아동보호전문기관 홈페이지).

3) 노인학대에 대한 사회복지서비스

(1) 서비스 현황

최근 들어 우리나라도 노인학대에 대한 관심이 커지고 있는 추세이지만 아동학대나 부부폭력만큼 크게 인식되지 않고 있으며 사회복지서비스도 충분하지 않다(우국희, 2001). 노인들이 부양가족들에게 의존하지 않고 독립 생활을 할 수 있도록 돕는 요리, 청소, 식사와 같은 가정보조 서비스는 매우 중요하다. 방임된 노인에 대한 사회적 지지를 제공하고 가해자에 대한 높은 의존도를 해결하면 방임문제는 쉽게 해결되는 반면에, 사회적 지지서비스를 거부하거나 생활환경의 개선을 거부하는 노인들은 학대의 가능성이 더 높게 나타난다(박진희, 윤가현, 2001). 노인 부양가족에게는 노화로 인한 신체 · 심리적 변화에 대한 교육이 필요하며, 특히 치매노인의 부양가족에게는 이러한 교육이 더욱 도움이 된다. 가족의 부양 부담과 수발 부담을 경감시킬 수 있는 노인부양 원조체계로는 가정봉사원 파견서비스, 주간보호 서비스, 단기보호 서비스, 방문간호 서비스가 있다. 또한 부모 부양으로 인한 자녀들의 어려움과 스트레스를 감소시켜 주는 상담서비스가 있다(오윤진, 2009).

우리나라의 노인학대에 대한 서비스는 주로 노인보호전문기관을 통해서 제공된다. 노인보호전문기관은 2018년 기준 전국에 31개소가 운영되고 있으며 주요 사업은 노인인권 보호 및 노인학대 예방활동, 노인학대 예방교육 및 홍보활동, 학대피해 노인 및 가정에 대한 사후관리, 신고의무자에 대한 교육, 노인학대사례 발굴 확대 등이 있다. 노인학대의 신고는 365일 24시간 진행되는 노인학대 상담전화 1577-1389 혹은 국번 없이 110으로 가능하며, 노인보호전문기관의 방문, 서신, 온라인으로도 신고는 가능하다(중앙노인보호전문기관, 2018).

(2) 노인학대사례의 개입 및 관리

노인보호전문기관은 신고된 사례를 일반사례, 의심사례로 구분하여 현장조사 여부를 결정한다. 현장조사를 통하여 신고된 사례의 응급성 정도, 피해노인의 안

전 및 학대의 지속성 여부 등에 관련된 기초정보를 수집한다. 상황의 위급성에 따라서 경찰 혹은 간호사(119 구급대) 등과 동행하여 현장조사를 실시하기도 한다.

피해자에게는 지속적인 상담을 하는 심리정서적 지지, 가족관계 조정 및 가족기능 강화 서비스, 임시보호 서비스 등을 제공하며, 법률상담 및 의뢰, 사회복지기관 및 서비스 연결 등을 통하여 사례관리를 진행한다. 종결은 학대행위의 소거여부, 개입 정도 및 서비스 제공 정도를 평가한 후에 진행되며, 종결사례에 대한 지속적인 추적관찰을 실시한다. 가해자에 대한 서비스는 주로 처벌과 같은 법적 접근보다는 상담 및 치료적 접근에 초점을 두고 있다(중앙노인보호전문기관 홈페이지).

(3) 노인보호시설

노인보호전문기관은 「노인복지법 시행규칙」 제29조에 근거하여 학대받은 노인을 일시적으로 보호할 수 있는 시설을 운영한다. 단기보호시설의 입소는 학대받은 노인에게 일정한 기간 동안 보호와 더불어 심신을 치유할 수 있는 안전한 환경을 제공한다. 입소대상은 만 60세 이상 학대받는 노인이며 최소 3개월 입소 가능하며 부득이한 경우 1개월 연장 가능하다. 다만, 치매노인, 부랑노숙노인은 입소가 불가능하다.

쉼터의 업무는 입소한 노인에게 숙식 및 의복을 제공하고, 전문심리상담, 의료비지원, 여가문화활동 프로그램을 제공하고, 정신 및 신체 건강을 위한 의료비를 지원한다. 학대 재발방지 및 가족관계의 회복을 위해 가해자에게 전문 상담서비스도 제공한다. 퇴소 후 가정복귀, 가해자녀가 아닌 다른 자녀와 동거, 장기시설 입소를 위한 지원 및 사후 모니터링도 실시한다(강원도 노인보호전문기관 홈페이지).

(4) 노인학대 예방교육

노인보호전문기관의 여러 가지 활동을 소개하고 노인학대의 유형과 노인학대를 예방하는 방법, 노인우울증에 대한 이해, 노인의 자기관리와 건강관리방법, 노인학대에 대한 법적 사항, 노인학대 관련 시청각 자료 시청, 신고의무자로서의 역할, 노인학대개념 및 신고 절차에 관한 올바른 이해, 학대사례에 대한 신속한 개입

절차 등의 내용으로 노인, 일반인, 신고의무자에게 교육을 한다.

특별히 노인학대 신고의무자는 직무상 노인학대를 쉽게 발견할 수 있는 직업군으로, 「노인복지법」에 근거하여 노인학대를 발견하였을 때에 즉시 노인보호전문기관이나 수사기관에 신고해야 하며 노인학대를 신고하지 않은 경우에 300만 원 이하의 벌금이 부가된다.

직접적인 홍보활동으로는 노인학대 예방 거리캠페인, 사진전, 이동상담, 주민자치센터 및 경찰서, 복지단체 등의 직접 방문을 통한 홍보가 있다. 대중매체 연계 홍보로는 언론매체를 통한 노인에 대한 부정적 인식 개선과 노인학대 신고상담전화를 통한 홍보가 있다. 또한 각종 홍보물을 통해서도 가능하다. 노인학대 신고상담전화 1577-1389의 의미는 '1년(1) 365일(3) 빨리(8) 구해(9) 주세요'라는 의미이다(강원도 노인보호전문기관 홈페이지).

4. 가정폭력 가족에 대한 가족복지의 발전방안

가정폭력은 가족관계를 악화시키고 가족 해체를 불러일으키는 아주 오래된 사회문제이다. 유교적 가치관을 바탕으로 건립된 조선시대 이후로 우리 사회는 가부장 중심의 가정생활을 중시하면서 이들에 의한 폭력을 가볍게 인식했고 폭력의 위험성을 개선하기보다는 아랫사람의 도리를 강조하였다(박경, 2008). 이러한 가부장적 가족문화는 남편의 폭력을 정당화하여 아내와 자녀에 대한 폭력이 근절되지 않았으며 폭력의 세대 간 전이를 통해서 노인폭력으로 이어지게 만들었다. 1997년도에 제정된 「가정폭력범죄의 처벌 등에 관한 특례법」은 가정폭력을 범죄행위로 강조하고, 사회제도적으로 가정폭력을 해결하려는 데 의의를 갖는다. 더 이상 가정폭력은 정당화되지 않으며 범죄행위로서 사회에서 추방되어야 할 악덕으로 인식되기 시작하였다. 가정폭력으로 고통받는 가족을 지원하기 위해서는 피해자에 대한 보호 및 지원, 폭력 행위자에 교정 및 관리, 전문적인 가족상담서비스를 강화하고, 가정폭력 관련 정책 및 제도를 개선하며, 기관 간의 가정폭력 지원

서비스 협력체계를 확대 및 구축해 나가야 할 것이다. 아울러 폭력이 없는 건강한 가정은 폭력이 없는 건강한 사회와 국가의 초석이 되므로 가정폭력을 예방하기 위해서는 개인, 가족, 지역사회, 국가차원에서 광범위한 노력과 제도적 안정장치를 마련하는 것이 필요하며 지속적인 가정폭력에 대한 인식 개선과 양성평등의식 고취도 중요하다.

참고문헌

JTBC(2014. 7. 8.). '조폭마누라' 버금가는 아내, 매맞는 남편 늘었지만….

강호선(2008). 가정폭력 피해여성의 거취선택에 관한 근거이론 접근. 한국가족복지학, 13(4), 27-57.

권영상, 김양희, 김정옥, 문혜숙, 손홍숙, 신강숙, 오정옥, 옥경희, 유가효, 전귀연, 정민자(2005). 가정폭력전문상담. 서울: 시그마프레스.

권육상, 김안자, 형성훈, 박애경, 장수복, 김봉수(2011). 가족복지론. 서울: 동문사.

김경신, 김경란(2002). 가정폭력가해자개입 프로그램 효과분석. 한국가족관계학회지, 7(1), 56-80.

김광일(1985). 구타당하는 아내 50사례의 정신의학적 연구. 정신의학연구, 3, 235-256.

김승권, 조애저(1998). 한국 가정폭력의 개념정립과 실태에 관한 연구. 서울: 한국보건사회연구원.

김영호, 김미애, 권순기(2007). 배우자 학대를 위한 사회복지실천개입의 통합적 모델의 상담심리적 접근. 복지상담학연구, 2(1), 41-65.

김재엽(1998). 가정폭력의 태도와 행동 간의 상관관계 연구. 한국가족복지학, 2, 87-114.

김재엽(2007). 한국의 가정폭력. 서울: 학지사.

김재엽, 이지현, 송향주(2009). 아내폭력 피해여성의 자녀학대에 관한 연구. 사회복지연구, 40(4), 323-348.

김재엽, 이지현, 송향주, 한샘(2010). 아내폭력 피해여성의 위험음주실태와 영향요인에 관한 연구. 한국사회복지학, 62(4), 275-296.

김정옥, 김득성, 박충선, 송정아, 이희자 공역(2003). 가정폭력치유프로그램(*Treatment manual of the compassion workshop*). Stosny, S. 저. 서울: 신정. (원저는 1995년에 출판)

김혜경, 도미향, 문혜숙, 박충선, 손홍숙, 오정옥, 홍달아기(2010). 가족복지론. 경기: 공동체.

동아일보(2014. 7. 8.). '조폭 마누라'가 무서워.

데일리한국(2016. 2. 2.). “아내가 때립니다”… 상담소 찾는 남성, 2년간 70% 증가.

박경(2008). 형정운용을 통해 본 조선 전기의 가족정책: 부부간의 폭력에 대한 처벌실태 분석을 중심으로. 사학연구, 90, 67-100.

박진희, 윤가현(2001). 고령화사회와 노인학대. 한국노년학연구, 10, 113-134.

박태영, 김태한, 김혜선(2009). 알코올 중독문제를 가진 재혼한 부인에 대한 가족치료사례 연구. 한국사회복지학, 61(1), 293-322.

변화순, 원영애, 최은영(1993). 가정폭력의 예방과 대책에 관한 연구. 서울: 한국여성개발원.

보건복지부(2000). 폭력이 여성의 건강에 미치는 영향 및 대책모색에 관한 연구.

보건복지부(2014). 2013 노인학대 현황보고서.

보건복지부(2018). 2017년 전국아동학대 현황보고서.

서윤(2000). 노인학대에 대한 사회복지사의 인지와 목격실태에 관한 연구. 노인복지연구, 7, 29-71.

성홍재(2011). 가정폭력 피해자 보호의 실효성 확보방안에 관한 연구. 한독사회과학논총, 21(3), 177-206.

송정애, 정해은(2010). 가족복지론(개정판). 서울: 양서원.

신성자(1999). 열등감, 성역할, 성장 시 가정폭력 배경 및 인구통계학적 배경이 아내학대 발생에 미치는 영향: 대구 지역에 거주하는 기혼남성과 기혼여성을 대상으로. 가족과 문화, 11(2), 123-149.

심영희, 김혜선(2001). 아내구타자의 폭력과 통제양식에 관한 연구: 구타하는 남편의 심층 면접을 중심으로. 페미니즘 연구, 181-221.

여성가족부(2007). 학교기반 가정폭력예방교육 프로그램 지침서.

여성가족부(2008). 2007년 전국가정폭력실태조사보고서.

여성가족부(2011). 심각한 가정폭력에 적극 대응, 가정폭력방지종합대책 마련.

여성가족부(2012). 가정폭력 현장대응 업무수첩.

여성가족부(2013). 2013년 가정폭력 실태조사연구.

여성가족부(2016). 2016년 가정폭력 실태조사연구.

오윤진(2009). 우리나라의 노인 학대 현황과 노인 학대 예방을 위한 정책에 관한 연구. 공 공정책연구, 16(2), 91-112.

우국희(2001). 노인학대 관련 정책개발을 위한 일고찰: 미국의 노인학대 관련법과 서비스 정책을 중심으로. 한국사회복지학, 44, 209-231.

윤덕경(2013). 가정폭력에 대한 법률적 대응과정과 향후 개정방향. 폭력 없는 사회를 향하여: 이제는 가정폭력이다 자료집, 17(34). 서울: 한국여성정책연구원.

이성진, 조용래(2009). 가정폭력 피해여성들의 지각된 통제감과 회피대처가 외상후 스트레스 증상에 미치는 효과. 한국심리학회, 28(2), 415-436.

이원숙(2016). 가족복지론(4판). 서울: 학지사.

장수미(2008). 가정폭력 피해여성의 음주문제와 영향요인. 정신보건과 사회사업, 28(4), 152-174.

장희숙, 정정호, 김예성, 변현주(2003). 가정폭력 가해자 교정 · 치료프로그램: 가해자 특성 및 유형연구. 서울: 여성부.

조미숙(2008). 홀리스틱 교육에 기초한 지역사회 노인학대 예방교육에 관한 연구. 홀리스틱연구, 12(1), 99-117.

조선일보(2015. 1. 19.). 매맞는 백수 남편… '폭력 마누라' 신고 32% 증가.

중앙노인보호전문기관(2014a). 노인학대 신고의무자 안내문.

중앙아동보호전문기관(2014b). 신고의무자 아동학대예방교육 자료.

중앙노인보호전문기관(2018). 2017년 노인학대 현황보고서.

표갑수(1993). 아동학대의 원인론과 대처방안. 아동복지학, 1, 156-177.

한국가정법률상담소(2009). 학교에서의 성인지적 예방교육 교안. 서울: 한국가정폭력상담소.

현혜순(2005). 가정폭력가해자에 대한 이해. 가정폭력 관련 상담원 교육자료집 2, 121-136. 서울: 경원사회복지회.

Ahmad, F, R., & Stewart, D. E. (2004). Patriarchal beliefs and perceptions of abuse among South Asian immigrant women. *Violence Against Women, 10*(3), 262-282.

Bandura, A. (1973). *Aggression: A social learning perspective*. Englewood Cliffs, NJ: Prentice Hall.

Casaueva, C., Martin, S. L., Runyan, D. K., Barth, R. P., & Bradley, R. H. (2008). Quality of maternal parenting among intimate-partner violence victims involved with the child system. *Journal of Family Violence, 23*, 413-427.

Dibble, U., & Straus, M. A. (1980). Some social structure determinants of inconsistency between attitudes and behavior: The case of family violence. *Journal of Marriage and Family, 42*(1), 71-80.

Dutton, D. G. (1998). *Abusive personality*. New York: Guilford Press.

Edleson, J. L. (1999). The overlap between child maltreatment and woman battering. *Violence Against Women, 5*(2), 134-154.

Gelles, R. J. (1993). *Trough a sociological lens: Social structure and family violence*. Newsburt Park, CA: Sage publication.

Gondolf, E. W., & Russell, D. (1986). The case against anger control treatment programs for batterers. *Respose, 9*(3), 2–5.

Goode, W. J. (1971). Force and violence in family. *Journal of Marriage and the Family, 33*, 624–636.

Maffli, E., & Zumbrunn, A. (2003). Alcohol and domestic violence in a sample of incidents reported to the police of Zurich city. *Substance Use and Misuse, 38*, 881–893.

O'Leary, K. D., & Smith, D. A. (1991). Marital interactions. *Psychological Review, 42*, 191–212.

Rosenbaum, A., & O'Leary, K. D. (1981). Marital violence: Characteristics of abusive couples. *Journal of Consulting and Clinical Psychology, 49*(1), 63–71.

Straus, M. A. (1973). A general systems theory approach to a theory of violence between family members. *Social Science Information, 12*, 105–125.

Sussman, M. B., Steinmetz, S. K., & Peterson, G. E. (1999). *Handbook of marriage and the family*. New York: Plenum Press.

Wolfgang, M., & Ferracuti, F. (1967). *The subculture of violence: Toward an integrated theory of criminology*. London, UK: Tavistock.

관련 웹사이트

강원도 노인보호전문기관 홈페이지 http://www.1389.or.kr
경찰청 원스톱 서비스 지원센터 홈페이지 http://www.117.go.kr
광주 아동보호전문기관 홈페이지 http://www.cyber1391.or.kr
여성가족부 홈페이지 http://www.mogef.go.kr/
여성긴급전화 홈페이지 http://www.mogef.go.kr/cc/wcc/cc_wcc_f001.do
전남 아동보호전문기관 홈페이지 http://www.e1391.or.kr
중앙노인보호전문기관 홈페이지 http://noinboho.or.kr
중앙아동보호전문기관 홈페이지 http://korea1391.org
충남 노인보호전문기관 홈페이지 http://www.cn1389.or.kr
충남 아동보호전문기관 홈페이지 http://www.goodneighbors.kr

제9장

장애인가족

개요

장애인가족은 장애인 출현과 더불어 가족 구성원 간, 가족과 친척, 또는 이웃 간에 교류가 단절되고, 장애인을 돌보는 데 따른 많은 시간 소요와 과중한 역할 책임, 사회적 활동의 제약, 장기간에 걸쳐 쌓이게 되는 피로와 스트레스, 경제적인 부담 등 비장애아 가족기능과 비교해 볼 때 역기능적 가족기능을 많이 내포하고 있다. 더욱이 최근 들어 탈시설화(deinstitutionalization)와 지역사회중심재활(Community Based Rehabilitation: CBR)이 강조되고 있어 장애인의 일상생활 보호와 재활치료 및 교육을 담당하는 가족의 역할과 부담은 가중되고 있다. 그러나 이러한 문제는 장애인의 주 부양자인 부모에게만 국한된 것이 아니라 장애인의 비장애 형제자매들 또한 그들의 발달단계 자체에서 비롯되는 문제뿐만 아니라 장애 형제자매로 인한 위험과도 동시에 직면하게 됨으로써 또래의 다른 비장애 형제자매들보다 다양한 문제를 겪게 된다. 이 장에서는 장애인가족의 특성과 사회복지서비스 그리고 장애인 관련 정책과 서비스가 나아가야 할 방향에 대하여 살펴보겠다.

1. 장애의 개념과 정의

1) 장애의 개념

장애의 개념을 한마디로 정의하기란 쉽지 않다. 시대별, 국가별 상황에 따라 장애인의 개념은 크게 다르기 때문이다. 장애의 개념을 어떻게 정의하느냐에 따라 장애를 바라보는 시각은 물론 장애인을 이해하는 방향이 달라진다. 핵가족화가 심화된 현대 사회에서는 장애에 대한 사회적 책임이 더욱 강조되고 있다. 세계적으로 장애에 대한 개념을 정의하기 위한 다양한 노력이 형성되었고 이러한 노력은 국제기구를 중심으로 활발하게 이루어져 왔다. 특히 1980년 세계보건기구(WHO)에서는 국제장애분류(International Classification of Impairments, Disabilities, and Handicaps: ICIDH)라고 하는 장애에 관한 개념적 틀을 발표하여, 장애를 기능장애, 능력장애 그리고 사회적 불리라는 세 가지 차원에서 이해하려고 하였다. 기능장애는 심리적 · 생리적 · 해부학적 구조나 기능의 손실 또는 비정상을 의미하는데, 이는 손실을 포함한다는 의미에서 질병에 비하여 더 포괄적인 개념이다. 능력장애는 기능장애로부터 야기된 것으로서 인간에게 정상적인 것으로 간주되는 범위 내에서 또는 그러한 방식으로써 활동을 수행하는 능력의 제약이나 결여를 의미한다. 사회적 불리는 기능장애나 능력장애로부터 야기되는 것으로서 연령, 성, 사회문화적 요인에 따른 정상적인 역할 수행을 제약 또는 방해하는 개인에 대한 불이익을 의미한다(박옥희, 2010).

그리고 1990년대 말에 장애를 손상, 활동, 참여의 세 차원으로 설명하는 ICIDH-2를 제시하였다.

〈표 9-1〉 ICIDH-2

구분	손상	활동(제한)	참여(제약)
기능 수준	신체	(전체로서의) 개인	사회(사회와의 관계)
특성	신체 기능과 구조	개인의 일상활동	상황에의 개입
긍정적 측면	기능적 · 구조적 통합	활동	참여
부정적 측면	손상	활동 제한	참여 제약

손상(impairments)은 신체 구조나 기능상의 상실이나 비정상, 제한이나 불능을 의미한다. 활동 제한(activity limitation)은 일상생활과 관계된 개인의 활동에서의 제한을 의미한다. 참여 제약(participation restriction)은 손상, 활동, 건강조건, 상황요인과 관련된 생활 영역에서의 개인의 연관성 정도를 의미한다. 또한 WHO에서는 2001년에 ICF(International Classification of Functioning, Disability and Health)를 확정하였는데, ICF는 1997년에 제안된 ICIDH-2를 근간으로 하여 세계보건위원회(World Health Assembly)에서 세계적으로 통용될 수 있도록 승인한 것이다. ICF는 과거의 분류와는 달리 개인적 장애나 질병과 상황적 맥락(환경적 요소와 개별적 요소) 간의 상호작용에 의하여 기능과 장애를 설명하는 틀이다.

2) 장애의 정의

1981년 제정된 「장애인복지법」에서는 '장애인'이란 신체적 · 정신적 장애로 오랫동안 일상생활이나 사회생활에서 상당한 제약을 받는 자로 정의하고(「장애인복지법」 제2조 제1항), 「장애인복지법」의 적용을 받는 장애인은 이러한 장애인 중 신체적 장애가 있거나 정신적 장애가 있는 자로서 「장애인복지법 시행령」에서 정하는 장애의 종류 및 기준에 해당하는 자로 정하고 있다(「장애인복지법」 제2조 제2항).

'신체적 장애'란 주요 외부 신체기능의 장애, 내부기관의 장애 등을 말한다. '정신적 장애'란 발달장애 또는 정신질환으로 발생하는 장애를 말한다. 장애인의 종류 및 기준(「장애인복지법」 제2조 제2항, 「장애인복지법 시행령」 제2조 제1항 및 별표 1) 또한 장애정도가 심하여 자립하기가 매우 곤란한 장애인은 따로 '중증장애인'으로 구분하여 필요한 보호를 받을 수 있도록 하고 있다(「장애인복지법」 제6조).

장애인에 대한 정의는 개별 법의 입법목적에 따라 다르며, 그 밖에 「장애인고용촉진 및 직업재활법」 「장애인차별금지 및 권리구제 등에 관한 법률」 「장애인기업활동 촉진법」 및 「중증장애인생산품 우선구매 특별법」 등에서는 개별 법의 입법목적에 따라 장애인 또는 중증장애인에 대해 다르게 규정하고 있다. 이렇듯 장애인과 관련된 법적 정의는 시행되는 국가부처에 따라 상이하게 구분되어 있으나, 기본적인 개념은 헌법 제34조에 근거한 「장애인복지법」에 근간을 두고 있다.

3) 장애의 유형 및 실태

우리나라 등록 장애인의 수는 2013년 12월 기준 2,501,112명이며, 이 가운데 지체장애인이 1,309,285명으로 전체의 52%를 차지하고 있으며, 청각장애인, 뇌병변장애인, 시각장애인 순으로 나타났다.

〈표 9-2〉 장애인의 유형별 현황 (단위: 명, %)

장애 유형	중분류	소분류	합계	비율
신체적 장애	내부기관의 장애	장루 · 요루	13,546	0.54
		간	9,194	0.37
		간질	7,271	0.29
		신장	66,551	2.66
		심장	6,928	0.28
		호흡기	13,150	0.53

신체적 장애	외부 신체기능의 장애	시각	253,095	10.12
		청각	255,399	10.21
		언어	17,830	0.71
		뇌병변	253,493	10.14
		지체	1,309,285	52.35
		안면	2,696	0.11
정신적 장애	발달장애	자폐성	18,133	0.72
		지적	178,866	7.15
	정신	정신	95,675	3.83
합계			2,501,112	100

출처: 보건복지부(2012), p. 12.

보건복지부 자료에 따르면 장애유형 확대와 고령화 등으로 인해 등록 장애인 수는 지속적으로 증가하고 있는 것으로 나타났다. 또한 장애발생의 유형은 후천적 장애가 90%로 선천적 장애보다 후천적 장애가 대부분을 이루고 있으며, 고령화로 인한 장애인의 지속적인 증가가 예상된다.

〈표 9-3〉 연도별 등록 장애인 수 (단위: 명, %)

연도	2002년	2003년	2004년	2005년	2006년	2007년	2008년	2009년	2010년	2011년
등록 장애인 수	1,129	1,454	1,611	1,777	1,968	2,105	2,247	2,419	2,517	2,519
증가율	-	22.3	9.7	9.3	9.7	6.5	6.3	7.1	3.9	0.1

출처: 보건복지부(2012), p. 7.

장애인의 수가 늘어남에 따라 장애가족의 수도 함께 증가하고 있다. 그러므로 장애가족에 대한 관심과 지원도 함께 향상되어야 할 것이다.

2. 장애인가족에 대한 이해

장애인가족은 심리적으로 높은 스트레스를 겪게 되며 끊임없는 변화의 요구에 지속적으로 재적응해 나가야 하는 어려움을 경험하게 된다(Beckman, 1983). 이러한 장애아 가족 구성원의 심리적 문제는 개인의 성격이나 결혼생활의 특질, 사회적 지위 등의 다양한 요인에 따라 달라진다. 죄의식이나 장애아 부모의 양가감정, 절망, 수치심, 낮은 자아존중감, 우울감, 자기희생감, 방어적인 심리 등은 공통으로 나타난다(이한우, 1999). 또한 장애아 가족은 장애아 출현과 더불어 가족 구성원 간, 가족과 친척 또는 이웃 간에 교류가 단절되고, 장애아를 돌보는 데 따른 많은 시간 소요와 과중한 역할책임, 사회적 활동의 제약, 장기간에 걸쳐 쌓이게 되는 피로와 스트레스 등은 비장애아 가족기능과 비교해 볼 때 역기능적 가족기능을 많이 내포하고 있다고 할 수 있다(이민호, 최기창, 이원령, 김미경, 최신애, 2004). 이에 반해 긍정적인 가족기능으로는 장애아의 부모들이 장애자녀를 통해 사랑하고 용서하며, 다른 사람의 감정을 존중하며, 작은 일들도 좋게 느끼는 것을 배우게 되어 장애아가 가족기능의 정서, 자아 정의, 지도 측면에 기여한다고 보았다(Benson & Turnbull, 1986; Lyons-Sjostrom, 2003). 또한 장애가족 중에는 오히려 장애를 수용하고 극복하는 과정에서 가족 간의 결속력과 응집력이 강해짐으로써 일반 가족에 비해 더 높은 가족 연대감을 경험하기도 한다(김미옥, 2001). 장애인가족의 특성을 살펴보면 다음과 같다.

1) 장애자녀 발달단계에 따른 위기

장애자녀를 가진 가족의 생활주기를 보면 자녀를 양육하면서 다음과 같은 여섯 가지 위기를 경험하게 된다(Barsh, 1975: 김상용, 오혜경, 2010에서 재인용).

첫 번째 위기는 장애아동의 출산에서 비롯되는데, 대부분의 부모는 임신 중 건강하고 정상적인 아기가 태어날 것을 기대하므로 장애아동의 출산으로 부모는 충격과 슬픔을 느낄 수밖에 없다. 이러한 과정은 자녀를 양육하면서 비장애아동과의 차이를 현실적으로 느끼면서 재경험하게 될 가능성이 크다.

두 번째 위기는 아동의 장애에 대한 진단 및 치료를 받을 때 경험하게 된다. 이때 장애아동의 부모는 아동의 장애원인에 대해 보다 많은 의문을 갖게 되고 이에 대한 해답을 찾기 위해 치료센터를 찾게 된다. 전문가들로부터 만족할 만한 평가와 설명을 들을 때까지 그들의 불안은 생활 전반에 영향을 끼친다.

세 번째 위기는 장애자녀가 학년 전 교육을 받거나 초등학교에 들어갈 시기인데, 학교에서 자녀를 받아 줄 것인지, 일반학교에서 정규교육을 받을 수는 있을지, 비장애아동들이 내 자녀를 이상한 아이로 보지 않을 것인지 등 여러 가지 의문과 불안을 갖게 되는 것이다. 특히 이 시기에 아동이 학교에 들어가면 능력 면에서 아동의 한계가 현저하게 나타나므로 더 많은 스트레스를 경험한다.

네 번째 위기는 장애자녀의 청소년기에 나타나는데, 이때는 사춘기 시기이다. Cater와 McGoldrick(1980)의 가족생활주기 단계 중 자녀의 청소년기에 해당하는 시기에 부모는 자녀의 독립성을 인정하기 위하여 가족 영역의 융통성을 증가시키며 청소년기 자녀가 가족체계의 안팎에서 움직이도록 부모-자녀 관계를 변화시키는 한편, 경제문제에 다시 관심을 갖고 노인세대에 대한 준비를 시작하는 단계라고 할 수 있다. 그리고 이 시기의 장애청소년은 심리사회적이고 생리적인 변화를 경험하고 이성에 대한 호기심을 갖게 된다. 그러나 자신의 장애로 인해 이성에 대해 올바른 이해를 갖기 전에 성적인 변화에 불안감을 갖게 된다. 이에 부모는 성(性)과 장애자녀와의 관계를 생각하면서 혼란스러워하고 자녀가 성인이 되는 것을 지켜보면서 불안을 느끼게 된다.

다섯 번째 위기는 장애자녀가 학교에서 받을 수 있는 교육과정을 모두 마쳤을 때 온다. 나이도 많아지고, 신체적으로도 성숙해짐으로써 개인적인 욕구에도 변화가 온다. 자녀의 장애 정도에 따라 그들의 장래는 다양하게 계획되는데 부모는 이러한 계획이 순조롭게 진행될 것인지에 의문을 갖게 되며 자녀가 학교교육을 마쳤는데도 직업을 갖지 못하는 경우에 충격을 받는다.

마지막 위기는 부모가 나이가 많아져 더 이상 그들의 장애자녀를 일차적으로 책임질 수 없을 때 온다. 일반적으로 자녀가 부모보다 오래 살기 때문에 부모가 아

동을 보호할 수 있는 물리적인 시간은 제한되어 있다. 따라서 부모는 장애자녀의 취업, 결혼, 생계유지 등의 불확실한 미래 때문에 두려움과 불안함을 갖게 된다(박진수, 2005).

2) 장애인 부모가 겪는 어려움

(1) 정서적 측면

장애인가족은 비장애인가족에 비해 정서적으로 많은 스트레스를 받는다. 특히 장애아동 어머니들은 일반아동의 어머니들에 비해 우울이나 불안 등과 같은 정신 건강의 위험을 보이는 경우가 많다고 보고되고 있다(전혜인, 2006). 어머니들의 정서적 스트레스는 가족 전반에 영향을 미치게 된다. 특히 가정 내에서 아버지와의 관계에 문제가 야기되는 경우가 많다. 대체로 장애아동의 아버지는 장애아동에 대한 실제 역할 수행에 크게 기여하지 못하고 장애에 대한 대처 경험 부족으로 가족과 장애자녀에게서 거리감을 느끼게 된다. 이러한 경우 장애자녀의 아버지는 가족의 일이나 자녀 양육을 회피하는 경향을 보이기도 한다.

장애아동으로 인한 정서적 어려움은 부모 외에 장애아동 형제자매들도 함께 겪게 된다. 장애아동 형제자매의 경우, 외로움, 반항, 분노, 질투, 어려움, 당혹감, 죄의식 등을 겪는다. 비장애 형제자매는 일반아동보다 훨씬 많은 감정들을 느끼고 어려움을 가지고 생활한다. 비장애 형제자매들은 장애아 가정이라는 환경적인 요인으로 인하여 지속적인 정서적 · 심리적 갈등을 경험하게 된다(김진희, 2012).

(2) 양육과 교육적 측면

장애자녀의 부모들은 양육에 대한 정보를 쉽게 얻지 못하고 장애에 대한 이해가 부족하여 자녀를 양육하는 데 있어서 큰 어려움을 겪고 있으며, 이로 인해 장애자녀의 부모들은 양육효능감이 낮아지기도 한다.

장애인가족의 교육의 어려움은 다음과 같다. 첫째, 교육의 기회 측면에서의 어려움으로 특수교육을 지원받지 못하는 경우와 별도의 교육, 훈련, 프로그램을 지원하는 지역사회 기관이 부족한 경우이다. 둘째, 교육의 과정 측면에서의 어려움은 교육과정 중 발생하는 일련의 문제, 즉 집단 따돌림 등의 부정적 태도에 대한 문제와 학교로부터 부당하고 차별적인 대우를 받게 되는 것이다. 그리고 셋째, 교육의 결과 측면에서의 어려움으로는 학교 졸업 이후의 진로가 불확실하다는 것을 들 수 있다(백은령, 유영준, 이명희, 최복천, 2010).

(3) 경제적 측면

장애인가구의 장애로 인한 추가비용 실태를 조사한 2008년 장애인실태조사에 따르면 전체 장애인가구의 장애로 인한 추가비용은 가구당 월 평균 15만 9천 원으로 나타났고 장애아동의 경우 성인 장애인가구보다 추가비용 지출이 약 2.3배 이상인 것으로 나타났다. 또한 장애아동으로 인해 가족들에게 미치는 경제적 영향은 직접적인 손실뿐 아니라, 간접비용의 증가로 인한 부담의 증가로 나타난다. 국가는 장애인가구의 직간접적 손실을 보상해 줄 수 있는 방안을 체계적으로 마련해야 한다.

(4) 환경적 측면

최근 장애인에 대한 인식이 개선되었다고는 하나, 아직까지도 장애인에 대해 제대로 받아들이지 못하는 것이 현실이다. 장애인복지시설의 건립을 반대하는 등 사회적으로 자신의 이익에 반할 경우, 장애인을 위한 마음은 어디에도 찾아볼 수 없다. 장애자녀 부모들은 장애인에 대한 부정적인 시각으로 인한 정서적 · 심리적 어려움을 겪는다. 이로 인해 사회생활에 지장을 초래하여 점차로 사회적 지지망이 축소된다. 장애는 누구에게나 생길 수 있다는 보편적 인식에 근거한 장애인에 대한 인식 변화가 반드시 필요하다.

3) 장애인 부모의 욕구

Bailey와 Simeonsson(1988)은 장애자녀를 가진 가족들의 욕구를 사정하기 위하

여 부모조사지를 개발하였는데, 이 연구의 결과에서 어머니와 아버지 모두에게 많은 욕구가 있음이 지적되었다. 어머니들은 장애에 관한 정보, 다른 장애자녀의 부모와 만날 기회, 기본적인 재정지원, 어머니와 아버지 모두는 자녀의 지도방법에 관한 정보, 현재나 미래의 교육서비스, 유사한 장애자녀 부모에 관한 수기자료를 원했다(이애현, 1995b). 또한 이와 같은 내용을 바탕으로 욕구를 여섯 개의 하위 영역의 욕구로 분류하였는데 그 내용은 다음과 같다(박진수, 2005).

(1) 정보에 대한 욕구(information)

정보가 없는 장애아동을 돌보는 데 요구되는 것으로, 이 외에도 장애자녀를 돌보는 데 필요한 정보를 말한다. 가장 기본적인 욕구는 아동을 잘 이해할 수 있는 정보이고 아동을 지도하는 방법과 아동과 상호작용하는 방법, 현재 또는 미래에 아동에게 필요한 서비스 등을 말한다.

(2) 지지에 대한 욕구(support)

전문가들로부터의 지지 및 상담, 다른 장애아를 가진 부모와의 상호 만남의 기회, 배우자와 조부모 그리고 이웃이나 낯선 사람들로부터의 지지 욕구를 말한다.

(3) 타인에게 설명하기(explaining to others)

가족이 당면하고 있는 문제는 장애아동의 상태를 다른 사람에게 설명하고 특별한 욕구를 가진 장애아동의 부모가 어떠하다는 것을 이해하도록 돕게 하는 것이다. 자녀의 장애상태 및 그로 인한 문제에 대해서 형제, 배우자, 조부모 및 이웃이나 낯선 사람들에게 설명할 수 있는 욕구의 영역이다.

(4) 지역사회 서비스(community services)

부모들이 필요로 하는 지역사회 서비스에 대한 정보뿐만 아니라 그와 같은 서비스를 받을 수 있도록 도움이 필요하다. 병원에서 치료를 받거나 탁아모를 구하는 것, 휴식시간을 이용하거나 근무시간에 아동을 안전하게 보호하는 등 이용 가능한 지역사회 서비스에 대한 정보의 욕구를 말한다.

(5) 재정적 욕구(financial needs)

주거나 교통, 직업상담, 자녀의 교육과 관련된 경제적 비용에 대한 욕구 영역이다.

(6) 가족 욕구(family needs)

부모가 모든 가족의 도움을 받아야 할 영역으로 가족의 문제해결, 가족의 내적 지원체계, 여가생활 등과 관련된 도움의 욕구 등을 말한다. 이렇게 장애자녀의 가족들은 다양한 욕구에서 차이를 보이거나 동질의 관심사를 가진다. 장애자녀 가족의 욕구를 예상하고 그러한 강점과 욕구에 맞는 적절한 서비스와 지원을 제공하는 능력은 장애자녀 가족에 대한 스트레스 영향을 감소시킬 수 있으며 가족기능과 적응을 도모할 수 있는 것으로 주장되기도 한다(Fewell, 1986: 이애현, 1995a에서 재인용). 장애자녀 가족의 욕구 이해는 장애자녀에게 가족중심 서비스를 제공하는 데 기초가 되며 장애자녀 가족을 위한 서비스의 접근을 용이하게 한다.

4) 비장애 형제자매와의 관계와 욕구

장애 형제를 둔 비장애 형제들은 개인마다 정도와 방법에서 차이는 있지만 대개 전 생애에 걸쳐 서로 의존하며 가족관계에서 가장 오랫동안 지속되는 관계이므로 매우 중요한 역할을 담당한다. 전문가들이 최근 들어 장애 형제를 둔 비장애 형제들에게 관심을 갖는 것은 여러 가지 사회적 배경 때문이라고 볼 수 있다. 정상화, 탈수용화, 최소 제한의 환경 등의 이념이 강조되면서 장애자녀가 각 가정에서 거주하게 되고 일반학교에 통합되어 비장애 형제들과 함께 있는 시간이 늘어났기 때문이다(김은주, 1993).

형제자매들도 가족과 함께 경험하게 되는 발달단계마다 욕구가 달리 나타나는데 Turnbull과 Turnbull(1986)은 다음과 같이 4단계로 나누어 설명하고 있다(최은성, 2002).

첫 번째 단계는 출생과 학령 전기인데 만일 장애아가 태어날 때 일반 형제가 학령 전 아동이라면 그 형제가 나타내는 문제는 바로 가족이 장애자녀에 대해 적응하는 과정 속에서 경험하는 혼란의 결과로 인한 것이다. 유치원에 다니는 아동은 부모가 자신의 요구를 충족해 줄 시간이 없다는 것을 알게 되는데 이 시기의 부모들은 대개 장애자녀의 출생과 진단으로 인해 생긴 부가적인 시간의 요구나 정서적 타격에 대한 스트레스에 대응하느라 여력이 없기 때문이다. 부모들은 학령 전 비장애자녀에게 장애자녀와 함께 놀기를 요구할 뿐 비장애자녀의 요구를 무시하고 있으며 많은 전문가도 이런 문제를 심각하게 여기고 있지 않다고 지적하고 있다.

두 번째 단계는 가족의 생활주기가 학령기에 이르렀을 때이다. 장애 형제보다 어린 비장애 형제는 학교에 입학하면서 자신의 형제를 발달적으로 이해하게 되지만 손위 형제들은 장애 동생의 입학으로 새로운 문제를 접하게 된다. 동생에 대한 신체적인 보호의 의무를 가지면서 친구나 선생님에게 자신의 형제에 대해 설명해야 하기도 하므로 이 시기의 비장애 형제 역시 장애 동생으로 인해 또 다른 욕구를 가지게 된다.

세 번째 단계는 사춘기에 접어들면서 세상 사람들이 장애 형제를 응시하는 것이나 또래 친구들의 질문에 난감해하고, 장애 형제의 보호책임을 떠맡거나 장애 형제에 대한 보상으로 높은 성취를 이루어야 된다고 여겨지면서 큰 압박감을 느끼는 시기이다. 이 시기의 형제들은 특히 장애 형제와 자신을 지나치게 동일시하는 경향이 있고 직업을 선택하는 시점에서 장애 형제의 영향을 많이 받게 된다고 한다. 그러나 사춘기의 형제들은 사람들 속에서 개인 차이를 더 잘 이해할 수 있게 되기도 한다.

네 번째 단계는 성인으로서 자신들의 개인적인 생활에 있어서 형제가 가지는 장애가 의미하는 것이 무엇인가라는 문제에 부딪히는 시기이다. 어떤 형제는 보호에 대한 짐을 거부하거나 부모에게만 맡긴 것에 죄책감을 느낀다고 했고 또 그런 것에 안도감을 느꼈다고 보고한다. 부모가 은퇴와 노년기에 접어드는 단계에서 장애 형제의 보호에 대한 책임이 점점 비장애 형제로 이동하는데 이때는 그 어느 때보다도 강한 심리적인 부담을 느낀다고 한다(박진수, 2005).

5) 장애인가족의 가족탄력성

가족탄력성(resilience)은 가족이 위기 상황에 직면하여 혼란에 저항하도록 돕는 가족의 특성, 차원, 속성이라고 할 수 있다(McCubbin & McCubbin, 1996). 가족탄력성은 가족 구성원이 위기, 역경 또는 스트레스에 직면하였을 때 가족의 가능한 자원을 활용하여 가족의 역량을 실현해 나가도록 도와주는 것으로 가족 구성원들이 문제해결 과정에서 적극적인 참여자가 될 수 있다(Walsh, 1996). 개인의 신체적 · 정신적 질병 등과 같은 위험요인은 일생 동안 또는 발달과정에서 개인의 효과적 기능을 저해할 수도 있는 반면에, 곤경에 처한 개인에게 자원을 제공하고 보호요인으로 작용할 수 있다. 따라서 장애가족들에게도 장애로 인한 스트레스가 모두 다 부정적인 영향을 미치는 것은 아니다. 오히려 장애를 수용하고, 극복하는 과정에서 가족 간의 결속력과 응집력이 강해지며, 부부간의 관계도 개선되고, 장애에 관한 이해를 폭넓게 하게 되는 등의 긍정적인 연구결과도 있기 때문이다(Mascha & Boucher, 2006). 또한 장애아 부모들은 장애자녀를 통해 사랑하고 용서하며, 타인의 감정을 존중하고, 작은 일에도 감사하는 마음을 갖게 되어 장애아로 인한 가족 간의 정서나 자아정체감 등에 긍정적인 기여를 한다고 보았다(Lyons-Sjostrom, 2003). 또한 비장애 형제자매가 장애 형제자매와 함께 집안일을 돌봄으로써 자신이 장애 형제자매를 더 잘 다룰 줄 안다고 믿고 있으며, 장애인가족은 가족이 정서적으로 기능하는 과정에서 장애인에 대처하기 위해 가족이라는 자원을 정비함으로써 응집력 있는 정의적 연대감과 특별한 감정을 형성하기도 한다는 긍정적인 결과도 보고되었다(Mascha & Boucher, 2006). 비장애 형제자매들 역시 장애 형제자매가 가족이 제 기능을 수행하는 과정에서 긍정적으로 기여한다고 여기고 있으며, 장애 형제자매로 인해 긍정적인 결과가 나타났다고 보았다(Orsmond & Seltzer, 2007: 이재령, 2011에서 재인용).

3. 장애인가족을 위한 서비스 프로그램

1) 장애인가족 양육지원 서비스

양육자의 질병이나 사회활동 등으로 인해 중증 장애아동에 대한 일시적 돌봄서비스가 필요할 경우 일정한 교육과정을 수료한 돌보미를 파견하여 장애아동 보호 및 휴식지원을 제공한다. 가족관계 회복 및 돌봄서비스와 가족의 양육 부담 경감을 위해 장애아가족 문화 · 교육프로그램, 휴식 박람회, 가족 캠프 등의 휴식지원 프로그램도 있다. 이 서비스를 받을 수 있는 대상은 만 18세 미만 장애아동으로 「장애인복지법」상 1, 2, 3급 장애인이며 소득기준이 전국가구 평균 소득의 100% 이하인 경우이다. 제공기관에서 돌보미를 장애아동 가정에 파견하여 서비스를 제공한다. 돌보미의 역할은 기본임무로는 학습 · 놀이활동, 안전 · 신변보호 처리, 외출지원 등 장애아 양육지원과 장애아의 건강관리 및 응급조치 등의 지원 등이 있다. 이 과정에서 아동학대를 발견할 경우 신고해야 하는 의무가 있다.

2) 장애인 활동지원 제도

장애인 활동지원 제도는 「장애인활동 지원에 관한 법률」에 근거하여 혼자서 일상생활과 사회생활을 하기 어려운 장애인에게 활동지원 급여를 제공하여 장애인의 자립생활을 지원하고 그 가족의 부담을 줄이기 위한 제도이다. 장애인 활동지원 서비스를 받을 수 있는 대상은 만 6세 이상 65세 미만의 등록 1급 또는 2급 장애인으로 소득 수준이나 장애유형에 관계없이 누구나 가능하나 장애인생활시설 등에서 생활하는 장애인, 노인장기요양급여 이용 장애인 등은 신청할 수 없다. 또한 '활동지원 급여'는 국민기초생활수급자에게 제공되는 활동보조(신체활동지원, 가사활동지원, 이동보조 등), 방문목욕(목욕차량 등 이용), 방문간호(간호, 요양에 관한 상담, 구강위생 서비스 등)의 서비스를 말한다. 급여는 바우처 카드로 지급되며 서비스 이용 시마다 이 카드로 결제할 수 있다. 그리고 출산가구, 자립준비에 따른 추가급여는 사유발생일로부터 6개월 이내에 국민연금관리공단에 신청하여야 한다.

3) 발달장애인 부모 심리상담

장애자녀에 대한 과중한 돌봄 부담을 가지고 있는 발달장애인 부모에게 집중적인 심리 · 정서적 상담서비스를 제공하여 우울감 등 부정적 심리상태를 완화시켜 궁극적으로 발달장애인 가족의 기능 향상을 도모하고자 하는 서비스이다. 서비스 대상은 발달장애인(「장애인복지법」상 지적 · 자폐성 장애인) 자녀의 부모로 소득기준이 전국가구 평균 소득 100% 이하인 경우이다. 주민등록상 주소지 관할 읍 · 면 · 동 또는 시 · 군 · 구에 신청을 할 수 있다.

발달장애인 부모의 심리상담서비스는 발달장애인 부모 1명당 주 1회, 회당 50분, 월 4회 이상, 개별상담을 제공한다. 서비스 제공기관은 장애인복지관, 사설치료실 등 시 · 군 · 구의 지정을 받은 제공기관이며 서비스 대상자가 이용을 원하는 제공기관과 계약 후 서비스를 이용하면 된다. 사회서비스 전자바우처(http://www.socialservice.or.kr)를 통해 문의 및 서비스 조회를 할 수 있다. 또한 발달장애인 부모의 심리상담서비스를 제공하는 서비스 제공인력은 전문 역량을 갖추고 서비스 품질관리를 위해 일정한 인력기준(자격증, 실무경력, 학력 등) 요건을 충족한 전문가이며, 서비스 제공인력별로 연 1회 이상 국가에서 시행하는 교육에 의무 참석하여야 한다.

4. 장애인가족에 대한 가족복지의 발전방안

1) 서비스 제공기관 간의 연계성 강화

장애인가족에 대한 서비스는 한 부분에서만 이루어지는 것이 아니다. 교육, 의료, 경제 부분이 결합되어 있는 만큼 효과적인 서비스 제공을 위해서는 부처별로

구분된 정보의 관리보다는 일원화된 종합지원시스템으로 정보를 공유하여 민관의 지원효과성을 향상하는 것이 필요하다. 이를 통해서 중복지원을 줄이고 서비스에서 누락된 장애인가족에 대한 지원을 개발하는 것이 필요하다.

2) 장애인가족 지원 네트워크 활성화

우리나라 교육기관에서 장애아동의 가족들을 위해 제공되는 가족지원의 형태는 전문가 주도로 이루어지는 공식적 지원이며, 아동의 교육을 위한 가족 역량 강화가 목적인 것이 대부분이다. 그러나 장애아동의 가족들은 전문가들에 의해 교육 형태로 이루어지는 전문가 주도의 공식적 지원보다 가족이나 친지 및 이웃들로부터 받는 비공식적 지원에 의해 더욱 큰 지지를 얻게 된다(강연희, 2003; 신숙재, 정문자, 1998). 그러므로 장애인가족들이 지역사회에서 안심하고 편안하게 장애자녀나 가족들을 돌볼 수 있도록 지역사회 내 지원 네트워크가 활성화되어야 한다.

3) 장애인가족 지원체계의 혁신

성인 지적장애인 자녀를 둔 가족이 가장 어렵게 느끼는 것은 장애자녀 미래에 대한 준비(35.4%), 장애자녀의 취업(17.9%), 장애자녀의 건강(14.0%) 순으로 나타났다. 또한 가족들은 성인기 지적장애인의 발달단계에 따라 발생하는 장애인 당사자의 자립, 선택과 결정을 가족이 지원하는 방법에 대해 상당한 심적 부담을 느끼고 있었으며, 가족을 위한 쉼서비스를 강력히 요청하는 것으로 나타났다. 이에 따라 지원 방안으로 성인 지적장애인의 단기돌봄 또는 일시돌봄 서비스의 확대적용과 가족의 욕구에 부합한 서비스 신설, 서비스 총량 확대, 전체 성인 지적장애인 가족에 대한 지속적인 조사를 통한 개별 가족의 욕구에 기초한 서비스 지원방식과 내용의 체계화 등이 절실히 필요하다.

4) 장애인 재산관리 시스템의 도입

성인 지적장애인의 경우 부모들이 가장 걱정하는 영역을 보면 부모 사후 장애자녀를 돌볼 수 있는 후견인 제도와 장애자녀에게 생활자금을 물려줄 경우 금전 관리에 어려움을 갖고 있는 지적장애의 특성상 재산을 관리할 수 없다는 점이 있다. 따라서 국가적인 차원에서 장애인의 재산을 보호해 주고 후견인을 관리하는 제도가 마련되어야 할 것이다.

5) 유형별 서비스 지원의 차별화

장애의 유형에 따라 장애인가족들의 욕구에 차이가 있는 만큼 서비스 지원에도 이를 반영한 차별화가 이루어져야 한다. 이를 위해서는 장애유형별 지원내용을 체계적으로 구성하고 이를 토대로 서비스 매뉴얼을 제작하여 실무에 활용함으로써, 장애인가족의 욕구에 부합하는 서비스가 지원되어야 한다.

6) 장애 관련 치료 및 교육에 따르는 경제적인 지원

장애자녀를 키우고 있는 대부분의 가정은 장애자녀의 치료와 교육을 목적으로 가족 중 한 사람은 자녀를 보살피기 위해 경제적인 활동을 포기하고 자녀를 돌본다. 또한 장애자녀의 치료와 교육에 사용하는 비용은 장애자녀를 둔 부모에게는 매우 큰 부담이 될 수밖에 없다. 장애자녀가 있는 국민기초생활수급권자에게 제공되는 장애자녀를 위한 교육 및 치료지원 서비스를 확대해서 장애자녀가 있는 일반가정에도 지원하여 자녀의 치료와 교육에 더욱 적극적인 노력을 기울일 수 있도록 도와야 하겠다.

7) 장애인 입장에서의 장애인정책 수립 지향

기존의 장애인정책은 대부분 비장애인 입장에서 수립된 정책으로 장애인 또는 그 가족의 입장을 충분히 반영하지 못하였다. 그러므로 향후 장애인정책의 수립 과정에 장애인 당사자 및 그 가족의 참여를 보장함으로써 장애인과 그 가족의 입장이 충분히 반영된 정책이 수립되어야 한다.

참고문헌

강연희(2003). 청각장애 영유아 어머니의 양육 스트레스에 관한 연구. 이화여자대학교 대학원 석사학위논문.

김미옥(2001). 장애아동가족의 적응과 아동의 사회적 능력에 관한 연구. 이화여자대학교 대학원 박사학위논문.

김미향(2010). 장애아동 가족의 탄력성에 영향을 미치는 요인. 대구대학교 대학원 석사학위논문.

김상용, 오혜경(2010). 장애자녀 어머니의 웰빙 연구. 재활복지, 14(1), 139-158.

김은주(1993). 일반 형제의 장애 형제에 대한 태도에 영향을 미치는 변인 연구. 이화여자대학교 대학원 석사학위논문.

김진희(2012). 장애 아동을 형제자매로 둔 비장애 형제자매의 감정표현에 대한 음악치료의 효과. 인제대학교 대학원 석사학위논문.

김혜림(2006). 자폐아동 가족탄력성과 가족 적응에 관한 연구. 숭실대학교 대학원 석사학위논문.

박소영(1997). 장애유아어머니의 교육적 요구. 단국대학교 대학원 석사학위청구논문.

박옥희(2010). 장애인복지론(2판). 서울: 학문사.

박지연(2004). 가족참여 및 지원의 실제. 자격연수, 2, 641-651.

박진수(2005). 장애자녀 발달단계에 따른 가족욕구에 관한 연구. 가톨릭대학교 대학원 석사학위논문.

백은령, 유영준, 이명희, 최복천(2010). 장애아동 · 청소년의 삶의 질 향상을 위한 지원방안 연구. 한국청소년정책개발원 연구보고서.

보건복지가족부(2008). 장애인실태조사.

보건복지부(2012). 제4차 장애인정책종합계획.

서경희(1998). 장애영유아 어머니의 가족중심 서비스에 대한 욕구. 한국특수교육학회지, 19(1), 119-142.

서명옥(2011). 장애아동가족지원사업의 실태 및 서비스 욕구에 관한 연구. 경북대학교 대학원 석사학위논문.

서미경(2000). 성인 정신장애인의 평생계획에 관한 연구. 한국사회복지학, 43(43), 106-130.

신숙재, 정문자(1998). 어머니의 양육 스트레스, 사회적 지원과 부모효능감이 양육행동에 미치는 영향. 아동학회지, 19(1), 27-42.

안성아, 심미영(2013). 가족스트레스와 가족탄력성이 장애인 가족의 가족건강성에 미치는 영향에 관한 연구. 재활복지, 17(1), 277-300.

양공실(2012). 장애아동 가족지원 프로그램의 실태. 영남대학교 대학원 석사학위논문.

이민호, 최기창, 이원령, 김미경, 최신애(2004). 장애아동 가족의 일상생활에서 나타나는 정서문제. 특수교육재활과학연구, 43(1), 137-158.

이애현(1995a). 발달장애아 가족의 요구와 특성에 대한 이론적 탐색. 한국특수교육학회지, 16(1), 147-170.

이애현(1995b). 정신지체아와 자폐아 부모가 지각하는 가족요구, 가족특성 및 통제부위와 변인간 상관관계. 대구대학교 대학원 박사학위논문.

이재령(2011). 발달장애인의 비장애 형재자매의 성장기 삶의 경험에 관한 연구. 숭실대학교 대학원 박사학위논문.

이한우(1999). 장애아동 부모의 양육태도 및 스트레스간의 관계적 특성연구. 특수교육연구, 22(0), 99-117.

이한우(2002). 발달장애아동 가족지원 특성과 부모의 양육스트레스 연구. 대구대학교 대학원 미간행 박사학위논문.

전혜연(2002). 장애아동 부양비용에 영향을 미치는 요인에 관한 연구. 이화여자대학교 대학원 석사학위논문.

전혜인(2006). 부모결연프로그램이 장애아동 어머니의 양육스트레스와 양육효능감 및 가족역량강화에 미치는 영향. 이화여자대학교 대학원 박사학위논문.

최민숙(2002). "가족중심 유아특수교육"의 태동과 가족참여의 효율성을 저해시키는 변인. 서울: 국립특수교육원.

최은성(2002). 장애아동 가족욕구와 교회의 지원. 단국대학교 대학원 석사학위논문.

Bailey, Jr. D. B., & Simeonsson, R. J. (1988) Assessing needs of families with handicapped infants. *Journal of Special Education, 22*(1), 117-127.

Baker, B. L., Blacher, J., Kopp, C. B., & Kreamer, B. (1997). Parenting children with

mental retardation. *International Review of Research in Mental Retardation, 20*, 1-45.

Beckman, P. J. (1983). Influence of selected child character on stress in families of handicapped infants. *American Journal of Mental Deficiency, 88*(2), 150-151.

Benson, H. A., & Turnbull, A. P. (1986). Approaching families from an individualized perspective. In R. H. Horner, L. H. Mayer, & H. D. B. Fredericks (Eds.), *Education of learners with severe handicaps: Exemplary service strategis*. Baltimore, MD: Paul. H. Brookes.

Cater, B., & McGoldrick, M. (1980). *The family life cycle: A framework for family therapy*. New York: W. W. Norton.

D'Amato, E., & Yoshida, R. K. (1991). Parental needs: An education life cycle perspective. *Journal of Early Intervention, 18*(3), 246-254.

Farber, B. (1959). Effects of a severely mentally retarded child on family intervention. *Monographs of the Society for Research in Child Development, 24*(2).

Hastings, R. P. (2003). Behavioral adjustment of siblings of children with autism. *Journal of Autism Developmental Disorder, 33*, 99-104.

Lyons-Sjostrom, A. (2003). *Adjustment in siblings of children with disabilities*. Doctoral Dissertation. The Chicago School of Professional Psychology.

Mascha, K., & Boucher, J. (2006). Preliminary investigation of a qualitative method of examining siblings' experiences of living with a child with ASD. *The British Journal of Developmental Disabilities, 52*(1), 19-28.

McCubbin, M. A., & McCubbin, H. I. (1996). Resiliency in families: A conceptual model of family adjustment and adaptation in response to stress and crisis. In H. I. McCubbin, A. I. Thompson, & M. A. McCubbin (Eds.), *Family assessment: Resiliency, coping and adaptation-inventories for research and practice*. Madison, WI: University of Wisconsin System.

Meyer, D. J., & Vadasy, P. F. (1994). *Sibsbops: Workshops of children with special needs*. Baltimore, MD: Paul. H. Brookes.

Orsmond, G. I., & Seltzer, M. M. (2006). *Adolescent siblings of individuals with autism: A diathesis stress model of the genetic tulnerability on well-being*. Montreal: Poster presented at the International Meeting for Autism Research.

Orsmond, G. I., & Seltzer, M. M. (2007). Siblings of individuals with autism or Down syndrome: Effects on adult lives. *Journal of Intellectual Disability Research, 51*,

682–696.

Rossiter, L., & Sharpe, D. (2001). The siblings of individuals with mental retardation: A quantitative integration of the literature. *Journal Child Family Study, 10*, 65–84.

Santelli, B., Poyadue, F. S., & Young, J. L. (2001). *The parent to parent handbook: Connecting families of children with special needs*. Baltimore, MD: Paul H. Brookes Publishing.

Santelli, B., Turnbull, A., Lerner, F., & Marquis, J. (1993). Parent program: A unique form of mutual support for families of persons with disabilities. In G. Singer & I. Powers (Eds.), *Families, disabilities, and empowerment: Active coping skills and strategies for family interventions* (pp. 27–57). Baltimore, MD: Paul H. Brookes Publishing.

Santelli, B., Turnbull, A., Marquis, J., & Lerner, E. (1997). Parent–to–Parent program: Aresource for parentand professionals. *Journal of Early Intervention, 21*(1), 73–83.

Seltzer, M. M., Greenberg, J. S., Orsmond, G. I., & Lounds, J. (2005). Life course studies of siblings of individuals with developmental disabilities. *Mental Retardation, 43*(5), 354–359.

Singer, G. S., Marquis, J., Powers, I., Blanchard, L., Divenere, N., Santelli, B., Ainbinder, J. G., & Sharp, M. (1999). A multi–site evaluation of parent to parent programs for parents of children with disabilities. *Journal of Early Intervention, 22*(3), 217–229.

Suelzle, M., & Keenan, V. (1981). Changes in family support networks over the life cycle of mentally retarded persons. *American Journal of Mental Deficiency, 86*(3), 267–274.

Turnbull, A. P., & Turnbull, R. (1986). *Families, professionals, and exceptionality*. Columbus, OH: Merrill Publishing Company.

Verte, S., Roeyers, H., & Buysse, A. (2003). Behavioral problems, social competence and self–concept in siblings of children with autism. *Child: Care Health Development, 29*, 193–205.

Walsh, F. (1996). The concept of family resilience: Crisis and challenge. *Family Process, 35*(3), 261–281.

관련 웹사이트

사회서비스 전자바우처 홈페이지 http://www.socialservice.or.kr

부록 시립서울장애인종합복지관 장애인가족 지원 사회심리재활 프로그램 현황

프로그램	이용 대상	요일	서비스 내용	비용(원)
재활상담	장애인과 가족	월~금	가족관계, 사회부적응, 진로 및 교육방향, 복지관 이용, 재활정보 등에 대한 상담 실시	무료
발달장애인 청소년 사회적응	발달장애 청소년	월, 수	방과 후 장애 청소년들의 그룹활동을 통해 지역사회의 적응 지원	월 60,000
여름/겨울 계절학교	지역사회 발달장애 아동, 청소년	월~금 (방학 기간)	방학 기간 동안의 그룹활동을 통해 지역사회 적응 지원	월 70,000
발달장애 청소년 특별활동	발달장애 청소년	주 2회	방과 후 장애청소년들의 특별활동(미술, 아이클레이, 체육)을 통해 여가활동 지원	월 40,000 이상
방학 특별활동	발달장애 청소년	월~금 (방학 기간)	방학 기간 동안 장애청소년들의 여가활동 지원	월 120,000
개인상담	장애인과 가족	화, 수, 금	개별상담을 통해 부정적인 감정이나 부적응적인 행동의 변화를 촉진(4~15회)	무료 (4회 초과 시 1회 10,000)
스누젤렌 심리치료	장애아동, 청소년 (초등, 중등)	화	스누젤렌실에서 상상력을 자극하는 활동을 통해 환경탐색에 대한 자발적인 능동성과 상호작용을 촉진	1회 10,000
성인 집단상담	뇌졸중 성인	화	명상과 요가를 통한 스트레스 감소 프로그램	무료
형제캠프	장애 형제를 둔 비장애 초등학생	겨울방학	장애 형제를 이해하고, 자신이 가지고 있는 스트레스 해소, 비슷한 경험을 가지고 있는 또래와의 만남을 통한 지지망 형성	1회 10,000
아버지 역량 강화	장애아동을 둔 아버지	매월 셋째 주 금요일	아버지 모임을 통해 정보 공유 및 서로 간의 지지와 연 1회 가족나들이를 통해 자녀에 대한 이해 및 어머니의 쉼 제공	무료
학령기 장애아동 통합지원	인근 초등학교	학교와 협의	일반학급에서 이루어지는 장애이해교육으로 비장애아동의 올바른 장애 이해를 돕고 상호작용을 촉진하며, 장애아동의 학교 적응을 지원	
강한 부모-강한 어린이 부모교육	장애자녀를 둔 부모	연중	부모교육을 통해 장애자녀를 양육하는 부모의 기능과 역할을 강화하여 장애가족을 지원	1회 5,000 (8회기)
주말 가족 프로그램	장애인과 가족	토	부부간에 서로를 더욱 잘 이해하도록 돕고 아빠와 자녀와의 친밀감을 향상	1회 20,000

심리운동	발달지체, 지적장애, 자폐성 장애 등의 발달장애 아동	월~금	다양한 감각자극과 즐거운 움직임 경험을 통한 전인적 발달 도모, 집단활동 프로그램	1회 12,000 이상
음악치료	자폐성 장애 및 지적장애 등의 발달장애 아동 및 장애성인	월~금	음악적 경험과 과정을 통하여 신체적 · 정서적 · 사회적 적응 촉진	1회 17,000
트램펄린	운동성, 신체인지, 자신감, 사회성 발달에 문제를 가진 만 4~12세 아동	금	트램펄린 운동을 통해 신체발달과 움직임의 진정한 즐거움을 알게 함으로써 전반적인 신체발달 도모	1회 12,000
음악과 함께 하는 예술활동	비장애 형제자매 만 4세부터	월~금	장애 형제를 가진 비장애아동들이 음악을 주 매개체로 예술세계를 체험함으로써 자신감과 자존감 향상의 활동 기회 제공	1회 13,000
직업훈련생 집단 음악치료	직업훈련생	수	집단 음악활동을 통한 정서적/심리적 지지와 여가활동의 기회 제공	1회 15,000
WITH & JOY	유아교육기관 아동	금	지역유아교육기관 아동들에게 심리운동 체험을 할 수 있는 기회를 제공하고 장애 인식 개선을 도모함	1회 5,000 (명당)
보호작업장 훈련생 심리운동	보호작업장 훈련생	수	즐거운 움직임 체험을 통해 전인적 발달을 도모	1회 10,000
심리운동 형제지원	심리운동을 이용하는 아동의 형제자매	월~금	장애 형제를 가진 형제들을 대상으로 함께 활동하여 장애 형제에 대한 이해를 돕고 움직임 경험의 기회를 제공	1건 5,000 이상
소그룹 음악활동 I	만 4세~성인 장애인 중 음악치료 대기자	수	음악활동을 통한 다양한 음악체험 및 소그룹활동을 통해 함께하는 기쁨을 경험할 수 있는 기회 제공(8회기, 연중 모집)	1회 15,000
소그룹 음악활동 II	소그룹 음악활동I 참여자	수	청각 자극 활동뿐만 아니라 폭넓은 감각기관(시각, 촉각 등)을 활용한 음악활동으로 자존감 향상(음악활동+스누젤렌)	1회 15,000
엄마와 함께 하는 음악여행	엄마와 장애아동	여름방학 기간 중 8회	다양한 음악활동을 통해 엄마와 아동의 긍정적인 애착관계 재형성	1회 15,000
청소년 심리운동 프로그램 (중 · 고등학교 학교 연계사업)	지역 내 중 · 고등학교 특수반 청소년	화	지역 내 중 · 고등학교 특수반과 연계하여 다양한 움직임 체험을 제공하고, 심리적 안정을 도모함	1회 10,000

제10장
알코올의존 가족

개요

알코올 중독은 오늘날 가장 흔하게 나타나는 사회문제이며, 높은 발병률과 재발률을 나타내는 정신건강 문제일 뿐만 아니라 가족의 심리적 · 사회적 · 직업적 · 법적 · 영적 기능에 심각한 영향을 초래하는 가족병이다. 그러나 우리 사회는 알코올에 대하여 매우 관대하고 허용적인 음주문화를 가지고 있어 알코올과 관련된 가족문제와 사회문제가 발생하게 된다. 이 장에서는 알코올 중독자와 그 가족에 대한 이해와 문제를 알아보고 그들을 돕기 위한 개입 방안을 살펴보고자 한다.

1. 알코올의존에 대한 이해

1) 알코올의존의 정의

알코올은 인간 역사의 시작과 함께 우리 일상생활에 등장하여 개인과 가족 그리고 사회의 여러 부분에 많은 영향을 끼쳐 왔다. 그러나 알코올은 인간의 뇌에 커다란 영향을 미치는 약물임에도 불구하고 향정신성 약물로 분류되지 않아 법적인 규제를 받지 않는 유일한 약물이다. 음주는 불안과 우울을 감소시키고 대인관계의 촉매제로서 긍정적인 역할을 하기도 하지만 사회적으로 부정적인 영향을 미치는 등 심리적 · 신체적 · 사회적으로 심각한 문제를 일으키기도 한다. 그런데 우리나라의 비교적 관대한 음주문화 상황에서는 알코올의존에 관한 정의를 내리는 것이 매우 어려운 일이다. 게다가 알코올의존이 단일한 질환이 아니라 복합적인 원인에 의해 발생한다는 사실에 비추어 볼 때 한마디로 정의한다는 것은 극히 쉬운 일이 아니다. 알코올의존은 일반적으로 허용되는 양 이상의 음주를 하여 개인의 건강이나 사회적 · 직업적 기능에 장애를 유발함에도 불구하고 음주를 계속하는 경우를 말하는데 대개는 알코올 남용과 알코올의존을 포함하여 말한다. 신체적으로 형성된 알코올의 금단증상으로 인해 알코올을 계속 사용하게 되는 상태를 신체적 의존이라 하고, 알코올을 계속 사용함으로써 긴장과 감정적 불편을 해소하려는 경향을 심리적 의존이라 한다. 알코올 남용이란 사회적 또는 직업상의 기능 장애를 초래하는 알코올의 병적인 사용, 즉 사회적 음주와는 상관없이 알코올을 지속적으로 빈번히 마시는 것을 말한다. 세계보건기구(WHO)에서는 알코올의존이란 "전통적인 습관음주의 영역"을 넘거나 혹은 지역사회 전체의 사회적 음주 습관을 넘어서는 음주를 하는 것을 말하며, 그에 부수된 병적인 인자가 얼마만큼 유전, 체질 또는 신체 병리적·대사적 영향을 받고 있는가에 관계없이 그것을 알코올의존이라고 정의하고 있다(이영실 외, 2013).

미국의학협회(AMA)는 1977년에 알코올리즘을 "지속적인 과다한 음주와 직접적으로 관련된 상당한 기능장애가 특징적으로 나타나는 질병"이라고 정의했으며 그 기능장애란 생리적, 심리적 및 사회적 기능장애를 뜻한다. 전형적으로 알코올 중독은 "환자의 정신기능, 신체적 건강, 환경에의 적응장애를 가져오는 약물의존의 한 형태"로 정의되고 있다(민성길 외, 2006).

〈표 10-1〉 알코올 남용 및 의존 진단 기준

미국 정신의학회의 정신질환의 진단 및 통계 편람의 진단 기준을 따른다.

A. 알코올 남용의 진단 기준
- a. 임상적으로 상당한 장애 또는 곤란을 가져오면서, 같은 12개월 기간 중에 다음 중 한 가지 이상이 발생하는 알코올 사용의 부적응 양상이 있음
  - ① 거듭되는 알코올 사용으로 직장, 학교 혹은 집에서의 주요 역할 임무를 수행할 수 없게 되는 경우
  - ② 신체적으로 해가 되는 상황에서도 거듭된 알코올의 사용
  - ③ 알코올과 관련된 거듭된 법적 문제
  - ④ 알코올의 영향들이 원인이 되거나 이로 인해 사회적 혹은 대인관계 문제가 계속적/반복적으로 악화됨에도 불구하고 알코올의 계속된 사용

  위의 증상들이 알코올의존의 진단 기준에 결코 만족되지 않을 때

B. 알코올의존의 진단 기준
- a. 다음 중 세 가지 이상이 지난 12개월 사이에 있었던 경우
  - ① 내성이 있다.
  - ② 금단 증상(손떨림, 불면, 식은땀, 환시, 환청 등)이 나타난다.
  - ③ 원하는 양보다 술을 오랜 기간 많이 마신다.
  - ④ 금주하거나 절제하려고 노력하였으나 실패했다.

⑤ 술을 구하거나, 술을 마시거나, 술에서 깨기 위해 많은 시간을 소비한다.
⑥ 사회적, 직업적 혹은 휴식 활동들이 술로 인해 단념되거나 감소한다.
⑦ 음주에 의해 신체적 혹은 심리적 문제(위궤양, 대인관계 등)가 악화되는 줄 알면서도 음주를 계속한다.

출처: American Psychiatric Association(2000).

2) 알코올의존의 실태

〈표 10-2〉는 연간음주자의 고위험 음주율 추이를 나타내는 것으로 우리나라의 연간음주자의 고위험 음주율[1](만 19세 이상, 표준화)은 2011년 17.2%로 나타났다. 연간음주자의 고위험 음주율이 가장 높은 연령대는 30~39세로 21.9%이며, 40~49세 20.3%, 50~59세 19.0%, 19~29세 15.5%로 나타났다.

또한 〈표 10-3〉에서 나타난 바와 같이 2011년 평생음주자의 문제음주율(만 19세 이상, Alcohol Use Disorders Identification Test: AUDIT 8~15점)을 보면 2011년 남자 33.5%, 여자 12.7%, 알코올 남용(AUDIT 16~19점)은 남자 11.4%, 여자 2.1%이고, 알코올의존(AUDIT 20점 이상)의 경우는 남자 12.8%, 여자 2.2%인 것으로 나타났다. 문제음주율의 경우는 19~29세, 알코올 남용은 30~39세, 알코올의존의 경우는 40~49세에서 가장 높게 나타난 것으로 볼 때 연령대가 높아지면서 더 심각한 음주형태를 보이고 있다.

---

1) 연간음주자의 고위험 음주율은 연간음주자 중 1회 평균 음주량이 7잔(여자 5잔) 이상, 주 2회 이상 음주한 분율을 의미한다.

〈표 10-2〉 연간음주자의 고위험 음주율 추이 (단위: 명, %)

구분	2006년	2007년	2008년	2009년	2010년	2011년
	N/분율 (표준오차)	N/분율 (표준오차)	N/분율 (표준오차)	N/분율 (표준오차)	N/분율 (표준오차)	N/분율 (표준오차)
19세 이상	5,939/ 14.8(0.5)	2,019/ 16.7(0.9)	4,697/ 20.3(0.8)	5,282/ 17.5(0.7)	4,486/ 17.6(0.8)	4,321/ 17.6(0.8)
65세 이상	514/ 13.6(1.6)	319/ 7.1(1.6)	644/ 11.1(1.6)	733/ 10.5(1.1)	658/ 9.4(1.4)	723/ 6.5(1.2)
19세 이상 (표준화)	5,939/ 14.9(0.5)	2,019/ 16.1(0.9)	4,697/ 20.3(0.8)	5,282/ 17.5(0.7)	4,486/ 17.2(0.8)	4,321/ 17.2(0.8)
19~29세	1,196/ 10.7(1.0)	289/ 13.1(2.0)	760/ 18.2(1.8)	923/ 16.1(1.5)	665/ 14.7(1.7)	613/ 15.5(1.8)
30~39세	1,487/ 13.3(1.1)	515/ 19.0(1.9)	1,157/ 20.4(1.4)	1,171/ 18.3(1.3)	1,054/ 21.0(1.7)	921/ 21.9(1.7)
40~49세	1,525/ 19.5(1.0)	435/ 22.0(2.1)	1,060/ 23.9(1.5)	1,199/ 20.6(1.4)	956/ 20.3(1.7)	847/ 20.3(1.7)
50~59세	894/ 17.8(1.4)	340/ 14.5(2.0)	761/ 24.4(1.8)	869/ 18.5(1.6)	823/ 18.6(1.8)	853/ 19.0(1.7)
60~69세	572/ 15.1(1.8)	262/ 13.6(2.5)	581/ 13.5(1.8)	695/ 13.5(1.4)	617/ 11.0(1.7)	658/ 9.9(1.4)
70세 이상	265/ 12.3(2.3)	178/ 4.7(1.6)	378/ 9.7(1.9)	425/ 7.3(1.4)	371/ 8.6(1.8)	429/ 4.9(1.4)

주: 2005년 추계인구로 연령표준화

출처: 보건복지부 질병관리본부(2012. 12.).

〈표 10-3〉 평생음주자의 문제음주율, 알코올남용률, 알코올의존율 (단위: 명, %)

구분	전체					남자					여자				
	N	정상 음주율의 분율 (표준오차)	문제 음주율의 분율 (표준오차)	알코올 남용률의 분율 (표준오차)	알코올 의존율의 분율 (표준오차)	N	정상 음주율의 분율 (표준오차)	문제 음주율의 분율 (표준오차)	알코올 남용률의 분율 (표준오차)	알코올 의존율의 분율 (표준오차)	N	정상 음주율의 분율 (표준오차)	문제 음주율의 분율 (표준오차)	알코올 남용률의 분율 (표준오차)	알코올 의존율의 분율 (표준오차)
19세 이상	5,173	61.6 (0.9)	23.7 (0.8)	7.0 (0.5)	7.8 (0.5)	2,425	42.2 (1.4)	33.5 (1.2)	11.4 (0.9)	12.8 (1.0)	2,748	83.0 (0.9)	12.7 (0.8)	2.1 (0.5)	2.2 (0.4)

19~29세	660	55.6 (2.4)	29.5 (1.9)	7.1 (1.3)	7.7 (1.3)	282	43.2 (3.5)	37.5 (3.1)	9.2 (1.9)	10.1 (2.1)	378	69.0 (2.8)	21.0 (2.4)	4.8 (1.5)	5.1 (1.4)
30~39세	1,050	57.1 (1.8)	27.0 (1.7)	8.3 (1.1)	7.7 (1.1)	432	33.8 (2.7)	39.1 (2.6)	13.9 (2.1)	13.2 (1.9)	618	81.4 (1.9)	14.2 (1.7)	2.5 (0.9)	1.9 (0.7)
40~49세	978	62.6 (1.6)	20.7 (1.5)	6.8 (0.9)	9.8 (1.3)	430	40.2 (2.7)	31.1 (2.6)	11.5 (1.7)	17.2 92.40	548	86.9 (1.7)	9.5 (1.6)	1.8 (0.7)	1.8 (0.6)
50~59세	1,013	59.3 (1.8)	23.4 (1.7)	8.1 (1.1)	9.1 (1.3)	485	36.7 (2.6)	32.8 (2.7)	14.7 (1.9)	15.8 (2.1)	528	85.9 (2.0)	12.4 (1.9)	0.4 90.2)	1.2 (0.7)
60~69세	825	70.2 (1.9)	19.2 (1.7)	5.6 (1.1)	5.0 (1.0)	438	50.8 (2.8)	30.3 (2.8)	10.0 (1.9)	8.8 (1.7)	387	94.4 (1.4)	5.3 (1.4)	0.0 (-)	0.3 (0.3)
70세 이상	647	85.1 (1.7)	11.5 (1.6)	1.7 (0.7)	1.7 (0.7)	358	74.8 (2.8)	18.9 (2.9)	3.2 (0.9)	3.2 (1.3)	289	96.7 (1.4)	3.2 (1.4)	0.0 (-)	0.1 (0.1)

주: • 문제음주율: 평생음주자 중 AUDIT 점수가 총점 8점 이상 15점 이하에 해당되는 분율
• 알코올남용률: 평생음주자 중 AUDIT 점수가 총점 16점 이상 19점 이하에 해당되는 분율
• 알코올의존율: 평생음주자 중 AUDIT 점수가 총점 20점 이상에 해당되는 분율
• 정상음주율: 평생음주자 중 AUDIT 점수가 총점 7점 이하에 해당되는 분율
• 2005년 추계인구로 연령표준화
• 분율 0.1% 미만으로 표준오차 비제시

출처: 보건복지부 질병관리본부(2012. 12.).

퇴원한 지역사회 알코올 중독자를 조사한 연구에서 대상자의 60.2%가 가족력을 가진 것으로 발견됐고 가족력을 가진 대상자의 경우 음주문제가 더 심각하다고 보고하였다. 또한 임선영(2002)도 80%에서 가족력이 나타난다고 보고하고 있다(조정아, 2014에서 재인용).

3) 알코올의존의 원인

알코올의존은 다른 정신질환과 마찬가지로 한 가지 원인으로 설명할 수 없으며, 유전적, 심리적 그리고 사회문화적 요소가 복합적으로 작용하여 생기게 된다. 각 요소의 중요도도 개인마다 차이가 있을 것으로 추정된다.

(1) 유전적 원인론

알코올 중독의 유전성을 조사하고자 시행된 많은 연구에서 유전성이 입증되었으며, 그 결과로 부모가 알코올 중독인 경우 자녀는 부모가 알코올 중독이 아닌 자녀보다 알코올 중독이 될 가능성이 4배 높았다(Goodwin, 1988). 또한 Merikangas(1990)은 통제집단에 비해 직계 가족에서 알코올 중독자가 있는 경우 발병할 위험성이 7배가 높다고 주장하였다(조정아, 2014에서 재인용). 우리나라의 경우, 윤명숙(2001)이 퇴원한 지역사회 알코올 중독자를 조사한 연구에서 대상자의 60.2%가 가족력을 가진 것으로 발견됐고 가족력을 가진 대상자의 경우 음주문제가 더 심각하다고 보고하였다. 또한 임선영(2002)도 80%에서 가족력이 나타난다고 보고하고 있다(조정아, 2014에서 재인용).

일반적으로 부모가 술을 마시는 것을 보고 배우기 때문에 자라는 환경이 중요하다고 볼 수도 있겠으나 연구결과에서는 그렇지 않게 나타났다. 양자 연구에서 알코올 중독이 아닌 부모 사이에서 태어나 어릴 때 입양된 경우 알코올 중독의 양부모의 손에서 자란 사람은 알코올 중독이 될 가능성이 보통 사람과 차이가 없었으나, 알코올 중독 부모 사이에 태어난 후 어릴 때 알코올 중독이 아닌 부모에게 양자로 입양된 경우는 알코올 중독의 가능성이 훨씬 높게 나타났다. 이러한 연구결과는 알코올 중독의 원인으로 자라는 환경보다 부모로부터 물려받은 유전성이 매우 중요하다는 것을 알 수 있다(권육상, 2001; 민성길 외, 2006).

유전적으로 100% 같다고 가정하는 일란성 쌍생아의 경우 이란성 쌍생아의 경우보다 2배 정도 알코올의존 가능성이 더 높고 입양아 연구에서 보면 알코올의존의 부모를 가진 아이가 정상 부모 밑에서 양육되었을 경우에도 알코올의존이 될 위험성이 3~4배 높다고 보고된 것으로 보아 유전적인 영향도 있는 것으로 생각하고 있다(민성길 외, 2006).

(2) 심리적 원인론

성장 후 알코올 관련 질환에 걸리기 쉬운 '알코올 중독의 위험성이 높은' 소아에 대한 연구에서 보면, 신경인지적 검사결과 뇌파에서 이상소견 등이 나타난다고

한다. 이들은 어린 시절에 주의력결핍장애나 행동수반장애, 반사회성 인격장애 또는 정신활성물질의 사용장애 등의 병력이 많다(권육상, 1998). 또한 심리적 원인론으로는 너무 엄격한 자기 징벌적인 도덕감, 즉 초자아(superego)가 강한 경우에 무의식적 스트레스를 해소하기 위해 음주를 한다는 설명이 있다. 또 이러한 만성 음주는 자기 파괴적 욕구의 산물로 만성자살 행위라고도 하였다. 하지만 알코올의 긍정적 강화 기능이 더욱 중요한 역할을 한다. 음주는 다행감과 행복감을 주고 공포와 불안을 감소시켜 주기 때문에 이러한 효과가 긍정적인 강화를 주어 음주를 부채질하게 된다(민성길 외, 2006).

또 다른 심리적 원인론으로는 정상적인 사회생활 상황에서 음주행동이 시작되어 알코올 중독으로 진행하는 과정은 알코올을 긴장감 감소의 매개물로 간주하여 알코올 섭취와 긴장감 감소의 연합으로 간주한 긴장감 감소 이론, 사람들이 술을 마시거나 알코올 중독자가 되는 것은 음주행동을 강화하거나 보상이 되었기 때문이라고 보는 강화 이론, 의사소통의 장애 정도가 알코올 섭취의 초기발달이나 알코올 중독에 영향을 준다고 가정하는 상호작용 이론이 있다. 그런데 알코올 섭취가 증가함에 따라 의사소통장애는 더욱 심각해진다고 보고하였다. Freud의 정신분석 이론에 따르면 구강기에 욕구충족이 되지 않아 이 시기에 불만족감이 평생 동안 무의식 속에 남게 되고 무언가 부족함을 느껴 이 부족함을 해소하기 위한 방법 중의 하나로 음주가 반복됨으로써 알코올 중독에 이른다고 하였다. 또한 알코올 중독 환자 중에서 상당수가 직장, 가족 혹은 친구와의 대인관계에서 갈등이 있는 경우 자신의 주장을 쉽게 펴지 못한다든지 감히 반박을 하지 못하는 성격이라는 성격 이론이 주장되고 있다(이영실 외, 2013).

(3) 사회문화적 원인론

사회문화적 원인론으로는 알코올의존 환자의 빈도가 기독교 신자보다 가톨릭 신자에서 더 많아 종교적인 영향을 받고 있고, 음주에 대한 문화적인 태도에도 영향을 받으며, 사회계층이나 학력 수준 등에도 영향을 받는다는 것이다. 특히 이혼, 별거, 미혼 등 사회적 스트레스 요인에도 영향을 받는다. 환경적 요인으로는 음주문제를 일으키는 부모 밑에서 성장한 자녀는 그렇지 않은 자녀보다 알코올 중독이 될 가능성이 더 높다. 특히 남자아이의 경우 이 현상이 더욱 뚜렷하게 나타나는데 사회적으로 스트레스를 받게 될 때 자연스럽게 술에 의지하게 된다. 그뿐만 아니라 음주문화에 관대한 한국의 경우 음주로 인한 실수를 허용하는 분위기가 오히려 그러한 행동을 자연스럽게 받아들이면서 그러한 행동이 더욱 강화되어 중독에 빠지는 경우도 있다는 것이다(민성길 외, 2006).

2. 알코올의존과 가족

1) 가족병으로서의 알코올의존

알코올 중독은 중독자 개인의 질병이기보다는 알코올 중독자가 속한 가족의 질병으로 이해하여야 하며, 이는 가족기능의 약화를 가져오고 점진적으로 가족관계의 붕괴를 초래하기도 한다. 알코올 중독 가족이란 알코올 중독자의 음주가 가족생활의 중심적인 면이 되는 과정이 명확하게 드러나고 가족기능에 음주가 통합되어 평형을 유지하는 가족을 의미하며, 실천적인 의미에서 이런 가족은 알코올 중심의 일상적인 행동들로 조직화되고, 감정표현이나 단기적 문제해결 전략, 역할규정 등도 알코올과 관련된 활동들에 의존할 것이다. 그러나 가족문제와 알코올 중독을 원인과 결과론적인 개념으로 보는 것보다 상호 영향을 받으며 연결된 관계망으로 보는 것이 중요하다(윤명숙, 1997; 조정아, 2014).

알코올 중독 가족이 일반가족에 비하여 가족응집력과 생활만족도 및 가족기능 정도가 낮고 역기능적인 의사소통 유형이 두드러지며 견고한 규칙과 역할을 나타낸다고 보고하였다(윤명숙, 1997). 그리고 한철호(2002)의 알코올 중독자 가족과 비알코올 중독자 가족의 의사소통 양상을 비교한 연구에서도 알코올 중독자와 배우자 간의 상호작용은 비알코올 중독 가족의 부부들보다 부정적이고, 긍정적인 감정의 표현이 적으며 많은 스트레스로 인해 부부갈등, 가정폭력, 자녀와의 갈등

등 음주로 인한 가정문제가 심각한 것으로 나타났고 적절하지 않은 대응전략을 사용한다고 하였다. 알코올 중독은 친밀하고 밀접한 가족관계에 해를 끼치고, 가족 구성원의 기능이나 역할에까지 손상을 입히는 대표적인 가족병(family disease)이다. 알코올 중독자의 중독이 진행될수록 알코올 중독자 가족은 알코올 중독자의 행동에 반응하게 되고 불안을 느끼게 된다. 체계론적 측면에서 볼 때 알코올 중독자 가족은 그 구성원에게 상호 영향을 미치는 개방체계로 나름대로의 가족 항상성을 유지, 달성함으로써 알코올 중독에 적응해 간다고 본다. 이러한 가족체계는 알코올 중독자에게 적응하기 위해서 가족의 규칙과 역할을 만들어 내는데 이러한 규칙과 역할은 가중되는 혼란과 불안정한 상태를 질서 있고 안정된 상태가 되도록 한다(황동섭, 2012).

알코올 중독자 가족의 경우 알코올 중독자로 인해 과중한 스트레스를 경험하고 있고 그 스트레스가 누적됨으로 인해서 알코올 중독자뿐만 아니라 다른 가족 구성원에게도 영향을 미친다(이현명, 2005). 알코올 중독은 가족 내 긴장과 스트레스를 유발하며 가족의 일상적인 활동들을 통제하게 된다. 이때 가족은 다양한 방식으로 관여하며 가족체계 및 생활 전반에 있어 변화를 요구하게 되어 또 다른 형태의 가족문제를 야기한다. 지속되는 긴장, 죄책감과 함께 일차적으로 보호자의 자유시간이 박탈당하는 스트레스를 경험하며, 타 질환에 비해 지속되는 치료와 꾸준한 관심을 보여야 하는 것에 대한 부담을 느낀다. 이와 더불어 알코올 중독을 포함한 많은 정신장애인 가족은 신체적 욕구 충족, 재정적 지원, 안전한 환경의 유지, 사회활동과 여가생활을 위한 적절한 기술지도 등 삶의 영역 전반에 책임을 가지고 약물치료의 유지와 위기 상황에서의 즉각적 보호 그리고 정신건강 체계와의 지속적인 접촉을 해야 하는 과업도 가지고 있다(송순인, 2010).

가족 중 알코올 중독이 있는 경우 알코올 가족력으로 가족 구성원들의 정신증상을 발현시키며 가족들의 생활과 전반적 가족기능에 영향을 미쳐 가족기능장애를 초래할 수 있다. 특히 가족 구성원 중 부모의 음주는 부모역할의 부재나 역할전환을 초래하기도 한다. 또한 알코올 중독인 부모는 자녀의 요구나 감정에 민감하지 못하고, 자녀들에게 제공해 주어야 할 정서적인 지지를 오히려 자녀에게 기대하기도 하며, 자녀와 조화를 이루지 못하고 부모-자녀 관계에 심각한 장애를 일으키는 것으로 보고되고 있다(Eiden et al., 1999; Jones & Houts, 1992; Rodney & Rodney, 1996; Whipple et al., 1995).

2) 알코올의존 가족의 특성

(1) 가족의 구조와 경계

알코올의존 가족의 경계는 지나치게 경직되어 있거나 산만한 경우가 대부분이다. 경계가 경직되어 있으면 알코올의존자나 다른 가족 구성원이 가족으로부터 고립되거나, 전체 가족이 지역사회로부터 고립될 수 있다. 가족들은 음주문제가 있다는 사실을 외부에 감추려고 애쓰며, 자녀들은 침묵이라는 가족규칙을 깨는 것이 두려워서 가족 외부와 접촉하는 것조차 제한한다. 가족을 환경으로부터 유리시킴으로써 알코올의존 가족체계의 항상성은 유지되지만 가족 구성원들의 자아존중감과 성장발달은 상당한 대가를 치르게 된다. 반면에 가족경계가 모호하여 가족이 밀착된 경우에도 알코올을 남용함으로써 이와 같은 관계에서 벗어나고자 시도할 수 있다(김연옥, 박지연, 2009). 알코올의존 부모의 경우 전형적으로 의존자가 아닌 배우자가 부모의 권위와 책임을 대부분 가지게 되며, 의존자는 부모로서의 권한을 포기하거나 자녀에게 양도한다. 이와 같은 역할전환으로 배우자는 무거운 짐을 지게 되며 알코올의존자를 원망하게 된다. 때로는 조부모나 맏자녀가 부모의 위계를 대신하게 된다(김연옥, 박지연, 2009). 또한 이러한 현상은 가정 내의 비예측적인 행동들이 증가할 때 더욱 강화된다. 특히 경직된 가족구조는 자녀가 정서적으로 성장하는 것을 허용하지 않는 한편, 부모, 형제자매들을 끊임없이 보살펴야 하는 책임감으로 자녀들의 유년기를 상실케 한다.

(2) 가족의 규칙

알코올의존 문제가 가족에게 치명적인 결과를 가져온다는 사실을 알면서도 가족의 평형을 유지하기 위해 알코올의존 가족들은 문제에 직면하는 것을 회피하고

문제 상황에 적응해 나간다. 알코올 중독자의 경우 낮은 자존감과 불안 때문에 음주를 통해 진정시키고자 하지만 알코올이 깨어난 후에는 죄책감과 절망감을 느끼게 되고 이러한 죄책감과 절망감을 달래기 위해 음주를 다시 시작하게 되며 이 같은 과정 속에서 가족들은 불안에 시달리게 된다(박현주, 2006). 가족들은 알코올의존의 문제로 고통받고 의존자의 단주를 바라지만, 알코올의존자가 단주하고 회복단계에 들어서면서 과거에는 술에 취해 있느라 보지 못했던 가족의 문제에 주의를 기울일 수 있기 때문에 한편으로는 갈등과 위기 상황에서 가족을 유지시키는 희생양으로서의 알코올의존자의 증상을 필요로 하기도 한다. 이와 같은 이유들로 인해 알코올의존자 가족은 다음과 같은 경직되고 건강하지 않은 규칙을 따르며 폐쇄적인 가족체계를 유지해 나간다고 한다(황동섭, 2012).

Wegscheider-Cruse(1985)는 알코올 중독자 가족 내에는 패쇄체계를 유지하기 위하여 비인간적이고 경직되고 건강하지 못한 다음과 같은 규칙이 있다고 하였다. 첫째, 알코올 중독자는 알코올을 계속 마시려는 강박관념에 사로잡혀 있고 가족은 그것을 중단시키려고 애쓰는 것처럼 중독자의 알코올 사용이 가정에서 가장 중요한 일이다. 둘째, 알코올 중독자와 가족들은 중독자가 알코올을 사용하고 있다는 것과 중독이 되었다는 사실을 부정(denial)한다. 셋째, 알코올 중독자는 자신의 죄의식을 투사하고 원인을 가족에게 부과하려 하며, 가족들 역시 중독자의 알코올 중독의 원인을 다른 사람 또는 다른 원인이라고 생각한다. 넷째, 규칙 제정자인 알코올 중독자는 변화로부터 자신을 방어하기 위해 가족체계를 엄격히 유지하고 그 상태는 어떤 희생을 치르더라도 지켜져야 한다. 다섯째, 가족 모두가 알코올 중독자를 보호해 주는 행동이 결국 중독자의 상태를 존속시켜 주는 결과를 초래한다. 여섯째, 폐쇄적이고 불건강한 가족에서 볼 수 있는 규칙으로서 가족들이 상호 간 또는 외부인과 가정에서 일어나는 일을 논의하지 않는다. 일곱째, 심각한 기능장애 가족의 기본 원칙으로서 알코올 중독자는 모든 가족의 감정을 숨기도록 요구하며, 결과적으로 가족 성원 간의 대화는 심하게 저지된다(김창훈, 2013).

이처럼 가족항상성으로 특징되는 가족생존이 가족에게 중요하기 때문에 심지어 부적응적인 행동을 유지하려는 노력도 포함된다(정원철, 2003). 알코올 중독자 가족의 비극은 알코올 중독자의 행동이 혼란되고 파괴적인 특성을 보임에도 불구하고 가족체계의 특성상 가족이 그런 행동에 의지할 수밖에 없다는 점이며, 가족은 그런 융통성 없고 부적절한 해결책에 의지하여 가족 구성원의 대인관계적 욕구를 조금이라도 충족시키며 적응하게 되는 것이다. 이렇게 되면 가족은 문제를 인식할 수 있는 능력을 상실하고 함께 문제를 지니게 된다(최송식, 1997).

(3) 배우자에게 미치는 영향

알코올 중독자 배우자는 알코올 중독자와의 지속적인 관계 속에서 건강하지 못한 삶의 방식을 발전시켜 나가는데 이를 공동의존(co-dependency)이라고 한다. 공동의존에 대한 기본적인 개념은 1979년 알코올 중독자와의 지속적인 관계 속에서 함께 사는 것으로 인해 자신의 삶을 통제할 수 없는 상황에 있는 사람을 공동의존자(co-dependent) 또는 공동알코올 중독자(co-alcoholics), 준알코올 중독자(para-alcoholics)라는 용어로 설명하면서 시작되었다. 공동의존은 세 가지 관점으로 해석될 수 있다.

첫째, 정신역동적 관점에서의 공동의존자들은 자존감이 낮고 정체성의 문제를 가지고 있다고 보는 관점이다. 공동의존은 인생을 고통스럽게 만드는 학습된 행동, 믿음, 감정들의 의존 유형을 설명하는 데 사용되는 용어로, 공동의존자들은 자신을 위한 삶보다는 타인의 가치와 기준에 맞추어 살아가는 사람들이라고 보았다. 공동의존자들은 주변 사람들로부터 버림받을 것에 대한 두려움과 불안을 가지고 있는데 이러한 감정과 행동들은 자신의 인생보다 알코올 중독자를 관리하고 조절하는 데 자신의 모든 시간과 노력을 사용하는 알코올 중독 가족체계와 연관되어 있다고 보았다.

둘째, 질병 모델은 공동의존 그 자체를 가족원들이 경험하는 심리적 · 신체적 증상을 가지는 질병으로 보는 관점이다. 공동의존은 신체적 · 심리적 구성요소를 가지고 특정 과정에 따라 발전하는 만성적이고 진행적인 질병이며 또한 공동의존자들은 건강하지 못한 방법으로 행복해지기 위해 병든 사람들을 필요로 한다는 것

이다. 특히 Cermark(1986)는 공동의 상호의존을 인격장애의 한 형태로 파악하고 알코올 중독자와의 상호작용에서 발생하는 개인의 정체성과 경계성 장애가 공동의존이라고 주장하였다.

셋째, 역기능적인 가족의 관점에서는 공동의존적인 문제들을 성인아이(ACOA)들이 보이는 문제들과 일맥상통함을 강조하였다. Subby(1987)는 정서적 · 심리적으로 혼돈된 가족체계, 신체적 · 성적으로 학대적인 가족체계 그리고 원리주의적이거나 교조주의적인 가족체계가 공동의존이 발달할 가능성이 높은 가족체계라고 제시하였다. 그는 공동의존이 일련의 엄격한 규칙과 실제적인 생활에 개인이 장시간 노출된 결과로 발달된 감정적 · 심리적 · 행동적 상태라고 정의하였다(김창훈, 2013).

공동의존자의 신호와 증상들이 너무 포괄적이고 다양하지만 Cermark(1986)는 다음과 같이 다섯 가지 유형을 제시하고 있다(권보영, 1992에서 재인용).

첫째, 순교자적 유형은 가장 일반적인 공동의존의 형태로서 이들은 배우자 음주가 자신의 잘못 때문이라고 믿는다. 따라서 이들은 자신의 아픔까지 참아 가면서 희생과 헌신을 통해 문제를 해결하려고 한다. 또 배우자의 술병과 싸움을 통해서 자기 존중을 얻고 효과적인 것보다는 옳다고 생각하는 것을 중요한 것이라고 받아들인다. 이들은 자신들이 아무런 선택의 여지가 없기 때문에 그렇게 산다고 생각하며 또 있다고 하더라도 그 대안은 고려하기가 힘든 것이라 여긴다.

둘째, 박해자적 유형은 순교자의 반대 유형으로서 비록 자신의 행동을 조절하지 못한다 할지라도 자신의 잘못보다는 상대방의 잘못에만 초점을 둔다. 자신의 분노와 죄의식을 처리하기 위하여 남을 이용하고 자신들에 대하여 어떤 책임감을 느끼지 않으며, 순교자들이 상대편을 더 좋게 하기 위하여 스스로 일을 열심히 하도록 채찍질한다면, 이들은 자신의 안정감과 마음의 평화를 위하여 남을 압박하는 유형이다.

셋째, 공모자적 유형은 알코올 중독자가 단주를 유지하려는 노력을 계속적으로 방해하는 공동의존자들이다. 이들은 알코올 중독 가족 내에서 발달된 자아정체성에 강하게 결합되어 있기 때문에 회복된 가정에서 새로운 자아정체성을 발달시키기에 불안을 느낀다. 이런 행동은 자신의 상태를 부인하거나 감추려는 알코올 중독자의 노력을 돕게 되며 때로는 알코올 중독의 존재조차도 부인한다. 대다수의 공모자 유형은 가족이 문제를 가졌을지도 모른다는 외부 사람들의 가정에도 쉽게 마음이 상하며, 가족원이 술 마시는 것을 허용하거나 자발적으로 술을 사다 주기도 한다.

넷째, 술 친구적 유형은 알코올 중독자가 될 위험성을 갖고 있다. 이들의 생활방식과 신념체계는 알코올 중독자와 매우 가깝기 때문에 중독으로 쉽게 전이될 수 있다. 많은 공동의존자가 약물중독 구성원과 친할 수 있는 가장 좋은 방법이 바로 약물사용을 같이하는 것이라고 믿는다.

다섯째, 냉담한 공동의존자 유형은 일부 공동의존자가 단순히 알코올 중독자를 돕는 것을 중단하는 것이다. 이들은 완전하게 용기를 잃어서 감정적인 무감각 상태가 되기 시작한다. 이들의 냉담함은 어떤 평화나 조용함이 아니라 인생의 희망이나 의미가 없는 것을 뜻한다. 특히 이들이 있는 가정의 자녀들은 더욱 괴로움을 느끼는데 엄마와 아빠가 서로를 포기할 때 어떤 가족 구성원도 건강하게 반응할 수 없게 된다. 이들에게 희망을 갖도록 다시 허용하는 일은 바보 같은 느낌이 들 뿐만 아니라 자신의 아픔을 또다시 직시해야 하기 때문이다. 매우 냉담한 공동의존자에게는 자살이 현실적이고 수용 가능한 선택이 되기도 한다.

(4) 자녀에게 미치는 영향

부모의 알코올문제는 자녀들에게 심각한 스트레스로 작용하여 알코올 중독자의 자녀는 다양한 정서적 · 행동적 문제를 유발하기도 한다. 부모의 음주행위로 인해 자녀가 지각한 고통 정도로 알코올 중독자의 자녀를 변별한다. Jones(1981)가 개발하고 김미례, 장환일과 김경빈(1995)이 한국의 실정에 맞게 보완한 알코올 중독자 자녀 선별검사(The Korean Version of the Children of Alcoholics Screening Test: CAST-K)에서 6점 이상인 경우 알코올 중독자의 자녀로 볼 수 있다. 학령기 아동이 중요한 발달과제를 수행해야 하는 시기에 알코올 중독자 부모의 일관성 없는 양육방식이나 무관심은 아동에게 열등감을 갖게 할 수 있다. 또한 낮은 자아개념

과 빈약한 사회적 기술들은 아동을 고립되게 할 수 있으며 정체감을 획득해야 하는 자녀의 유년기에 알코올 중독자 부모는 다른 가족 유형에서 자라난 사람들과 다르게 세상을 바라보게 한다. 이러한 왜곡된 시선은 자녀들이 독립적이며 자존감이 높은 개인들로 성장하는 데 방해가 된다. 이처럼 알코올 중독자 부모의 가족체계 안에서의 경험은 어린 자녀일수록 불신, 죄의식, 무력감과 불안 등 정서적 손상을 더욱 크게 주며 정서발달을 방해하여 정서표현을 어렵게 한다. 이러한 발달과정상의 결핍들은 알코올 중독자 자녀들이 공통적으로 경험하는 수많은 문제의 직접적 또는 간접적 원인이 된다. 알코올 중독자 자녀들은 정상 가정의 자녀들보다 정서적인 행동, 낮은 자신감, 음주문제, 공격적인 행동 등의 문제들을 더 많이 경험하는 것으로 알려져 있다(윤해례, 2003). 또한 알코올 중독자 자녀들이 청소년기와 성인기에 문제음주자나 알코올 중독자가 될 가능성은 일반가정의 자녀들에 비해 약 33.0~34.0% 정도 더 높으며(Sher, Grekin, & Williams, 2005), 실제 알코올 중독자가 될 가능성은 일반가정에서 성장한 자녀에 비해 약 6배 정도 더 높게 나타난다(Cotton, 1979). 그뿐만 아니라 정향수(2005)의 연구에서는 부모의 문제음주수준이 높을수록 자녀들은 심리적으로 우울, 불안, 분노 수준이 높고 낮은 자존감을 경험하며 그로 인해 부적응 행동, 즉 공격성, 비행, 사회적 위축을 더 많이 경험하는 것으로 보고하고 있다. 학령기 아동들의 경우 또래집단 내에서의 수용을 통해 인정받는 아동은 긍정적인 자아개념을 갖는다고 하였고, 위축에 의해 고립된 아동은 자기를 표현하고 주장하는 데 어려움을 느끼고 소외감이나 불안, 우울, 공격성의 문제가 생기기도 한다(박경애, 김희수, 이화자, 김옥희, 2009). 즉, 학령기는 생애발달의 기본적인 과업들을 수행해야 하는 시기이므로 이 시기의 아동에게는 적절한 자기표현을 통해 건강한 발달단계를 거칠 수 있도록 도와주어야 한다. 그러나 알코올 중독자 부모와 함께 생활하는 가정환경에서 성장하는 아이들은 이 시기에 건강한 정서가 발달되지 못하고 잘 표현하기가 어렵게 된다. 그뿐만 아니라 알코올 중독자 자녀들은 부모의 음주에 대한 책임을 지고 비난받아야 한다는 죄책감으로 인해 매우 낮은 자아존중감을 형성하게 되고 가족 내의 음주문제에 대한 수치심으로 사회적 접촉을 꺼려 하여 고립되는 경향이 있다(이창원, 2005).

Wegscheider-Cruse(1989)는 알코올 중독자 가정에서 생존하기 위해 알코올 중독자 자녀들은 자신의 가족 구성원과의 상호작용 유형에 따라 네 가지 역할을 하게 된다고 설명한다. 가족영웅, 희생양, 잊힌 아이, 귀염둥이라는 각각의 행동역할을 수행하며, 각 유형은 성장과정에서 경험하는 고통의 내용이 다르고 성인이 되어서도 서로 다른 인격적 특성을 지니게 된다. 구체적으로 다음과 같은 특성을 지닌다.

첫째, 가족영웅(family hero)은 가족의 고통에 대해 책임감을 느끼고 상황을 보다 좋게 만들기 위해 열심히 노력하며 가족 내의 모든 일이 정상이라는 것을 증명하고자 노력한다. 이들은 부모가 감당해야 하는 책임감을 과도하게 지고 있으며 성인이 되어서도 다른 사람에게 자신의 감정을 표현하거나 친밀감을 형성하기 어려워하며, 주위 상황을 통제하거나 지배하려고 노력한다. 또한 열심히 일하고 성취하지만 실제로는 매우 외롭고 상처받으며 부적절한 감정들을 경험한다.

둘째, 희생양(scape goat)은 가족의 역기능을 행동으로 표현하기 때문에 가족 구성원들로부터 분노의 대상이 되며 비행이나 알코올을 포함한 약물중독자가 되거나 반복되는 문제행동을 일으켜 가족의 관심거리가 된다. 가족들은 이 아이만 말썽을 일으키지 않으면 우리 가족은 건강한 가족이라고 생각하며 사회적으로도 수용할 수 없는 방식으로 행동하기 때문에 사회적 일탈자의 역할을 하게 된다. 그러나 희생양의 내면은 외롭고 상처받고 두려워하며 화가 난 상태이다.

셋째, 잊힌 아이(lost child)는 회피를 통해 가족의 역기능적 문제를 다루는 아이를 말한다. 가족 안에서 있으나 마나 한 존재이며 관심을 끌지 않고 조용히 지내며, 자신의 방 안에서 많은 시간 머물거나 혼자 고립되어 지낸다. 혼자 일하는 것을 선호하고 다른 사람들과 협력하지 못하며 수줍어하고 사회적으로 고립되어 있으면서도 외롭고, 상처받고, 부적절한 느낌을 갖고 생활한다.

넷째, 귀염둥이(mascot)는 가족 중 가장 나이 어린 아이로 유머와 즐거움을 제공하는 역할을 한다. 가족에게 재미와 즐거움을 제공하기 위해 왜곡된 형태의 기쁨을 제시하며 자신의 진정한 고통과 고립감을 표현하지 못한다. 심각한 상황에서도 상황을 가볍게 만들고 다른 사람을 행복하게 만들려고 하지만 정작 본인의 스트레스를 해소하는 데 어려움을 경험한다. 이러한 자녀들은 친밀한 관계를 형성

하지 못하고 이에 대한 대체물로 약물에 의존하게 되기도 한다. 중요한 점은 이런 모든 유형이 각자 자신의 역할에 충실하기 때문에 궁극적으로 자신의 진정한 감정을 인식하지 못하고 자연스럽게 자신의 감정을 표현하지 못하며, 나아가 부정적인 감정표현을 더욱 어려워하기에 심각한 심리적 문제를 초래하는 경우가 많다는 것이다(이선화, 2004). 따라서 알코올 중독자 자녀는 어떤 유형에 포함되었느냐보다는 이들이 지니고 있는 공통적 어려움인 자신의 정서를 느끼고 표현할 수 있도록 도움을 주는 것이 더 중요하다(Wegscheider-Cruse, 1989: 신명선, 2014에서 재인용).

3. 알코올 관련 정책

1) 알코올정책

국가 알코올정책은 알코올 소비를 줄이고 음주문제를 예방할 뿐 아니라 음주 취약계층에 대한 보호기능을 수반한다(Babor et al., 2010a). 그러나 우리나라의 알코올정책은 매우 애매한 형태로 수립되어(천성수 외, 2011), 주류산업을 국가의 주요 소득원으로서 파악하고 경제활동의 관점에서 접근하는 정책과 알코올의 폐해를 줄여 보고자 하는 정책이 혼재되어 있다(천성수, 2003; 천성수 외, 2005; 천성수 외, 2009). 이와 같이 이중적이고 느슨한 정책적 입장을 취하고 있기 때문에 국가 알코올정책이 실효성이 낮다(천성수 외, 2009).

우리나라의 알코올 관련 정책은 주관부처가 보건복지부, 교육부, 국세청, 경찰청, 고용노동부 등으로 분산되어 있는데, 법령을 구분할 때, 국민 지원적 법령으로는 「국민건강증진법」「정신보건법」「학교보건법」「산업안전보건법」 등이 있으며 규제적 법령에는 「청소년보호법」「주세법」 등이 포함되어 있다. 국민 지원적 법령인 「국민건강증진법」에서는 건강증진과 절주사업을 명시하고 있고, 「정신보건법」에서는 알코올 질환자를 포함한 정신질환자의 치료와 사회복귀를 규정하고 있다.

「학교보건법」에서는 학교자의 약물남용 예방 등을 위해 필요한 지도, 치료, 예방적 조치를 시행하도록 하고 있으며, 「산업안전보건법」은 사업주가 금주를 포함한 건강증진 운동계획을 수립하고 시행하도록 규정하고 있다. 국민 또는 공급자를 규제하는 법령의 내용으로는 「청소년보호법」에서 청소년에게 주류를 유해약물로 규정하여 청소년에 대한 판매, 대여, 배포를 금지하고 있다. 「국민건강증진법」에서는 건강 경고문구 및 주류광고에 대한 내용의 변경이나 광고를 제한하며, 국가 및 지자체장에게 국민을 대상으로 과다한 음주는 건강에 해롭다는 교육과 홍보의 책임을 부여하고 있다. 규제법령의 마지막으로 「주세법」이 있는데 이 법령은 과세표준 및 세율 그리고 판매업자에 대한 규정을 두고 있다(윤지현, 2013).

우리나라 알코올 관련 정책은 크게 통제정책과 절주정책으로 나눌 수 있으며, 통제정책으로는 가용성 제한정책, 가격 제한정책, 음주사고 억제정책, 교육정책 등이 있다. 절주정책으로는 광고 제한정책, 치료정책 등이 있다 시행 부처 및 정책내용은 〈표 10-4〉와 같다.

〈표 10-4〉 우리나라 절주정책의 분류

구분	정책	내용	시행 부처
통제정책	가용성 제한정책	주류 제조, 생산 및 유통 규제	국세청
	세금 및 가격에 의한 제한 정책	주세 또는 부담금	국세청, 보건복지부
	음주사고 억제정책	음주운전 통제	경찰청
	교육	학교교육을 통한 금주	교육과학기술부
절주정책	주류광고 제한정책	주류광고 제한 및 과음에 대한 경고문구 표기	보건복지부
	홍보정책	절주 등 건강생활의 실천을 위한 국민홍보 및 교육	
	치료정책	알코올 환자의 발견, 상담, 치료 등	

출처: 윤지현(2013).

2) 알코올 중독자의 치료와 재활을 위한 사업계획

보건복지부는 2006년 알코올문제 없는 행복한 가정을 위한 국가 알코올 종합계획인 '파랑새 플랜 2010'을 발표하여 2010년까지 건전한 음주문화 확립, 알코올 조기 발견과 예방에 대한 적극적인 개입, 알코올 중독자들의 치료와 재활을 위한 사업계획, 청소년과 여성의 음주예방, 알코올 관련 단체기관의 연계 등을 해 왔다.

음주문화를 바꾸기 위하여 '파랑새 포럼'을 개최하고, 보건소 및 교육기관에 절주학교를 운영하며, 자가 검진도구 보급 및 선별검사를 통한 조기 발견과 예방에 적극적인 사업을 추진하고 있다. 또한 2007년부터 국립서울병원과 국립부곡병원에 알코올치료센터를 운영하고 중 · 장기적으로는 국립대학병원 등 국 · 공립 의료기관을 광역 전문치료기관으로 선정하여 지원함으로써 지역 알코올 전문치료체계를 시행해 오고 있다. 지역사회 내에서 알코올 중독의 재활과 사회복귀를 도모하기 위하여 시 · 군 · 구 알코올상담센터를 두고, 알코올 전용 사회복귀시설을 확대하고 직업재활훈련을 강화하여 자립 환경을 개선해 나가고 있다. 2007년부터는 알코올 문제음주를 조기 발견하기 위하여 16세 정신건강검진사업을 실시하고, 보건소, 정신보건센터, 알코올상담센터 등 정신보건기관과 학교를 연계하여 방과후 예방프로그램을 실시하고 있다. 또한 여성음주의 경우 여성의 신체적인 특성으로 인해 음주의 폐해가 더욱 심각한 결과를 가져온다는 것을 알 수 있도록 음주폐해 인식 및 예방교육과 대학생, 직장인 중 가임기 여성을 대상으로 교육 · 홍보하고 있다(김은영, 임승희, 박소영, 2009).

4. 알코올의존자와 가족개입 프로그램

1) 알코올의존자의 치료방법

(1) 알코올의존자를 위한 입원치료

현재 우리나라에서 알코올 중독 치료를 주로 담당하고 있는 곳으로는 국가에서 운영하는 국립 또는 시립 정신병원, 대학병원 및 종합병원의 정신과병원, 개인이나 의료법인이 운영하고 있는 정신병원, 종교단체에서 운영하는 폐쇄 기도원 및 정신 요양원 등이 있다. 정신과 의사들은 음주 경위, 음주 후의 증상에 대한 상담과 진료를 통해서 알코올의존 환자의 동의를 얻거나 아니면 강제적으로 격리시켜 병실에 입원시킨다. 입원 후에는 가장 먼저 해독과정을 거쳐 개별상담과 집단상담 등을 실시하고 알코올의존이라는 상태를 수용할 수 있도록 돕는다. 알코올의존의 치료에서는 자의 입원의 경우는 타의 입원의 경우와 비교해서 단주실행이 더 많았으며, 자의로 입원한 알코올의존자일수록 술로 인한 현재 자신의 문제를 깊이 인식하고, 문제행동 변화와 단주를 위한 준비를 더 적극적으로 하게 된다(한일웅, 2008). 따라서 알코올문제 치료에 있어서 자신이 알코올문제가 있다는 것을 인식하고 자발적으로 치료에 참여하는 것이 매우 중요하다.

(2) 지역사회 중심 치료

알코올의존자의 입원치료는 환자를 조기 발견하여 치료하는 데에는 많은 제한점을 가지고 있으며, 퇴원 후 6개월 이내에 재발율이 70~80%라는 문제점을 가지고 있다(김정수, 한상익, 김광수, 1994). 이는 퇴원 후 단주를 유지하기 위한 지속적인 개입이 중요하나 입원치료를 통해서 유지되기 어려운 제한점을 지니고 있기 때문이다. 또한 치료비의 부담과 사회적인 낙인으로 입원치료를 회피하여 정신병원에 내원하는 알코올 중독자들은 대부분 만성중독 상태인 문제점을 지니고 있다(장수미, 2005). 따라서 알코올 중독 치료가 병원 중심에서 최근 지역사회 중심으로 바뀌어 감에 따라 지역사회 내 알코올의존자나 문제를 일으킬 수 있는 소지

를 가진 습관적 음주자 그리고 그 가족 등 지역주민을 대상으로 알코올상담센터를 운영하고 있다. 알코올상담센터의 운영 목적은 의료기관 또는 시설 등에서 퇴원한 알코올의존자로서 사회적응훈련을 필요로 하는 알코올의존 및 남용자, 기타 알코올 관련 상담 및 재활훈련 서비스가 필요한 자를 돕는 것이다. 상담신청은 해당 지역의 알코올상담센터에 하면 된다. 센터에서는 알코올의존자와 그 가족의 전화상담 후 내방해서 교육을 실시하고 알코올의존자 재활프로그램을 꾸준히 개발 중이다. 학생, 직장인, 지역주민을 대상으로 알코올문제를 예방하고 홍보하기 위해 노력 중이며 음주운전자 및 음주범죄자 보호관찰프로그램도 실시하고 있다. 이로써 알코올 중독의 예방과 조기 발견은 물론 사후관리를 실시할 수 있는 서비스 전달체계가 활발히 진행되고 있다. 또한 지역사회 정신보건센터에서 기초생활수급자를 대상으로 실시하는 알코올 중독 재활프로그램, 종합사회복지관 및 사회복귀시설에서 실시하는 알코올 프로그램까지 지역사회 중심의 알코올 상담서비스가 확대되었다.

(3) 자조집단

민간 차원의 서비스로는 AA, Al-Anon, Alateen와 같은 자조집단이 있다. 알코올 중독자의 자조집단(Acoholic Anonymous: AA)에 대한 참여는 단주 유지에 매우 큰 도움을 주고 있음을 많은 연구에서 보고하고 있다(성상경, 이학구, 김한오, 이규항, 2003; 윤명숙, 2003; 정경수, 2006). AA는 스스로 자신의 술 문제를 인정하고 술을 끊겠다는 열망으로 모인 알코올 중독자들의 자조집단으로 알코올 중독자들의 단주를 최우선 목적으로 삼고 있다. AA 멤버들은 그들 간의 상호 동일시를 통해 단주생활을 유지해 나갈 수 있도록 자신뿐 아니라 다른 알코올 중독자들이 알코올 중독에서 벗어나도록 돕는 것을 또 하나의 목적으로 삼고 있다. AA의 가장 기본적인 원리는 12단계이며 이는 알코올에 대한 자신의 무능함을 받아들이고, 진단을 수용하고, 잘못된 부분의 특성을 파악하며 고쳐 나감으로써 지속적인 회복을 경험할 수 있도록 한다.

알코올 중독자 부인들의 자조집단인 Al-Anon은 공동의존자로서의 다양한 어려움을 극복할 수 있도록 돕는 역할을 한다. Al-Anon의 모임에서 알코올 중독자의 부인들은 AA와 같은 12단계 원리에 따라 자신은 알코올에 무력하였으며, 알코올 중독은 질병이며, 알코올과 관련된 문제행동들을 변화시킬 수 있는 힘이 있다는 것을 받아들이는 것이 핵심이다. 이 모임을 통하여 알코올 중독자 부인들은 자신의 정서적 · 대인관계적 문제를 토로하고 다양한 주제의 토론을 통하여 자신이 가지고 있는 어려움에 대한 조언과 지지를 받는다. 또한 알코올 중독자 10대 자녀들의 자조집단인 Alateen은 다른 사람의 알코올 중독으로 인한 다양한 고통과 고민을 이겨 나가는 방법을 배우기 위해 모임을 갖는다. 이들은 알코올 중독자인 부모를 변화시키거나 조절할 수는 없지만 그들을 사랑하면서 그들의 문제에서 벗어날 수 있다는 것을 배우게 된다.

(4) 거주지 치료프로그램

거주지 치료프로그램(residential treatment program)은 의존자들이 알코올을 사용하는 유해한 환경과 가족들과의 갈등에서 벗어나기 위한 대안으로 많이 활용된다. 자발적인 단주 의지가 있는 구성원들로 구성된 프로그램으로 약 2~12개월 동안 입소하여 전형적으로 개인 및 집단상담, 교육활동, 레크리에이션, 알코올 관련 교육들을 실시한다. 개인 및 집단상담의 사후관리가 연장될 수 있다는 점이 단기프로그램보다 나은 장점이다.

2) 알코올의존 가족의 치료방법

(1) 알코올의존 가정 내에서의 피해여성치료

알코올의존자 가족치료 과정에서 알코올의존자뿐만 아니라 그 부인들에게도 교육프로그램을 실시하는 것은 고통받고 있는 알코올의존자 부인에게 효과적인 접근방법이 될 수 있다 Wegscheider-Cruse(1985)는 공동의존 치료에 대해 치료목표와 치료방법을 제시하였는데, 이는 알코올의존자 부인들에게 적용하기에 적절하다.

① 부인들이 갖추어야 할 조건

첫째, 남편이 술 문제가 있다는 것을 인식한다.

둘째, 남편의 술 문제를 경감시키고자 하는 욕구가 있어야 한다.

셋째, 본인은 술 문제가 없어야 한다.

② 남편의 재활에 긍정적인 역할을 유도하기 위한 노력

첫째, 알코올 교육을 받아야 한다. 알코올과 그 효과에 관한 잘못된 개념과 잘못된 정보를 바로 알고 알코올 남용에 대해 현재 이루어지는 있는 치료의 성격을 정확히 알고 있어야 한다. 또한 알코올 남용자들에게 나타나는 행위와 알코올의 효과, 알코올로 인한 건강문제, 직장이나 가족생활, 심리적 기능 등에 대해 파악하고 있어야 한다.

둘째, 부부관계를 강화하기 위해 노력한다. 보다 조화로운 부부관계를 촉진하고, 부인이 알코올의존자 남편에게 긍정적인 영향을 미칠 수 있도록 부부관계를 강화시킨다.

셋째, 알코올 남용을 조성하는 행동을 제거한다. 부인은 본의 아니게 알코올의존자 남편에게 술을 마시게 하는데, 그러한 조성행동을 줄이게 하기 위한 프로그램에 참여한다.

넷째, 오래된 영향체계를 중성화시킨다. 부인이 이전에 남편이 술을 마시지 못하도록 했던 행동, 예를 들어 술을 마신다고 잔소리를 하거나, 술을 마시지 말라고 애원하거나, 술을 마시면 이혼하겠다고 협박하는 등의 비효과적인 대처행위를 그만두도록 한다.

③ 알코올의존 가정 내에서의 부인에 대한 보호(분리)

물론 치료의 목적은 부인으로 하여금 남편의 재활에 긍정적인 역할을 하도록 하고 알코올의존자 남편이 치료를 받도록 하는 데 있지만, 부인의 안녕을 향상시키는 것 역시 중요한 목표 중의 하나이다. 그러기 위해서는 부인으로 하여금 알코올의존자 남편으로부터 독립할 수 있도록 하고, 남편의 술 문제에 정서적으로 깊이 관여하는 것을 감소시키도록 한다. 또한 부인들이 흔히 보이는 스트레스, 분노, 자기주장의 결여, 우울증, 불안 등의 정서적인 문제와 반응 등을 다룸으로써 부인이 남편의 술 문제에 효과적으로 대처하는 것을 도와야 한다.

④ 알코올의존자 남편의 재발을 방지하는 데 부인의 역할

알코올의존인 남편의 재발을 방지하기 위하여 남편이 치료를 끝내고 새로이 습득한 행동을 계속할 수 있도록 부인의 지지가 필요하다. 또한 부인의 지지하에 재발예방훈련이 지속적으로 필요하다. 그 훈련으로는 술에 대한 높은 위험 상황을 확인, 술에 대한 유혹을 저지, 술과 관련되지 않는 행동을 격려, 재발에 관한 이해, 재발의 특성과 재발을 어떻게 방지할 것인가에 대한 교육, 생활방식의 균형을 회복하는 것 등이 있다.

(2) 단독가족치료

협력적인 성원을 통한 치료에 동의하지 않는 가족 성원의 행위를 변화시키고자 하는 개입방법이다. 첫째, 가족체계 안에서 알코올의존을 조장하는 어떠한 것도 금지한다. 둘째, 알코올문제를 가족이 재구조화하도록 한다. 치료자는 가족들이 알코올의존을 최소화하거나 부정하지 않도록 도와야 한다. 셋째, 가족 구성원 각자가 알코올의존과 가족 내의 알코올의존자에게서 어떤 영향을 받았는지 확인한다. 넷째, 가족이 긍정적인 방향으로 움직이도록 그들의 장점을 확인하여 형성하도록 한다. 다섯째, AA, Al-Anon, Al-Ateen, ACOA 등의 자조집단은 회복과정에서 중요한 역할을 한다. 치료계획의 일부로서 가족을 자조집단에 참여하도록 격려한다. 여섯째, 가족 내의 억압된 부정적인 감정을 없애도록 한다. 일곱째, 치료자는 정직하게 가족의 음주와 중독에 대한 태도와 감정, 가치체계, 치료과정의 영향 등에 대해 설명할 필요가 있다.

(3) 부부치료(행동주의 부부치료)

문제가 있는 부부는 정도 이상의 부정적인 상호작용을 하고 그런 부정적이거나

강제적인 교환을 통하여 서로의 행위를 통제하는 것을 배운다고 가정한다.

- 긍정적인 교환 증가: 부부가 건강한 의사소통기술을 학습할 수 있도록 긍정적인 교환을 증가시키는 것은 부부에게 일주일에 한 번씩 함께 외출하고 외식하는 활동을 할 수 있도록 도와준다.
- 부부간의 상호작용 촉진: 부부 각자가 하루 동안 상대방을 생각하고 기쁘게 할 수 있는 작고 긍정적인 일을 하도록 한다.
- 상대편을 기분 좋게 방법: 상대방에게 그들이 좋아하는 한 가지 행동을 적으라고 한 다음, 그것에 관해 얘기해 주는 것으로 상대방의 부정적인 행위보다는 긍정적인 행위에 관심을 가지도록 격려하는 전략이다.
- 의사소통기술: 부부는 설혹 상대방의 의견에 동의하지 않는다 하더라도 상대방의 입장을 이해하고 정확하게 듣는 방법을 배울 필요가 있다.
- 문제해결기술: 상대방을 공격하기보다는 자신의 감정을 표현하고, 문제해결을 용이하게 하는 방식으로 문제를 확인하도록 하며, 변화를 위한 구체적인 질문을 하고, 의견을 모아서 좋은 해결방안을 선택하여 수행하도록 한다.

5. 알코올의존 가족에 대한 가족복지의 발전방안

1) 단계별 사례관리 서비스 강화

알코올의존자의 회복단계에 따른 전문적 개입이 요구된다. 알코올의존의 문제가 회복되는 것은 항상성을 유지하려는 가족체계에는 위험요인으로 작용할 수 있다. 오히려 의존자의 회복은 가족체계의 역할 변화를 초래하고 일시적 기능 변화로 인한 불안정성을 초래하기도 한다. 그러므로 의존자의 회복단계별로 배우자,

자녀들에 대한 개입을 차별화해야 한다. 단계별 예상되는 문제점들과 대처방법에 대한 정보 제공 및 전문적 원조가 전문인력의 배치, 가족별 전문사회복지사의 지속적인 사례관리, 사후관리 등과 함께 통합적으로 제공되어야 한다.

2) 자조집단의 활성화

자조집단의 활성화를 위해서 지역사회복지관이 휴관하는 토·일요일 오후나 교회, 성당 등의 활용 가능한 시간에 기관을 개방하여 Alateen 모임을 갖도록 원조한다. 10대 청소년 자녀들은 모임에 참여하고, 성장한 성인 알코올의존자 자녀들에게는 ACOA 모임을 만들어 연령별 욕구에 맞는 자조집단이 될 수 있도록 원조한다. 자조집단과 지역사회복지관이 연계하여 정기적인 캠페인이나 워크숍을 개최함으로써 지역사회 주민의 적극적인 참여를 유도한다.

3) 학교 중심의 프로그램 강화

알코올 중독에 대한 예방 및 치료 프로그램이 학교 중심의 프로그램으로 제공될 때의 강점은 공식적인 기관인 학교 내에서 제공되는 프로그램이기 때문에 부모의 동의가 없이도 알코올의존자 자녀들에 대한 접근이 용이하다는 점이다. 또한 예방에서 치료까지의 단계적 접근이 가능하기 때문에 낙인화의 우려가 상대적으로 덜하다. 알코올의존자 자녀들의 교육과 치료를 통한 회복은 알코올의존자에게 동기부여가 되고, 알코올에 노출되어 있는 자녀들에게는 예방의 효과가 있다.

4) 의료비 지원

입원과 재활의 반복으로 인한 과중한 병원비, 알코올의존자의 경제적 능력 상실 등으로 경제적 부담이 매우 크다. 의료비 지원을 위한 현실적인 대책 마련이 있어야 한다.

5) 알코올 중독 전문가 양성의 필요

우리나라의 경우 알코올 중독 치료, 가족개입 등에 대한 전문적 지식을 가진 인력이 절대적으로 부족하다. 전문 인력의 부재는 서비스의 질적 저하와 단절성을 초래하고 결국 프로그램의 효율성을 저하시키는 원인이 된다. 그러므로 알코올의존 전문가 양성을 위해 사회복지학과 등 관련 학과에서 알코올 중독 과목을 개설하고, 기존의 정신보건 전문요원 등의 교육, 훈련, 전문 인력을 양성하는 전문기관 지정 등이 실시되어야 할 것이다.

참고문헌

권보영(1992). 알코올 중독자 부인을 위한 교육 프로그램 효과에 관한 연구. 서울여자대학교 대학원 석사학위논문.

권육상(1998). 정신보건론. 서울: 유풍출판사.

김미례, 장환일, 김경빈(1995). 한국어판 알코올 중독자 자녀 선별검사(The Korean Versionof the Children of Alcoholics Screening Test: CAST-K)의 개발신뢰도 및 타당도 연구. 신경정신의학, 34(4), 1182-1193.

김연옥, 박지연(2009). 알코올 사용장애 유병률 성차에 영향을 주는 사회문화적 요인에 관한 연구. 정신보건과 사회사업, 31(1), 100-135.

김연옥, 유채영, 이인정, 최해경(2005). 가족복지론. 경기: 나남출판.

김은영, 임승희, 박소영(2009). 가족복지론. 경기: 학현사.

김정수, 한상익, 김광수(1994). 주정중독의 재발에 대한 임상변인들의 영향. 신경정신의학, 33, 817-824.

김창훈(2013). 알코올의존환자 부인의 알라넌(Al-Anon) 참여 효과성에 관한 연구. 숭실대학교 대학원 석사학위논문.

민성길, 강홍조, 고경봉, 기선완, 김경희, 김도훈, 김세주, 김임, 김재진, 김준기, 김지웅, 김진학, 김찬형, 남궁기, 노재성, 박기창, 서신영, 송동호, 신의진, 안석균, 안정숙, 양창순, 오병훈, 육기환, 이종범, 이홍식, 임기영, 전덕인, 전우택, 정문용, 정성덕, 정영기, 조현상(2006). 최신정신의학(5판). 서울: 일조각.

박경애, 김희수, 이화자, 김옥희(2009). 가족과 개인변인이 청소년의 인터넷 중독에 미치는 영향. 한국심리학회지 건강, 14(1), 41-51.

박현주(2006). 알코올 중독 심각도에 따른 우울, 불안 및 사회적 지지. 인제대학교 대학원 석사학위논문.

보건복지부 질병관리본부(2012. 12.). 2011 국민건강통계.

성상경, 이학구, 김한오, 이규항(2003). 알코올리즘 입원치료프로그램 참가자들의 퇴원 후 단기경과. 한국중동정신의학회, 2, 123-133.

송순인(2010). 정신장애인 가족스트레스와 가족적응간의 가족탄력성 조절효과에 관한 연구. 대구대학교 대학원 석사학위논문.

신명선(2014). 콜라주를 활용한 미술상담 프로그램이 알코올중독자 자녀의 자아존중감 및 정서표현능력에 미치는 효과. 조선대학교 대학원 석사학위논문.

윤명숙(1997). 알코올 중독남편의 단주가 부부관계에 미치는 영향에 관한 연구. 이화여자대학교 대학원 석사학위논문.

윤명숙(2001). 퇴원한 지역사회 알코올 중독자의 음주 및 단주 관련 특성과 음주위험 상황. 한국알코올과학회지, 2(2), 13-25.

윤명숙(2003). 알코올 중독자의 회복과정 원조를 위한 지역사회재활 프로그램에 관한 연구. 정신보건과 사회사업, 8, 135-157.

윤지현(2013). 절주정책의 효과평가에 관한 연구. 고려대학교 대학원 석사학위논문.

윤해례(2003). 알코올 중독자 자녀와 비알코올 중독자 자녀의 부모화. 단국대학교 교육대학원 석사학위논문.

이선화(2004). 알코올 중독자 자녀의 자아분화향상을 위한 집단프로그램의 개발: Bowen의 가족체계이론을 기초로. 서울여자대학교 대학원 석사학위논문.

이영실, 김재경, 김봉순, 박용권, 조명희, 홍성희(2013). 가족복지론. 경기: 양서원.

이정균, 김용식(2000). 정신의학(제4판). 서울: 일조각

이창원(2005). 알코올 중독자 자녀의 심리적, 정서적 지지를 위한 집단상담 프로그램의 효과성에 관한 연구. 대구대학교 대학원 석사학위논문.

이현명(2005). 알코올 중독자 가족의 부담감에 영향을 미치는 요인에 관한 연구. 대구대학교 대학원 석사학위논문.

임선영(2002). 여성알코올 중독자들의 중독과정에 대한 사례연구. 가톨릭대학교 대학원 박사학위논문.

장수미(2005). 지역사회 알코올상담기관에서 인센티브 치료(Incentive-Therapy) 적용에 관한 탐색적 연구. 정신보건과 사회사업, 19(4), 5-35.

정경수(2006). 알코올 중독자의 회복에 영향을 미치는 생태체계적 요인에 관한 연구. 부산대학교 대학원 석사학위논문.

정원철(2003). 알코올 중독자의 입원치료프로그램에 대한 효과성인식에 관한 연구. 정신보건과 사회사업, 15(6), 32-51.

정향수(2005). 알코올 중독자 자녀의 심리적 특성이 부적응행동에 미치는 영향. 대구대학교 대학원 석사학위논문.

조정아(2014). 여성알코올 중독자의 가족력과 가족관계에 관한 연구동향분석. 이화여자대학교 대학원 석사학위논문.

천성수(2003). 한국과 미국의 알코올정책 비교 연구. 한국의료법학회지, 11(1), 21-34.

천성수, 김미경, 윤선미, 정현미, 유재현, 이상숙(2009). 한국인의 문제음주 및 알코올사용장애 연구. 한국알코올과학회지, 10(2), 129-139.

천성수, 민경숙(2011). 문제음주자와 정상음주자의 국가알코올정책에 대한 인식도 차이. 알코올과 건강행동연구, 12(1), 43-59.

천성수, 손애리, 정은주(2005). 알코올 소비량 감소를 위한 알코올통제정책에 관한 연구.

최송식(1997). 알코올 중독 가족의 공동의존증 해결을 위한 가족개입전략. 정신보건과 사회사업, 4, 121-144.

한일웅(2008). 알코올 중독자의 자의 · 타의 입원에 따른 단주여부에 관한 연구. 숭실대학교 대학원 석사학위논문.

한철호(2002). 알코올 중독자 가족을 위한 집단상담프로그램의 효과 연구. 가톨릭대학교 대학원 석사학위논문.

황동섭(2012). 알코올 중독자 가족의 스트레스와 가족적응에 관한 연구. 위덕대학교 대학원 박사학위논문.

American Psychiatric Association (2000). *Diagnostic and Statistical Manual of Mental Disorders (DSM-IV-TR)*. Washington, DC: American Psychiatric Publishing, Inc.

Babor, T. F., Caetano, R., Casswell, S., Edwards, G., Giesbrecht, N., Graham, K., Grube, J. W., Hill, L., Holder, H., Homel, R., Livingston, M., Österberg, E., Rehm, J., Room, R., & Rossow, I. (2010). *Alcohol: No ordinary commodity, research and public policy* (2nd ed.). New York: Oxford University Press.

Cermark, T. L. (1986). Diagnostic criteria for codependency. *Journal of Psychoactive Drugs, 18*(1), 15-20.

Cotton, N. S. (1979). The familial incidence of alcoholism. *Journal of Studieson Alcohol, 40*, 89-116.

Goodwin, D. W. (1988). *Is alcoholism hereditary?* New York: Ballentine Books.

Jones, D. C., & Houts, R. (1992). Parental drinking, parent-child communication, and social skills in young adults. *Journal of Studies on Alcoholand Drugs, 53*(1), 48.

Jones, J. W. (1981). *Children of alcoholics screening test*. Chicago, IL: Family Recovery Press.

Merikangas, K. R. (1990). The genetic epidemiology of alcoholism. *Psychological Medicine, 20*, 11-22.

Rodney, H. E., & Rodney, L. (1996). The exploratory study of African American collegiate adult children od alcoholics. *Journal od America College Health, 44*, 267-272.

Sher, K. J., Grekin, E. R., & Williams, N. A. (2005). The development of alcohol use disorders. *Annual Review of Clinical Psychology, 1*, 493-523.

Subby, R. (1987). *Lost in the shuffle: The co-dependent reality*. Deerfield Beach, FL: Health Communications.

Wegscheider-Cruse, S. (1985). *Choice making*. Pompano Beach, FL: Health Communications.

Wegscheider-Cruse, S. (1989). *Another chance: Hope and health for the alcoholic family* (2nd ed.). Palo Alto, CA: Science and Behavior Books.

부록 전국 알코올상담센터 안내

지역	센터명 및 소재지	전화/팩스	홈페이지
서울	카프마포알코올상담센터 마포구 대흥동 298 신동빌딩 5층	T.02-719-0393~4 F.02-719-8189	www.karf.or.kr
	서울까리따스알코올상담센터 서초구 방배2동 3274 방배복지관 내 지하 1층	T.02-521-2364,2577 F.02-521-2365	www.cacc.or.kr
	도봉알코올상담센터 도봉구 쌍문동 80-60 하이준빌딩 4층	T.02-6082-6793 F.02-6082-6784	www.dbalcohol.or.kr
	구로알코올상담센터 구로구 구로동 612-12 창무빌딩 401-402호	T.02-2679-9353 F.02-2679-9354	www.gracc.or.kr
부산	부산알코올상담센터 남구 대연3동 513-5 해성빌딩 2층	T.051-246-7574,7570 F.051-246-7578	www.busanacc.org
	해운대구알코올상담센터 해운대구 반송동 683-48 반송보건지소 1층	T.051-749-6992~3 F.051-749-5798~9	health.haeundae.go.kr
대구	대구가톨릭알코올상담센터 대구 달서구 월성동 366 월성문화관 내	T.053-638-8778 F.053-638-8767	www.alcoholcenter.or.kr
	달구벌알코올상담센터 대구 동구 신암2동 1332-48 2층	T.053-957-8817 F.053-957-8816	www.alcohol21.net
인천	인천알코올상담센터 인천 연수구 동춘동 920 연수수도사업소 2층	T.032-236-9477 F.032-236-9479	www.ickosacc.com
	계양구알코올상담센터 인천 계양구 작전2동 855-23 1층	T.032-555-8765~7 F.032-555-8766	www.goacc.kr
	부평구알코올상담센터 인천시 부평구 산곡2동 99-15 남양빌딩 3층	T.032-507-3404~5 F.032-507-3406	www.bpalcohol.or.kr
광주	광주인광알코올상담센터 광주 동구 금남로5가 62-2	T.062-222-5666 F.062-222-6446	www.inalcohol.com
	광주요한알코올상담센터 광주 북구 유동 93-1 2층	T.062-526-3370 F.062-527-3370	www.yohanacc.or.kr
	다사랑알코올상담센터 광주 서구 금호동 852-1 용현빌딩 2층	T.062-654-3802~3 F.062-654-3804	www.dsracc.or.kr
대전	대전알코올상담센터 대전 서구 갈마1동 305-11 2층	T.042-527-9125 F.042-527-9126	www.djalcohol.or.kr
	라이프라인알코올상담센터 대전 동구 대동 202-15	T.042-286-8275~6 F.042-286-8277	www.lifeacc.or.kr
	대덕구알코올상담센터 대전 대덕구 법2동 188 한마음상가 207호	T.042-635-8275~6 F.042-622-8275	www.ddgacc.or.kr

지역	기관명 및 주소	전화/팩스	홈페이지
울산	울산알코올상담센터 울산 남구 달동 1311-11 로하스 빌딩 4층	T.052-275-1117 F.052-275-1107	www.ulsanalcohol.or.kr
경기	수원시알코올상담센터 수원시 팔달구 매산로3가 43-1 구 중부소방서 2층	T.031-256-9478 F.031-256-2294	www.kosacc.or.kr
	성남시알코올상담센터 성남시 수정구 태평2동 3309 수정구보건소 별관 2층	T.031-751-2768~9 F.031-751-2767	www.snac.or.kr
	파주알코올상담센터 파주시 문산읍 문산리 61-48(구 문산보건지소)	T.031-948-8004,8044 F.031-948-0068	www.alcoholcenter.org
	안양시알코올상담센터 안양시 만안구 안양7동 194-55 다목적복지회관 3층	T.031-464-0175 F.031-464-0165	cafe.daum.net/alcohol0175
강원	강원알코올상담센터 원주시 일산동 211 원주건강문화센터 지하 1층	T.033-748-5119 F.033-748-0192	www.alja.or.kr
	강릉시알코올상담센터 강릉시 포남동 1171-14 강맥빌딩 A동 2층	T.033-653-9668 F.033-651-9665	www.ydcenter.inndea.co.kr
	춘천알코올상담센터 춘천시 교동 4-77 수인빌딩 3층	T.033-255-3482 F.033-240-5748	www.alcoholfree.or.kr
충북	청주알코올상담센터 충북 청주시 흥덕구 사직1동 554-6 충북소프트웨어지원센터 4층	T.043-272-0067 F.043-272-0068	www.cjacc.or.kr
충남	아산시알코올상담센터 충남 아산시 모종동 574-2 보건소별관	T.041-537-3454 F.041-537-3469	www.asanmind.net
	천안시알코올상담센터 충남 천안시 서북구 성정2동 684-1(구 보건소 2층)	T.041-577-8097~8 F.041-577-8096	www.cheonanac.or.kr
전북	전북알코올상담센터 전북 전주시 중화산동 2가 648-9	T.063-223-4567~8 F.063-223-0266	www.jalcohol.org
전남	목포알코올상담센터 전남 목포시 석현동 1175-2 하당보건지소 3층	T.061-284-9694 F.061-270-8481	www.mokpocity.com
경북	포항알코올상담센터 경북 포항시 북구 죽도동 53-9 3층	T.054-277-4024 F.054-277-4026	
	구미알코올상담센터 경북 구미시 황상동 110 구미종합사회복지관 2층	T.054-474-9791~2 F.054-474-9793	www.gmalcohol.or.kr

경남	진주알코올상담센터 경남 진주시 칠암동 381-3 3층	T.055-758-7801 F.055-758-7802	www.jinjuacc.org
	마산알코올상담센터 경남 마산시 월남동 3가 9-7 2층	T.055-247-6994 F.055-247-6995	www.masanacc.or.kr
제주	제주알코올상담센터 제주 제주시 용담1동 2829-14 아세아빌딩 5층	T.064-759-0911 F.064-759-0912	www.jejualcohol.org

제11장 노인가족

개요

평균수명의 증대는 노인인구의 증가와 노년기가 확대되는 결과를 가져왔으며 이에 따라 노년기의 가족생활에도 많은 변화를 가져왔다. 이러한 변화로 인해 노인 한 세대만 생활하는 독거노인과 노인부부가구의 비율이 증가하는 반면, 자녀와 동거하는 비율은 급속도로 감소하는 특징을 보이고 있다. 이는 전통적으로 노인의 부양체계 역할을 해 왔던 가족의 기능이 약화되고 있음을 보여 주는 결과이다. 따라서 우리나라의 급속한 고령화 추세와 베이비 붐 세대의 노년기 진입에 따른 고령사회 진입에 따라 노인가족은 점차적으로 증가할 것이므로 노인가족의 문제를 예방하고 효과적으로 대처하기 위한 복지서비스 대책이 필요하다. 여기에는 노인의 가치관 변화와 이전 세대와 다른 특성을 가지는 베이비 붐 세대의 복지 욕구를 반영해야 할 것이다.

1. 노인가족에 대한 이해

1) 노인가족의 개념

최근 우리나라는 급속한 저출산 현상에 따라 자녀 수가 지속적으로 감소하였고 이에 따라 손자녀 수도 지속적으로 감소하게 되면서 노년기의 직계가족 규모와 구성에 변화가 발생하고 있다. 반면, 평균수명의 증대로 부모가 생존해 있는 비율이 증가하여 다세대가 함께 동거하며 생활할 수 있는 가능성은 증가하였지만 실제 가구 내 동거 세대 수의 경우 3세대가 동거하는 비율은 1994년 37.7%에서 2004년에 24.6%로 급감하였고 노인 1세대 가구의 비율은 1994년 42.7%에서 2004년 57.7%로 증가하고 있는 실정이다(이가옥, 1994; 한국보건사회연구원, 2004). 이러한 현상은 부모가 자녀와 동거를 희망하지 않는 경우와 자녀가 부모와 동거를 희망하지 않는 경우가 점차 증가하고 있기 때문이다. 특히 은퇴기에 접어들게 되는 베이비 붐 세대의 경우 부부끼리 혹은 혼자 살고 싶어 하는 경우가 자녀로부터 부양받기를 기대하는 경우보다 압도적으로 높은 것으로 나타났다(한국보건사회연구원, 2010). 따라서 노년기를 부부끼리 동거하다가 배우자의 사망으로 혼자 생활하게 되는 노인가구가 증가하게 될 것이다.

노년기는 자녀를 취업 또는 결혼 등으로 떠나보낸 65세 이후에 해당한다. 즉, 「노인복지법」에 따른 65세 이상의 노인이 1인 이상이 거주하는 가구를 노인가족으로 정의할 수 있다. 이에 따라 노인가족이란 자녀들이 결혼하여 독립한 후 배우자와 사별하여 혼자 생활하는 노인단독가구, 노부부만 동거하거나 또는 노부부와 미혼자녀가 동거하는 노인부부가족, 기혼 아들이나 손자녀와 동거하는 홀로 된 노인이나 노부부로 구성된 직계가족, 기혼 딸이나 손자녀와 동거하는 홀로 된 노인이나 노부부로 구성된 방계가족, 기혼의 아들과 딸이 동시에 노인과 동거하는 복합가족 등을 의미한다.

2) 노인가족의 현황 및 특성

최근 전 세계적으로 나타나고 있는 인구구조의 가장 큰 변화는 출산율 저하와 평균수명 연장으로 인한 노인인구의 절대수와 상대적 비율의 증가이다. 우리나라는 이미 2000년에 고령화사회에 진입하였고 2012년 기준 65세 이상의 노인인구 비율이 11.8%이며, 2018년에는 14.3%로 고령사회, 2026년에는 0.6%로 초고령사회에 도달할 것이라는 전망이다. 이러한 인구구조의 변화는 노인의 가족생활에 영향을 미치게 된다. 따라서 노인가족의 복지대책을 수립하기 위해서는 인구구조의 변화에 대한 고찰이 필요하며 이와 관련하여 노인가족의 현황과 특성을 파악해야 할 것이다.

(1) 노인인구의 증가

우리 사회의 노인인구가 증가하게 된 요인은 생활 수준 향상과 보건의료기술의 발전에 따른 사망률의 감소와 평균수명 연장으로 살펴볼 수 있다. 이러한 평균수명 연장은 '인생은 60세부터'라고 했던 말에서 이제 '인생은 80세부터'라는 말이 훨씬 더 어울리는 시대가 되었다. 평균수명의 증가 추이를 살펴보면 1960년부터 2000년까지 50년 동안 평균수명은 27.2세 증가하였으며, 2010년에 남자 77.2세, 여자 84.1세에 이르며 2034년에는 85.0세로 증가할 것으로 예측하고 있다. 또한 산업화과정을 거치면서 소자녀 가치관이 확산됨에 따라 출산율이 감소되었고 이로 인해 노인인구의 상대적 비율이 증가하게 된 것으로 볼 수 있다. 이와 같이 평균수명 연장과 출산율 감소는 노인인구의 절대수와 상대적 비율 증가의 주된 요

인이 될 수 있겠지만, 712만 5,000여 명에 이르는 베이비 붐 세대로 불리는 1955~1963년생이 한꺼번에 노인인구로 전환된 것이 가장 결정적인 원인으로 볼 수 있다.

이러한 노인인구의 증가 추이를 살펴보면, <표 11-1>에서 보는 바와 같이 1970년에 100만 명 미만이었던 65세 이상 노인인구가 2000년에는 340만 명, 2010년에는 545만 명으로 증가하였음을 살펴볼 수 있다.

<표 11-1> 노인인구의 증가 추이

구분	1960년	1970년	1980년	1990년	2000년	2010년	2020년	2030년	2050년
총 인구(천 명)	25,012	32,241	38,124	42,869	47,008	49,410	51,435	52,160	48,121
65세 이상 인구(천 명)	726	991	1,456	2,195	3,395	5,452	8,084	12,691	17,991
65세 이상 비율(%)	2.9	3.1	3.8	5.1	7.2	11.0	15.7	24.3	37.4
노령화지수(%)	6.9	7.2	11.2	20.0	34.3	68.4	119.1	193.0	376.1

주: 노령화지수=65세 이상 인구÷14세 이하 인구×100

출처: 통계청(2012).

이러한 노인인구의 증가는 노인만으로 구성된 가족의 증가를 야기하였으며, 이 같은 현상은 지속적인 노인인구의 증가와 함께 계속될 것으로 예측된다. 또한 노인가족의 증가와 더불어 이로 인한 다양한 노인문제가 발생하고 있으며 이러한 노인문제에 대응하기 위한 국가의 부담이 점차적으로 가중될 것이다. 특히 우리나라의 고령화 속도는 노인인구의 양적 증가보다 더 큰 위험요인으로 볼 수 있는데, 이는 우리나라의 현재 경제 수준과 사회복지제도로 감당하기 어려울 정도의 사회 부담을 초래할 수 있기 때문이다. 따라서 급격한 고령화사회의 문제에 대한 국민의 인식 개선과 더불어 적극적인 국가의 대책을 강구해야 할 것이다. 즉, 노인가족이 안고 있는 노인문제는 한 개인과 가족의 문제를 넘어서 사회적 차원의 문제로 인식해야 한다.

(2) 노인가족 형태의 변화

가족은 노인의 삶에 필요한 물질적 · 도구적 · 정서적 지지를 제공하며 노인이 사회에 통합될 수 있게 하는 구심점이 되므로 매우 중요하다. 그러나 최근 현대화와 함께 한국의 가족은 급격한 변화를 겪고 있다. 현대화 이전의 전통적인 가족은 장남, 장손으로 이루어진 직계가족이 보편적인 가족의 유형이었지만 현대화 이후 직계가족의 유형은 급속하게 감소하였고 노인단독가구와 노인부부가족과 같은 빈둥지 가족이 급속히 증가하고 있다(김승권, 2000). 이와 같은 경향은 노인인구의 급속한 증가에 따라 지속적으로 증가될 전망이다. 한국 가족의 급격한 변화는 노인가족 유형의 변화와 노년부양비 증가에도 영향을 미친 것으로 볼 수 있다. 먼저, 노인가족의 유형은 〈표 11-2〉와 같이 살펴볼 수 있다.

〈표 11-2〉 노인가족의 유형

유형	가족 구성
노인단독가구	독신 노인
노인부부가족	노부부 노부부+미혼 자녀
직계가족	노인(부부)+기혼 아들+(미혼 자녀) 노인(부부)+기혼 아들+(미혼 자녀)+손자녀
방계가족	노인(부부)+기혼 딸+(미혼 자녀) 노인(부부)+기혼 딸+(미혼 자녀)+손자녀
복합가족	노인(부부)+기혼 아들+기혼 딸+(미혼 자녀)+손자녀

이와 같은 노인가구의 형태는 자녀와 함께 거주하는 자녀동거 유형에서 노인 혼자 또는 노인 부부만 사는 노인단독가구 형태로 변화하였다. 지난 1994~2011년 노인실태조사 자료를 분석해 본 결과, 1994년 노인 중 자녀세대와 동거하는 비율은 54.7%였지만 2004년에는 38.6%로 16.1% 감소하였고 2011년에는 27.3%만이 자녀세대와 동거하는 것으로 파악되었다. 이에 반해 노인단독가구는 1994년 13.6%에서 2004년 20.6%, 2011년 19.6%로 증가하여 2004년 이후 노인의 20% 정

도가 혼자서 가구를 형성하는 노인단독가구의 형태를 보이는 것으로 나타났다. 또한 노인부부가구는 1994년 26.8%에서 2004년 34.4%, 2011년 48.5%로 18년 동안 약 21.7%포인트 증가하였다. 이러한 노인가구 형태의 변화는 우리 사회의 노인 부양 인식의 변화와 핵가족 중심의 가족 가치관의 변화 그리고 경제 및 건강 상태가 양호한 노인의 증가 등을 원인으로 볼 수 있으며(이윤경, 2014), 더불어 노부모 스스로가 자녀와 동거를 원하지 않은 경우도 노인가구의 증가에 기여하고 있다.

〈표 11-3〉 노인가구 형태의 변화 (단위: %, 명)

구분		1994년	1998년	2004년	2008년	2011년
가구유형	노인단독	13.6	17.9	20.6	19.7	19.6
	노인부부	26.8	27.9	34.4	47.1	48.5
	자녀동거	54.7	48.6	38.6	27.6	27.3
	기타	4.9	5.5	6.4	5.6	4.6
전체		100.0	100.0	100.0	100.0	100.0
		1,371	2,372	3,278	10,798	10,675

출처: 이윤경(2014).

(3) 노인가족의 특성

가족생활주기상 노년기 가족의 주된 기능은 경제적 협조, 정서적 지지, 보호 부양기능이라 할 수 있는데 노년학 연구에서는 이러한 노인가족의 기능을 부양이라는 개념으로 대치하여 사용하는 경우가 많다(권중돈, 2012). 배우자와 가족은 노인의 삶에 있어 정서적 지지뿐만 아니라 가사노동 및 수발 등의 도구적 도움, 현금 및 현물을 통한 경제적 도움의 교환을 통해 노인이 사회에 통합되도록 하는 데 있어서 중요하다. 그러나 성인자녀의 노년기 부모에 대한 부양이 감소하고 있으며, 노부부만 생활하다가 배우자의 사망 이후 혼자 생활하는 과정을 거치는 것이 보편적인 형태가 되어 가고 있다. 이에 따라 노인가족의 특성에 대해 부양의 기능을 중심으로 살펴보고자 한다.

이와 같은 노인부양의 정서적 및 도구적 부양의 실태는 〈표 11-4〉, 경제적 부양의 실태는 〈표 11-5〉와 같이 살펴볼 수 있다(정경희, 2011). 동거 및 비동거자녀, 부모, 배우자와의 부양의 교환 실태를 자세히 살펴보면, 먼저 동거자녀의 경우 노인의 정서적 부양 수혜율이 64.8%, 제공률은 59.8%로 정서적 지원을 받는 경우가 더 높은 것으로 나타났다. 다음으로 청소, 식사, 세탁 등의 가사노동에 대한 수혜율은 59.2%, 제공률은 61.7%로 자녀와 동거하는 경우 가사에 있어서는 어느 정도 활발한 교환이 이루어지고 있다고 볼 수 있다. 그러나 수발에 있어서는 제공률 27.9%보다 수혜율이 62.3%로 높아 노화나 건강상의 이유로 자녀에게 수발을 제공하기보다 자녀의 도움을 더 받고 있음을 보여 주고 있다.

반면, 자녀와 동거하지 않는 경우 노인의 정서적 부양 수혜율은 70.2%, 제공률은 61.4%로 수혜율이 더 높은 것으로 나타나 동거자녀의 경우보다 조금 높은 것으로 볼 수 있는데 이는 비동거자녀가 다수인 경우가 많기 때문이다. 가사노동의 경우 수혜율이 46.1%, 제공률은 11.3%로 매우 큰 차이를 보이며, 이는 자녀와 동거하지 않는 경우 도구적 지원을 제공하기 위해 자녀의 집을 방문해야 하는 물리적 환경의 제한 때문으로 볼 수 있다. 수발에 있어서는 노인의 수혜율이 49.2%, 제공률이 7.7%로 가사노동과 마찬가지의 경우로 볼 수 있다.

또한 본인 또는 배우자의 부모가 생존해 있는 경우 정서적 · 도구적 부양의 수혜율에 비해 제공률이 더 높으며 배우자의 경우 정서적 지원은 80% 정도에서 수혜와 제공의 교환이 이루어지며 도구적 도움은 70% 정도의 교환이 이루어지고 있음을 볼 수 있다. 이로써 성인자녀의 부양기능이 약화되고 배우자가 노인의 주부양자로서의 역할을 담당하는 경향이 높아지고 있음을 알 수 있다.

〈표 11-4〉 가족과의 정서적 및 도구적 부양의 교환 실태 (단위: %)

구분	정서적		가사노동		수발	
	수혜	제공	수혜	제공	수혜	제공
동거자녀	64.8	59.8	59.2	61.7	62.3	27.9
비동거자녀	70.2	61.4	46.1	11.3	49.2	7.7

(배우자)부모	23.2	37.5	6.1	32.1	3.5	43.3
배우자	86.2	86.6	74.6	69.1	70.1	70.9

출처: 한국보건사회연구원(2012).

다음으로 경제적 부양의 교환 실태에 있어서 자녀와 동거하는 경우 경제적 도움을 제공하기보다 경제적 지원을 받는 방향의 교환이 이루어지고 있음을 볼 수 있다. 특히 비정기적인 현금지원이 74.6%, 현물지원이 76.6%, 정기적인 현금지원이 40.8%로 자녀로부터 지원을 받는 경우가 자녀들에게 지원을 하는 경우보다 훨씬 높은 것으로 나타났다. 반면, 비동거자녀의 경우 정기적인 현금지원 수혜율 37.0%, 비정기적인 현금지원 수혜율 93.0%, 현물지원 90.6%로 볼 수 있다. 현금지원의 경우 동거자녀와 비동거자녀의 차이가 크지 않지만 비정기적 현금지원과 현물지원의 경우 동거자녀의 경우보다 훨씬 더 높은 수준을 보이고 있다. 이는 동거자녀의 경우 동거자녀를 중심으로 부양이 제공되나 자녀와 동거하지 않는 경우 다수의 비동거자녀가 지원하기 때문이다.

또한 본인 또는 배우자의 부모가 생존해 있는 경우 정서적 · 도구적 부양과 마찬가지로 경제적 부양의 경우에도 도움을 받기보다 제공하는 경우가 더 높은 것으로 볼 때 아랫세대에서 윗세대로 경제적 부양이 제공되는 경향을 볼 수 있다.

〈표 11-5〉 가족과의 경제적 부양의 교환 실태 (단위: %)

구분	수혜			제공		
	정기 현금지원	비정기 현금지원	현물지원	정기 현금지원	비정기 현금지원	현물지원
동거자녀	40.8	74.6	76.6	4.6	27.0	45.4
비동거자녀	37.0	93.0	90.6	0.9	23.7	58.5
(배우자)부모	0.3	4.9	6.9	10.9	65.0	74.9

출처: 한국보건사회연구원(2012).

이와 같이 노인인구 증가로 인한 노인단독가구와 노인부부가족 형태의 노인가족의 증가에 따른 노인부양비에 대한 부담이 지속적으로 증가할 것으로 보인다. 따라서 노인부양에 대처할 자원이나 부양능력이 부족한 배우자와 성인자녀의 경우 노인의 경제적 · 신체적 · 심리적 기능 저하에 따른 노인부양 부담과 스트레스에 직면하게 될 것이며 국가적으로도 경제활동에 참여하는 생산인구 대비 노인부양에 대한 부담은 현재보다 훨씬 높아질 것으로 보인다.

2. 노인가족의 욕구

가족생활주기상 노년기는 자녀의 첫 결혼부터 모든 자녀가 결혼하게 되는 시점까지의 가족축소기, 모든 자녀가 떠나고 노부부만 남는 가족축소완료기, 배우자 사망 이후 혼자 살게 되는 가족 해체기로 구분할 수 있다. 이러한 단계 중에서 보통 노부부가 함께 생활하는 기간이 9년 6개월, 노인 혼자 생활하는 기간이 8년 6개월인 것으로 볼 때 노부부 또는 노인단독으로 생활하는 노년기 가족생활주기가 점차적으로 연장되고 있는 추세를 보이고 있다(김승권, 2000). 이와 같은 노인가족은 노년기에 발생하는 신체적 · 정서적 · 경제적 문제 등을 스스로 해결해야 하나 현재 노인계층의 경우 노후의 안정된 생활을 유지하기 위한 준비가 제대로 되어 있지 않은 경우가 많다. 따라서 노인부부가족 또는 노인단독가족이 안고 있는 문제점을 중심으로 살펴보고자 한다.

1) 경제적 문제

노년기는 질병 또는 퇴직으로 인해 경제활동이 중단되는 시기이므로 근로소득이 급격히 감소하게 된다. 반면, 노년기 가족의 지출 측면을 고려해 볼 때 일상생활 지출비와 질병 치료비 등의 의료비는 지속적으로 지출되므로 노년기 가족의 가계 수지 균형을 유지하기 위해 이전 생활 단계에서 축적한 재산으로 충당하게 되므로 경제적으로 매우 어려운 상황에 처하게 된다. 이러한 노인가족의 경제적

문제의 실태에 대해 살펴보면, 2003년도 기준 소득, 교육, 직업, 재산을 고려하여 65세 이상 노인의 주관적 계층 의식을 조사한 결과, 가구주 10명 중 6명이 '하층'이라고 여기며, '상층'에 속한다고 여기는 사람들은 1.0%, '중층'은 40.0%, '하층'이 59.0%인 것으로 보고하고 있다(통계청, 2005). 이는 노인의 삶의 질과 만족도에 큰 타격을 가져오며 더불어 가족이나 사회는 경제적 부양 부담을 가지게 된다(Clark & Spengler, 1980). 특히 고령화사회를 거쳐 고령사회 진입을 앞두고 있는 상황에서 국가적 차원에서 노인에 대한 부양 부담이 점차 증가할 것이다. 따라서 노년기 가족의 기본적인 생계유지와 삶의 만족도 유지를 위한 소득원 확보가 매우 중요하며 감소된 소득을 보완하기 위한 대안이 필요하다. 그러나 우리 사회는 급격한 고령화 속도와 노년기 소득 감소에 비해 연금제도와 공적 부조제도는 미흡한 상황이므로 노년기 가족이 겪는 경제적 어려움의 가능성은 더욱 높아질 것이다(권중돈, 2012).

아직까지 현재의 노인세대는 과거의 노인들보다 자신의 노후에 관심을 더 가지고 있음에도 불구하고 65세 이후의 건강문제와 재취업 기회의 제한으로 인한 소득 상실로 자녀로부터 생활비를 충당하는 경우가 많다(최성재, 장인협, 2010). 즉, 사적 이전소득 중 자녀에 의한 이전은 1994년 74.4%에서 2008년 80.3%로 증가하였음을 볼 수 있다(이윤경 외, 2010). 이는 우리 사회에서 부모에 대한 노후 부양을 자녀들이 책임져야 한다는 인식이 높기 때문으로 짐작해 볼 수 있다. 그러나 자녀 중 장남이 부양 책임을 져야 한다는 전통적 의식은 2002년도 21.4%에서 2010년 10.8%로 감소되었고, 자녀들의 공동 부양 의식은 2002년 27.6%에서 2010년 18.3%로 감소하였다. 자녀들의 공동 부양 의식은 장남의 부양 책임 의식보다 더 강화되고 있다. 게다가 노인 부양에 대해 가족이 책임져야 한다는 의식은 2002년 70.7%에서 2010년 38.3%로 급격히 약화되고 있으며 대신 노인 스스로 노후 준비를 해야 한다는 의식이 2002년 9.6%에서 2010년 18.4%로 강화되었고 가족과 정부나 사회의 공동 책임 의식은 2002년 18.2%에서 2010년 37.8%로 강화되고 있다(통계청, 2002, 2010). 따라서 노인인구의 지속적 증가에 따른 소비 증가와 저축 감소 등은 경기 침체를 위협하는 요인이 될 수 있으므로 정부나 사회가 책임을 수용하고 이에 대한 대비가 필요하다고 본다.

2) 건강의 문제

우리 사회는 고도의 경제성장으로 위생상태 개선, 영양상태 향상, 의료기술의 발달 등이 이루어져 과거보다 훨씬 국민들의 건강상태가 좋아졌으며 평균수명이 연장되는 결과를 가져왔다. 기대수명에 대한 통계청(2010) 결과에 따르면 남자 76.2세, 여자 82.9세로 1970년의 남자 58.7세, 여자 65.6세보다 17세 이상 높아진 것으로 볼 수 있다. 그러나 이러한 결과에도 불구하고 한국보건사회연구원의 전국노인조사에 의하면 우리나라의 65세 이상 노인들의 경우 10명당 약 9명 정도가 한 가지 이상의 만성질환을 가지고 있는 것으로 나타났다(정경희 외, 2005). 이와 같은 노년기의 건강상태는 식사, 수면, 운동 등의 일상생활 수행을 어렵게 하며 노인의 삶의 질을 저하시키는 결과를 가져오게 된다.

노년기의 주요 질환으로는 순환 · 호흡기계 질환, 소화기계 · 신장질환, 근골격계 · 내분비계 질환, 안 · 비뇨기계 질환 등이 있다. 특히 가장 유병률이 높은 질환은 관절염이고 그 외에 고혈압, 신경통, 당뇨병 순이며 장기간 치료나 요양이 필요한 만성퇴행성 질환으로 볼 수 있다(정경희 외, 2005). 2008년 기준 건강보험상의 노인인구는 460만 명에 이르며 노인진료비는 10조 4,310억 원이 지출되었고 이는 2001년보다 2.3배 이상 증가한 것이다(건강보험관리공단, 2009). 이와 같은 노인진료비 지출 상승은 기대수명의 증가와 만성질병 유병률 증가에 기인하는 것으로 볼 수 있다. 이러한 노년기 질환은 다른 사람의 도움이나 보호가 절실히 필요하며 이 외에도 노년기에는 건강문제나 장애로 인한 어려움을 겪는 경우가 증가하게 된다. 즉, 노년기에는 일상생활수행능력(Activities of Daily Living: ADL) 또는 수단적 일상생활수행능력(Instrumental Activities of Daily Living: IADL)의 기능저하가 발생하게 되므로 타인의 수발이 필요하다. 특히 기능상태별 수발률을 살펴보면 일상생활수행능력에 제한이 있는 경우 수발률이 가장 높으며, 2008년 기준 61.1%가 수발을 받고 있는 것으로 나타났다.

이와 같이 가족의 노인 부양기능이 저하되는 반면, 85세 이상의 초고령 노인은 증가하게 되므로 만성질환과 일상생활수행능력 저하로 수발과 부양이 필요한 노인인구가 증가할 것이다. 노인의 건강관리를 위한 의료비의 일차적인 부담 주체는 노인 자신이나 가족이므로 노인가족은 경제적 압박을 겪게 되며 불안, 분노, 삶의 의욕저하, 우울, 죄의식 등의 정신적 스트레스와 경제활동 제약 등의 어려움을 경험하게 되므로 노인의 건강문제는 노인 당사자는 물론 노인을 부양하는 가족의 기능과 가족원의 삶의 질에 부정적인 영향을 미치게 된다(권중돈, 2012; Kramer, 1997; Whitlatch & Noelker, 1996).

가족이 수발을 하는 경우 수발자와 피수발자(노인)와의 관계를 〈표 11-6〉과 같이 구체적으로 살펴볼 수 있다. 배우자의 비율이 53.0%, 장남 8.2%, 장남의 배우자가 12.3%, 차남 이하가 6.7%, 차남 이하의 배우자가 3.8%, 딸이 10.3%로 배우자의 비율이 가장 높은 것으로 나타났다. 특히 남성의 경우 배우자에 의한 수발이 81.8%로 매우 높으며 이에 반해 여자는 33.0%로 나타났는데 이는 여성노인의 평균수명이 남성노인에 비해 더 길고 남성의 연령이 여성배우자에 비해 더 높기 때문이다. 이와 같이 자녀에 대한 동거 및 도구적 부양이 감소됨에 따라 노후생활에서 배우자의 중요성이 더욱 커지고 있다.

〈표 11-6〉 65세 이상 노인의 가족 수발자와 노인과의 관계 (단위: %)

구분	배우자	장남	장남 배우자	차남 이하	차남 이하 배우자	딸	기타	계(명)
전체*	53.0	8.2	12.3	6.7	3.8	10.3	5.7	100(1,037)
성별								
남자	81.8	2.8	7.1	1.7	1.7	1.7	3.3	100(424)
여자	33.0	11.9	16.0	10.1	5.2	16.3	7.4	100(612)
연령								
65~69세	86.2	2.5	0.6	1.3	1.3	6.9	1.3	100(159)
70~74세	73.0	5.0	8.5	5.0	0.5	5.0	3.0	100(200)
75~79세	61.2	6.3	7.8	7.1	3.5	9.8	4.3	100(255)

80~84세	31.0	13.4	17.6	9.1	5.3	13.9	9.6	100(187)
85세 이상	22.5	12.7	24.2	9.3	7.6	14.8	8.9	100(236)
가구형태								
노인단독	0.0	15.3	11.3	21.8	6.5	39.5	5.6	100(124)
노인부부	95.5	0.5	0.2	1.2	0.2	2.4	0.0	100(425)
자녀동거	26.9	14.4	24.4	8.4	6.8	15.7	3.4	100(439)
기타	54.2	0.0	12.5	2.1	0.0	8.3	22.9	100(48)

* 전체 응답자(대리응답자 포함) 10,674명 중 가족에게서 수발 도움을 받는다고 답한 1,217명 중 무응답을 제외함.

출처: 이윤경(2012).

노인장기요양보험제도의 도입 이후 노인의 62.8%가 노인장기요양보험제도에 대해 인지하고 있고 4.2%가 등급 신청 경험이 있는 것으로 나타났다. 특히 80세 이상에서 27.8%가 등급을 신청한 것을 볼 수 있다. 등급신청자 중 84.6%가 실제 노인장기요양 서비스를 이용한 것으로 조사되었으며, 91.9%가 방문요양 서비스, 35.4%가 방문목욕, 23.4%는 방문간호, 26.7%는 보장구 대여 서비스를 이용한 경험이 있는 것으로 나타났다. 서비스 이용에 대한 만족도는 매우 만족하거나 만족한다는 비율이 80.2%로 매우 높은 것을 볼 수 있다.

특히 노인성 질병 중 치매는 의식감퇴가 지속되어 일상생활을 독립적으로 수행하기 어려운 질병이며, 문제행동으로 인해 다른 질병보다 수발 부담과 우울감을 높게 유발한다(유문숙, 김용순, 김기숙, 2010; Mufullul, 2002). 따라서 치매 노인에 대한 보호에 있어서 가족은 치매 노인에 대한 정서적 지지 역할에 초점을 두고, 직접적인 신체적 수발 등은 외부 자원을 이용할 수 있는 방안과 치매 노인을 돌보는 가족에게 정보 및 휴식 제공 등을 지원할 수 있는 방안이 모색될 필요가 있다. 이와 같은 치매 수발에 대한 사회적 대응을 통해 노인가족의 긍정적 기능이 유지될 수 있도록 해야 할 것이다. 또한 노인의료비 증가는 국가재정까지 악화시킬 수 있으므로 개인과 가족 그리고 사회가 감당해야 하는 노인의료비 경감을 위한 적극적인 방안을 모색해야 한다.

〈표 11-7〉 65세 이상 노인의 연령별 노인장기요양보험제도 특징 (단위: %)

구분	인지율**	등급 신청률***	등급				
			1등급	2등급	3등급	등급 외	계(명)
전체*	62.8	4.2	4.8	16.1	62.3	16.9	100(273)
65~69세	69.9	2.4	1.9	17.3	63.5	17.3	100(52)
70~74세	64.0	2.1	9.3	16.3	58.1	16.3	100(43)
75~79세	61.2	5.3	6.8	13.5	64.9	14.9	100(74)
80~84세	52.6	8.3	6.0	14.0	66.0	14.0	100(50)
85세 이상	45.1	19.5	1.9	18.5	61.1	18.5	100(54)

* 본인응답자 10,544명 중 무응답자 3명을 제외함.

** 노인장기요양보험 인지자 6,617명을 분석대상으로 하였고 무응답 없음.

*** 노인장기요양보험 등급신청자 279명 중 무응답자 6명을 제외함.

〈표 11-8〉 65세 이상 노인의 장기요양 서비스 이용률 (단위: %)

이용 경험률		서비스 이용률			
전체 노인 중	등급신청자 중	방문요양	방문목욕	방문간호	보장구 대여
2.2	84.6	91.9	35.4	23.4	26.7

〈표 11-9〉 65세 이상 노인의 장기요양 서비스 이용 만족도 (단위: %)

매우 만족	만족	보통	만족하지 않음	전혀 만족하지 않음	계(명)
15.6	64.6	10.5	8.9	0.4	100(235)

3) 고독과 소외의 문제

노년기는 사회관계망의 축소와 사회적 결속력이 약화되는 시기이다. 즉, 퇴직으로 인한 소득 상실과 사회적 역할 상실로 인하여 부양자에서 피부양자로 전환되는 시기로 볼 수 있다. 또한 현대 사회의 급격한 변화는 전통적으로 노인이 유지해 왔던 권위와 책임을 약화시켰다. 특히 핵가족화 현상으로 인한 가족구조 및 가족관계의 변화는 가정에서 가정으로서의 정신적 지주 역할을 해 왔던 노인의 역할이 상실되는 결과를 초래하였다. 이와 같은 현상들은 노인의 사회적 고립감과 소외감 등의 부정적 심리 상태를 유발하게 되며 평균수명 연장으로 인한 노인인구의 증가는 노인의 고독과 소외의 문제를 더욱 증가시킬 것으로 예측된다. 특히 노인의 사회적 고립, 불안정한 가족관계와 가족지지 등으로 인하여 노인우울과 심리적 안녕감과 관련된 정신건강 문제가 심각하게 대두되고 있다. 노년기의 가장 큰 심리적 특성은 우울로 15%가 우울증을 앓고 있으며 적절한 개입과 서비스가 부재할 경우 이는 노인자살로 이어질 수 있다는 점이다(매일경제, 2005. 5. 25.). 특히 80세 이상의 노인 자살률은 2003년 이후 계속 증가하여 2007년에 117.3명으로 20대보다 6배 정도 높은 것으로 나타났다(통계청, 2007). 노인 중 11.2%가 자살을 생각해 본 적이 있고 1.3%가 자살시도를 해 본 것으로 조사되었다(한국보건사회연구원, 2012). 이와 같은 노인의 자살원인 중 하나는 사회적 소외로 인한 외로움과 고독인 것으로 볼 수 있다. 최근 성인자녀나 노인 모두 비동거를 선호하는 추세로 노인의 고독과 소외의 문제는 더욱 심각해질 것이므로 노인가족이 겪게 되는 문제해결을 위한 현실적인 대안이 모색되어야 할 것이다.

4) 가족관계의 문제

노년기는 모든 자녀를 결혼시키고 노부부만 남는 빈둥지 시기를 거쳐 배우자가 사망 후 혼자서 노후를 보내는 시기로 노년기 가족생활주기가 점차적으로 연장되는 경향을 보이고 있다. 따라서 노후소득보장과 건강 유지는 물론이고 사회관계망의 유지가 매우 중요하지만 이에 대한 준비가 미흡하여 빈곤, 질병, 고독과 소외와 같은 어려움을 겪게 된다. 특히 노년기는 퇴직 등으로 은퇴 전 사회적 관계보다 가족들에게 관심이 집중되는 시기이며 배우자와 역할전환이 이루어지는 과정에서 부부갈등이 발생되기도 하므로 가족관계의 재조정이 전반적으로 필요하게 된다. 가족관계는 노인에게 사회적 지지와 더불어 안정감, 유대감, 소속감을 제공하게 되는 중요한 사회관계망이다. 노년기의 가족관계는 친구나 이웃에 비해 안

정적으로 유지되는 관계이며 이는 가족을 중요시하는 한국가족문화에서는 더욱 더 그러하다(임은기, 정태연, 2009; Shaw, Krause, & Bennett, 2007). 노인들은 자녀와의 관계, 가족결속, 결혼생활, 가족 내 역할 및 가족지원과 같은 가족관계를 그들의 삶에서 가장 중요하게 여기는 영역으로 인식하고 있다(최수정, 2001). 이와 같이 가족관계는 노인의 행복에 가장 중요한 요인임을 알 수 있다. 보통 가족관계는 부부관계, 성인자녀와의 관계, 손자녀와의 관계로 볼 수 있다. 특히 노년기 부부관계는 노인들의 삶의 만족도, 심리적 안녕감, 노년기 적응에 영향을 미치는 중요한 관계이다(김영범, 박준식, 2004; 윤형숙, 유희정, 2006). 평균수명 연장으로 노년기 부부가 함께 보내는 시간이 길어짐에 따라 노년기 부부관계는 개인의 생활만족도와 행복 그리고 건강에 영향을 미치므로 부부관계의 질을 높이기 위해 운동 또는 취미생활을 함께하기 위한 노력과 더불어 부부의 역할전환으로 인한 부부갈등을 예방하기 위한 협동적 역할 조정도 필요하다. 또한 배우자 외에 성인자녀와 손자녀와의 관계도 노인의 성공적 노화에 영향을 미치는 중요한 사회적 관계로 볼 수 있다. 남성노인들의 경우 가족관계 중에서 배우자와의 관계를 더 중시하는 반면, 여성노인들의 경우에는 자녀와의 관계를 더 중시하는 경향이 있으며(정순둘, 2007; 한경혜, 홍진숙, 2000), 자녀와의 동거 여부가 여성노인의 생활만족도에 영향을 미치는 것으로 나타났다(이신영, 2009). 그러나 임종권(1986)이 조사한 성인자녀와 노부모와의 동거율은 1980년대 후반에 80%인 데 반해, 통계청(2011a) 조사 결과 2010년의 동거율은 46%로 감소한 것으로 나타났다. 이와 같이 20년 사이에 27% 이상 감소한 것으로 보아 자녀와 동거하는 부모는 극소수인 것으로 예측할 수 있으며 자녀와의 연락이나 접촉빈도에 있어서도 이전에 비해 감소하고 있다.

또한 손자녀와의 왕래는 대부분 자녀를 통해 간접적으로 이루어지거나 자녀의 방문에 동행하는 정도이다. 대부분의 노인이 손자를 두고 있으나 손자녀와의 왕래나 연락빈도는 매우 낮은 것을 볼 수 있다(정경희, 2011).

이러한 가족관계의 변화로 인하여 점차적으로 전통적인 효 사상에 근거한 가족 내 노인의 지위와 권한을 확보하기가 어려울 것으로 보인다. 부모-자녀 간의 전통성과 근대성 지향의 차이로 인한 문화갈등은 세대갈등으로 야기될 수 있다(임희섭, 1995). 즉, 부모가 가부장적 권위를 주장할 경우 성인자녀와의 갈등이 유발될 가능성이 높으며, 고부간의 갈등, 부모와 부양문제로 인한 갈등, 노부모 학대 등의 문제가 확대될 것으로 예측된다. 2011년도 노인실태조사에 따르면 노인의 12.7%가 노인학대를 경험하고 있는 것으로 나타났는데, 2013년도 노인인구에 적용할 경우 약 78만 명에 이르는 노인이 노인학대를 경험하고 있다고 볼 수 있다(정경희, 2013). 이에 따라 노인학대에 대한 적절한 정책적 대응을 통해 노인의 인권보호 및 노인의 삶의 질 향상을 도모해야 할 것이다.

5) 여가문제

노년기는 퇴직과 자녀의 독립으로 노인 혼자 시간을 보내야 하는 여가시간이 증가하는 시기이다. 또한 평균수명의 연장으로 인하여 노년기가 길어지는 생애주기의 변화는 노년기의 여가시간을 더욱 증가시켰다. 따라서 효과적인 여가시간의 활용은 가치 있는 노후의 삶을 좌우할 만큼 중요해지고 있다. 즉, 여가시간을 효과적으로 이용하여 여가활동에 적극적으로 참여할 경우 노년기의 적응과 삶의 만족도에 긍정적 영향을 미치게 되지만 여가시간을 무료하게 의미 없이 보내게 될 경우 고독과 소외 그리고 만성적 무료함과 불행감을 느끼게 될 수 있다(나항진, 2003; 모선희, 2004). 2011년도 한국보건사회연구원의 노인실태조사 결과에서 나타난 노인들의 노후 향유 방법으로 건강유지를 위한 시간을 가지겠다는 경우가 52.3%로 가장 높았으며, 다음으로 소득창출을 위해 일을 하면서 여가시간을 보내고 싶어 하는 경우가 19.6%였다. 그 외에 편하게 쉬고 싶어 하거나, 종교활동 전념, 취미활동, 자원봉사, 학습과 자아개발의 순으로 여가시간을 활용하고자 하는 것으로 나타났다(오영희, 2012).

〈표 11-10〉 65세 이상 노인의 성별에 따른 노후 향유 방법 (단위: %)

구분	건강유지	소득창출	편히쉰다	종교활동	취미활동	자원봉사	자아개발	계(명)
전체	52.3	19.6	14.6	5.8	4.1	2.5	1.1	100(10,536)
남자	48.8	27.5	12.1	3.2	4.4	2.6	1.4	100(4,543)
여자	55.0	13.6	16.4	7.8	3.9	2.4	0.9	100(5,992)

출처: 오영희(2012).

노년기의 적극적인 여가시간 활용은 노후의 삶의 질을 좌우하게 되므로 이전 생애단계에서부터 여가시간 활용에 대한 준비가 필요하다. 한국보건사회연구원의 노인실태조사의 응답자 중 대부분이 하루 약 4시간 정도 TV를 시청하며 30% 정도는 특정한 여가문화활동에 참여하지 않고 있는 것으로 조사되었다. 또한 여가문화활동은 주로 화투나 카드 등 몇 가지 한정된 경향을 보이고 있으며 여가활동에 대한 만족도에 있어서도 1/3 정도만 만족하고 있다는 긍정적 태도를 보였다(한국보건사회연구원, 2011). 따라서 국가적인 차원에서 노년기 여가문화 정립을 위한 인식 증진을 위한 홍보교육, 노인들의 욕구에 따라 선택할 수 있는 다양한 여가문화활동을 향유할 수 있는 프로그램 개발, 노인의 여가 욕구 충족을 위한 기본적인 생계와 건강한 노후생활을 지원하는 기본 자원 제공, 노인 여가복지시설 확충, 노인여가활동 지도자 양성 등을 위한 적극적인 노력이 필요하다고 보인다.

3. 노인가족복지 현황

우리 사회는 이미 고령화사회에 이르렀고 고령사회를 앞두고 있는 시점에서 고령화 사회에 적합한 노인 당사자와 노인가족을 위한 복지서비스가 필요하다. 특히 노년기 가족생활주기가 연장되고 노인부부가족 또는 노인단독가족으로 생활해야 하는 기간의 연장에 따라 질적인 노후생활에 초점을 두어야 할 것이다. 이를 위해 경제적 안정을 위한 소득보장, 노인의 지속적인 경제활동 참여를 위한 고용보장, 건강보호와 유지를 위한 의료와 건강보장, 편리하고 안전한 생활을 위한 주거보장, 노인과 가족의 사회적 기능 향상을 위한 사회서비스를 마련해야 한다. 이에 대한 노인가족복지서비스 현황을 살펴보고 이를 통해 노인가족이 스스로 해결하기 어려운 미충족 욕구나 문제점을 발견하여 노인가족의 생활안정과 복리를 증진시킬 수 있는 방안을 모색해야 할 것이다.

1) 소득보장 현황

현대 사회의 65세 이상의 노인들이 경험하는 사회문제인 '4고'는 고령에 의한 건강 상실로 인한 병고(病苦), 소득 상실에 따른 빈곤으로 인한 빈고(貧苦), 배우자와 주변 사람들과의 단절로 인한 외로움의 고독고(孤獨苦), 은퇴 이후 사회적 역할 축소에 따른 역할 상실감과 관련된 무위고(無爲苦)이다. 이 중에서 노인의 소득 수준 향상을 통한 빈곤 문제를 해결하기 위해 정부는 「기초연금법」을 통과(2014. 5. 2.) 시켜 노인의 70%가 기존의 기초노령연금에 비해 2배가량 높은 지원을 받게 되었다. 그러나 현재 우라나라 노인들의 상대적 빈곤율은 OECD 다른 국가에 비해 매우 높은 수준이다(이주미, 김태완, 2014).

〈표 11-11〉 노인가구 유형별 소득 및 자산 빈곤율 변화(2011, 2012년) (단위: %)

구분		자산과 소득 동시빈곤	자산만 빈곤	소득만 빈곤	둘 다 빈곤	계
노인 단독	자산과 소득 동시빈곤	47.0	1.1	4.1	0.2	52.4
	자산만 빈곤	1.7	1.9	0.3	0.4	4.3
	소득만 빈곤	4.8	0.3	22.8	1.9	29.8
	둘 다 빈곤	0.9	0.2	4.2	8.3	13.6
	계	54.3	3.5	31.4	10.8	100.0

노인 부부	자산과 소득 동시빈곤	16.8	0.7	2.5	0.6	20.6
	자산만 빈곤	1.1	0.9	0.3	0.7	2.9
	소득만 빈곤	2.7	0.2	27.8	5.2	35.9
	둘 다 빈곤	0.7	0.2	7.2	32.4	40.6
	계	21.3	2.1	37.8	38.9	100.0
기타 노인	자산과 소득 동시빈곤	8.8	1.9	0.8	0.3	11.8
	자산만 빈곤	1.9	9.8	0.2	2.8	14.6
	소득만 빈곤	0.9	0.3	5.8	3.7	10.6
	둘 다 빈곤	0.6	2.8	3.9	55.7	63.0
	계	12.2	14.7	10.6	62.5	100.0

출처: 이주미, 김태환(2014).

통계청 가계금융복지조사 자료(2011, 2012년 패널조사)에 따른 노인가구 유형별 소득 및 자산빈곤율 변화를 살펴보면(순자산 및 상대빈곤 기준), 노인단독가구의 소득 및 자산의 경우 빈곤 수준에 있어서 2개년 동안 자산과 소득 모두가 빈곤한 경우는 47.0%로 노인단독가구 두 가구 중 한 가구는 상대빈곤선 미만에서 생활하고 있는 것으로 볼 수 있다. 이러한 결과는 노인의 탈빈곤이 쉽지 않을 상황임을 보여 주는 결과이다. 반면, 노인부부가구의 경우 소득만 빈곤한 경우 27.8%, 소득과 자산이 모두 빈곤한 경우는 16.8%로 노인단독가구에 비해서 낮게 나타나고 있지만 노인부부가구의 경우에도 60% 정도의 가구가 2개년 동안 지속적으로 빈곤 상태에 놓여져 있다는 점에서 정부의 정책적 지원이 절실히 필요한 것으로 볼 수 있다.

노인의 소득보장은 스스로 생계를 유지해야 하는 노인단독가구의 증가에 따라 그 중요성이 더욱 커지고 있다. 우리나라의 노후소득보장제도는 연금제도, 공적부조, 사회수당, 퇴직연금제도, 경로우대제도, 세금감면제도로 살펴볼 수 있다. 이 중에서 가장 대표적인 국민연금제도는 1988년에 도입되어 2008년부터 본격적으로 노령연금 급여가 이루어지고 있다. 2010년 말 기준으로 국민연금 수급자는 142만 8,414명인 것으로 나타났다(국민연금공단, 2011). 기초노령연금은 생활이 곤란한 노인들에게 매월 연금을 지급하므로 안정된 노후생활을 보장하기 위한 공적 부조식 연금제도로 1991년의 노령수당제도를 기초로 하여 1998년에 경로연금제도로 변경되었다가 2008년 기초노령연금제도가 시행되어 70% 이상이 지급받고 있으며 2011년 말 기준으로 379만 명이 수급을 받고 있는 것으로 나타났다(권중돈, 2012).

국민기초생활보장제도에 의해 생계급여를 받는 65세 이상 노인은 2001년 33만 4,272명에서 2010년 39만 1,241명으로 5만 6,969명 정도가 증가한 것으로 나타났으며(보건복지부, 2011) 노인인구 증가에 따라 수급 노인가족이 증가할 것으로 보인다. 다음으로 사회수당은 보편주의적 원칙에 따라 65세 노인 모두에게 교통수당을 지급하므로 이전에 비해 공적이전소득이 있는 노인의 비율이 크게 높아졌다. 즉, 1994년 6.3%, 1998년 8.3%, 2004년 90.5%, 2008년 92.6%로 대부분의 노인이 공적이전소득을 가지고 있다고 볼 수 있다(이윤경 외, 2010). 그러나 기초노령연금제도 시행으로 폐지되어 보편주의적 원칙에 따라 전국적으로 시행하는 노인수당은 존재하지 않고 있다.

경로우대제도로는 국공립 박물관, 국공립 공원 및 미술관 입장료 100% 할인, 국공립국악원 입장료 50% 할인, 통근 열차 50% 할인, 무궁화호 · 새마을호 · KTX(토, 일, 공휴일 제외) 30% 할인, 수도권 전철과 도시철도 100% 할인 혜택을 제공하고 있다.

세금감면제도로는 60세 이상자에게 1인당 3,000만 원씩 상속세를 공제해 주고 있고, 직계존속 노인 1인당 부양가족공제의 경우 연간 100만 원, 70세 이상 노인을 동거부양하는 자에게 노인 1인당 연간 100만 원을 공제해 주는 소득세 공제제도를 실시하고 있다. 그리고 자녀와 부모가 각각의 소유주택에서 분거하다가 동거하게 될 경우 양도소득세를 면제해 주며, 65세 이상 노인 1인에게 2,000만 원 이하의 생계형 저축의 이자소득 또는 배당소득에 대한 비과세 혜택을 제공하고 있다.

2) 고용보장 현황

급격한 노인인구의 증가에 따라 노후소득보장을 위한 노인의 경제활동 참여는 점차적으로 증가할 것으로 예측된다. 노후의 경제활동은 지속적인 사회활동 참여를 통해 자아실현과 소득창출의 기능을 가지게 된다. 특히 노인의 경제활동은 근로소득이 감소하는 노년기의 노후소득을 보충하기 위한 수단으로 경제활동 참여를 희망하는 노인 본인 또는 가족이 증가할 것으로 본다. 따라서 고령사회를 대비하여 노인의 삶의 질과 생활 만족도 향상을 위한 정책 방향이 설정되어야 한다. 특히 2010년 이후부터 베이비 붐 세대의 은퇴와 노년기 진입이 시작됨에 따라 우리 사회의 고령화 속도가 더욱 가속화되고 있으므로 이전 노인세대와 다른 베이비 붐 세대의 특수성을 고려할 필요가 있다. 베이비 붐 세대는 교육 수준이 높고 그들만이 겪은 사회정치적 배경의 특수성으로 인해 이전 노인세대와 다른 문화적 특성을 가지고 있으며 이러한 특성은 경제활동 참여에 대한 욕구에서도 차이가 나타날 수 있다. 즉, 베이비 붐 세대는 경제적 욕구와 더불어 사회통합과 자아실현을 위한 욕구 충족을 위해 일자리, 자원봉사 등의 사회참여에 더욱 적극적인 입장을 취할 수 것으로 예측된다.

베이비 붐 세대는 95.4% 정도가 경제활동 경험이 있으며, 남성의 경우 99.9%, 여성의 경우 91.4%로, 여성도 대부분 경제활동 경험을 한 것으로 볼 수 있다. 이들은 노년기 진입 이후에도 63.9%가 일자리를 희망하고 있어 노후 경제활동의 욕구가 높은 것을 볼 수 있다. 이들이 경제활동에 참여하고자 하는 사유에 있어서 소득을 위한 경우가 58.5%, 건강을 위해서가 16.2%, 자기발전을 위해서가 14.4%로 경제적 측면에 대한 욕구가 크지만 비경제적 욕구로 경제활동을 희망하는 경우도 높다(이소정, 2011).

[그림 11-1] 베이비 붐 세대의 노후 일자리 희망 사유

출처: 정경희 외(2010) 재구성.

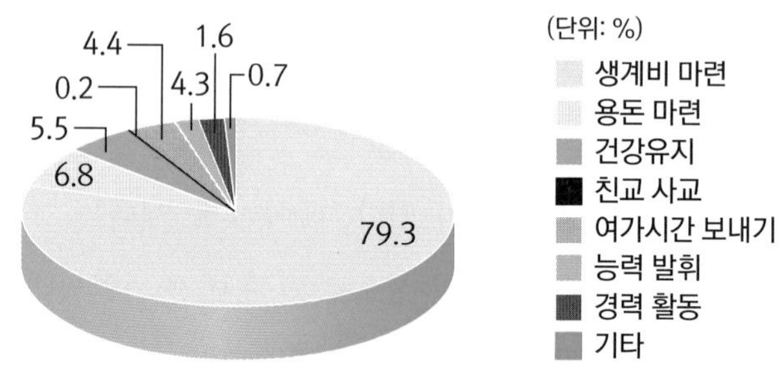

[그림 11-2] 노인의 경제활동 참가 사유

출처: 이소정(2012).

반면, 현재 노인세대의 경제활동 실태를 살펴보면 남성이 43%, 여성이 27.2%이며 남성에 비해 여성이 훨씬 참가율이 낮은 것으로 볼 수 있다. 또한 경제활동 사유에 있어서 생계비 마련을 위한 목적이 79.3%, 용돈 마련을 위한 경우가 6.8%, 건강유지가 5.5%, 여가시간을 보내기 위해서가 4.4%로의 순으로 경제적 욕구가 가장 높은 것으로 볼 수 있다(이소정, 2012).

현재 우리나라의 고령자 고용보장체계는 고용촉진대책(「고용상 연령차별금지 및 고령자고용촉진에 관한 법률」)과 노인취업지원사업(「노인복지법」)으로 살펴볼 수 있다. 「고용상 연령차별금지 및 고령자고용촉진에 관한 법률」은 55세 이상의 고령자와 50~55세 미만의 준고령자를 위한 고용촉진과 취업지원을 위한 사업을 운영하고 있다. 「노인복지법」에 기초하여 보건복지부에서는 노인취업알선기관, 노인일자리지원기관, 노인일자리사업, 노인인력개발기관, 노인일자리 경제대회 운영 등

노인의 고용촉진사업을 운영하고 있다(보건복지부, 2012c).

3) 건강보장 현황

노년기는 생물학적 노화와 질병에 대한 저항력 저하로 건강상의 문제가 가장 많이 발생하는 생애주기로 볼 수 있다. 최근 우리나라는 평균수명의 연장으로 인해 노인인구가 증가하면서 신체적 · 정신적으로 허약한 고령노인이 증가하고 있다. 한국보건사회연구원의 2011년도 노인실태조사 결과, 전체 노인의 44.4%가 자신의 건강 상태를 부정적으로 인식하였고 88.5%가 한 가지 이상의 만성질환을 가지고 있는 것으로 나타났다. 또한 만성질환의 유병률은 연령이 높을수록 증가하는 경향을 보였다. 노년기에 경험하는 노화에 따른 기능저하와 질병은 노인의 생활을 제약하게 되므로 노인 당사자뿐만 아니라 노인을 부양하는 가족과 사회에 부담을 안겨 주게 된다. 따라서 노인의 부양과 보호, 보건 의료비와 연금부담의 증가, 주거와 생활환경 문제는 사회의 각 부문에 영향을 미치게 되므로 노인의 건강보장은 사회적 이슈로 대두되고 있다(박차상, 2002).

노인의 의료 이용 실태를 살펴보면, 3개월 이상 처방약을 복용하는 경우는 84.0%에 이르고, 지난 2주간 의료기관을 이용한 경우는 56.1%이며, 지난 1년간 방문건강관리 또는 가정간호 서비스를 이용한 경우는 7.8%, 노인건강증진 및 건강교육 프로그램에 참여한 경우는 12.6%, 지난 한 달간 본인 부담 보건의료비를 지출한 경우가 86.5%로 월평균 7만 4천 원 정도의 의료비를 지출한 것으로 보고하였다(이윤환, 2012).

노인의 건강보장은 질병 치료는 물론이고 건강증진과 관리, 요양이나 케어 서비스 등의 의미를 포함한다(권중돈, 2012). 건강보장 방식은 공적부조와 건강보험의 형태를 이루고 있다. 즉, 공적부조 방식은 별도의 비용을 부담하지 않고 국가의 조세에 의해 재원을 조달하는 방식이며 건강보험은 일정액의 보험료를 납부하고 일부 금액을 본인 부담금으로 충당하는 방식이다.

우리나라의 노인을 위한 건강보장체계는 건강보험, 의료급여, 노인건강지원서비스, 노인장기요양보험제도, 장례서비스로 볼 수 있다. 이 중에서 가장 큰 비중을 차지하는 노인장기요양보험제도는 65세 이상 또는 65세 미만의 고령이나 노인성 질병으로 인하여 6개월 이상 거동이 불편하고 일상생활을 혼자서 해결하기 어려운 노인 등에게 사회적 보호를 제공하기 위해 사회보험 방식으로 장기요양보호의 비용을 조달하기 위한 제도이다(유혜경, 2008). 즉, 노인성 질환인 치매, 중풍과 같은 장기적인 간병, 장기요양의 문제를 사회적 연대원리에 따라 국가와 사회가 분담함으로써 노인의 건강증진과 안정된 생활을 도모하고 노인을 부양하는 가족들의 부담을 경감하여 국민의 삶의 질을 향상시키고자 하는 데 목적이 있다.

〈표 11-12〉 노인(65세 이상)의 일반 특성별 보건의료 서비스 이용

구분	처방약 복용		2주간 의료기관 방문		방문건강관리·가정간호서비스		노인건강증진프로그램
	복용률(%)	평균(개)	방문율(%)	평균(회)	이용률(%)	평균(회)	참여율(%)
전체	84.0	2.0	56.1	1.3	7.8	6.6	12.6

출처: 이윤환(2012).

보험급여는 시설급여와 재가급여로 구분되는데, 시설급여는 소규모 그룹홈과 같은 노인요양공동생활가정과 노인요양시설에서의 급여가 포함되며, 재가급여는 서비스 방식으로 요양, 목욕, 간호와 같은 방문형 급여, 단기 체제형 급여와 현물방식인 복지용구 구입 및 대여료 지급, 현금방식인 가족요양비, 특례요양비, 요양병원 간병비 등으로 구성되어 있다(보건복지가족부, 2010).

4) 주거보장 현황

주거보장은 노인에게 적합한 환경을 조성하기 위한 계획주거를 통해 주택의 복지기능 증진을 위한 노력을 의미한다(이경락, 2003). 즉, 노년기는 경제력 약화와 신체적 기능저하에 따라 주거지에 머무르는 시간이 길어지므로 주거환경은 삶의

질을 결정하는 중요한 생활공간이다. 따라서 노인의 특성을 고려한 질 높은 주거환경 구축을 통해 노인의 정신적 · 육체적 건강을 보호할 수 있도록 해야 한다. 그러나 노인인구의 59.0% 정도가 외출할 때 불편함을 경험하고 있으며, 43.3% 정도가 생활이 불편한 주거공간에서 생활하고 있고, 4.9%가 가정에서 안전사고를 경험하였다. 또한 주거지에 노인을 배려한 설비를 갖춘 경우가 2.7%, 생활하기 불편한 구조가 18.8%로 1/5이 불편한 환경 속에서 거주하고 있다(박보미, 2012). 따라서 고령자의 특수성을 고려한 주거환경 조성을 위한 대책이 필요하다. 이를 위해 현재 고령친화적 주거환경을 조성하기 위한 정책으로 최저주거기준 및 최소안전기준을 설정하고 있다(보건복지부, 2012b).

〈표 11-13〉 65세 이상 노인의 일반 특성별 주거지의 생활편리성 (단위: %)

구분	전체	지역		연령					가구형태				연가구소득				
		동부	읍·면부	65~69세	70~74세	75~79세	80~84세	65세 이상	노인단독	노인부부	자녀동거	기타	제1오분위	제2오분위	제3오분위	제4오분위	제5오분위
생활하기 불편한 구조	18.8	15.2	26.4	14.9	17.1	23.2	22.2	22.9	29.5	16.9	14.2	19.9	31.4	23.6	16.0	12.6	10.3
불편한 구조는 아니지만, 노인 배려설비 없음	78.5	81.6	72.0	83.0	80.1	74.6	73.8	72.2	69.2	80.2	82.5	77.2	66.7	74.3	81.5	85.1	85.2
노인배려설비 갖춤	2.7	3.2	1.6	2.1	2.7	2.2	4.0	4.9	1.4	2.8	3.4	2.8	1.9	2.2	2.5	2.4	4.5

주: 전체응답자(대리응답자 포함) 10,674명을 분석대상으로 하였으며, 무응답자 3명을 제외함.

출처: 박보미(2012).

현재 우리나라의 노인 주거보장정책은 주택보장에 치중하고 있고 저소득 무주택 재가노인을 위한 주거보장정책만 추진되고 있다. 즉, 저소득층 노인에게 제공되는 영구임대아파트와 노인공동생활가정이 운영되고 있다. 노인(요양)공동생활가정은 2008년 노인장기요양보험제도 시행과 더불어 크게 증가하고 있는 추세이다. 또한 지역자활센터와 노인일자리사업과 연계하여 운영되고 있는 주거개선사업단을 통해 노인 주거환경을 개선할 수 있다. 이 외에도 노인 당사자 또는 배우자의 직계존속과 2년 이상 동거하는 세대주가 주택을 신축하거나, 매입, 개량하고자 할 경우 자금을 융자해 주는 주택자금할증제도, 무주택자녀가 50세 이상 직계존속을 부양할 경우 우선적으로 주택분양권을 주는 주택분양 우선권 부여제도를 실시하고 있다. 그리고 2007년부터 시행되고 있는 주택연금제도는 노인이 소유한 주택을 담보로 연금을 지급받을 수 있다.

5) 사회서비스 현황

노인은 신체적 · 심리적 · 사회적인 측면에서 여러 가지 어려움을 겪게 되므로 사회적 기능을 향상하기 위한 다양한 사회서비스가 필요하다. 그러나 내담자 요인, 서비스 제공자 요인, 서비스 전달체계 요인 등으로 필요한 서비스를 제대로 받지 못하는 노인의 비율이 매우 높다. 노인에게 필요한 사회서비스는 심리사회적 적응, 자아발달 욕구를 충족하고 일상생활의 문제해결을 위한 비화폐적인 서비스를 의미하며, 노인의 건강, 심리사회적 생활과 관련된 서비스와 노인의 여가와 사회참여를 지원하는 서비스를 포괄한다(권중돈, 2012).

현재 노인을 위한 사회서비스는 노인장기요양보험제도 실시 이후 노인장기요양급여의 재가급여가 아닌 재가노인지원 서비스로 분류되며 서비스 대상이 중증환자에게 국한되므로 재가급여를 이용하지 않고 지역사회에 거주하는 노인이 사회서비스의 주요 대상이라 볼 수 있다. 주요한 사회서비스 프로그램으로 노인돌봄서비스, 여가지원 서비스, 교육서비스, 심리정서적 지원서비스로 살펴볼 수 있다.

자립적으로 일상생활을 유지하기 어려운 노인을 위한 돌봄서비스는 노인장기요양보험제도의 실시 이후 노인성 질환을 가진 전 국민을 대상으로 실시되고 있다. 즉, 노인의 신체활동과 가사활동을 지원하고 외출 시 동행, 일상 업무대행, 정서지원 등의 서비스를 지원하기 위해 노인보호에 대한 전문적인 교육과 훈련을 받은 요양보호사가 지원된다. 요양보호사는 노인가정을 직접 방문하여 일상생활을 혼자서 해결하기 어려운 노인과 노인가족을 위해 일상적인 도움을 제공하고 있다. 그러나 사업대상이 저소득 노인 또는 독거노인에 국한되어 중산층 노인은

배제되는 경향이 있어 서비스의 대상을 확대할 필요가 있다. 또한 가족의 기능을 대체하는 데 치중하기보다 노인을 직접 부양하는 가족의 노인부양기능을 지원하는 서비스가 필요하다.

노인의 여가활동 지원을 위한 서비스는 주로 경로당, 노인복지관, 노인교실에서 담당해 왔다. 경로당은 6만 737개소 정도이며 경로당 이용 회원수는 20~40명 정도이다. 여가프로그램은 화투, 바둑, 장기 등과 같이 단순 소일형의 프로그램이나 야외 나들이나 점심식사 제공 프로그램이 주를 이루며 창의적이고 발전적인 여가프로그램은 매우 미흡한 것으로 나타났다(한국보건사회연구원, 2004). 따라서 경로당 운영 활성화를 위한 창의적이고 발전적인 다양한 프로그램의 개발과 경로당의 기능 재정립을 위한 정부와 지자체의 관심과 노력이 필요하다.

4. 노인가족에 대한 가족복지의 발전방안

우리 사회는 더 이상 성인자녀가 노년기 부모와 함께 동거하며 부양하는 가족이 보편적인 형태가 아니다. 즉, 동거하면서 도움을 제공하는 것보다 성인자녀와 부모가 서로 독자적 가구를 형성하여 지속적인 접촉을 유지하면서 필요할 때 도움을 제공하는 형태로 가족생활이 변화해 가고 있다. 이에 따라 노인가족의 삶의 질 향상과 안정된 생활 보장을 위한 대안이 모색되어야 한다. 특히 노인가족이 일상생활에서 비상시 도움을 줄 수 있는 친구, 이웃과 같은 2차적 비공식 관계 및 지역사회에서의 제도화된 서비스 확대가 필요하다. 이에 대한 노인가족복지의 발전방안을 다음과 같이 살펴볼 수 있다.

먼저, 노인가족이 겪는 빈곤 문제를 해결하기 위한 공적 노후소득보장제도의 확대가 필요하다. 현재 우리 사회의 공적 노후소득보장제도로는 노인가족의 삶의 질 향상과 안정된 생활을 보장하기에는 매우 미흡한 실정이다. 즉, 기초노령연금 수급자를 제외할 경우 1/4만이 사회보험이나 공적부조제도를 통해 지원을 받고 있는 실정이다(권중돈, 2012). 또한 국민기초생활보장제도의 급여 대상에서 제외되는 차상위계층의 보호문제와 급여 대상이 되더라도 생계 급여가 최저생활을 보장하는 데 한계가 있다는 문제가 존재한다. 따라서 수급기준을 완화하고 조세에 의한 기초노령연금제도의 확대와 급여 수준의 지속적인 상향조정이 필요해 보인다.

또한 국민연금의 지속 가능성과 안정적인 노후소득보장을 위해 연금 급여율을 낮추면서 보험료를 인상함으로써 국민연금제도가 유지될 수 있도록 해야 할 것이다. 경로우대제도의 경우 할인 혜택을 받을 수 있는 업종이 제한되어 있으므로 할인업종과 할인율을 높여야 하며, 상속세, 양도세, 소득세 감면 혜택에 있어서도 노후소득보장의 기능이 미약하므로 각종 세제 감면 혜택의 폭을 확대해야 할 것으로 보인다.

둘째로 급속한 노인인구 증가 및 노인단독가구의 증가 따라 노후소득보장을 위한 고용보장대책이 필요하다. 그러나 우리 사회의 노인고용보장제도는 고용차별 심화와 고용상 연령차별 그리고 노인 근로자의 노동조건 개선과 복리 증진보다 고용 기회 확대에만 초점을 두고 있다는 문제를 가지고 있다(권중돈, 2012). 사실, 경제활동을 하고 있는 65세 이상의 노인들의 대다수는 저숙련, 저임금의 열악한 직종에 종사하고 있어 노년기에 제2의 커리어 실현이 희박할 것으로 보인다. 그러나 저숙련, 저임금의 근로조건에도 불구하고 경제활동을 하는 것만으로 만족하고 있는 상황을 볼 때 경제활동을 하는 것이 노년기 삶의 만족도에 영향을 미치고 있는 것으로 볼 수 있다(이소정, 2012). 따라서 지속적인 노인인구 증가와 더불어 베이비 붐 세대의 노년기 진입을 대비하여 경제적 욕구뿐만 아니라 사회통합 및 삶의 질 향상 등 더욱 포괄적인 대책이 필요하다. 즉, 다양한 계층의 노인들이 경제활동 욕구를 충족시킬 수 있는 적극적인 고용보장대책을 마련해야 할 것이다.

셋째로 노인의 노화로 인한 기능저하와 질병의 문제가 당사자만의 문제가 아니라 부양가족과 사회에 부담이 되고 있으므로 노인가족의 건강보장을 위한 효과적인 대안이 필요하다. 노인을 위한 건강보장체계는 치매와 중풍 등의 중증질환을 앓고 있는 의존적인 고령 노인이 가족들에게 부담을 주지 않고 간병과 장기요양 문제를 해결하는 데 도움을 제공하고 있다. 그러나 노인 건강보장은 국민기초생활보장 수급권자 등의 저소득층에 한정되어 있으며, 노인을 부양하는 가족에 대

한 지원서비스가 취약한 상황이다. 따라서 서비스의 대상을 일반 · 중산층 등의 모든 계층으로 확대할 필요가 있으며 노인을 부양하는 가족을 위한 가정 중심 또는 지역사회 중심의 건강지원 서비스가 병행되어야 할 것이다.

넷째로 노년기는 경제적 활동의 축소와 신체적 기능저하로 인해 주거지에 머무르는 시간이 길어지는 시기로 주거환경은 노인의 신체적 건강과 정서적 안정에 영향을 미치는 중요한 요인이므로 노인가족을 위한 주거환경 개선을 위해 지속적인 관심과 정책 실행이 필요하다. 이에 대한 현행 주거보장제도를 살펴보면 주택보장에 치중하고 있으며 노인의 신체 및 경제적 특성을 반영한 노인 계획 주거 개념이 미흡한 실정이다. 따라서 노인의 경제와 건강 특성 등을 고려하여 주거수요에 충족할 수 있는 다양한 유형의 적합주택 개발과 공급이 필요하며 노인전용 주거시설의 공급을 확대하여 고소득층 노인이나 중증질환자뿐만 아니라 건강하고 경제적 여유가 있는 노인들도 이용할 수 있도록 해야 한다. 또한 무주택 노인을 위한 주거지원정책을 통해 노년기 주거불안정을 해소할 수 있도록 해야 한다(권중돈, 2012).

다섯째로 일상생활에서 문제를 겪는 노인과 그 가족의 사회적 기능 향상을 위한 사회서비스가 필요하다. 노인을 위한 사회서비스 프로그램은 상담, 정보 제공 및 서비스 의뢰, 주야간보호 서비스, 가정방문 서비스, 건강보호 서비스, 사회적 지지서비스 등 다양한 내용이 포함된다(권중돈, 2012). 이러한 서비스는 노인의 개별 욕구를 반영해야 한다. 최근 노인의 학력과 경제적 수준의 향상에 따라 평생교육에 대한 욕구가 높아지고 있으며 이에 따라 노인과 노인가족을 위한 질적인 교육서비스 프로그램을 제공해야 한다. 노인교실은 여가복지시설 중 하나로 노인학교, 노인대학, 경로대학의 명칭으로 2010년 말 1,464개소 정도가 설치 · 운영되고 있다. 노인을 위한 교육은 사회적응력 증진, 정신력 감퇴 예방, 자존감 향상에 도움을 제공하며 이를 통해 노인가족에서 발생하는 여러 가지 어려움에 대처할 수 있는 보완적인 능력을 가지게 한다. 따라서 효과적인 평생교육 서비스를 위해 운영재원 확충, 강사진의 전문성 강화, 교육환경 개선, 교육프로그램 개선, 다른 기관들과의 연계를 고려하여야 할 것이다.

또한 노년기에는 신체적 노화와 경제적 무능력 그리고 신체적 질병 등으로 인하여 우울과 고독감 등의 심리·정서적 문제를 더 많이 가지게 된다. 이와 같은 심리·정서적 문제는 노인상담과 가족상담 및 치료를 통해 도움을 받을 수 있다. 그러나 노인 당사자와 노인가족을 위한 상담서비스가 매우 미흡한 실정이다. 우리나라의 상담서비스 지원체계는 시·군·구에 노인상담원을 두어 노인복지를 위한 상담을 의무적으로 지원해야 하나 전문 인력 및 예산 부족으로 활성화되어 있지는 않은 편이다. 따라서 노인 당사자뿐만 아니라 가족의 심리·정서적 복지 향상을 위한 전문적인 상담서비스 체계를 구축해야 할 것이다. 이를 위한 방안으로 전문적인 상담능력을 가진 노인 자원봉사자를 발굴하여 전문적인 상담 인력으로 활용함으로써 노인의 사회참여 확대와 전문 인력 및 예산 부족의 문제를 보완할 수 있을 것으로 생각된다.

참고문헌

건강보험관리공단(2009). 2009년 건강보험통계연보.
국민연금공단(2011). 국민연금통계연보.
권중돈(2012). 노인복지론. 서울: 학지사.
김승권(2000). 한국 가족의 변화의 대응방안. 서울: 한국보건사회연구원.
김영범, 박준식(2004). 한국노인의 가족관계망과 삶의 만족도: 서울지역 노인을 중심으로. 한국노년학, 24(1), 169-185.
나항진(2003). 서울지역 노인의 여가의식에 관한 연구. 노인복지연구, 22, 35-54.
매일경제(2005. 5. 25.). 치매와 노인성 우울증, 닮은 듯 달라 초기 감별 중요.
모선희(2004). 고령화 사회와 노인여가활동. 대전보건대학 평생교육원. 2004년 노인복지사 양성교재, 45-66.
박보미(2012). 노인의 생활환경과 정책과제. 보건복지포럼. 세종: 한국보건사회연구원.
박차상(2002). 수요자 중심의 노인복지 인사행정을 위한 방안 연구. 한라대학교 논문집.
보건복지가족부(2010). 2010년도 노인장기요양보험 급여비용.
보건복지부(2011). 보건복지통계연보.
보건복지부(2012a). 2012년 노인보건복지사업 안내.
보건복지부(2012b). 2012년도 중앙부처 시행계획: 제2차 저출산·고령사회기본계획.
보건복지부(2012c). 보건복지통계연보.

오영희(2012). 노인의 여가활동과 정책과제. 보건복지포럼. 세종: 한국보건사회연구원.
유문숙, 김용순, 김기숙(2010). 치매노인가족의 부담감, 대처능력과 건강관련 삶의 질과의 관계. 한국노년학회, 30(4), 1117-1116.
유혜경(2008). 노인장기요양보험제도 시행에 따른 이용자 만족도 실태연구. 중앙대학교 대학원 석사학위논문.
윤현숙, 유희정(2006). 가족관계가 성공적 노화에 미치는 영향. 한국가족복지학, 18, 5-31.
이가옥(1994). 노인 생활실태 분석 및 정책과제. 서울: 한국보건사회연구원.
이경락(2003). 고령사회에서의 노인주거문제 및 대응방안. 밝은 노후, 5, 8-23.
이소정(2011). 베이비 붐 세대의 경제활동 특성과 정책과제. 세종: 한국보건사회연구원.
이소정(2012). 노인의 경제활동 특성과 정책과제. 세종: 한국보건사회연구원.
이신영(2009). 자녀 동거여부에 따른 여성노인과 남성노인의 생활만족도 영향 요인. 젠더와 문화, 2(1), 125-149.
이윤경(2012). 노인의 기능상태·수발실태와 정책과제. 세종: 한국보건사회연구원.
이윤경(2014). 노인의 가족 형태 변화에 따른 정책과제: 1994~2011년의 변화. 세종: 한국보건사회연구원.
이윤경, 정경희, 염지혜, 오영희, 유혜영, 이은진(2010). 한국 노인의 삶의 변화분석 및 전망. 서울: 한국보건사회연구원.
이윤환(2012). 노인의 건강 및 의료이용실태와 정책과제. 세종: 한국보건사회연구원.
이주미, 김태완(2014). 우리나라 노인가구의 소득 및 자산빈곤 실태와 정책방안. 세종: 한국보건사회연구원.
임은기, 정태연(2009). 한국 노인의 행복 요인 탐색과 척도 개발. 한국노년학, 29(3), 1141-1158.
임종권(1986). 한국노인의 생활실태와 사회보장. 사회보장연구, 2(1), 161-182.
임희섭(1995). 한국의 사회변동과 가치관. 서울: 나남출판.
정경희(2011). 베이비 붐 세대의 제특성 및 복지욕구. 세종: 한국보건사회연구원.
정경희(2013). 국제적 관점에서 본 한국의 노인학대 실태 및 정책적 대응. 세종: 한국보건사회연구원.
정경희, 오영희, 석재은, 도세록, 김찬우, 이윤경, 김희경(2005). 2004년도 전국노인생활 실태 및 복지욕구조사. 서울: 한국보건사회연구원.
정경희, 이소정, 이윤경, 김수봉, 선우덕, 오영희, 김경래, 박보미, 유혜영, 이은진(2010). 베이비부머의 생활실태 및 복지욕구. 서울: 한국보건사회연구원.
정순둘(2007). 여성노인과 남성노인의 성공적 노화에 관한 인식 비교연구. 한국노년학, 27(4), 829-845.
최성재, 장인협(2010). 고령사회의 노인 복지학. 서울: 서울대학교 출판문화원.
최수정(2001). 도구개발을 통한 한국노인의 삶의 질에 관한 조사연구. 이화여자대학교 대학원 박사학위논문.
통계청(1990~2011). 인구주택총조사보고서.

통계청(2002~2011). 사회조사보고서.
통계청(2005). 2005년도 고령자 통계.
통계청(2007). 2007년도 고령자 통계.
통계청(2010). 2010년 혼인 · 이혼통계.
통계청(2011a). 2010년도 인구주택총조사(인구 · 가구부문)
통계청(2011b). 2011년도 고령자 통계.
통계청(2012). 장래인구 추계결과.
한경혜, 홍진숙(2000). 세대간 사회적 지원의 교환과 노인의 심리적 복지. 가족과 문화, 12(2), 55-80.
한국보건사회연구원(2004). 고령사회대책기본법 제정을 위한 공청회자료집.
한국보건사회연구원(2010). 중년층의 생활실태 및 복지욕구조사.
한국보건사회연구원(2011). 노인실태조사.
한국보건사회연구원(2012). 노인실태조사.

Clark, R. L., & Spengler, J. J. (1980). *The economics of individual and population aging*. Cambridge, MA: Cambridge University Press.
Kramer, B. J. (1997). Gain in the caregiving experiences. *The Gerontologist, 37*(2), 218-232.
Mufullul, Y. M. (2002). Burden of informal carers of mentally infirm elderly in Lancashire. *East African Medical Journal, 79*(6), 291-298.
Shaw, B. A., Krause, N., & Bennett, J. (2007). Tracking changes in social relations throughout late life. *The Journal of Gerontology, 62*(2), 90-99.
Whitlatch, C. J., & Noelker, L. S. (1996). Caregiving and caring. In J. E. Birren et al. (Eds.), *Encyclopedia of gerontology* (vol. 1, pp. 253-268). New York: Academic Press.

제12장
다문화가족

개요

이 장에서는 다문화가족을 이해하기 위해 다문화 및 다문화가족의 정의, 다문화가족의 유형과 형성과정, 다문화가족의 현황, 다문화가족이 한국사회에서 겪는 어려움을 설명하였다. 또한 다문화가족을 만나는 사회복지사가 가져야 할 역량을 제시하였다. 이어서 현재 우리나라의 다문화가족과 관련한 제도를 살펴보고, 이를 바탕으로 우리나라의 다문화가족복지의 발전방안을 제시하였다.

1. 다문화에 대한 이해

1) 다문화의 정의

다문화(multiculture)란 성별, 종교, 직업, 인종 등 문화적 · 민족적 다양성을 가진 하나 이상의 복수의 문화를 말하는 것이다. 우리나라에서는 혼혈가정, 국제결혼이라는 단어를 써 오다가 이주노동자와 결혼이주여성이 증가하는 1990년대부터 다문화라는 단어가 등장하기 시작했다. 다문화라는 단어가 광범위하게 쓰이기 시작한 것은 결혼이민여성이 급증하여 그들의 문제가 사회적 이슈로 부각되기 시작한 2005년 즈음이다. 이후 2006년부터는 우리 사회의 각계각층에서 다문화라는 단어를 폭넓게 사용하기 시작했다(김범수 외, 2007; 박옥임 외, 2013; 이종복 외, 2012; 정하성, 유진이, 이장현, 2007).

다문화라는 단어가 등장하던 시기의 다문화 개념은 다인종, 다민족으로 구성된 사회와 국가에서 주류문화에 대한 하위개념으로 위계관계나 다양성의 존중을 내포하는 뜻으로 쓰였었다(이종복 외, 2012). 그러나 최근 들어 다문화에 대한 시각이 다문화주의의 개념으로 조금씩 변화되고 있다. 다문화주의는 다양성을 사회의 근간을 이루는 기본적 요소로 간주하고, 서로 다른 문화를 인정하고 존중하면서 사회발전을 이루는 데 목표를 둔다(박주현, 최덕경, 2012).

2) 다문화가족의 정의

다문화가족이란 우리 사회에 거주하고 있는 외국인 근로자, 결혼이민자, 북한이탈주민, 난민 등의 외국인 거주자, 외국인과의 사이에서 태어난 자녀들을 비차별적으로 부르는 용어이다(박옥임 외, 2013). 다문화가족의 형성 초기인 1950년대에는 '혼혈인'이라는 표현이 일반적이었다. 그러나 '혼혈인'이라는 표현에는 인종적·문화적 측면에서 차별이 내포되어 있어, American과 Asian의 합성어인 '아메라시안(Amer-asian)' '이중/다중문화가정 자녀'라는 단어가 제안되기도 했었다(국가인권위원회, 2003). 국제결혼이라는 용어도 있으나, 그 의미가 결혼당사자에 한정되어 결혼으로 형성된 가족까지 아우르기에는 한계가 있다. 따라서 서로 다른 두 개 이상의 문화가 만나 하나의 가족을 이루었을 때 보다 포괄적이고 비차별적인 단어로 다문화가족을 사용한다. 최근에는 인종적으로는 구분 지을 수 없으나, 우리 사회와 다른 문화를 지닌 북한이탈주민들도 다문화가족에 포함시키기도 한다.

광의의 개념은 국내에 거주하는 모든 외국인 가족을 포함하고, 협의의 개념은 가족 중 한 명이 한국인이거나 한국 국적을 취득해서 이루어진 가족을 다문화가족이라 한다(김범수 외, 2007; 정하성 외, 2007). 우리나라의 「다문화가족지원법」(2013)에서는 협의의 개념을 적용하여 다문화가족을 크게 세 가지로 구분한다. 첫째, 한국인 남자와 외국인 여자 또는 한국인 여자와 외국인 남자처럼 국제결혼을 하여 가정을 이룬 경우, 둘째, 외국인 근로자가 한국에서 결혼하거나 본국에서 결혼하여 형성된 가족이 국내에 이주한 외국인 근로자 가족, 셋째, 북한에서 태어나 한국에 입국하거나 한국에서 한국인 또는 외국인을 만나 결혼한 북한이탈주민 가족이다.

3) 다문화가족의 유형 및 형성과정

(1) 한국전쟁 직후의 다문화가족

대규모적인 다문화가족의 형성은 한국전쟁과 함께 시작되었다. 국가인권위원

회의 연구(2003)에서는 이 시기의 다문화가족을 시간의 흐름에 따라 세 가지 세대로 분류하고 있다.

1세대는 1945년~1950년대 말 출생자들이다. 이 시기 한국의 상황은 일제수탈 이후 바로 이어진 전쟁으로 극심한 궁핍과 경제적 파탄, 사회적 혼란으로 가난 그 자체였다. 해방 후 시작된 미군의 한국 주둔은 한국전쟁 이후까지 계속되었고, 생계를 유지할 수 있는 물자들이 미군기지에서 흘러나오기 시작했다. 따라서 자연스럽게 미군기지를 중심으로 삶을 이어 가는 기지촌이 형성되었다. 당시 일제수탈과 전쟁으로 가족 중 젊은 남자들을 잃고 생업전선에 뛰어들어야 했던 많은 여성은 기지촌을 중심으로 생계를 이어 갔다. 그중 생존을 위해 성매매에 종사했던 여성들, 미군들의 성폭력 혹은 미군과의 결혼으로 출생한 자녀들이 '혼혈인' 1세대이다. 1세대들은 기지촌을 중심으로 출생했는데, '기지촌=성매매지역'이라는 편견이 강해 엄청난 차별과 배제 속에 성장하게 되었다. 호적등록도 제대로 하기 어려워서 학교교육을 제대로 받지 못하거나, 설사 입학하더라도 심한 차별로 인해 교육을 지속하는 것이 쉽지 않았다. 높은 교육장벽은 이들의 사회진출에도 이어져서 사회적 · 경제적 불안정 속에 삶을 이어 가고 있다(국가인권위원회, 2003; 이종복 외, 2012).

2세대는 1960년대~1970년대 출생자들이다. 이 시기는 기지촌이 미군들을 위한 일상적인 서비스를 제공하는 지역으로 변화하는 때이다. 여전히 미군기지에서 유출되는 미군의 물건을 판매하는 곳도 있지만, 미용실, 세탁소, 서점처럼 일상적인 상업지역이자 서비스 중심의 거주지역으로 바뀌어 가는 시점이었다. 이 시기에 출생한 다문화 자녀들은 미군과의 유사한 결혼관계에서 출생했다는 점에서 1세대들과는 출생배경이 다를 수 있으나, 이들이 경험하는 차별과 사회적 냉대는 1세대와 별반 다르지 않았다(국가인권위원회, 2003).

3세대는 1980년대 이후 출생자들이다. 1982년 「이민법」의 개정은 이전 세대와 3세대를 구분 짓는 중요한 기준이 된다. 1982년 가결된 「이민법」에서는 미군 주둔지의 출생자 중 아버지가 미국 시민임이 명확히 입증된 사람만 미국으로 이민 혹은 입양이 가능하도록 했기 때문이다. 이들이 성장했던 시기는 우리나라에 다문화가 도입되던 시점이어서 1, 2세대들보다는 덜 차별적인 분위기에서 성장할 수 있었다는 차이점이 있다(국가인권위원회, 2003).

(2) 외국인 근로자의 다문화가족

한국에 취업 중인 외국인을 부르는 호칭은 다양하다. 이주 노동자, 외국인 노동자, 외국인 근로자 등의 명칭이 있으며, 「외국인근로자의 고용 등에 관한 법률」 제2조에는 '외국인 근로자'로 정의하고 있다. 외국인 근로자란, 대한민국의 국적을 가지지 아니한 자로서 국내에 소재하고 있는 사업 또는 사업장에서 임금을 목적으로 근로를 제공하고 있거나 제공하려는 자를 말한다. 이 장에서는 관련 법령에 근거하여 외국인 근로자라는 명칭을 사용하려고 한다.

우리나라는 1970년대 이후 경제가 급성장하면서 노동력의 부족과 임금 상승이 발생하였다. 때마침 88서울올림픽을 계기로 출입국 규제가 완화되면서 1988년 이후로는 외국인 근로자의 입국이 본격적으로 시작되었다. 1990년대 초반에 정부에서 정책적으로 실시한 산업연수제와 2000년대에 도입된 고용허가제로 외국인 근로자의 수가 급증하였다. 정책적 변화로 외국인 근로자의 국내체류가 장기화되고, 많은 수의 외국인 근로자가 국내에 입국하다 보니 미혼인 외국인 근로자는 국내에서 가족을 이루거나, 기혼 외국인 근로자는 자국의 가족과 동반 입국하는 경우가 증가하였다. 외국인 근로자 다문화가족은 외국인 근로자와 한국인이 결혼한 경우, 외국인 근로자와 외국인 근로자가 한국에서 결혼한 경우, 외국인 근로자와 함께 가족이 동반 입국한 경우로 나눌 수 있다(국가인권위원회, 2002).

코리안 드림을 꿈꾸던 일부 외국인 근로자들은 우리나라에 입국하기 위해 자국에서 막대한 비용을 지불하기도 했다. 그러나 저임금, 고강도 노동, 열악한 근무환경, 산재 발생, 입국 전과 후의 업무 불일치 등으로 불법체류자로 전락하는 경우가 증가하게 되었다. 그에 더하여 한국 정부의 불법체류자에 대한 느슨한 단속이 외국인 근로자의 불법체류 증가에 한몫을 더하였다(김범수 외, 2007; 법무부, 2014; 이정환, 이성용, 2007).

현행법에서는 전문직종의 외국인 근로자만 가족동반입국이 가능하고, 불법체

류자, 비전문직 외국인 근로자는 가족동반입국이 불가능하다. 불법체류 외국인 근로자의 가족은 한국으로 합법적인 입국이 불가능할뿐더러, 입국했다 하더라도 한국에서 어떠한 보호도 받을 수 없게 된다. 한국에서 외국인 근로자끼리 만나 자녀를 출생했다 하더라도 그중 한 명이 불법체류자라면 그 자녀는 출생신고를 할 수 없어서 기본적인 권리를 누릴 수 없다. 설사 불법체류자가 아니라 하더라도 부모 모두 비전문직 외국인 근로자이면 그 자녀는 한국 국적을 취득할 수 없고, 이들이 가족단위로 받을 수 있는 공적인 서비스도 거의 없다(김범수 외, 2007; Kinoshita, 2006). 현재는 불법체류 중인 외국인 근로자, 이들 사이에서 태어난 자녀들, 비전문직 외국인 근로자가 불법으로 입국시킨 가족들이 증가하고 있다는 것을 추정할 뿐 정확한 파악을 하기는 어려운 상태이다.

(3) 결혼이주여성의 다문화가족

결혼이주여성으로 형성된 다문화가족은 한국전쟁으로 형성된 다문화가족 이후 가장 많은 인구층을 이루고 있다. 우리나라는 1970년대에 도시화, 산업화를 거치면서 농촌에서 도시로 인구이동이 급격히 진행되었다. 그 시기에 생겨난 도시의 일자리가 여성에게 적절하기도 했고, 상대적으로 남성들은 부모 부양과 고향을 지켜야 한다는 책임감이 컸기 때문에 여성인구의 이동이 더 많이 이루어졌다. 이로 인해 결혼적령기의 농촌 남성들이 혼기를 놓치는 일이 많아지자 농촌진흥청을 중심으로 '농촌총각 성혼돕기 사업'이 시작되었다. 마침 한국 여성들과 농촌 남성들의 결혼이 쉽지 않아지던 시점에 1992년 한중 수교로 조선족의 국내 입국이 급증하였다. 우리와 언어와 문화가 많이 비슷하다는 점에서 한동안 이들과의 혼인율이 상승하였었다(송정애, 정해은, 2013; 이성미, 2012; 조원탁 외, 2012).

조선족과의 결혼이 활성화되기 직전인 1990년대 초반까지는 한국인과 외국인의 결혼이 전체 결혼비율의 1% 수준에 불과했었다. 그러나 1990년대 중반부터 시작된 통일교의 비통일교도 남성의 국제결혼 허용, 조선족의 입국, 사설 결혼정보업체의 급증은 한국인 남성과 외국인 여성의 결혼 증가에 크게 기여하였다. 이 시기 이후, 한국계 중국인 이외에 결혼을 목적으로 한 타 국적 여성의 입국이 증가하였고, 한국인 여성과 외국인 남성의 결혼비율보다 외국인 여성과 한국인 남성의 결혼비율이 월등히 높아졌다(이종복 외, 2012; 장온정, 2007; 조원탁 외, 2012). 2000년대부터는 베트남 여성의 입국이 눈에 띄게 증가하는데, 이들의 온순한 성격과 우리나라와 문화적으로 유사한 부분이 많아 선호가 높아졌다(조원탁 외, 2012).

결혼이주여성의 다문화가족은 부부의 결혼 목적이 상이하다는 데 초점을 두어야 한다. 한국의 남성들은 대를 잇고 아내 역할을 해 줄 사람이 필요하여 돈을 지불하고 결혼을 했고, 결혼이주여성들은 돈을 많이 벌거나 본국의 가족들에게 경제적인 보탬이 되고 싶은 마음에 결혼을 했다. 이들의 결혼에는 다소 계약적인 요소가 있어서 이것이 결혼이주여성 부부의 갈등소지가 되기도 한다. 그에 더하여 충분한 정보 교환 없이 너무 촉박하게 결혼이 이루어지면서 부부의 큰 연령차, 정신적 문제, 의사소통의 장애, 문화 차이 등도 결혼이주여성 부부의 결혼생활을 어렵게 만드는 요인이 되었다(김범수 외, 2007; 이성미, 2012; 이종복 외, 2012).

결혼이주여성이 급증하면서 결혼이주여성의 자녀도 지난 10년간 급격히 증가하였다(통계청, 2017). 결혼이주여성의 자녀는 한국 국적을 취득하게 되므로 다양한 권리를 누릴 수 있다. 그러나 여전히 존재하는 사회적 소외, 차별, 정체성 혼란 등은 결혼이주여성 자녀들을 힘들게 하고 있다.

〈표 12-1〉 국적별 혼인 현황

(단위: 건)

구분	외국인 아내			외국인 남편		
	1993년	2000년	2016년	1993년	2000년	2016년
계	3,109	6,945	14,822	3,436	4,660	5,769
대만	0	22	224	0	29	109
필리핀	0	1,174	864	0	10	36
베트남	0	77	5,377	0	3	565
캄보디아	0	1	466	0	0	21
라오스	0	5	92	0	0	44
말레이시아	0	11	30	0	0	26
인도네시아	0	42	65	0	0	25

태국	0	240	720	0	0	20
네팔	0	2	46	0	9	1,463
몽골	0	64	170	0	0	381
파키스탄	0	0	0	0	36	0
인도	0	0	0	0	9	0
스리랑카	0	0	0	0	2	0
방글라데시	0	0	0	0	14	0
중국	1,851	3,566	4,198	185	210	138
일본	826	819	838	1,818	2,630	36
카자흐스탄	0	28	40	0	0	92
우즈베키스탄	0	43	232	0	0	8
프랑스	0	0	0	0	65	0
이탈리아	0	0	0	0	13	0
독일	0	0	0	0	82	0
네덜란드	0	0	0	0	11	0
영국	0	0	0	0	64	0
스위스	0	0	0	0	9	0
캐나다	0	38	201	0	150	186
미국	230	231	570	1,127	1,084	12
오스트레일리아	0	31	76	0	78	398
뉴질랜드	0	0	35	0	7	1,377
키르기스스탄	0	19	43	0	0	197
러시아	0	70	125	0	0	80
기타 및 미상	202	462	410	306	145	555

출처: 통계청(2017).

(4) 북한이탈주민의 다문화가족

앞서 설명한 세 가지의 다문화가족은 인종이 다른 외국인과 한국인의 결혼으로 이루어져 가족 구성에서 다양성을 띤 다문화가족이 주를 이루었다면, 북한이탈주민은 우리와 같은 인종이나 문화가 다르다는 점에서 다문화적 특성을 가진다(김혜경 외, 2014; 박옥임 외, 2013; 조원탁 외, 2012). 북한에서 탈출하여 우리나라에서 살고 있는 주민을 가리키는 말은 귀순자 혹은 귀순용사(1993년 이전), 탈북자(1994~2004년), 새터민(2005~2008년), 북한이탈주민(2008년 이후)으로 변화해 왔다(이종복 외, 2012). 북한이탈주민은 북한에 주소·직계가족·배우자·직장 등을 두고 있는 자로서 북한을 벗어난 후 외국 국적을 취득하지 아니한 사람을 말한다.

1993년 이전까지는 우리나라에서는 이들을 '귀순용사'라 불렀으며, 인원이 많지 않았기 때문에 충분한 지원이 이루어질 수 있었다. 이들은 체제에 불만을 가지고 탈북한 사람들이 대부분이었다. 그러나 1994년부터는 개인적 이유, 식량난, 더 나은 삶의 추구 등을 이유로 북한이탈주민의 수가 급증하고 있다(김범수 외, 2007). 1997년 이전에는 633명에 불과하던 북한이탈주민의 수가 1997~2004년 동안에는 3,620명, 2004~2008년 동안에는 10,648명에 이르게 되었다(하영수, 2009).

1993년 이전에는 단독 입국이 많았으나, 1994년 이후로 가족이 동반입국하거나 단독으로 입국한 후 제3국이나 북한에 남아 있는 가족을 탈북시켜 재결합하는 가족 형태가 증가하고 있다. 즉, 북한이탈주민의 다문화가족은 탈북과정에서 가족의 해체와 재구성을 반복적으로 경험할 수밖에 없다(이덕남, 2013; 하영수, 2009). 우리나라에 와서 가족을 형성하더라도, 주로 북한이탈주민끼리 구성을 하나 혼인신고는 하지 않는 경우가 많다. 생계급여와 민감하게 관계되기 때문이다. 그러나 사실혼 관계는 쉽게 가족의 해체와 재구성을 발생시키는 이유가 되기도 한다. 또한 대부분의 북한이탈주민은 북한에 남겨진 가족에 대한 죄책감 때문에 어떻게든 그들을 탈북시키려 노력하며, 그 과정에서 브로커들에게 많은 비용을 지불하는 일도 발생한다(이덕남, 2013). 단독 입국 후 가족을 입국시키려는 시도가 점차 늘어나고 있으므로, 향후 북한이탈주민이 남한에서 원가족과 재결합하여 구성하는 가족의 수가 증가할 것으로 추정된다(김유정, 2011)

〈표 12-2〉 북한이탈주민의 특성별, 출신국가별 가족 구성 현황 (단위: %)

구분		응답자 수(명)	북한본인 1인 가정	북한가정	북한+중국 혼합가정	북한+남한 혼합가정
계		829	18.7	32.0	19.2	22.9
성별	남성	215	24.2	44.2	11.6	16.3
	여성	614	16.8	27.7	21.8	25.2
연령	20대	93	23.7	52.7	3.2	18.3
	30대	280	20.0	16.4	16.4	35.7
	40대	309	13.6	33.7	25.2	20.7
	50대	111	26.1	44.1	21.6	5.4
	60대	36	16.7	47.2	22.2	8.3
입국연도	2000~2002년	69	10.1	21.7	15.9	40.6
	2003~2006년	322	14.9	33.5	14.6	28.0
	2007~2010년	438	22.8	32.4	23.1	16.4

출처: 남북하나재단 홈페이지.

4) 다문화가족의 현황

다문화가족의 현황은 2015년에 여성가족부에서 시행한 '2015년 전국 다문화가족 실태조사 연구'의 내용을 중심으로 재정리하였다. 전국 다문화가족 실태조사 연구는 전국의 다문화가족 17,849가구를 대상으로 진행하였으며 결혼이주자 및 귀화자를 대상으로 한 연구여서 다양한 다문화가족의 특성을 반영하지 못한다는 제한점이 있다. 그 외에 필요한 자료는 통계청의 자료를 활용하여 제시하였다.

(1) 인구사회학적 특성

① 성별

결혼이주자 · 귀화자의 성별을 살펴보면 남성(18.5%)보다 여성(81.5%)이 압도적으로 많은 비중을 차지하고 있음을 알 수 있다. 이로써 결혼이주여성의 다문화가족이 여전히 우리나라 다문화가족 구성에서 상당 부분을 차지하리라는 예측이 가능하다.

〈표 12-3〉 결혼이주자 · 귀화자의 성별

(단위: %)

구분	여성	남성	전체
비율	81.5	18.5	100

출처: 여성가족부(2015).

② 연령

결혼이주자 및 귀화자의 연령은 20대와 30대가 주를 이룬다. 2010년 여성가족부의 자료에 따르면, 외국인 아내와 한국인 남편 부부의 연령 차이는 1991년 2.8세에서 1996년 7.5세로 증가했으며, 일본을 제외하고 2001년에 비해 2006년에 연령차가 더 커졌으며, 특히 캄보디아 출신 아내와의 연령 차이가 가장 크게 났다.

〈표 12-4〉 결혼이주자 · 귀화자의 연령

(단위: %)

구분	29세 이하	30세 이상 39세 이하	40세 이상 49세 이하	50세 이상 59세 이하	60세 이상	전체
비율	23	32.6	24.3	13.4	6.6	100

출처: 여성가족부(2015).

〈표 12-5〉 결혼이주자 · 귀화자 배우자의 연령

(단위: %)

구분	29세 이하	30세 이상 39세 이하	40세 이상 49세 이하	50세 이상 59세 이하	60세 이상	전체
한국인 아내	7.8	42.1	31.5	13.8	4.7	100
한국인 남편	0.8	15.4	48.7	26.4	8.8	100

출처: 여성가족부(2015).

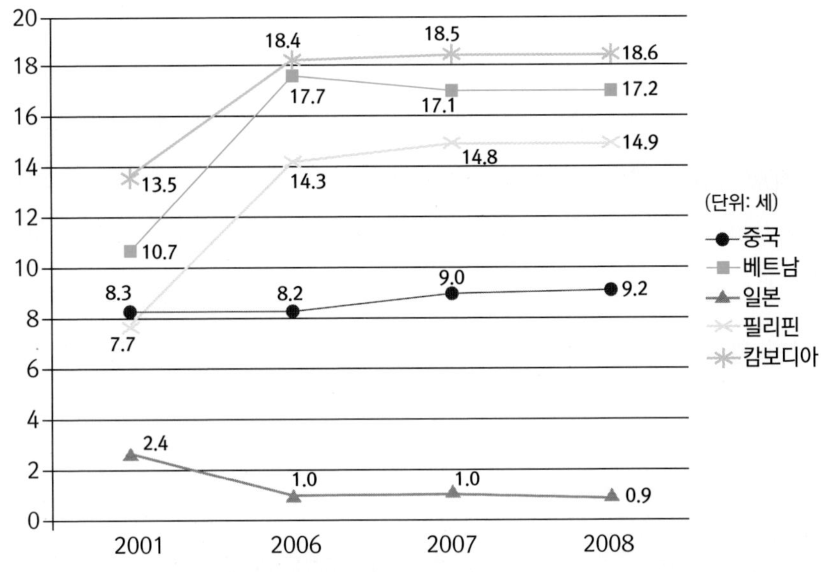

[그림 12-1] 결혼이주여성의 주요 국적별 부부의 연령 차이

출처: 여성가족부(2010).

③ 출신국

결혼이주자 · 귀화자의 출신국가는 중국이 전체의 50% 이상을 차지하고 있다. 베트남 출신 20.8%를 포함, 우리나라에서 거주하고 있는 결혼이주자 · 귀화자는 대다수가 아시아 출신인 것으로 나타나고 있다.

〈표 12-6〉 결혼이주자 · 귀화자의 출신국적 분포 (단위: %)

출신국적	비율	출신국적	비율
중국	22.4	그 외 동남아시아	3.9
중국(한국계)	30.8	남부아시아	1.4
일본	4.5	몽골/러시아/중앙아시아	3.6
대만/홍콩	1.5	미주/유럽/대양주	4.1
베트남	20.8	기타	1
필리핀	6	전체	100

출처: 여성가족부(2015).

④ 교육수준

결혼이주자 · 귀화자의 교육수준을 살펴보면, 외국인 아내의 경우 고졸이 가장 많고, 중졸, 대졸 이상 순으로 나타났다. 외국인 남편의 경우에도 외국인 아내와 마찬가지로 고졸, 중졸, 대졸 이상 순으로 나타났다.

결혼이주자의 배우자의 교육수준은 한국인 아내의 경우 대졸 이상이 가장 높고, 고졸 이상이 그 뒤를 이었다. 한국인 남편은 고졸 이하가 상당수를 차지하는 것으로 나타나 외국인 여성과 결혼한 한국인 남편들의 교육수준은 외국인 남성과 결혼한 한국인 아내의 교육수준과 다소 차이가 있다.

〈표 12-7〉 결혼이주자 · 귀화자의 교육수준 (단위: %)

교육수준	초등학교 졸업 이하(무학 포함)	중학교 졸업	고등학교 졸업	대학교 졸업 이상	전체
외국인 아내	12.1	22.4	49.1	16.4	100
외국인 남편	8.4	24.1	52.7	14.9	100

출처: 여성가족부(2015).

〈표 12-8〉 결혼이주자 · 귀화자 배우자의 교육수준 (단위: %)

교육수준	초등학교 졸업 이하(무학 포함)	중학교 졸업	고등학교 졸업	대학교 졸업 이상	전체
한국인 아내	4.1	8.7	31.8	55.4	100
한국인 남편	7.5	13.6	53.4	25.5	100

출처: 여성가족부(2015).

⑤ 한국어 능력

결혼이주자 · 귀화자들의 한국어 능력 수준은 주관적 자기평가의 결과이며, 상당수가 한국어 능력의 전 분야에서 보통 이상의 수준이라고 생각하고 있었다. 성별로 비교했을 때, 여성보다 남성이 자신의 한국어 능력에 대해 높게 생각하고 있었다. 연령별로는 연령이 증가할수록 한국어 능력을 높게 평가하고 있는데, 이는

한국에서의 적응력과 연관이 있을 것이라 본다. 출신국별로는 한자문화권인 홍콩이나 중국 출신 결혼이주자들이 비한자문화권 출신 결혼이주자들에 비해 한국어 능력 평가점수가 높게 나타났다(여성가족부, 2015).

〈표 12-9〉 결혼이주자 · 귀화자의 한국어 능력 수준 (단위: %)

한국어 능력 수준	전혀 못한다	별로 못한다	보통이다	약간 잘한다	매우 잘한다	전체
말하기	0.9	10.1	27.9	22.6	38.5	100
듣기	0.7	7	27.4	24.5	40.4	100
읽기	1.7	11.4	27.3	22.7	36.9	100
쓰기	3.2	17.5	28.7	18.5	32.2	100

출처: 여성가족부(2015).

(2) 다문화가족의 결혼

① 결혼 현황

지난 20여 년간 한국인 아내와 외국인 남편의 결혼이 약 1.5배 정도 증가한 것에 반해, 한국인 남편과 외국인 아내의 결혼은 약 5배의 증가를 보이고 있다. 즉, 우리나라의 다문화가족 중 대다수는 결혼이주여성의 입국으로 형성되고 있음을 알 수 있다. 국내 외국인과의 결혼이 차지하는 비율은 1993년 1.62%, 2000년 2.49%, 2013년 8.04%로 점차 다문화가족의 비율이 증가하고 있다.

〈표 12-10〉 외국인과의 결혼 현황 (단위: 건)

구분	1993년	2000년	2013년
계	6,545	11,605	25,963
한국인 남편+외국인 아내	3,109	6,945	18,307
한국인 아내+외국인 남편	3,436	4,660	7,656

출처: 통계청(2013b).

② 결혼 형태

외국인과의 결혼 형태별 특징을 살펴보면 한국인 아내와 외국인 남편의 결혼 형태는 20년간 큰 변동 없이 비슷한 비율로 나타나고 있으나, 초혼인 한국인 남편과 외국인 아내의 결혼비율이 70% 이상을 차지하던 것에서 재혼인 한국인 남편과 외국인 아내의 결혼비율이 10% 이상 증가하는 양상을 보이고 있다. 이러한 현상은 '2012년 전국 다문화가족 실태조사 연구'에서도 비슷하게 나타나고 있는데, 전국 기혼자의 재혼비율(남 15.7%, 여 19.9%)을 상회하는 결과로(통계청, 2013b), 다문화가족의 재구성 측면에서 주목할 만한 사항이다.

〈표 12-11〉 외국인과의 결혼 형태

(단위: 건, %)

구분	혼인종류별		1993년	2000년	2013년
외국인 아내	계		3,109(100.0)	6,945(100.0)	18,307(100.0)
	한국인 남편	초혼	2,395(77.0)	5,219(75.1)	12,182(66.5)
		재혼	551(17.7)	1,708(24.6)	6,122(33.4)
		미상	163(5.3)	18(0.3)	3(0.1)
외국인 남편	계		3,436(100.0)	4,660(100.0)	7,656(100.0)
	한국인 아내	초혼	2,193(63.8)	2,916(62.5)	5,091(66.4)
		재혼	987(28.7)	1,697(36.4)	2,562(33.4)
		미상	256(7.5)	47(1.1)	3(0.2)

출처: 통계청(2013b).

③ 만남 경로

한국인이 외국인 배우자를 만나게 된 경로의 경우 한국인 아내는 스스로 또는 친구·동료의 소개로 만난 경우가 높고, 한국인 남편은 결혼중개업체, 친구·동료 소개를 통해 주로 배우자를 만났다. 외국인 남편은 주로 소개나 스스로 한국인 배우자를 만났고, 외국인 아내 역시 유사하게 나타났다.

〈표 12-12〉 외국인과의 만남 경로 (단위: %)

만남 경로	결혼중개업체 (또는 중개업자)를 통해	가족 또는 친척 소개로	친구 또는 동료 소개로	종교 기관을 통해서	스스로	기타	전체
한국인 남편	27.4	19	26.9	5.9	19.7	1.1	100
한국인 아내	1.7	12.3	29.1	5.2	49.8	1.9	100
외국인 남편	1.5	34.1	35.1	0.2	28.3	0.9	100
외국인 아내	1.1	30	33	0.8	34.5	0.6	100

출처: 여성가족부(2015).

④ 이혼 현황

다문화가족의 이혼은 해가 거듭될수록 증가하고 있다. 1995년에 전체 외국인 배우자와의 이혼율이 20%대였으나, 2005년에는 40% 이상으로 이혼율이 급증하였다. 특히 외국인 아내의 이혼율이 주목할 만한데, 당해 외국인 아내의 결혼건수 대비 1.5%에 불과했으나, 2013년에는 40%를 상회하였다. 20년간 이혼건수의 증가폭도 외국인 남편에 비해 외국인 아내의 증가폭이 거의 50배에 이를 만큼 상당하다.

이혼 사유는 성격 차이가 월등히 높았다. 배우자의 부정, 폭력, 경제적 문제도 주요한 이혼 사유가 되었는데, 이는 결혼에 이르기까지 서로에 대한 탐색기간이 충분하지 않거나, 소개과정에서의 왜곡되거나 정확하지 않은 정보 때문일 것이라 생각된다. 지금과 같은 추세라면 향후 다문화가족의 이혼은 증가할 것으로 전망되는데, 이로 파생될 사회적 문제에 대한 대책 마련이 요구된다.

이혼한 다문화부부의 동거기간은 평균 1996년 5.5년, 2001년 2.7년, 2006년 2.2년으로 해마다 짧아지고 있다. 2008년에는 2.7년으로 소폭 상승했으나, 이들의 동거기간은 이혼한 한국인들의 동거기간보다 짧다는 점에 유의할 필요가 있다(여성가족부, 2010).

〈표 12-13〉 외국인과의 이혼건수

(단위: 건)

구분	1995년	2000년	2005년	2013년
외국인 아내의 이혼	154	247	2,382	7,588
외국인 남편의 이혼	1,546	1,251	1,789	2,892

출처: 통계청(2013a).

〈표 12-14〉 외국인과의 이혼 사유

(단위: 건)

구분	배우자 부정	정신적 · 육체적 학대	가족 간 불화	경제 문제	성격 차이	건강 문제	기타	미상
외국인 아내의 이혼	638	293	513	325	2,413	85	3,178	143
외국인 남편의 이혼	172	87	143	239	1,244	42	850	115

출처: 통계청(2013a).

(3) 다문화가족의 특성

① 거주지

다문화가족이 가장 많이 거주하고 있는 지역은 경기도로, 전체 다문화가족의 26.9%가 거주하고 있었고, 그다음은 서울이 25.8%의 거주분포를 보이고 있다. 다문화가족은 일반 인구분포와 유사하게 수도권에 집중적으로 거주함을 알 수 있다.

〈표 12-15〉 다문화가족의 시 · 도별 가구 분포

(단위: %)

시 · 도별 가구 분포	다문화가족 비율	시 · 도별 가구 분포	다문화가족 비율
서울	21.6	강원	2.5
부산	4.2	충북	3.2
대구	2.8	충남	5
인천	6.1	전북	3.9
광주	2	전남	4.4
대전	2.1	경북	4.8
울산	2	경남	6.2

세종	0.3	제주	1.2
경기	27.8	전체	100

출처: 여성가족부(2015).

② 가족 구성

〈표 12-16〉에서 본인은 결혼이주자 · 귀화자를 의미하고 배우자는 그 배우자를 의미한다. 다문화가족은 부부+자녀의 가족 구성이 가장 많고, 부부만으로 이루어진 가족이 그 뒤를 이었다. '2009년 전국 다문화가족 실태조사 연구'에서는 부부와 자녀 2세대 가족이 36.7%로 나타났던 것에 비해 그 비율이 증가하였음을 알 수 있다. 반면, 배우자 부모형제와 함께 거주하는 비중은 2009년에 25.8%였던 반면, 2015년에는 상당한 감소를 보이고 있다. 이와 같이 배우자의 부모형제와 동거하는 비율이 감소하고 부부 혹은 부부와 자녀만 동거하는 비율이 상승했다는 것은 핵가족 형태의 다문화가족 비율이 증가하였음을 의미한다.

〈표 12-16〉 다문화가족의 가족 구성

(단위: %)

가족 구성	비율
본인+자녀	4
배우자+자녀	0.8
본인	6.6
부부+자녀+배우자 부모형제	9.6
부부+자녀+본인 부모형제	3
부부+배우자 부모형제	2.3
부부+본인 부모형제	0.4
부부+자녀	46
부부	21.8
기타	5.5
전체	100

출처: 여성가족부(2015).

③ 경제적 특성

다문화가족의 지난 1년간 월평균 가구소득을 살펴보면, 200만 원 이상 300만 원 미만인 가구가 가장 많았고, 300만 원 이상 400만 원 미만, 100만 원 이상 200만 원 미만인 가구 순으로 나타났다. 2016년 전국 월평균 가구소득이 435만 원인 것을 감안하면, 다문화가족의 월평균 가구소득이 적은 편임을 알 수 있다. 국적별로 살펴보면, 월평균 가구소득이 500만 원 이상인 가구의 비율은 캐나다, 미국, 서유럽/대양주 순으로 나타나 출신국별 가구소득의 격차가 큼을 알 수 있다.

〈표 12-17〉 다문화가족의 월평균 가구소득 (단위: %)

가구소득	외국인 남편	외국인 아내
100만 원 미만	10.6	8.3
100만 원 이상 200만 원 미만	20.5	19.4
200만 원 이상 300만 원 미만	32.9	31.9
300만 원 이상 400만 원 미만	20.8	25.7
400만 원 이상 500만 원 미만	10.9	9.8
500만 원 이상	4.3	5
전체	100	100

출처: 여성가족부(2015).

2. 다문화가족이 겪는 어려움

1) 결혼이주자 · 귀화자의 개인적 차원

국내에 거주하는 결혼이주자 · 귀화자들은 언어문제, 경제문제, 외로움 등을 겪고 있었다. 이들의 상당수는 사회적 차별도 경험하고 있었다. 사회적 차별의 경험을 성별로 비교해 보면 남성(42.4%)이 여성(41.4%)보다 약간 더 많은 비율로 차별의 경험이 있었다. 2009년에 비해 2012년에 사회적 차별을 더 심각하게 느끼고 있

는 것으로 나타났다(여성가족부, 2009). 사회적 차별을 경험한 장소는 4점 만점 중 직장/일터가 가장 높게 나타났다. 그다음으로는 동네, 상점, 학교/보육시설, 공공기관 순으로 나타났다.

〈표 12-18〉 결혼이주자 · 귀화자의 한국 생활에서의 어려움 (단위: %)

어려움을 겪는 경우	비율
외로움	18.5
가족 간의 갈등	8
자녀 양육 및 교육	22.2
은행, 시 · 군 · 구청 등 기관 이용	6.7
경제적 어려움	29.8
언어 문제	27.1
생활방식, 관습, 음식 등 문화 차이	19.6
편견과 차별	15
기타	1
어려움 없음	25.7

출처: 여성가족부(2015).

〈표 12-19〉 결혼이주자 · 귀화자의 사회적 차별 경험 (단위: %)

사회적 차별 경험	여성	남성
있음	40.1	43.3
없음	59.9	56.7

출처: 여성가족부(2015).

〈표 12-20〉 결혼이주자 · 귀화자의 차별 경험 정도 (단위: 점)

차별 경험 정도	직장/일터	상점/음식점/은행	거리/동네	공공기관(동사무소, 경찰서 등)	학교/보육시설
평균	2.69	2.1	2.13	1.76	1.82

출처: 여성가족부(2015).

2) 부부관계

부부관계에서의 어려움은 결혼이주여성의 다문화가족을 중심으로 살펴보고자 한다. 두 사람이 만나는 과정에서 서로에 대한 정보의 불충분, 상이한 결혼목적, 의사소통문제, 문화 차이 등은 결혼이주여성 부부의 결혼만족도에 영향을 주고 있었다. 특히 의사소통문제는 부부폭력으로 이어지거나 부부관계의 어려움을 해소하는 데 장애가 되고 있다(여성가족부, 2012, 2015). 이들 요소의 공통적 배경은 '짧은 결혼 준비기간'인데, 당사자와 결혼중개업체 모두 빨리 결혼을 성사시키고자 충분한 탐색의 시간 없이 만남에서 결혼까지 일사천리로 진행한다. 그 과정에서 불충분하거나 거짓된 정보가 전달되고, 특히 경제적인 부분은 매우 민감하여 이것이 부부갈등의 주요한 요인이 된다. 결혼이주여성과 한국인 남편 간 연령차를 고려할 때, 향후 한국인 남편의 사망으로 인한 사별가족의 증가도 예상된다(여성가족부, 2010).

3) 부모역할

부모가 되는 첫 단계인 임신 · 출산에서부터 외국인 배우자들은 상당히 어려움을 겪는 것으로 나타났다. 결혼이주여성의 상당수가 임신 · 출산의 과정에서 어려움을 겪고 있었는데, 임신 · 출산과 관련한 정보 미흡, 의료진과의 의사소통문제, 불법체류로 인한 의료적 보호 문제, 출산비용 및 산후조리 문제 등이 주요한 이유였다(박주현, 최덕경, 2012; 이성미, 2012; 조원탁 외, 2012).

양육과정도 순탄치 않았다. 정보의 부족, 언어문제는 부모역할을 수행하는 데 큰 장애가 되고 있었다. 말을 배우는 가장 중요한 시기인 유아기에 한국어가 서툰 어머니와 함께 지내며 언어적 자극이 적절하고 충분히 이루어지지 못하여 다문화가정 자녀들의 언어발달에 문제가 발생하기도 한다. 이러한 문제가 학령기로 이어지면서 다문화가정 자녀들의 학습문제로 확대되기도 한다. 아울러 학교에서 가정으로 전달하는 사항을 이해하기 어려워 자녀의 학습지원자 역할을 수행하는 데

어려움을 겪고 있다. 다른 부모들과의 유대관계에서도 한국의 부모문화에 대한 부적응, 여전히 존재하는 차별 등으로 사회적 소외를 경험하고 있었다.

4) 다문화가족의 자녀

다문화가족의 자녀들은 그들의 정체성에 혼란을 경험하고 있었다. 한국인과 외모가 비슷한 경우는 사회적으로 경험하는 차별이 비교적 적으나, 외관상 차이가 큰 경우 또는 외국인 부모의 언어나 문화가 수용받지 못하는 것을 경험한 경우에는 혼란을 느끼는 것으로 나타났다(조원탁 외, 2012). 북한이탈주민가족의 자녀들 중에는 어머니는 북한, 아버지는 중국 국적이고, 지금은 대한민국에 거주하고 있는 경우가 있어 이들이 느끼는 혼란은 누구보다 크다(이소희, 이선혜, 2013).

다문화가족의 자녀들은 자신의 의사와 무관하게 선택된 다문화가족의 자녀라는 이유로 따돌림을 당하기도 한다. 이는 스스로의 노력으로 해결 불가능한 사항이라 이들 가정 자녀들은 무기력감, 자살충동 등을 경험하게 된다(조원탁 외, 2012).

외국인 근로자의 자녀들은 호적상의 문제로, 북한이탈주민의 자녀들은 탈북과정에서 적절한 학습시기를 놓치는 문제로 학습결손이 발생한다. 때로는 교육시스템의 심한 차이, 편견, 차별 등으로 학교를 중퇴하거나 방황하기도 한다. 문화충격, 탈북과정에서의 과도한 스트레스로 인한 PTSD 등 정서적 불안정을 보이기도 한다. 눈여겨볼 것은 다문화가족 자녀들의 학업탈락률이 증가 추세에 있는 것이며, 학업 수준은 대체로 고용과 연관되므로 다문화가족들의 경제적 악순환이 발생하지 않도록 이에 대한 대책 마련이 시급하다(이소희, 이선혜, 2013).

3. 다문화가족복지 현황

1) 다문화가족 관련법

(1)「다문화가족지원법」

「다문화가족지원법」은 "다문화가족의 구성원이 안정적인 가족생활을 영위할 수 있도록 함으로써 이들의 삶의 질 향상과 사회통합에 이바지할 목적"으로 제정되었다. 급증하는 다문화가족들을 우리 사회구성원으로 순조롭게 통합하여 안정적인 가족생활을 영위하도록 한국어교육을 비롯하여 가족상담, 부모교육, 가족생활교육 등을 추진하고, 문화 차이를 고려한 언어통역, 법률상담, 행정지원 등의 전문적인 서비스를 제공하는 것이 필요하게 되었다. 이에 다문화가족을 지원하기 위해 필요한 정책의 제도적인 틀과 법적 기반을 마련하고자 2008년「다문화가족지원법」이 제정되었다(박주현, 최덕경, 2012).

「다문화가족지원법」의 주요 내용은 다음과 같다.

- 다문화가족의 안정적 가족생활을 위한 국가와 지방자치단체의 책무
- 다문화가족지원을 위한 기본계획에 근거한 시행계획 수립과 시행
- 국무총리 소속 다문화가족정책위원회 설치
- 정책수립 활용을 위한 다문화가족 실태조사
- 생활정보 제공과 한국어교육 등의 교육지원
- 평등한 가족관계의 유지
- 가정폭력 피해자에 대한 보호 · 지원
- 의료와 건강관리를 위한 지원
- 아동 보육 · 교육
- 다국어에 의한 서비스 제공
- 다문화가족지원센터의 지정

(2) 기타 관련법

다문화가족 및 우리나라에 거주하는 외국인과 관련된 법은 다음과 같다(나달숙, 2013).

- 「재한외국인 처우 기본법」
- 「국적법」
- 「출입국관리법」
- 이주민 인권 관련 법: 「결혼중개업의 관리에 관한 법률」「성매매방지 및 피해자보호 등에 관한 법률」「가정폭력방지 및 피해자보호 등에 관한 법률」「북한이탈주민의 보호 및 정착지원에 관한 법률」
- 사회보장 및 공공부조 법: 「국민연금법」「고용보험법」「국민건강보험법」「산업재해보상보험법」「국민기초생활 보장법」
- 사회복지 관련 법: 「한부모가족지원법」「건강가정기본법」
- 기타: 「재외동포의 출입국과 법적 지위에 관한 법률」「외국인근로자의 고용 등에 관한 법률」「외국인투자 촉진법」

2) 다문화가족복지정책

우리나라의 다문화와 관련한 정책은 2000년 여성부가 성폭력 · 성매매 피해 외국인을 지원하면서 시작됐다. 2008년에 「다문화가족지원법」이 만들어지면서 다문화가족을 위한 서비스의 양적인 증가가 있었다. 그런데 「다문화가족지원법」상의 다문화가족은 결혼이주자 혹은 귀화한 한국인의 가족에게 한정되어 있어서 외국인 근로자, 유학생, 난민, 화교, 북한이탈주민 등은 해당 법령에 근거한 혜택을 받을 수 없다. 「재한외국인 처우 기본법」에서는 '재한외국인' 중 '대한민국에 거주할 목적으로 합법적으로 체류하는 외국인'으로 범위를 규정하고 있어서, 합법적으로 체류하지만 거주목적이 아닌 외국인 근로자와 불법체류 외국인 근로자는 이 법에서 제외된다(이종복 외, 2012). 즉, 우리나라 다문화가족 관련 정책은 결혼이주여성가정을 주요 대상으로 하기 때문에 다문화가족복지정책의 대상이 한정적이고, 통합관리시스템의 부재로 효과적인 서비스 제공에 한계가 있다는 점이 지적되고 있다.

우리나라의 다문화가족복지정책은 다문화가족 생애주기별 서비스 지원에 중점을 두고 있다. 주요 내용을 간략히 살펴보면 다문화가족의 안정적인 가족생활을 통해 삶의 질 향상과 사회통합 도모, 입국 전 결혼준비기 · 입국 초 가족관계형성기 · 자녀 양육 및 정착기 · 역량강화기 등 생애주기별 필요한 서비스 지원, 다문화가족 지원서비스 제공을 위한 다문화가족지원센터 운영 등이다(여성가족부 홈페이지). 다문화가족지원사업의 전달체계는 [그림 12-2]와 같다.

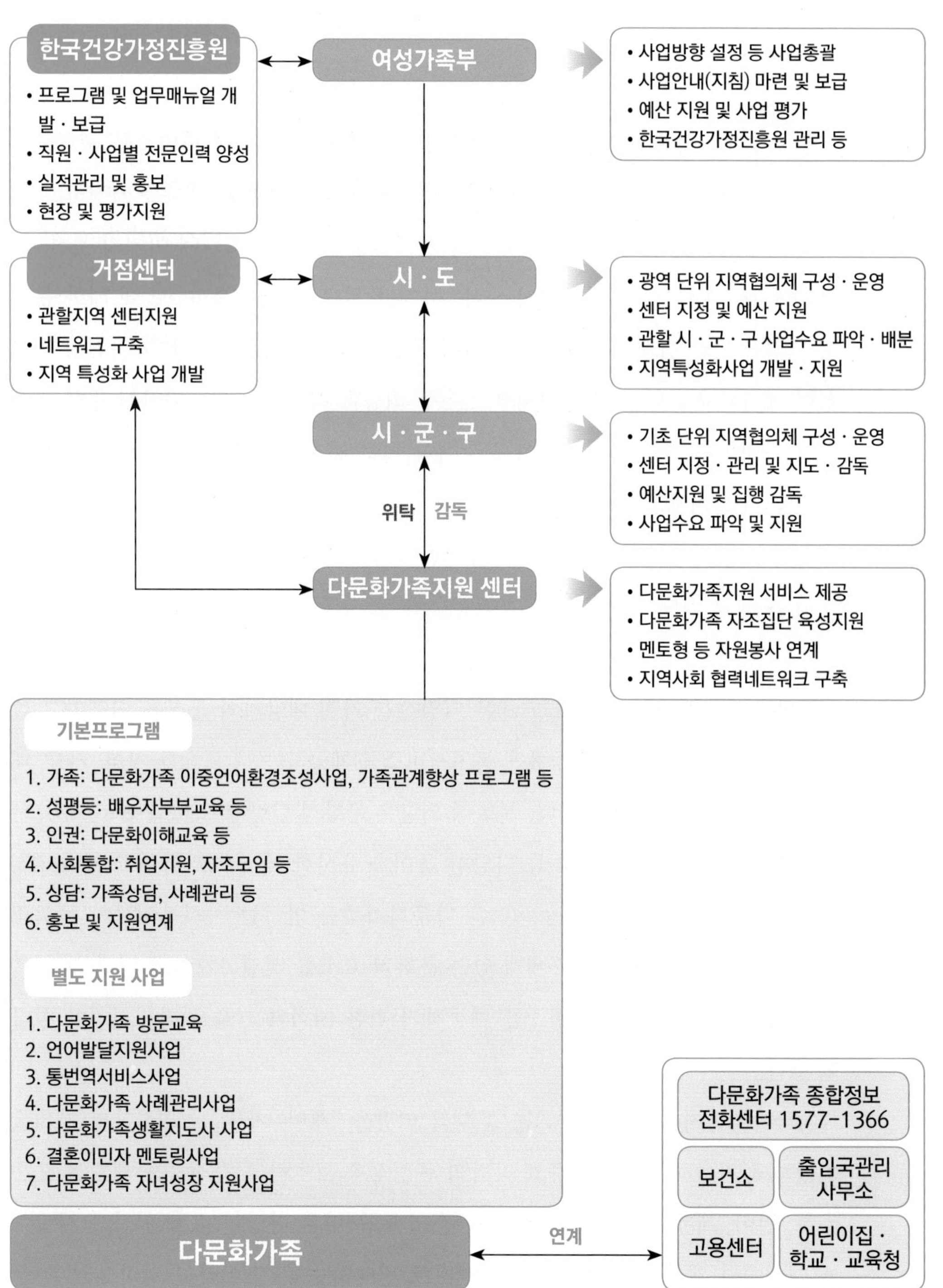

[그림 12-2] 다문화가족지원사업의 전달체계

출처: 다문화가족지원포털 다누리 홈페이지.

4. 문화적 역량

한국이 다문화사회로 급속도로 이행됨에 따라 다문화 관련 서비스를 제공하는 기관과 인력의 수도 급증하고 있다. 그러나 문화적 다양성의 가치를 인정하고 다문화적 관점에서 다문화가족에 대한 실천기술훈련이 충분히 이루어지지 못한 채, 다문화 관련 서비스가 제공되어 왔다. 하지만 최근 들어 다문화가족에 대한 문화적 역량을 갖춘 사회복지사들의 부재에 관심을 갖게 되고, 이에 대한 훈련의 필요성이 제기되고 있다(최현미, 이혜경, 신은주, 최승희, 김연희, 2010). 따라서 문화적 역량이 무엇이며, 사회복지사들이 갖추어야 하는 문화적 역량의 요소에는 어떤 것이 있는지 살펴보고자 한다.

1) 문화적 역량의 개념

문화적 역량(cultural competence)은 다양성을 가진 내담자의 문화를 이해하고 존중하는 자세를 바탕으로 그들에게 복지서비스를 제공하는 데 필요한 지식, 기술, 태도, 인식을 갖추는 것을 말한다. 문화적 역량은 문화적 민감성(cultural sensitivity), 문화적 인식(culural awareness) 등 다양한 용어가 유사한 개념으로 쓰이고 있다(김정연, 2013; 이은주, 2010). Lum(2010)은 다문화가족을 만나는 사회복지사가 문화적 역량을 갖추려면 다문화가족에게 있는 문화적 요소를 적절하게 다루면서 그 가족에게 효과적인 사회복지서비스를 제공하기 위한 지식과 기술을 발전시켜야 한다고 했다.

미국사회복지사협회(NASW)는 문화적 역량을 "개인, 가족, 소수집단의 가치를 인정하고 지지하며 중요시하고 각각의 존엄성을 보호하고 간직하는 태도로 모든 문화, 언어, 계층, 인종, 민족적 배경, 종교 또는 다른 다양한 요소를 가진 사람에게 개인이나 체계가 예의 있게 효과적으로 반응하는 과정"이라고 정의하였다. 문화적 역량의 중요성을 강조하면서 문화적 역량에 대한 기준을 윤리강령의 원칙에 규정하고 있다(미국사회복지사협회 홈페이지).

- 사회복지사는 문화를 이해해야 하고, 인간행동과 사회에서 그 문화가 가지는 기능을 이해해야 하며, 모든 문화 속의 강점을 알아야 한다.
- 사회복지사는 내담자의 문화에 대한 기본 지식을 가지고 있어야 하고, 그 지식을 서비스를 통해 보여 주어야 한다. 그리고 사람과 문화 집단 사이의 문화적 차이를 이해할 수 있는 능력을 갖추어야 한다.
- 사회복지사는 인종, 민족, 출신국, 피부색, 성별, 성적 지향, 연령, 결혼여부, 정치적 신념, 종교, 정신적 또는 신체적 장애 등 사회적 다양성과 차별의 본질에 대한 교육을 받아야 하며 그것을 이해하려고 노력해야 한다.

문화적 역량은 사회복지사 개인 차원에서의 개입과정에서뿐만 아니라 전체 차원에서 전문직 분야 전체, 기관 조직, 서비스 전달체계 모두에서 반영되어야 한다.

2) 문화적 역량의 구성요소

문화적 역량의 구성요소는 Sue 등(1982)이 신념 및 태도, 지식, 기술 등 3차원의 요소로 처음 개념화하였는데(김정연, 2013: 16에서 재인용) 이후 점차 확대되고 변화되고 있다. 이 책에서는 학자들이 공통적으로 언급하는 요소를 중심으로 정리하였다(김정연, 2013).

(1) 문화적 인식

문화적 인식(cultural awareness)이란 사회복지사 자신의 문화적 배경을 이해하고, 다른 집단과의 문화적 차이를 이해하는 것을 말한다. 사회복지사는 다양한 문화 속에서 가치중립적이 되기 어렵다. 따라서 자신의 문화적 고정관념, 편견, 가치관 등을 철저히 점검하는 것이 필요하다. 그리고 그것들이 다문화가족들을 대할 때 어떤 영향을 미치는지를 파악해야 한다.

(2) 문화적 지식

문화적 지식(cultural knowledge)은 강점관점의 다문화집단에 대한 구체적인 정보와 지식, 문화적 강점과 유사성 확인, 문화적 다양성에 대한 지식을 의미한다. 다문화가족의 삶의 경험, 언어, 의사소통, 이주 경로, 적응방식, 사회경제적 배경, 문화적 특징 등 구체적인 지식과 정보들을 알아야 한다. 그리고 지금 다문화가족이 경험하는 차별, 다문화가족에게 영향을 미치고 있는 다양한 요소에 대한 지식도 요구된다.

(3) 문화적 기술

다문화가족과 신뢰관계를 형성하는 기술, 언어적 · 비언어적 의사소통기술, 다문화가족에 대한 문화적 사정과 욕구에 맞는 서비스 개발을 문화적 기술(cross-cultural skill)이라 한다. 전통적인 사회복지 실천기술과 다문화적 측면을 고려하여 조화로운 개입기술을 적용할 수 있어야 한다. 다양한 문화를 고려한 관련 문화적 자료를 수집하고, 이를 근간으로 한 문화적 관점에서 다문화가족에게 개입하기 위한 노력의 과정이 문화적 기술이다.

(4) 문화적 가치와 태도

인간존중과 평등성의 가치와 수용적이며 겸손한 태도를 문화적 가치와 태도(cultural value and attitude)라고 한다. 이러한 역량을 갖추려면 개방적인 태도와 비심판적 태도를 가져야 한다. 그것에 기초하여 다문화가족의 인종적 · 민족적 · 문화적 차이가 존재함을 인정하고, 그들의 문화를 이해하고 존중하며, 문화적 차이를 수용해야 한다.

5. 다문화가족에 대한 가족복지의 발전방안

1) 다문화가족 범위의 확대

다문화가족은 결혼이주여성뿐 아니라 외국인 근로자, 북한이탈주민 등 외국인으로 우리나라에서 살고 있거나 그들만의 독특한 문화를 형성하며 지내는 모든 가족을 일컫는다. 그러나 우리나라의 「다문화가족지원법」이 규정한 다문화가족은 결혼이주여성의 다문화가족으로 한정하고 있다. 실제 우리나라에서는 결혼이주여성 이외에도 외국인 근로자의 가족, 북한이탈주민 가족 등 다양한 다문화가족을 아우를 수 있도록 그 범위를 확대해야 할 것이다. 그리고 각 다문화가족을 수용할 수 있는 사회적 역량을 갖추고 이들을 위한 지원정책을 수립하도록 노력해야 한다. 아울러 온정적이고 시혜적인 관점에서 전환하여 다문화가족이 이 사회의 한 구성원으로 역할을 할 수 있도록 역량을 강화시키는 관점으로 변화되어야 할 것이다(박종대, 박지해, 2014; 설동훈, 2010; 조현상, 2013).

2) 서비스전달체계의 효율성과 형평성 제고

다문화가족을 위한 서비스의 전달과정에서 누락과 중복이 발생하지 않게 하려면 중앙부처, 지방자치단체 이하 각 전달체계 사이의 긴밀한 연계성이 필요하다. 현재는 유사사업에서 부처 간 중복, 서비스의 누락이 종종 발생하여 서비스전달체계의 효율성 향상을 위한 노력이 요구된다. 또한 우리말에 서툴거나 정보접근성에 제약이 있는 다문화가족에게도 정보 취득의 기회가 공평하게 주어지도록 형평성에 대한 고려가 필요하다(박종대, 박지해, 2014; 조현상, 2013).

3) 다문화가족의 인식 개선 및 이해 증진방안

다문화가족에 대해 우리 사회 전 구성원이 함께 살아갈 방법을 모색할 수 있도록 다문화에 대한 이해와 인식 개선, 포용적 사회 및 사회통합을 위한 노력을 기울여야 한다. 또한 다문화 관련 전문 인력의 양성과 효율적 활용, 문화적 역량을 갖춘 사회 형성을 위한 노력 등의 방안을 모색해야 한다(설동훈, 2010; 이종복 외, 2012).

4) 다문화가족복지서비스의 방향

다문화가족을 대상으로 한 서비스 및 프로그램이 최근 많이 증가하고 있다. 더 적절하고 효과적인 서비스 제공을 위해 몇 가지 첨언하자면 다음과 같다. 첫째, 다문화가족지원센터의 기본 사업을 해당기관이나 지역의 특성에 맞게 특성화할 필요가 있다. 필요에 따라서는 유사프로그램별 거점센터를 두어 서비스의 선택과 집중으로 효율성과 효과성의 극대화를 꾀하는 방법도 고려해 보아야 할 것이다. 둘째, 다문화가족뿐 아니라 국내에 거주하는 외국인들에게 도움이 되는 보편적 프로그램들은 유관기관 간 협조를 통해 대상을 확대하는 것도 바람직할 것이다. 셋째, 다문화가족지원센터의 현실적인 예산편성과 인력배치, 적정 인건비 지급 등이 시급히 요구된다. 현재 다문화가족복지센터가 담당해야 하는 기본 업무에 비해 예산, 인력배치 등이 턱없이 부족하여 종사자들의 이직이 빈번하게 발생하고 있다. 다문화가족복지의 연속성 있는 사업 진행과 발전을 기대한다면, 안정적인 인력구조와 기관운영이 선행되어야 할 것이다(강복정, 2012; 이종복 외, 2012).

참고문헌

강복정(2012). 한국의 다문화가족정책 및 서비스의 현황분석. 다문화사회연구, 5(1), 143-190.

국가인권위원회(2002). 국내 거주 외국인 노동자 인권실태조사.

국가인권위원회(2003). 기지촌 혼혈인 인권실태조사.

권영호(2014). 다문화 가족지원법제의 개선에 관한 연구. 법과 정책, 20(1), 83-108.

김범수, 서은주, 손병돈, 정재훈, 조석연, 최현미, 신승연, 최승희(2007). 다문화사회복지론. 경기: 양서원.

김성근, 유자영(2014). "다문화사회"의 그늘: 구조적 차별의 분석. 한국행정학보, 48(2), 363-387.

김유정(2011). 북한이탈주민 재결합가족에 대한 지원방안: 레질리언스 관점을 중심으로. 통일연구, 15(1), 99-129.

김정연(2013). 다문화실천가의 인종적 태도와 문화적 역량에 관한 연구: 문화적 공감과 다문화 훈련의 조절효과를 중심으로. 가톨릭대학교 대학원 박사학위논문.

김창수(2010). 이주노동자 자녀의 교육권 보호를 위한 법적 방안 연구. 한국교원대학교 대학원 석사학위논문

김혜경, 도미향, 문혜숙, 박충선, 손홍숙, 오정옥, 홍달아기(2014). 가족복지론. 경기: 공동체.

나달숙(2013). 국내이주민의 현황과 법제도적 보장에 관한 연구. 법학논총, 37(4), 3-36.

박옥임, 서선희, 김경신, 옥경희, 박준섭, 최은정(2013). 가족복지론. 경기: 공동체.

박종대, 박지해(2014). 한국의 다문화정책의 분석과 발전방안 연구. 문화정책논총, 28(1), 35-63.

박주현, 최덕경(2012). 다문화사회의 이해와 실천. 서울: 창지사.

법무부(2014. 11.). 통계월보.

북한이탈주민지원재단(2012). 제2차 북한이탈주민 정착패널조사.

설동훈(2010). 다문화가족정책의 현황과 과제. 월간복지동향, 138, 13-17.

송정애, 정해은(2013). 가족복지론. 경기: 양서원.

여성가족부(2009). 2009년 전국 다문화가족 실태조사 연구.

여성가족부(2010). 다문화가족의 해체 문제와 정책 과제.

여성가족부(2012). 2012년 전국 다문화가족 실태조사 연구.

여성가족부(2015). 2015년 전국 다문화가족 실태조사 연구.

이금순, 강신창, 김병로, 김수암, 안혜영, 오승렬, 윤여상, 이우영, 임순희, 최의철(2003). 북한이탈주민 적응실태 연구. 통일연구원 협동연구총서. 서울: 통일연구원.

이덕남(2013). 북한이탈주민의 가족재구성 경험과정 연구. 한국컴퓨터정보학회논문지, 18(11), 201-212.

이성미(2012). 다문화정책론. 서울: 박영사.

이소희, 이선혜(2013). 다문화 및 북한이탈주민 가정 자녀의 정신건강. 소아청소년정신의

학, 24(3), 124-131.

이영실, 김재경, 김봉순, 박용권, 조명희, 홍성희(2013). 가족복지론. 경기: 양서원.

이은주(2010). 결혼이주여성 남편의 문화적 민감성, 부부의사소통, 성역할태도가 결혼만족에 미치는 영향에 관한 연구: 남편대상 프로그램 내용을 중심으로. 사회과학연구, 26(4), 45-71.

이은주 역(2012). 다문화사회복지실천(*Multicultural social work practice*). Sue, D. W. 저. 서울: 학지사. (원저는 2006년에 출판)

이정환, 이성용(2007). 외국인 노동자의 이주 특성과 연구동향. 한국인구학, 30(2), 147-168.

이종복, 이성순, 김재열, 김현희, 정명희, 홍은미, 이형진, 조윤희(2012). 다문화사회의 이해와 복지. 경기: 양서원.

장온정(2007). 국제결혼한 한국남성의 결혼적응에 관한 연구. 중앙대학교 대학원 박사학위논문.

정하성, 유진이, 이장현(2007). 다문화청소년이해론. 경기: 양서원.

조원탁, 박순희, 서선희, 안효자, 송기범, 이형하(2012). 다문화사회의 이해와 실천. 경기: 양서원.

조현상(2013). 국가의 '다문화가족 만들기'에 관한 비판적 고찰: 제2차 다문화가족정책기본계획(2013-2018) 분석. 한국지역사회복지학, 44, 127-152.

최현미, 이혜경, 신은주, 최승희, 김연희(2010). 다문화가족복지론. 경기: 양서원.

통계청(2012). 2011년 인구동향조사.

통계청(2013a). 외국인과의 이혼 현황.

통계청(2013b). 외국인과의 혼인 현황.

통계청(2017). 국적별 혼인현황.

하영수(2009). 북한이탈주민의 지원정책과 적응실태에 관한 연구. 대한정치학회보, 17(1), 125-141.

한순옥, 이기숙(2014). 남한남성과 결혼한 북한이탈여성의 결혼 의미와 경험에 관한 연구. 여성학연구, 24(2), 197-233.

Cross, T. L., Bazron, B. J., Dennis, K. W., & Issacs, M. R. (1989). *Toward a culturally competent system of care*. Washington, DC: George Town University Child Development Center.

Kinoshita, M. (2006). 2000년 이후 아시아계 외국인 이주노동자 가족 생활 현황과 문제점: 경기도 파주지역을 사례로. 서울대학교 대학원 석사학위논문.

Lum, D. (2010). *Culturally competence practice* (4th ed.). Pacific Grove, CA: Brooks/Cole.

Sue, D. W., Bernier, J. B., Durran, M., Feinberg, L., Pedersen, P., Smith, E., & Vasquez-Nuttall, E. (1982). Position paper: Cross cultural counseling competencies. *The Counseling Psychologist, 10*, 45-52.

관련 웹사이트

남북하나재단 홈페이지 https://www.koreahana.or.kr/
다문화가족지원포털 다누리 https://www.liveinkorea.kr
미국사회복지사협회 홈페이지 http://www.naswdc.org
여성가족부 홈페이지 http://www.mogef.go.kr

찾아보기

인명

내용

저자 소개

박태영(Park Tai Young) 제5장
미국 플로리다 주립대학교 사회복지학 박사
현 숭실대학교 사회복지학부 교수

김태한(Kim Tae Han) 제7, 8장
숭실대학교 사회복지학 박사
현 안산대학교 사회복지과 교수

김혜선(Kim Hye Sun) 제3, 12장
숭실대학교 사회복지학 박사
현 신구대학교 사회복지학과 교수

문정화(Moon Jung Hwa) 제11장
숭실대학교 사회복지학 박사
현 숭실대학교 베어드교양대학 교수

박소영(Park So Young) 제1장
숭실대학교 사회복지학 박사
현 세명대학교 사회복지학과 교수

박진영(Park Jin Young) 제4장
숭실대학교 사회복지학 박사
현 국제대학교 사회복지학과 교수

이재령(Lee Jae Ryung) 제9, 10장
숭실대학교 사회복지학 박사
현 대림대학교 사회복지과 교수

조성희(Cho Sung Hui) 제2, 6장
숭실대학교 사회복지학 박사
현 서울신학대학교 사회복지학과 교수

가족복지학의 이해
UNDERSTANDING OF FAMILY WELFARE

2019년 9월 10일 1판 1쇄 인쇄
2019년 9월 20일 1판 1쇄 발행

지은이 • 박태영 · 김태한 · 김혜선 · 문정화
박소영 · 박진영 · 이재령 · 조성희

펴낸이 • 김진환

펴낸곳 • (주) 학지사
04031 서울특별시 마포구 양화로 15길 20 마인드월드빌딩
대표전화 • 02)330-5114 팩스 • 02)324-2345
등록번호 • 제313-2006-000265호

홈페이지 • http://www.hakjisa.co.kr
페이스북 • https://www.facebook.com/hakjisabook

ISBN 978-89-997-1932-5 93330

정가 20,000원

이 도서의 국립중앙도서관 출판시도서목록(CIP)은 서지정보유통지원시스템 홈페이지(http://seoji.nl.go.kr)와 국가자료공동목록시스템(http://www.nl.go.kr/kolisnet)에서 이용하실 수 있습니다.
(CIP 제어번호: CIP2019033258)